Europol und der virtuelle Verdacht

Frankfurter kriminalwissenschaftliche Studien

Herausgegeben von
Prof. Dr. Peter-Alexis Albrecht
Prof. Dr. Dirk Fabricius
Prof. Dr. Klaus Günther
Prof. Dr. Winfried Hassemer
Prof. Dr. Herbert Jäger
Prof. Dr. Walter Kargl
Prof. Dr. Klaus Lüderssen
Prof. Dr. Wolfgang Naucke
Prof. Dr. Ulfrid Neumann
Prof. Dr. Cornelius Prittwitz
Prof. Dr. Ernst Amadeus Wolff

Bd./Vol. 107

PETER LANG
Frankfurt am Main · Berlin · Bern · Bruxelles · New York · Oxford · Wien

Inti Schubert

Europol und der virtuelle Verdacht

Die Suspendierung des Rechts auf informationelle Selbstbestimmung

PETER LANG
Internationaler Verlag der Wissenschaften

Bibliografische Information der Deutschen Nationalbibliothek
Die Deutsche Nationalbibliothek verzeichnet diese Publikation in der Deutschen Nationalbibliografie; detaillierte bibliografische Daten sind im Internet über <http://www.d-nb.de> abrufbar.

Zugl.: Frankfurt (Main), Univ., Diss., 2007

D 30
ISSN 0170-6918
ISBN 978-3-631-57157-6

www.peterlang.de

Meinen Söhnen
Nicolai Spok
und
Juan Lucas
gewidmet

Vorwort

Die vorliegende Arbeit ist im Sommersemester 2007 durch den Fachbereich Rechtswissenschaft der Johann Wolfgang Goethe-Universität Frankfurt am Main als Dissertation angenommen worden. Gegenüber der beim Fachbereich eingereichten Fassung wurden geringfügige redaktionelle Änderungen und Ergänzungen vorgenommen, die wesentlich auf den fortschreitenden Prozess der Zusammenarbeit der EU-Mitgliedstaaten im polizeilichen Bereich und die Reform der EU zurückzuführen sind. Zum Zeitpunkt der Veröffentlichung war noch nicht abzusehen, ob die vom Europäischen Rat am 21./22.6.2007 entworfenen Änderungen des EUV und des EGV vollständig umgesetzt werden würden. Die Arbeit orientiert sich daher an der Rechtslage, wie sie bis zu diesem Zeitpunkt bestand, berücksichtigt allerdings die vom Europäischen Rat vorgesehenen Vertragsänderungen, soweit sich diese auf die behandelten Fragestellungen auswirken.

Mein ganz ausdrücklicher Dank gilt Herrn Prof. Dr. Cornelius Prittwitz für die freundliche Betreuung und Unterstützung der Promotion und die Erstellung des Erstgutachtens sowie Herrn Prof. Dr. Dr. h.c. mult. Winfried Hassemer für sein Vertrauen, wertvollen Hinweisen und die zügige Erstellung des Zweitgutachtens.

Für wichtige Anregungen möchte ich mich ganz herzlich bei Herrn Prof. Dr. Wolf-Dieter Narr bedanken. Den Herausgebern der Frankfurter Kriminalwissenschaftlichen Studien danke ich für die freundliche Aufnahme der Arbeit in die Schriftenreihe.

Die Dissertation entstand parallel zu meiner Tätigkeit als Rechtsanwalt. Bei den Kollegen und Mitarbeitern der Kanzlei Fangerow.Hocke & Coll. in Berlin bedanke ich mich für die Rücksichtnahme und die zu jeder Zeit gewährten Freiräume. Den Herren Steven Ritter-Handelmann und Günter Langer danke ich für die Hilfe bei der Überprüfung der Textvorlage.

Darüber hinaus danke ich Herrn Dr. Alexander Schubert für die vielen hilfreichen Kommentare, kritischen Anmerkungen und die unermüdliche Unterstützung während der ganzen Zeit. Bei meiner Frau Ana Rojas möchte ich mich für ihre Geduld, ihren Ansporn und die stets motivierenden Worte bedanken, ohne die ich diese Arbeit kaum hätte realisieren können.

Inhaltsverzeichnis

Abkürzungsverzeichnis

a.A.	- Andere Auffassung
ACIU	- Analytical Criminal Intelligence Unit
AFIS	- Automatisiertes Fingerabdrucksystem
APIS	- Arbeitsdatei PIOS-Innere Sicherheit
APR	- Arbeitsdatei PIOS-Rauschgift
Art.	- Artikel
AUMO	- BKA-Gewalttäterdatei, Ausländer
AWG	- Außenwirtschaftsgesetz
AZR	- Ausländerzentralregister
BGBl.	- Bundesgesetzblatt
BKA	- Bundeskriminalamt
BKAG	- Bundeskriminalamtsgesetz
BND	- Bundesnachrichtendienst
BSI	- Bundesamt für Sicherheit in der Informationstechnik
CCTV	- Closed Circuit Television
DAzA	- Durchführungsbestimmungen für die von Europol geführten Arbeitsdateien zu Analysezwecken
DEA	- Drug Enforcement Administration (USA)
EDU	- Europol Drug Unit
EDV	- Elektronische Datenverarbeitung
EG	- Europäische Gemeinschaften
EGV	- Vertrag über die Europäischen Gemeinschaften
EIS	- Europol Informationssystem
EJB	- Eurojust-Beschluss
EPK	- Europol-Konvention
EU	- Europäische Union
EUV	- Vertrag über die Europäische Union
EuGH	- Europäischer Gerichtshof
EU-RhAbk	- Rechtshilfeabkommen der Mitgliedstaaten der Europäischen Union
EZB	- Europäische Zentralbank
FAG	- Gesetz über Fernmeldeanlagen
FBI	- Federal Bureau of Investigation (USA)
FINAS	- Fahrzeugidentifizierungssystem
Fn	- Fußnote
G10-G	- G10-Gesetz
ggf.	- gegebenenfalls
GKI	- Gemeinsame Kontrollinstanz
GPS	- Global Positioning System
GwG	- Geldwäschegesetz
IMSI	- International Mobile Subscriber Identity

IP	- Internet Protokoll
IT	- Informationstechnik
i.S.d.	- im Sinne des
iVm	- in Verbindung mit
KAN	- Kriminalaktennachweis
Kap.	- Kapitel
KpS	- Kriminalpolizeiliche Sammlung
Kfz	- Kraftfahrzeug
LAN	- Local Area Network
LKA	- Landeskriminalamt
LIMO	- BKA-Gewalttäterdatei, linksextrem motiviert
m.w.N.	- mit weiteren Nachweisen
OASIS	- Overall Analysis System for Investigation Support
OK	- Organisierte Kriminalität
PIN	- Personal Identification Number
PIOS	- Personen, Institutionen, Organisationen, Sachen
REMO	- BKA-Gewalttäterdatei, rechtsextrem motiviert
RFID	- Radio Frequency Identification
Rz.	- Randziffer
SDÜ	- Schengener Durchführungsübereinkommen
SIS	- Schengener Informationssystem
sog.	- sogenannte/r
SPUDOK	- Spurendokumentationsdatei
STAR	- Ständige Arbeitsgruppe Rauschgift
StPO	- Strafprozessordnung
TECS	- The Europol Computer System
TKG	- Telekommunikationsgesetz
TKÜV	- Verordnung zur Überwachung der Telekommunikation
TREVI	- Terrorisme, radicalisme, extremisme, violance internationale
URL	- Uniform Resource Locator
usw.	- und so weiter
u.U.	- unter Umständen
vgl.	- vergleiche
VICLAS	- Violent Crime Linkage Analysis System
z.B.	- zum Beispiel

Hinweis: *In den Fußnoten genannte Verweise auf Quellen im Internet sind, soweit sie nicht bereits vollständig angegeben sind, im Literaturverzeichnis wiedergegeben.*

Einleitung

„Wie soll ich wissen, dass jemand unschuldig ist, bevor ich ihn kontrolliert habe?"[1]

---

[1] Zitat einer angehenden Polizeibeamtin des höheren Dienstes 1998, zit. bei Lisken, ZRP 1998, 270

A. PROBLEMSTELLUNG

Europol ist mit der Aufgabe bedacht worden, die nationalstaatlichen Bemühungen bei der „Bekämpfung" von Terrorismus und organisierter Kriminalität zu unterstützen und zu optimieren. Es bedient sich hierfür ausnahmslos der heute zur Verfügung stehenden Mittel der elektronischen Datenverarbeitung. Über die Datenverarbeitung hinaus gehen die Befugnisse Europols bislang allerdings nicht. Europol ist daher ein neuer Typ von Polizei. Seitdem in den 1980er Jahren der rasante Fortschritt der Informationstechnologien begann, wurden parallel die staatlichen Befugnisse zur Nutzung entsprechender Technologien durch die Polizei fortentwickelt. Die polizeiliche Aufgabe der vorbeugenden Verbrechensbekämpfung[2] greift nahezu ausschließlich auf Mittel zurück, die dem technologischen Fortschritt zu verdanken sind. Der Einsatz von Rasterfahndungen, Datenabgleichen, DNA-Analysen, biometrischen Ausweisen, Videoüberwachung, Lauschangriffen und Datenanalysen in nachrichtendienstlicher Manier hat Einzug in den polizeilichen Alltag gehalten. Begründet wird dies damit, dass die „Bekämpfung" der organisierten Kriminalität und des Terrorismus entsprechende Maßnahmen erfordere.

Die elektronische Datenverarbeitung (EDV) ermöglicht es heute, Einzelangaben über persönliche oder sachliche Verhältnisse einer bestimmten oder bestimmbaren Person nicht nur zeitlich unbegrenzt zu speichern, sondern bietet darüber hinaus mittels spezifischer Programme die Möglichkeit, die gespeicherten Daten mit weiteren Datensammlungen abzugleichen und Verknüpfungen herzustellen. Auf diese Weise kann die EDV dazu beitragen, teilweise oder vollständig die Persönlichkeit eines Individuums abzubilden.[3] Insbesondere die modernen digitalen Telekommunikationsmittel hinterlassen personenbezogene Datenspuren, die für die Dauer ihrer Speicherung ausgewertet werden können. Der Staat kann seine Bürger im Anschluss „datenmäßig durchrastern" und deren Lebensregungen elektronisch verfolgen.[4] Europol bündelt die insbesondere auf mitgliedstaatlicher Ebene angefallenen Daten und verwertet sie zu seinen Zwecken.

In der Möglichkeit Europols, existierende Datensammlungen zu verknüpfen, liegt eine erhebliche potenzielle Gefahr für das verfassungsmäßig geschützte Recht auf informationelle Selbstbestimmung jeder Person.[5] Die Gefahr besteht darin, dass die im Wege der Informationstechnik erlangten Informationen, ungeachtet ihrer Qualität, unvermittelt zu staatlichen Maßnahmen führen können.[6] Dies gilt selbst dann, wenn es sich bei diesen Maßnahmen allein um weitere Informationseingriffe handeln sollte. Potenziell sind die Mittel der polizeilichen Datenverarbeitung fähig, sich

---

[2] Ausgangspunkt war der Musterentwurf eines einheitlichen Polizeigesetzes des Bundes und der Länder in der Fassung des Vorentwurfs vom 12.3.1986.
[3] So im wesentlichen BVerfGE 65, 1, 42 (Volkszählung).
[4] Limbach, Jutta, in: Die Zeit vom 10.5.2002.
[5] Zypries, Bundesjustizministerin, Interview in: Südeutsche Zeitung v. 12.5.2005.
[6] Narr, Bürgerrechte/CILIP 60 (2/98), S. 58.

auch als Mittel sozialer Kontrolle herauszustellen.[7] Ein mögliches Mehr an Sicherheit kann schnell auf Kosten der Freiheit gehen. Der Ausbau der staatlichen Interventionen in die geschützte Freiheitssphäre des Einzelnen ist aus diesem Grunde in einem Rechtsstaat begründungsbedürftig und an spezifische Bedingungen geknüpft. Nicht jedes für wirksam und erforderlich gehaltene Mittel ist auch zulässig.

Dies gilt es umso mehr zu beachten, wenn wie im Falle Europols die zur Anwendung kommenden Mittel nicht mehr in einen nationalen Kontext eingebettet sind. Europol ist eine unabhängige internationale Organisation, die weder einer nationalen noch einer überstaatlichen Rechtsordnung untergeordnet ist. Grundlage der Arbeit Europols ist allein die Europol-Konvention (EPK).[8] EU-Vorschriften sind auf Europol nur bedingt anwendbar. Insbesondere ist Europol nicht Teil der in der sog. ersten Säule der EU zusammengefassten Europäischen Gemeinschaften. Vielmehr handelt es sich um eine von den EU-Mitgliedstaaten im Rahmen der intergouvernementalen Zusammenarbeit, der sog. dritten Säule der EU, geschaffene Institution. Dies hat zur Folge, dass Europol nicht im institutionellen Gefüge der EG, mit Kommission, Europäischem Parlament und Europäischem Gerichtshof eingeordnet ist. Dessen ungeachtet ist Europol mit hoheitlichen Befugnissen ausgestattet. Mit den ihm zur Verfügung stehenden polizeilichen Instrumenten sollen vorwiegend der Terrorismus und die organisierte Kriminalität bekämpft werden. Beide Phänomene stellen ernst zu nehmende Bedrohungen der Sicherheit der Bürger und des Staates dar. Sowohl dem Terrorismus als auch organisierte Kriminalität zeichnen sich dadurch aus, dass die dahinter stehenden Personen grenzüberschreitend tätig werden und ihnen staatlicherseits nur schwer beizukommen ist. Die spezifischen Gefährdungspotenziale dieser Kriminalitätserscheinungen und insbesondere die Nutzung moderner Kommunikationsmittel durch Terroristen und Kriminelle sowie die zumindest innerhalb der EU bestehende weitgehende Freizügigkeit erforderten, so wird argumentiert, eine ebenso gewichtige staatliche Antwort.[9] Die grenzüberschreitende Kriminalität führt indes zu einem supranationalen Ausgriff der polizeilichen Reaktion.[10] Da zweifelsohne Kriminalität und Terrorismus nicht an Grenzen halt macht, ist die Schaffung eines europäischen Polizeiamtes konsequent. EU-Kommission und Rat sind sich darin einig, dass die polizeiliche Zusammenarbeit aber nicht zur Vereinigung oder Vereinheitlichung führen soll. Vielmehr heißt es im Aktionsplan zum Aufbau eines Raumes der Freiheit, der Sicherheit und des Rechts vom 3.12.1998: „Das vereinbarte Ziel des Vertrages (von Amsterdam) besteht nicht darin, einen Europäischen Raum der Sicherheit zu schaffen, in dem alle Strafverfolgungsbehörden in Europa in Sicherheitsfragen einheitliche

---

[7] Medosch, Irrationale Bürgerrechtler, http://www.telepolis.de/deutsch/inhalt/te/9694/1.html am 2.10.2001.

[8] Abl. C 316 vom 26.7.1995 S.1.

[9] Vgl. hierzu: Storbeck, Kriminalistik, 1996, 17; Kanther, Innenpolitik, Nr. VI/1997, S. 4 ; Nach Pitschas erfordert die Internationalisierung der Kriminalität eine internationale Verbrechensbekämpfung, die bis hin zu einer weltweiten Sicherheitsvorsorge zu reichen hat. Pitschas, JZ 1993, 857, 861.

[10] Pitschas, ZRP 1993, 174.

Ermittlungs- und Fahndungsverfahren anwenden. Die neuen Bestimmungen berühren auch nicht die jeweiligen Kompetenzen der Mitgliedstaaten zur Wahrung der öffentlichen Ordnung und zur Gewährleistung der inneren Sicherheit."[11] Das hat zur Folge, dass in den 25 Mitgliedstaaten weiterhin verschiedene Rechtsordnungen bestehen, die für polizeiliche Maßnahmen unterschiedliche normative Voraussetzungen verlangen und in denen auf verschiedene Weise Rechtsschutz gewährt wird. Europol soll dazu dienen, dort tätig zu werden, wo die nationalen Polizeien an ihre Grenzen stoßen und deren Arbeit sinnvoll ergänzen.

Eine nicht einer Rechtsordnung unterliegende europäische Polizei ist selbst dann nicht unproblematisch, wenn sie wie Europol, abgesehen von Datenverarbeitungsmaßnahmen über keine weiteren Exekutivbefugnisse verfügt. Datenverarbeitungsmaßnahmen sind nach deutschem Recht regelmäßig begründungsbedürftige Grundrechtseingriffe, die dem Gesetzesvorbehalt unterliegen. Europols Tätigkeit geht über das reine Sammeln von Informationen hinaus. Das europäische Polizeiamt wird im Rahmen seiner Datenanalyse selbst und unabhängig tätig. Im Wege der Analyse der bei Europol gespeicherten Daten nimmt Europol eigene Ermittlungen vor, die das Recht auf informationelle Selbstbestimmung berühren. Es handelt sich um operative Maßnahmen der verdeckten Informationserhebung und -verarbeitung. Die polizeiliche Arbeit verlagert sich angesichts dessen zu einer „Tätigkeit auf Vermutungsbasis".[12] Das bedeutet, dass das Wissen, aus dem sich möglicherweise ein Verdacht ergibt, von der Polizei selbst generiert werden soll. So gelangen nachrichtendienstliche Arbeitsmethoden in die polizeiliche Tätigkeit. Diese Art operativer polizeilicher Tätigkeit hat verschiedene Zielrichtungen. Mal dient sie der Vorsorge für künftige Strafverfolgung. Mal kann sie auch der Vorbereitung zur Gefahrenabwehr dienen. Eine klare Zuordnung zu einem der klassischen polizeilichen Aufgabenfelder Gefahrenabwehr und Strafverfolgung ist nicht möglich.[13]

Voraussetzung für die Nutzung personenbezogener Daten in Europols Datenanalyse ist laut EPK weder ein strafrechtlicher Anfangsverdacht noch eine konkrete polizeirechtliche Gefahr. Die operative Beobachtung kriminogener Entwicklungen soll ein zielgerichtetes polizeiliches Handeln bei der Verdichtung hin zu einer Gefahr oder zu einem Verdacht ermöglichen. Die Informationsbeschaffung beginnt schon bei den Risikopotentialen künftiger Kriminalität.[14] Damit wird der Eingriff in das Vorfeld von Gefahren und Straftaten gerückt. Die Schwelle zum staatlichen Eingriff wird zum Zwecke der Vorsorge in einen Bereich vorverlegt, in dem die betroffene Person in keinem Zusammenhang mit einer Rechtsgutsgefährdung steht.

---

[11] Nr. B. 10. des Aktionsplans des Rates und der Kommission zur bestmöglichen Umsetzung der Bestimmungen des Amsterdamer Vertrages über den Aufbau eines Raumes der Freiheit, der Sicherheit und des Rechts , Abl. C 19 vom 23.1.1999 S.1.

[12] Bizer, DuD 1999, 1.

[13] Hierzu ausgiebig die weiteren Hinweise bei: Artzt, Die verfahrensrechtliche Bedeutung polizeilicher Vorfeldermittlungen, S. 91 ff.; Hoppe, Spannungsverhältnis , S. 95 ff.

[14] Jedoch ohne Bezug zu Europol: Neumann, Vorsorge und Verhältnismäßigkeit, S. 18.

Die Vorverlagerung der Eingriffsschwelle führt dazu, dass in großem Umfang unbescholtene Personen von Eingriffen betroffen werden. Dies kollidiert mit der verfassungsrechtlichen Notwendigkeit eines Zurechnungszusammenhangs zwischen dem Verhalten des Einzelnen und der Gefährdung eines zu schützenden Rechtsguts.[15] Die Bindung staatlicher Maßnahmen an normativ gefasste Zurechnungszusammenhänge trägt maßgeblich zur Rechtssicherheit bei. Art. 20 Abs. 3 GG sanktioniert die Gesetzmäßigkeit der Verwaltung und der Herrschaftsausübung als Wesenselement des Rechtsstaatsprinzips. Staatliches Handeln erfordert eine Rechtsgrundlage, so dass es grundsätzlich vorhersehbar sein muss. Ist das staatliche Handeln mangels normativer Eingriffsschwellen nicht mehr voraussehbar, geht dies zu Lasten der Rechtssicherheit und öffnet einen Türspalt zu staatlicher Willkür.

In der Literatur wird zum Teil die Auffassung vertreten, dass sich die Zulässigkeit von informationellen Vorfeldeingriffen aus einem aus dem Grundgesetz ableitbaren staatlichen Schutzauftrag der Informationsvorsorge[16] ergebe, hinter dem das Recht auf informationelle Selbstbestimmung zurückzutreten habe.[17] Die Gegenauffassung betont, dass die Vorfeldeingriffe kaum mit dem rechtsstaatsimmanenten Grundsatz der Bestimmtheit von Gesetzen oder dem Verbot von Ausforschungsermittlungen in Einklang gebracht werden könnten und deswegen in ihrer existierenden Form abzulehnen seien.[18] *Lisken* vertritt sogar die Auffassung, dass bestimmte Vorfeldeingriffe aus dem Arsenal eines „permanenten Ausnahmezustands“ stammen.[19] Mit dem Urteil vom 27.7.2005 hat sich das Bundesverfassungsgericht die Kritik an unbestimmten Vorfeldeingriffen zu eigen gemacht, soweit es die präventive Überwachung der Telekommunikation betrifft. [20] Das Urteil kann als Maßstab herangezogen werden, um festzustellen, inwieweit die dort zum Ausdruck gelangten grundsätzlichen verfassungsrechtlichen Wertungen auch auf Maßnahmen zur Bekämpfung der organisierten Kriminalität und des Terrorismus Anwendung finden können.

B. ZIEL UND GANG DER UNTERSUCHUNG

Ziel der vorliegenden Arbeit ist es, die Wirkungsweise von Europol sowie insbesondere den daraus erwachsenden Konflikt mit den Grundrechten zu verdeutlichen, um die bedeutsame Frage zu klären, ob Europols Tätigkeit rechtlich zulässig sein kann. Im Zuge dessen konzentriert sich die Arbeit auf die besonders grundrechtsrelevante Datenanalyse Europols, weil hier Europol - im Vergleich zur reinen

---

[15] Landesverfassungsgericht Mecklenburg-Vorpommern LKV 2000, 149; Vgl. auch die ergänzenden Hinweise bei Lisken, in: Handbuch des Polizeirechts, Kap. C Rz. 38.
[16] So z.B. Aulehner, Polizeiliche Gefahren- und Informationsvorsorge; Pitschas, ZRP 1993, 174.
[17] So im Ergebnis auch Lorenz, JZ 1992, 1000 ff.
[18] Rogall, Informationseingriff und Gesetzesvorbehalt, S.87; Roggan, Handbuch der zum Recht der Inneren Sicherheit, S. 81.
[19] Lisken, NVwZ 1998, 22, 24.
[20] BVerfGE 113, 348, 388 (Präventive Telekommunikationsüberwachung – Nds.SOG).

Datensammlung - selbst handelnd aktiv wird und die Verflechtungen zwischen der nationalstaatlichen und der europäischen Ebene der Polizeikooperation akzentuiert zu Tage treten. Es werden die Auswirkungen der Datenanalyse Europols auf das Recht auf informationelle Selbstbestimmung und das hinter der europäischen Polizeikooperation stehende Grundrechtsverständnis untersucht. Auf diese Weise sollen allgemeine Schlüsse zur Vereinbarkeit des polizeilichen Handlungskonzepts der Risikovorsorge mit den Anforderungen an eine rechtsstaatliche Polizeiarbeit gezogen und somit Aussagen zum aktuellen Verhältnis von Freiheit und Sicherheit getroffen werden.

Das Phänomen der Verlagerung der Eingriffsschwelle in das Vorfeld von Straftaten und konkreter Gefahren bedarf sowohl einer gründlichen Untersuchung als auch einer neuen Begrifflichkeit. Der Begriff der Virtualität kann sich hier als besonders hilfreich erweisen.

Die Arbeit ist in vier Teile untergliedert. Der erste Teil ist beschreibend und befasst sich zunächst mit der Entstehung, Aufgabenzuweisung, Organisation und den Handlungsweisen von Europol. Es wird beschrieben, wie Europol die ihm zur Verfügung stehenden Daten sammelt, analysiert und mit anderen Polizeien austauscht. Danach wird der Frage nachgegangen, woher Europol die Daten erhält, die es zur Erledigung seiner Aufgaben benötigt. An dieser Stelle wird auf die verschiedenen modernen Formen des Datenanfalls eingegangen und beschrieben, wie die Daten in Deutschland für polizeiliche Zwecke verwendet werden. Dem schließt sich ein kurzer Überblick über die in Deutschland und anderweitig bestehenden polizeilichen Befugnisse zur Datenerhebung an, um die verschiedenen Möglichkeiten darzustellen, die Europol hat, um relevante Daten zu erhalten. Auf diese Weise wird der Bezug zwischen der heute alltäglichen individuellen Informationsproduktion und der polizeilichen Nutzung dieser Informationen durch Europol hergestellt und der Umfang des durch Anwendung der modernen Informationstechnologien polizeilich generierbaren Wissens deutlich gemacht.

Im zweiten Teil geht es um das Verhältnis zwischen der europolizeilichen Datenanalyse und dem nach deutschem Recht einschlägigen Recht auf informationelle Selbstbestimmung. Es wird versucht, die wesentlichen tatsächlichen und rechtlichen Merkmale der europolizeilichen Eingriffsschwelle zu bestimmen, da sich diese aus der EPK nicht eindeutig ergeben. Hierzu wird in einem ersten Schritt (Teil 2, A. I: und II.) die polizeiliche Datenanalyse von Europol hinsichtlich der Frage untersucht, ob es sich dabei um einen Eingriff in das Recht auf informationelle Selbstbestimmung handeln könnte. Ausgangspunkt ist die inhaltliche Bestimmung der durch dieses Recht geschützten Freiheitssphäre. In einem zweiten Schritt (A. III.) erfolgt eine Auseinandersetzung mit der Frage, nach welchem Recht ein Eingriff durch Europol zu bewerten wäre. Da es sich bei Europol nicht um eine nationale, sondern um eine europäische Einrichtung handelt, können verschiedene Grundrechtsstandards maßgeblich sein. Aus diesem Grunde ist zu klären, ob der hohe Grundrechtsstandard des deutschen Grundgesetzes anzulegen ist oder ob es ausreicht, wenn nur ein vergleichbarer Grundrechtsschutz gewährt wird.

Danach (Teil 2, B.) wird versucht die sich aus der EPK ergebenden Voraussetzungen für die Datenanalyse Europols zu bestimmen. Dabei ist zu berücksichtigen, dass die EPK keine konkreten normativen Voraussetzungen für die Datenanalyse nennt, sondern nur die von den Analysemaßnahmen betroffenen Personen an Hand allgemeiner Kriterien zu beschreiben versucht. Die Eingriffsschwelle ist deshalb undeutlich und muss erst hergeleitet werden. Mittels einer Analyse der Eingriffsschwellen aus dem deutschen Strafprozess- und Polizeirecht lässt sich eine faktische Eingriffsschwelle bei Europol identifizieren. Dies geschieht indem Europols Analysetätigkeit jenen Sachverhalten und polizeilichen Tätigkeiten gegenüber gestellt wird, die den nationalen Eingriffsschwellen zu Grunde liegen.

Die dann als virtueller Verdacht identifizierbare faktische Eingriffsschwelle für Europols Datenanalyse wird in Teil 3 der Arbeit einer Bewertung unterzogen. Zunächst wird die Natur des virtuellen Verdachts sowie seine praktische Bedeutung erörtert (Teil 3, A.). Hierzu werden die tatsächlichen und die rechtlichen Wirkungen dieser Eingriffsschwelle in Augenschein genommen und in Bezug zum polizeilichen Handlungskonzept der Risikovorsorge gesetzt. In der Folge werden die variierenden Einsatzfelder der Ergebnisse der Datenanalyse dargestellt, um den genauen Zweck der Datenanalyse Europols bestimmen zu können. Die sich daran anschließende Verfassungsmäßigkeitsprüfung (Teil 3, B.) richtet sich nach den im Volkszählungsurteil des Bundesverfassungsgerichts[21] aufgestellten Anforderungen an die Rechtfertigung eines Eingriffs in das Recht auf informationelle Selbstbestimmung. Daher wird die europolizeiliche Eingriffsschwelle auf Normenklarheit und Verhältnismäßigkeit geprüft. Außerdem wird erörtert, ob die EPK notfalls kompensatorischen Grundrechtsschutz durch verfahrensrechtliche Vorkehrungen bietet. Teil 3 wird mit einem Exkurs beendet, der sich zum Einen mit den Versuchen befasst, polizeiliche Vorsorgekompetenzen und damit auch Europols Tätigkeiten, mit Argumenten zu legitimieren, deren Übereinstimmung mit dem Grundrechtsverständnis des deutschen Grundgesetzes allenthalben fraglich erscheint und zum Anderen, ob Europols Tätigkeiten als Ausdruck staatlicher Vorsorgekompetenzen, wie in *Liskens*[22] oben genannten These, Elemente eines Ausnahmezustands in sich tragen.

Der vierte und letzte Teil der Arbeit enthält eine Zusammenfassung der Ergebnisse der Untersuchung und hinterfragt in zusammenfassender Form die rechtspolitische Ausrichtung der europäischen Polizeikooperation. Zum Schluss werden in einem Ausblick Lösungsansätze für die im Laufe der Untersuchung festgestellten Probleme geboten.

---

[21] BVerfGE 65, 1 (Volkszählung).
[22] Lisken, NVwZ 1998, 22, 24.

Teil 1

Europol und die polizeiliche Verwertung personenbezogener Daten

A. AUFGABEN UND TÄTIGKEITEN EUROPOLS

I. Die Entwicklungsgeschichte von Europol

1. Vorstufen der polizeilichen Zusammenarbeit in Europa

Die ersten Versuche internationaler Polizeizusammenarbeit in Europa wurden durch das Attentat auf die österreichische Kaiserin Elisabeth 1898 ausgelöst.[23] 1914 schlug die französische Regierung beim ersten internationalen Polizeikongress in Monaco vor, nach Formen einer formellen Zusammenarbeit zu suchen.[24] Diese Versuche wurden aber durch den 1. Weltkrieg unterbrochen. Nach dem Krieg wurde diese Idee im Jahre 1923 beim zweiten internationalen Polizeikongress in Wien wieder aufgegriffen und führte zur Gründung der Internationalen kriminalpolizeilichen Kommission[25], die 1956 den Namen Interpol erhielt. Es ging darum, den Informations- und Erfahrungsaustausch zwischen den Polizeichefs der zunächst 34 beteiligten Nationen zu ermöglichen.[26] In der Zeit nach dem 2. Weltkrieg stieg die Zahl der beteiligten nationalen Polizeien stark an. Heute gibt es 182 Mitglieder.

Interpol ist eine internationale Organisation, die in erster Linie als weltweite Koordinierungsstelle dient. Jeder Mitgliedstaat verfügt über ein Landeszentralbüro, das mit dem Generalsekretariat in Lyon in Kontakt steht.[27] Interpol hat die Aufgabe, die mitgliedstaatlichen kriminalpolizeilichen Behörden bei der Wahrnehmung ihrer Aufgaben zu unterstützen.[28] Interpol soll u.a. verhindern, dass sich gesuchte Straftäter ins Ausland absetzen und ist daher im wesentlichen ein Fahndungsinstrument. Es können Personen international zur Fahndung ausgeschrieben und sachdienliche Hinweise ausgetauscht werden.[29] Ferner können Warnungen vor bestimmten verdächtigen Personen herausgegeben und Gegenstände zur Sachfahndung ausgeschrieben werden. Heute führt Interpol darüber hinaus ein multinationales Verbrechensanalyseprogramm namens Analytical Criminal Intelligence Unit (ACIU) mit dem Ziel, international auftretende Kriminalitätsprobleme und Verhütungsstrategien zu bewerten.[30]

Interpol entsprach am Ende der 1960er Jahre nicht mehr den Erwartungen der seinerzeitigen Polizeistrategen in Europa. Insbesondere führte Interpol nach Überzeugung der europäischen Polizeibehörden zu keinen befriedigenden Ergebnissen

---

[23] Occhipinti, The Politics of EU Police Cooperation, S. 29.
[24] Kröger, Europol und Individualrechtsschutz, S. 54.
[25] http://www.interpol.int/Public/Icpo/introduction.asp am 10.5.2005.
[26] Storbeck, Kriminalistik, 1996, 17; Occhipinti, The Politics of EU Police Cooperation, S. 29.
[27] Brodag, Kriminalistik, S. 42.
[28] Art. 2 a), b) Interpol-Statut.
[29] Bäumler, in: Europäische Sicherheitsunion, S. 145, 147.
[30] Kröger, Europol und Individualrechtsschutz, S. 56.

bei der Verfolgung der Drogenkriminalität sowie später in den 1970er Jahren bei der Bekämpfung des Terrorismus.[31]

2. *Die TREVI-Kooperation*

Der nach dem 2. Weltkrieg ausgefochtene „kalte Krieg" zwischen dem US-dominierten Westen und dem sowjet-dominierten Ostblock wirkte sich auf die Arbeit von Interpol aus. Insbesondere die sich in den 1970er Jahren vom sog. Linksterrorismus bedroht fühlenden Staaten der Europäischen Gemeinschaft (EG) drängten dahin, eigene Kooperationsformen zu entwickeln, da Interpol statutmäßig unzuständig und angesichts der vielen politisch opponierenden Mitglieder gelähmt war. Zum Zwecke des Gedankenaustausches kamen ab 1971 im sog. Club von Bern hohe Vertreter der Nachrichtendienste der EG-Mitgliedstaaten sowie der Schweiz und Norwegens zusammen.[32] Dabei handelte es sich um informelle Geheimtreffen, die ein gemeinsames Vorgehen gegen den Terrorismus zum Inhalt hatten. Im Bereich der Bekämpfung der Drogenkriminalität wurde unter bedeutender Mitwirkung des Bundeskriminalamtes (BKA) 1971 die Ständige Arbeitsgruppe Rauschgift (STAR) gebildet, an der sich im Laufe der 1970er Jahre mehrere europäische Staaten beteiligten.

In der gleichen Zeit gelang es den Polizeibehörden der EG-Mitgliedstaaten, auf ministerieller Ebene, ein Bewusstsein für steigenden Rauschgifthandel und für eine steigende Gewaltbereitschaft verschiedener gesellschaftlicher Gruppen, insbesondere unter Studenten, zu schaffen.[33] Gruppierungen wie die Baader-Meinhof-Gruppe oder die Roten Brigaden in Italien verübten bereits Anschläge. Das Olympia-Attentat von 1972 trug zu verstärkten Bemühungen um eine Zusammenarbeit bei der Terrorismusbekämpfung bei.

Infolgedessen beschloss der Europäische Rat in seiner Tagung in Rom am 1./2. Dezember 1975 auf Vorschlag des britischen Premierministers Callaghan regelmäßige Treffen der für Fragen der inneren Sicherheit zuständigen Minister einzurichten.[34] Dem war im Juli 1975 ein informelles Treffen der Innen- und Justizminister der EG-Mitgliedstaaten in Rom vorausgegangen.[35] Die Entwicklung der TREVI-

---

[31] Darnanville, Europol, S. 36.
[32] Darnanville, Europol, S. 37.
[33] Darnanville, Europol, S. 94.
[34] Zott, Der rechtliche Rahmen der innen- und justizpolitischen Zusammenarbeit in der Europäischen Union, S. 32; Oberleitner, Schengen und Europol, S. 5.
[35] Das Treffen fand in einem Gebäude am Trévi-Brunnen in Rom statt. Es lässt sich nicht mehr mit aller Eindeutigkeit feststellen, ob die Bezeichnung für die regelmäßigen Treffen der TREVI-Gruppe deshalb so gewählt worden ist oder ob dies die Abkürzung für *terrorisme, radicalisme, extrémisme et violence international* ist.

Kooperation folgte den jeweils vorherrschenden Bedrohungsszenarien: Linksterrorismus, Drogen- und organisierte Kriminalität.[36]

Die TREVI-Kooperation wurde sehr spät institutionalisiert. Den gefassten Beschlüssen kam keine Bindungswirkung zu.[37] Die TREVI-Kooperation existierte zunächst außerhalb der Strukturen der Europäischen Gemeinschaften. Erst der Vertrag von Maastricht[38] 1992 schuf mit der sog. Dritten Säule der EU einen institutionellen Rahmen für die intergouvernementale Zusammenarbeit in Sachen Inneres und Justiz. Mit Europol ist eine eigenständige Behörde geschaffen worden, die einige Aufgaben der TREVI-Kooperation übernommen und erweitert hat. Nachfolger der TREVI-Kooperation sind neben Europol die Lenkungsgruppen im Rahmen der sog. K-4-Kooperation.[39]

Die Zusammenarbeit in der TREVI-Gruppe erfolgte auf verschiedenen Ebenen und in verschiedenen Arbeitsgruppen. Hohe Ministerialbeamte bereiteten gemeinsam die nun regelmäßig alle sechs Monate stattfindenden Treffen der Innen- und Justizminister vor. Den Ministern wurden dort zuvor von Ministerialbeamten und den Polizeichefs erstellte Berichte über die Arbeitsgruppen vorgelegt.[40] In den Arbeitsgruppen trafen Polizeispezialisten mit Justizexperten zusammen und führten Seminare durch. Die Arbeitsgruppe TREVI I behandelte Fragen zur Bekämpfung des Terrorismus in Europa. Hierzu gehörte der Austausch relevanter Informationen wie auch die Erstellung von Analysen über gegenwärtige Bedrohungen und Gefährdungen.[41] Gleichzeitig wurde 1976 die Arbeitsgruppe TREVI II gegründet, in der es um allgemeine Fragen der polizeilichen Zusammenarbeit ging. Dies betraf Fragen der Ausrüstung der polizeilichen Einsatzkräfte, den Erfahrungsaustausch bezüglich eingesetzter Kommunikations- und Kriminaltechnik sowie den Einsatz von Datenverarbeitungstechnologien und die Schulung der Polizeikräfte. 1985 wurde der Aufgabenbereich von TREVI II wegen der Ausschreitungen im Brüsseler Heysel-Stadion[42] um die Bekämpfung des Fußball-Rowdytums erweitert.[43] TREVI III wurde ebenfalls 1985 geschaffen und diente der Verbesserung der Zusammenarbeit bei der gemeinsamen Bekämpfung der organisierten Kriminalität. Dabei stand die Bekämpfung der Rauschgiftkriminalität im Vordergrund. Der Aufgabenbereich von TREVI III wurde nach und nach um die Geldwäsche, Kfz-Diebstahl und Banküberfälle erweitert. Auf der Tagung des Europäischen Rates in

[36] Fisahn, KJ 1998, 358, 359.
[37] Busch, Neue Kriminalpolitik 2000, 22, 23.
[38] Abl. C 191/1 vom 29.7.1992.
[39] Aufgrund des Art. K. 4 EUV a.F.(seit dem Inkrafttreten des Vertrages von Amsterdam: Art. 32 EUV) betreffend die Zusammenarbeit im Bereich Inneres und Justiz.
[40] Occhipinti, The Politics of EU Police Cooperation, S. 32.
[41] Kröger, Europol und Individualrechtsschutz, S. 31.
[42] Hieran ist zu erkennen, dass bereits damals Einzelereignisse zum Anlass genommen worden sind, bestimmte soziale Phänomene insgesamt unter kriminalpolitischen Gesichtspunkten zu betrachten.
[43] Occhipinti, The Politics of EU Police Cooperation, S. 32.

Luxemburg am 28./29. Juni 1991 wurde beschlossen, die bereits seit 1990 mit der Entwicklung einer zentralen europäischen Datenerfassungsstelle für Rauschgiftangelegenheiten (European Drug Intelligence Unit, EDIU) befasste Untergruppe von TREVI III unter dem Namen Arbeitsgruppe Europol auszubauen und mit der Errichtung eines europäischen Polizeiamtes zu beauftragen.[44]

3. Europol-Drogeneinheit (European Drugs Unit, EDU)

Schon auf der Tagung in Luxemburg wurde darüber beraten, den Aufbau der europäischen kriminalpolizeilichen Zentralstelle im Wege einer Konvention vorzunehmen. Uneinigkeit bestand lange Zeit über den Standort des Polizeiamtes. Mit dem Vertrag von Maastricht ergab sich immerhin die Möglichkeit, Europol teilweise in den institutionellen Rahmen der neu geschaffenen EU zu integrieren. In der intergouvernementalen Zusammenarbeit der dritten Säule der EU wurde unter Art. K.1 Nr. 9 EUV[45] vereinbart, dass die Einrichtung einer Europol-Drogeneinheit als Vorläufer eines europäischen Polizeiamtes Europol eine Angelegenheit von gemeinsamem Interesse ist.

Da Einigkeit über den Aufbau Europols bestand, aber die Erstellung und Ratifikation der Konvention weitere Jahre in Anspruch nehmen sollte, wurde die Europol-Drogeneinheit im Wege einer Ministerialvereinbarung geschaffen. Die am 2.6.1993 in Kopenhagen geschlossene Vereinbarung[46] zwischen den Innen- und Justizministern der EU wurde zuvor sorgfältig seit September 1992 von einer TREVI ad-hoc-Gruppe ausgearbeitet.[47] Die Vereinbarung konnte zum 30.10.1993 in Kraft treten, nachdem sich der Europäische Rat tags zuvor auf Den Haag als Sitz der künftigen Behörde hatte verständigen können. EDU hat am 3.1.1994 ihre Arbeit aufgenommen.

Mit EDU wurde eine polizeiliche Einrichtung geschaffen, die ganz wesentlich dem EU-internen polizeilichen Informationsaustausch diente. Damit war den Forderungen und Bedürfnissen der Kriminalpolizeien Rechnung getragen worden, die stets bemängelten, durch bürokratische Hindernisse an einer effektiven Zusammenarbeit gehindert zu sein.[48] Der Informationsaustausch ermöglichte nicht nur die Koordination gemeinsamer internationaler Einsätze gegen grenzüberschreitende Kriminalität. Der Nutzen lag ganz besonders darin, sich gegenseitig für nationale Ermittlungen und Fahndungen Informationen zur Verfügung stellen zu können. Die zusammengeführten Informationen konnten darüber hinaus gemeinsam ausgewertet werden. Die Datenanalyse ermöglichte ihrerseits ein abgestimmtes Vorgehen der

---

[44] Kröger, Europol und Individualrechtsschutz, S. 31; Darnanville, Europol, S. 101.
[45] Seit dem Vertrag von Amsterdam: Art. 29 EUV.
[46] BGBl. 1995 II 154 ff.
[47] Oberleitner, Schengen und Europol, S. 102.
[48] Storbeck, in: Zusammenarbeit der Polizei, S. 81.

beteiligten Polizeibehörden und die Erstellung von Lagebildern und Bekämpfungsstrategien. Die Zuständigkeit von EDU, die sich zunächst auf den illegalen Drogenhandel beschränkte, ist 1995 um Nuklearkriminalität, illegale Einwanderung und KfZ-Verschiebung erweitert worden.

Da EDU allein auf einer Ministerialvereinbarung beruhte, verfügte die Drogeneinheit über keine eigene Rechtspersönlichkeit.[49] Zwar gab es einen eigenen Haushalt, der aber vom niederländischen Justizministerium verwaltet wurde. Auch hatte EDU kein eigenes Personal. Dies führte insbesondere zu einem ungeklärten Status der dort tätigen Beamten. Diese waren faktisch im Auftrag des Entsendestaates außerhalb ihres Territoriums auf niederländischem Hoheitsgebiet tätig.[50] Jeder beteiligte Staat entsandte Verbindungsbeamte zu EDU, die jeweils einen Online-Direktzugang zu ihren nationalen Informationssystemen hatten oder per E-mail mit ihren nationalstaatlichen Zentralstellen korrespondierten. Ersuchen und Anfragen einer nationalen Behörde gingen bei den jeweiligen nationalen Verbindungsbeamten bei EDU ein und wurden von diesem an seinen zuständigen Kollegen innerhalb von EDU zur Beantwortung weitergereicht. Sobald dieser von seiner nationalen Stelle die Informationen erhielt, wurden diese über den Verbindungsbeamten des anfragenden Staates an dessen nationale Stelle übermittelt. Dieses Verfahren ist gewählt worden, da EDU eine eigene Rechtsgrundlage fehlte. Der Informationsaustausch konnte jedoch auf Grundlage nationaler Gesetze, bi- und multilateraler Abkommen oder Rechtshilfeabkommen erfolgen.[51] Entscheidend ist, dass bereits auf diese Weise der Austausch auch noch nicht ausermittelter sog. weicher Daten, die noch kriminalpolizeilich zu bewerten waren, wie Angaben zu Tätern, Kommunikationsmitteln, Verdachtsmomente, etc., möglich wurde.[52] Bereits bei EDU bestand eine Rufbereitschaft rund um die Uhr.[53]

Weiterer Schwerpunkt der Tätigkeit von EDU war die Datenanalyse. Allerdings wurde die Datenanalyse durch den Umstand erschwert, dass EDU aufgrund der fehlenden Rechtsgrundlage keine personenbezogenen Daten verarbeiten durfte. Die Datenanalyse erfolgte daher nur mit anonymisierten personenbezogenen und nichtpersonenbezogenen Daten. Dabei können drei Arten von Analysen unterschieden werden: strategische, taktische und operative Analysen. Strategische Analysen bewerten das den nationalen Behörden zur Verfügung stehende rechtliche und technische Instrumentarium sowie die beim Rauschgifthandel genutzten Schmuggelrouten und die Methoden der damit verbundenen Geldwäsche. Taktische Analysen liefern Angaben zu bestimmten kriminellen Organisationen, wie beispielsweise ihren modus operandi, oder zu Preisen und Reinheitsgehalt von Suchtstoffen. Im Rahmen von operativen Analysen bereitete EDU operative Einsätze

---

[49] Zieschang, ZRP 1996, 427.
[50] Storbeck, in: Zusammenarbeit der Polizei, S. 81, 86.
[51] Storbeck, Kriminalistik 1996, 17, 18.
[52] Storbeck, Kriminalistik 1996, 17, 18.
[53] Oberleitner, Schengen und Europol, S. 110.

nationaler Polizeibehörden vor und verwendete dabei auch personenbezogene Daten, soweit die EDU-Analytiker den ermittlungsführenden Behörden zugewiesen worden sind.[54] Darüber hinaus beteiligte sich EDU, auf Anfrage, unterstützend an operativen Einsätzen der nationalen Polizeien und koordinierte sog. kontrollierte Lieferungen. Problematisch blieb für EDU mangels eigener Rechtspersönlichkeit der Kontakt zu polizeilichen Behörden außerhalb der EU oder zu internationalen Organisationen wie Interpol.

4. Schengener Durchführungsübereinkommen (SDÜ)

Die polizeiliche Zusammenarbeit im Rahmen des Schengener Durchführungsübereinkommen vom 19.6.1990 (SDÜ)[55] steht nicht in einem ursprünglichen Kontext zur Bekämpfung des Terrorismus oder der organisierten Kriminalität. Die Vertragsstaaten Deutschland, Frankreich, Belgien, Luxemburg und die Niederlande vereinbarten bereits am 14.6.1985 das Übereinkommen über den schrittweisen Abbau der Kontrollen an den gemeinsamen Grenzen (Schengen-Abkommen).[56] Die Vertragsstaaten des später in Dublin beschlossenen Schengener Durchführungsübereinkommen waren der Ansicht, dass die Öffnung der Binnengrenzen mit einem Sicherheitsverlust einher gehen würde und beschlossen sog. Ausgleichsmaßnahmen.[57] Diese Ausgleichsmaßnahmen bilden das Kernstück des Übereinkommens.[58] Die Vereinbarungen betreffen den verstärkten Ausbau der Außengrenzen, die Visa- und Asylpolitik, die grenzüberschreitende polizeiliche Kooperation sowie die Errichtung des automatisierten Schengener Informationssystems (SIS). Es handelt sich bei letzterem um ein Fahndungssystem zur Personen- und Sachfahndung, das nicht nur, aber insbesondere die illegale Einreise von Drittausländern in das Schengen-Gebiet verhindern soll.

Die Vertragsstaaten sind untereinander zur Amtshilfe bei der vorbeugenden Bekämpfung und der Verfolgung von Straftaten verpflichtet.[59] Unter bestimmten Voraussetzungen sind die Polizeien der Vertragsparteien sogar zur Observation und Nacheile auf dem Territorium eines anderen Vertragsstaates befugt.[60] Im Wege

---

[54] Oberleitner, Schengen und Europol, S. 112.

[55] Übereinkommen zur Durchführung des Übereinkommens von Schengen vom 14.6.1985, BGBl. 1993 II 1010 ff.

[56] GMBl. 1986, 79 ff. Schon diesem Übereinkommen ging das Übereinkommen von Saarbrücken zwischen Deutschland und Frankreich vom 13.7.1984 (BGBl. 1984 II 767) zum Abbau der Grenzkontrollen vor.

[57] Denkschrift zum Übereinkommen von Schengen, BT-Drs. 12/2453, S. 91; Schriever-Steinberg, DuD 2000, 209; Holzberger/Schubert, Bürgerrechte & Polizei/ CILIP 59 (1/98), S. 12 ff.; Schubert, Tatort Europa, S. 6 ; Meng, in: Europäische Sicherheitsunion, S.175, 183; Kröger, Europol und Individualrechtsschutz, S. 59; Wolters, Kriminalistik 1995, S. 172 ff.

[58] Schomburg/Lagodny, Internationale Rechtshilfe in Strafsachen, SDÜ, Übersicht, Rz. 17.

[59] Art. 39 SDÜ; Di Fabio, DÖV 1997, 89, 93.

[60] Art. 40, 41 SDÜ.

der Spontanauskunft[61] kann eine Vertragspartei einer anderen betroffenen Vertragspartei ohne förmliches Ersuchen Informationen zum Zwecke der Gefahrenabwehr oder zu vorbeugenden Zwecken übermitteln. Bemerkenswert ist dies, weil damit die Möglichkeit geschaffen wird, dass die Polizei Informationen erhält, zu deren Erhebung sie nach ihrem nationalen Recht möglicherweise nicht befugt gewesen wäre. Ein besonderer praktischer Fortschritt bei der grenzüberschreitenden Zusammenarbeit wurde erreicht, indem Informationen über Vernehmungen und über Spuren leichter austauschbar geworden sind.[62]

Mittlerweile sind die Vorschriften über die Visa- und Asylpolitik in der ersten Säule der EU „vergemeinschaftet" worden. Die polizeiliche Zusammenarbeit ist hingegen in die Dritte Säule der EU integriert worden, so dass es bei der intergouvernementalen Zusammenarbeit verbleibt und das Europäische Parlament auch hier an Entscheidungen nicht beteiligt ist.

5. Raum der Freiheit, der Sicherheit und des Rechts

Die Europäische Union verfolgt ausweislich des Art. 29 EUV das Ziel, den Bürgern der EU in einem Raum der Freiheit, der Sicherheit und des Rechts ein hohes Maß an Sicherheit zu bieten. Dieses Ziel soll im Wege der polizeilichen und justiziellen Zusammenarbeit der Mitgliedstaaten erreicht werden. Die vereinbarte Kooperation betrifft die Verhütung und Bekämpfung jeglicher Art von Kriminalität.[63] Hierzu sollen die Polizei- und Zollbehörden enger zusammenarbeiten und die Strafvorschriften der Mitgliedstaaten harmonisiert werden. Insbesondere schließt das gemeinsame Vorgehen die operative Zusammenarbeit der Behörden, den Informationsaustausch und die Förderung Europols ein.[64] Zur Umsetzung dieser Zielvorgaben beschloss der Rat gemeinsam mit der Kommission am 3.12.1998 einen Aktionsplan.[65] Dort wird das Verständnis des Rates und der Kommission hinsichtlich der Begriffe Freiheit, Sicherheit und Recht erläutert. Der Aktionsplan fixiert darüber hinaus Prioritäten und einzelne zu ergreifende Maßnahmen.

Unter Freiheit versteht der Aktionsplan in erster Linie den freien Personenverkehr innerhalb der EU. Der „umfassende Freiheitsbegriff" beinhaltet auch, so der Aktionsplan, dass die nationalen und die Unionsbehörden „alles in ihrer [...] Macht stehende tun, um gegen diejenigen vorzugehen, die diese Freiheit nicht anerkennen oder sie mißbrauchen." Im Zuge der Zusammenarbeit ausgetauschte personenbe-

---

[61] Art. 46 SDÜ.
[62] Wolters, Kriminalistik 1995, S. 172, 173.
[63] So im Ergebnis auch Kraus-Vonjahr, Der Aufbau eines Raums der Freiheit, der Sicherheit und des Rechts in Europa, S. 198.
[64] Art. 30 Abs.1 und 2 EUV.
[65] Aktionsplan des Rates und der Kommission zur bestmöglichen Umsetzung der Bestimmungen des Amsterdamer Vertrages über den Aufbau eines Raums der Freiheit, der Sicherheit und des Rechts, Abl. C 19 vom 23.1.1999 S.1 (Aktionsplan vom 3.12.1998).

zogene Daten sollen unter besonderen Schutz fallen. Der Schutz der Privatsphäre sei mit den Belangen der öffentlichen Sicherheit in ein angemessenes Gleichgewicht zu bringen. Als zu ergreifende Maßnahmen zur Gewährleistung eines Raums der Freiheit nennt der Aktionsplan im Wesentlichen Maßnahmen gegen illegale Einwanderung und zur Kontrolle der Außengrenzen.

Im Bereich der Sicherheit liegt die Bekämpfung der organisierten und der Drogenkriminalität sowie der Ausbau Europols im Mittelpunkt. Die Dokumentationsarbeit von Europol soll sich insbesondere auf die operative Tätigkeit ausrichten. So soll Europols Fallanalyse „so oft wie möglich in operative Schlussfolgerungen münden."[66] Mittelfristig soll sich Europol in operative Aktionen[67] einschalten und die Ermittlungen in den Mitgliedstaaten koordinieren.

II. Befugnisse und Funktionsweise Europols

1. Rechtliche Grundlagen

Am 1.10.1998 ist die Europol-Konvention (EPK)[68] in Kraft getreten.[69] Da aber das Immunitätenprotokoll und die Geschäftsordnung der Gemeinsamen Kontrollkommission (GKI) ratifiziert werden mussten, konnte Europol erst am 1.7.1999 seine Arbeit aufnehmen. Europol besitzt als Träger von konkreten Rechten und Pflichten Völkerrechtssubjektivität.[70]

a) Vertrag von Amsterdam

Laut Amsterdamer Vertrag hat Europol die Aufgabe, Ermittlungen in speziellen Fällen durch die Behörden mehrerer Mitgliedstaaten zu koordinieren und durchzuführen, spezifisches Fachwissen zu entwickeln mit dem die Mitgliedstaaten bei Ermittlungen in Fällen organisierter Kriminalität unterstützt werden können und Kontakte zwischen Richtern und Ermittlungsbeamten, deren Spezialgebiet die Bekämpfung der organisierten Kriminalität ist, herzustellen.

---

[66] Aktionsplan vom 3.12.1998, dort unter Punkt C.I.1.a) ii).

[67] Im Schrifttum besteht Uneinigkeit darüber, welche Tätigkeiten der Begriff operativer Aktionen in Bezug auf Europol umfassen soll. Kraus-Vonjahr, Der Aufbau eines Raums der Freiheit, der Sicherheit und des Rechts in Europa, S. 214 erkennt in dem Begriff allein „die Koordinierung komplexer Ermittlungen zur Verbesserung der Leistungsfähigkeit" der nationalen Behörden. Mit verdeckter Informationsgewinnung habe dies nichts zu tun; aA Kröger, Europol und Individualrechtsschutz, S.49 ff., Degenhardt, Europol und Strafprozess, S. 183 ff., Tolmein, StV 1999, 108, 115, letztlich wohl selbst der Stabsleiter Europols Peter Vowé 1999 in: Krempl, Computer – Daten – Macht, Internet am 22.6.2004 soweit jener von einem „information design needed for action" spricht.

[68] Abl. C 316 vom 26.7.1995 S.1.

[69] BGBl. 1997 II 2150.

[70] Martínez Soria, VerwArch 1998, 400, 418.

b) Verfassungsentwurf

In der an den Referenden in den Niederlanden und Frankreich gescheiterten europäischen Verfassung war in Art. III-276 Abs. 1 ein Ausbau der Kompetenzen von Europol in Fällen von Schwerkriminalität vorgesehen, die zwei oder mehr Mitgliedsstaaten betreffen. Es sollte Europol ermöglicht werden, die Koordinierung, die Organisation und die Leitung von zusammen mit den nationalen Behörden durchgeführten Aktionen zu übernehmen.[71] In dem Verfassungsentwurf war ebenfalls vorgesehen, dass das Europäische Parlament unter Einbeziehung der nationalen Parlamente eine Kontrollfunktion über Europol ausübt.[72] Dessen Handlungen hätten ferner im Einklang mit der Charta der Grundrechte der Europäischen Union stehen und der juristischen Kontrolle durch den Europäischen Gerichtshof unterliegen sollen. Da die Verfassung jedoch an den Referenden in Frankreich und den Niederlanden gescheitert ist, bleibt es zunächst bei den Regelungen der EPK.

c) Reformvertrag

Der Europäische Rat hat auf seiner Tagung vom 21./22.6.2007 beschlossen, einer gemäß Art. 48 EUV einzuberufenden Regierungskonferenz das Mandat zu erteilen, einen Reformvertrag auszuarbeiten, der wesentliche Bestimmungen der gescheiterten Verfassung in die bestehenden Verträge übernehmen soll. Mit Bezug auf Europol ändert sich im Vergleich zum Verfassungsentwurf allein die zu verwendende Terminologie, da sich der Europäische Rat darauf verständigte, das Verfassungskonzept aufzugeben. Statt den im Verfassungsentwurf vorgesehenen Bezeichnungen „Europäisches Gesetz" und „Gesetz" verbleibt es bei der bisherigen Begrifflichkeit (Verordnung, Richtlinien, Beschluss, etc.). Der Vertrag über die Europäische Union (EUV) und der Vertrag zur Gründung der Europäischen Gemeinschaft (EGV) werden geändert. Der EUV wird seine derzeitige Bezeichnung behalten und der EGV wird Vertrag über die Arbeitsweise der Union genannt werden. Der Ausdruck „Gemeinschaft" wird durchgängig durch den Ausdruck „Union" ersetzt.[73]

Von erheblicher Bedeutung ist die Tatsache, dass die EU in Zukunft eine einheitliche rechtliche Persönlichkeit haben soll. Das hat die Aufgabe des „Säulenmodells" zur Folge. Die Zusammenarbeit der EU-Mitgliedstaaten im Bereich Justiz und Inneres wird damit „vergemeinschaftet" und in den einheitlichen Rechtsrahmen der künftigen EU überführt.

Im Ergebnis führt dies dazu, dass, wie im Verfassungsentwurf vorgesehen, Europol der Kontrolle durch das Europäische Parlament und durch die nationalen Parla-

---

[71] Art. III-276 Abs. 2, S.1 b) Entwurf einer Verfassung für Europa.

[72] Art. III-276 Abs. 2 S.2 Entwurf einer Verfassung für Europa.

[73] Schlussfolgerungen des Vorsitzes des Europäischen Rates v. 23.6.2007, Dokument des Rates Nr. 11177/07.

mente unterliegen wird.[74] Die Einzelheiten und konkreten Abläufe werden in einem zu erlassenden Rechtsakt bestimmt werden. Entscheidend ist, dass das Europäische Parlament in Zukunft bei Europol betreffenden Rechtsakten mitentscheidet. Auch gilt künftig die Charta der Grundrechte, da diese gemäß Art. 51 auf Einrichtungen der Union und auf die Mitgliedstaaten bei der Durchführung des EU-Rechts Anwendung findet. Der Europäische Gerichtshof wird ebenfalls für Europol zuständig sein, da gemäß Art. III-377 des Verfassungsentwurfes lediglich Maßnahmen der Mitgliedstaaten von seinem Zuständigkeitsbereich ausgeschlossen sein werden. Inwieweit diese Vorschriften dazu beitragen werden, den Grundrechtsschutz der Bürger gegenüber Europol zu stärken, wird sich zu erweisen haben.

Noch vor dem wahrscheinlichen Inkrafttreten des Reformvertrages im Jahre 2009 soll die Europol-Konvention (EPK) bis spätestens zum 30.6.2008 durch einen Beschluss des Rates nach Art. 34 Abs. 2 c) EUV ersetzt werden.[75] Hiernach wäre Europol aus dem Gesamthaushalt zu finanzieren und in den einheitlichen Rechtsrahmen überführt. Der Vorschlag für einen Beschluss des Rates zur Errichtung des Europäischen Polizeiamtes sieht die in Art. III-276 Abs. 1 des Verfassungsentwurfs vorgesehene Erweiterung des Zuständigkeitsbereiches auf die Schwerkriminalität bereits vor.[76] Schon jetzt sind andere wichtige Änderungsprotokolle der EPK in Kraft getreten. So dürfen Europol-Beamte seit Inkrafttreten des Protokolls v. 28.11.2002 an gemeinsamen Ermittlungsgruppen in den Mitgliedstaaten teilnehmen und Informationen aus laufenden Analysedateien direkt einbringen.[77]

2. Ziel- und Aufgabenbestimmung Europols

Die EPK unterscheidet zwar zwischen den Zielen[78] und den Aufgaben[79] Europols, der Unterschied fällt aber nicht ins Gewicht. Vielmehr ist von einer einheitlichen Ziel- und Aufgabenbestimmung auszugehen. Die europäische Polizeibehörde soll die Leistungsfähigkeit der zuständigen Behörden der Mitgliedstaaten und ihre Zusammenarbeit durch Sammlung und Verwertung von Informationen verbessern. Dies betrifft die Verhütung und die Bekämpfung des Terrorismus, des Drogenhandels und „sonstige schwerwiegende Formen der internationalen Kriminalität". Voraussetzung für die Eröffnung des Zuständigkeitsbereiches von Europol ist, dass mehrere Mitgliedstaaten in einer Weise betroffen sind, die wegen des Umfangs, der Bedeutung und der Folgen der strafbaren Handlungen ein gemeinsames Vorgehen

[74] Art. I-42 Abs. 2 iVm Art. III-260, III-276 Entwurf einer Verfassung für Europa.
[75] Vgl. Entwurf von Schlussfolgerungen des Rates zur Ersetzung des Europol-Übereinkommens durch einen Beschluss des Rates, Dokument des Rates Nr. 10326/07 v. 4.6.2007.
[76] Vorschlag für einen Beschluss des Rates zur Errichtung des Europäischen Polizeiamtes, Dokument des Rates Nr. 10327/07 v. 4.6.2007.
[77] Rechtsakt des Rates, Abl. C 312 v. 16.12.2002, S. 2.
[78] Art. 2 EPK.
[79] Art. 3 EPK.

erfordert und tatsächliche Anhaltspunkte für eine kriminelle Organisationsstruktur vorliegen.

a) Zuständigkeitsbereich

Nachdem sich der Zuständigkeitsbereich zunächst auf die Verhütung und Bekämpfung des Drogenhandels, des illegalen Handels mit nuklearen und radioaktiven Substanzen, der Schleuserkriminalität, des Menschenhandels und der KfZ-Kriminalität beschränkte,[80] wurde Europol etappenweise[81] auch für den Terrorismus und weitere im Anhang zu Art. 2 EPK benannte Kriminalitätsformen zuständig. Europols Zuständigkeitsbereich betrifft somit auch Delikte gegen das Leben, gegen die körperliche Unversehrtheit und Freiheit[82] sowie gegen fremdes Vermögen und staatliches Eigentum,[83] Betrug, illegalen Handel und Straftaten gegen die Umwelt.[84] Die Zuständigkeit Europols geht darüber noch hinaus, indem die mit den aufgeführten Kriminalitätsformen verbundenen Geldwäschehandlungen und die mit den Kriminalitätsformen im Zusammenhang stehenden Straftaten ebenfalls mitumfasst sind.[85]

Hintergrund des nur in Schritten erfolgten Kompetenzausbaus war die Befürchtung einiger Mitgliedstaaten zu viele Kompetenzen im Bereich der inneren Sicherheit zu verlieren.[86] Insbesondere die terroristischen Anschläge vom 11.9.2001 führten jedoch auf Regierungsebene zur Erkenntnis, dass die Zusammenarbeit erweitert und vertieft, der Informationsaustausch intensiviert werden müsse, so dass sich Europol nun für alle denkbaren Straftaten, mit Ausnahme der Kleinkriminalität, zuständig halten darf.[87]

Dies ergibt sich aus der Tatsache, dass die Zuständigkeitsregelungen nicht viel mehr als einen aussagearmen Programmsatz darstellen.[88] Die verwendeten Begriffe bleiben vage und sind kaum geeignet den genauen Zuständigkeitsbereich zu beschreiben. Dies betrifft sowohl den Begriff der „kriminellen Organisationsstruktur"

---

[80] Art. 2 Abs. 2 EPK.
[81] Zuletzt mit Rechtsakt des Rates vom 27.11.2003, Abl. C 2 vom 6.1.2004, S. 1.
[82] Vorsätzliche Tötung, schwere Körperverletzung, illegaler Handel mit Organen und menschlichem Gewebe, Entführung, Freiheitsberaubung, Geiselnahme, Rassismus und Fremdenfeindlichkeit.
[83] Organisierter Diebstahl, illegaler Handel mit Kulturgütern, einschließlich Antiquitäten und Kunstgegenständen, Betrugsdelikte, Erpressung und Schutzgelderpressung, Nachahmung und Produktpiraterie, Fälschung von amtlichen Dokumenten und der Handel damit, Geldfälschung, Fälschung von Zahlungsmitteln, Computerkriminalität und Korruption.
[84] Illegaler Handel mit Waffen, Munition und Sprengstoffen, mit bedrohten Tier-, Pflanzen- und Baumarten, mit Hormonen und Wachstumsförderern und Umweltkriminalität.
[85] Art. 2 Abs. 3 Nr. 1 und 2 EPK.
[86] Martinez Soria, VerwArch 1998, 400, 421.
[87] Zieschang, ZRP 1996, 427, 428 spricht von einer „Allzuständigkeit" Europols.
[88] Zieschang, ZRP 1996, 427, 428.

als auch die Frage, welche Voraussetzungen gegeben sein müssen, damit sich ein Mitgliedstaat als „betroffen“ anzusehen hat.

(1) Kriminelle Organisationsstruktur

Der schwerfällige Begriff der „kriminellen Organisationsstruktur“ resultiert aus einem Übersetzungsfehler aus dem Französischen.[89] Im französischen Text heißt es „l'existence d'une structure ou d'une organisation criminelle“. Folgerichtig kommt es nicht darauf an, dass Straftaten begangen worden sein müssen. Für die europolizeiliche Unterstützung von strafrechtlichen Ermittlungen hat dies bemerkenswerte Folgen. Denn das Anknüpfen allein an eine kriminelle Organisationsstruktur, unabhängig von der Begehung von Straftaten, löst den Tatverdacht als Voraussetzung für staatliche Ermittlungsmaßnahmen aus dem Strafverfahren heraus.[90] Ohne Straftat bzw. Tatverdacht fehlen die erforderlichen Abwägungskriterien für die Prüfung der Verhältnismäßigkeit der zu treffenden Maßnahmen. Sowohl das Legalität- als auch das Verhältnismäßigkeitsprinzip sind bei der Bestimmung der Zuständigkeit Europols unbeachtet geblieben.

(2) Mitgliedstaatliche Betroffenheit

Der ebenfalls laut EPK erforderliche Gesichtspunkt der mitgliedstaatlichen Betroffenheit ist allenfalls relativ. Ob der Grad der Betroffenheit ein gemeinsames Vorgehen erfordert, kann von den einzelnen Mitgliedstaaten durchaus unterschiedlich bewertet werden. Verbindliche Kriterien nennt die EPK nicht. Die Auffassung, die EPK enthalte klare Definitionen der Zuständigkeit Europols[91] übersieht daher, dass der Wortlaut keine konkreten Rückschlüsse auf den exakten Bereich erlaubt, in dem Europol tätig werden soll.[92]

(3) Verhütung und Bekämpfung

Europols Zuständigkeitsbereich soll laut EPK die „Verhütung und Bekämpfung“ von Kriminalität umfassen. Sowohl der Begriff der Verhütung als auch der Bekämpfung von Kriminalitätsformen ist vom Wortlaut derart vage, dass nicht klar ist, welche Tätigkeiten in den Zuständigkeitsbereich Europols fallen sollen und welche nicht.[93] Klassische polizeiliche Aufgaben sind die Gefahrenabwehr und die Strafverfolgung. Europols Zuständigkeitsbereich soll aber offenbar darüber hinaus gehen. Denn angesichts der von der EPK verwendeten Begriffe der „Verhütung

[89] Oberleitner, Schengen und Europol, S.124.
[90] Degenhardt, Europol und Strafprozess, S. 151.
[91] z.B.Manske, Kriminalistik 2001, 105.
[92] Zieschang, ZRP 1996, 427, 428.
[93] Degenhardt, Europol und Strafprozess, S. 150.

und Bekämpfung" stellt sich die Frage, ob Europol nicht auch zur Vorsorge für die künftige Strafverfolgung aufgefordert sein soll.[94]

(a) Verhütung von Straftaten

Der Begriff der „Verhütung" weist auf eine präventive Zielrichtung hin. Verhütung bedeutet, in bevorstehende oder gegenwärtige Geschehensabläufe einzugreifen, um ein bestimmtes Ereignis zu unterbinden. Es kommt dabei wesentlich auf den Zeitpunkt des Eingriffs an. So kann beispielsweise eine Straftat dadurch verhütet werden, dass kurz vor dessen Vollendung, bei dessen Vorbereitung, oder noch früher ein polizeilicher Zugriff auf den vermeintlichen künftigen Täter erfolgt. Erforderlich hierfür ist jedenfalls die Kenntnis einer bevorstehenden Tat. Diese Kenntnis kann nur im Wege der Informationsbeschaffung erlangt werden. Die Verhütung von Straftaten erfordert daher vom Grundsatz her eine ausreichende Menge an Informationen, um die Begehung einer künftigen Straftat prognostizieren zu können. Da die Begehung der Straftat nie gewiss sein kann, kann es sich nur um eine vorsorgliche Informationsbeschaffung handeln. Je weiter die Informationsbeschaffung zeitlich von der vermeintlichen Tat entfernt ist, desto weniger kann von originärer Strafverfolgung die Rede sein, auch wenn die Verhaftung und Bestrafung des möglichen Täters das Ziel der Informationsbeschaffung gewesen sein mag. Das polizeiliche Handeln verliert aber auf diese Weise seine Bindung an Verdachtsgründe oder konkrete Aufklärungsziele und dringt in das Vorfeld von Gefahren und Straftaten ein.[95]

(b) „Bekämpfung"

Der Begriff der „Bekämpfung" weist ebenfalls keinen wesentlichen materiellen Inhalt auf.[96] Im Vergleich zur „Verhütung" scheint hier zwar eine eher repressive Zielrichtung beabsichtigt zu sein. Doch diese ist mit der herkömmlichen Strafverfolgung nicht deckungsgleich. Die Strafverfolgung ist an das Legalitätsprinzip gebunden, wonach die Polizei ihr bekannt gewordene Straftaten zu verfolgen hat. Strafverfolgung dient dem Zweck, in der Vergangenheit liegende, bereits begangene Straftaten aufzuklären und die Täter zu bestrafen. Die klassische Strafverfolgung ist daher reaktiv. Die Bekämpfung einiger hervorgehobener Kriminalitätsfelder, wie im Falle Europols, deckt sich damit nicht. Die Bekämpfung von Kriminalität geht über den rein reaktiven Ansatz hinaus. Das Ziel des Bekämpfungsansatzes ist die Beseitigung der jeweiligen Kriminalitätsform schlechthin.[97] Folgerichtig wird behauptet,

---

[94] Die Zuständigkeit für Vorsorge ausschließend: Petri, Europol, S. 45; Tolmein, StV 1999, 108, 110.

[95] Degenhardt, Europol und Strafprozess, S. 150.

[96] Degenhardt, Europol und Strafprozess, S. 150.

[97] Sielaff, in: Organisierte Kriminalität, S. 508; Degenhardt, Europol und Strafprozess, S. 149.

der staatliche Strafanspruch müsse im Sinne einer effektiven Kriminalitätsbekämpfung aufgeschoben werden oder gänzlich untergehen, wenn er sich als Hindernis darstelle.[98] Es bliebe damit Europol weitgehend selbst überlassen, zu beurteilen, ob seine Zuständigkeit gegeben ist.[99]

Als mögliche „Bekämpfungsmaßnahmen" sind neben der klassischen reaktiven Strafverfolgung insbesondere Maßnahmen zur Vorsorge für die künftige Strafverfolgung vorstellbar. Eine solche antizipierte Strafverfolgung verfolgt den Zweck, bereits vor Begehung von Straftaten genügende Informationen und gegebenenfalls Beweismaterial zu sichern, um nach der tatsächlichen Begehung der Straftat, den Täter auch wirklich überführen zu können. Problematisch ist hierbei, dass die Maßnahmen zu einem Zeitpunkt ergriffen werden, an dem noch nicht feststeht, ob eine Straftat überhaupt begangen werden wird. Außerdem kann zu einem solchen Zeitpunkt auch nicht erkennbar sein, welche konkrete Straftat bevorstehen soll, so dass sich die gesammelten Informationen im Zweifel als überflüssig oder unzulänglich erweisen können. Der Erfolg der antizipierten Strafverfolgung ist im Wesentlichen Glückssache oder Ergebnis einer umfassenden vorsorglichen Sammlung von Informationen über eine zum Zeitpunkt des Eingriffs unbescholtene Person. Bedenken am Bekämpfungsansatz bestehen deswegen nicht nur aus Effektivitätsgründen, sondern auch aus rechtsstaatlicher Sicht. Gleichwohl sollen diese proaktiven und anlasslosen Maßnahmen nach Ansicht des ehemaligen Europol-Direktors *Storbeck* Europol in die Lage versetzen, Ermittlungen in den Mitgliedstaaten zu initiieren und zu unterstützen.[100]

So wünschenswert eine Beschränkung Europols auf die reaktive Strafverfolgung aus rechtsstaatlicher Sicht wäre, so realitätsfern ist der Glaube, dass ausgerechnet auf europäischer Ebene die seit fast 30 Jahren bestehende Tendenz zur Verlagerung der polizeilichen Aktivitäten in das Vorfeld von Straftaten und Gefahren außer Kraft gesetzt wird.[101] Zu beobachten ist eine innerer Stimmigkeit und Autodynamik folgende, kaum umkehrbare Entwicklung[102]. Entgegen anderslautender Auffassungen in der Literatur ist aus der Ziel- und Aufgabenbestimmung Europols eine Begrenzung der Zuständigkeit nicht ableitbar.[103] Die gegenteilige Auffassung verkennt ihrerseits die in der EPK angelegte, eindeutig operativ-proaktive Ausrichtung Europols.[104]

---

[98] Kniesel, ZRP 1987, 377, 381.
[99] Degenhardt, Europol und Strafprozess, S. 153.
[100] Storbeck in: Dokumente der Fraktion der SPD im Deutschen Bundestag, Nr. 6/01, S. 29.
[101] Siehe hierzu eingehend: Busch, Neue Kriminalpolitik 2000, 22 ff.
[102] Frehsee, Neue Kriminalpolitik 1999, 16, 20.
[103] a.A. z.B.: Petri, Europol, S. 45; Tolmein, StV 1999, 108, 110.
[104] Vgl. hierzu die Darstellungen von Storbeck in: Dokumente der Fraktion der SPD im Deutschen Bundestag, Nr. 6/01, S. 17 ff.

b) Aufgabenbereich

Es ist bislang in der EPK nicht vorgesehen, dass Europol mit eigenen Beamten in den Mitgliedstaaten Ermittlungen betreibt. Zwar kann sich Europol an nationalen Ermittlungsaktionen beteiligen. Eine originäre Ermittlungsbefugnis, die klassische Zwangsmaßnahmen einschließt, besitzt Europol nicht. Europol ist vielmehr als zentrale Service-Einrichtung zur Koordination der Zusammenarbeit der Polizeibehörden der Mitgliedstaaten konzipiert.[105] In diesem Sinne wird für Europol ein serviceorientiertes Aufgabenverständnis reklamiert.[106]

Konkret kommt Europol die Aufgabe zu[107], den Informationsaustausch zwischen den Mitgliedstaaten zu erleichtern, Informationen und Erkenntnisse zu sammeln, zusammenzustellen und zu analysieren. Die gewonnenen Erkenntnisse hat Europol an die zuständigen nationalen Behörden weiterzuleiten. Hierdurch soll Europol nationalstaatliche Ermittlungen unterstützen. Als Kernaufgabe Europols ist der Betrieb von automatisierten Informationssammlungen anzusehen. Da nach der Auffassung heutiger Polizeipraktiker die Information den „Rohstoff der polizeilichen Arbeit" darstellt,[108] müsse diese hochwertig sein und den zuständigen Behörden schnell zur Verfügung stehen. Europol soll im Rahmen seiner Intelligence-Arbeit die ihm zur Verfügung stehenden Information veredeln. Die „Informationsveredelung" sei im Wege eines Multi-Agency-Approaches optimal zu erfüllen.[109] Voraussetzung hierfür sei ein stetiger Informationsfluss aus den mitgliedstaatlichen Behörden. Aus Gründen des vermeintlichen Quellenschutzes[110] und teils aus Misstrauen gegenüber Konkurrenzbehörden halten Polizeibehörden wiederholt Informationen zurück.[111] Bis zu den Anschlägen vom 11.9.2001 beklagte sich Europol-Direktor *Storbeck* vielfach direkt und indirekt[112] darüber, dass die Mitgliedstaaten zwar an den Erkenntnissen Europols interessiert seien, aber nur unzureichende Bereitschaft an den Tag legten, die ihnen zur Verfügung stehenden Informationen zu übermitteln, da die EPK eine solche Verpflichtung nicht ohne Grund statuiere.[113] Nach den Terroranschlägen nahm der Informationsfluss allerdings erheblich zu.[114] Im Januar 2006 lobte der neue Europol-Direktor Max-Peter Ratzel bereits die

---

105 Manske, Kriminalistik 2001, 105.

106 Bruhn/Risch, Kriminalistik 2000, 2,4.

107 Art. 3 Abs. 1 EPK.

108 Bruhn/Risch, Kriminalistik 2000, 2,4.

109 Bruhn/Risch, Kriminalistik 2000, 2,5.

110 Bruhn/Risch, Kriminalistik 2000, 2,5.

111 Europol-Direktor Storbeck unterließ es nicht, stets gründlich darauf hinzuweisen, dass Europol die Kompetenzen der nationalen Behörden nicht beeinträchtige, sondern sich vielmehr ihren Bedürfnissen anpassen würde. So Storbeck, in: Innenpolitik 1997, 7, 9.

112 Storbeck in: Die Welt vom 5.10.2001; Rath, in: die tageszeitung v. 4.3.2003.

113 Art. 4 Abs. 4 Nr. 1 EPK.

114 Vgl. hierzu Europol-Arbeitsprogramm 2003, Pkt. 4.7.

wachsende Bereitschaft der nationalen Sicherheitsbehörden, Europol Informationen zu liefern.[115]

Neben der Funktion als europäische Datensammelstelle[116] tritt Europol mit der Erstellung strategischer Erkenntnisse für operative Aufgaben auf nationaler Ebene und von Gesamt- und Lageberichten über den Stand der Arbeit in Erscheinung. Europol soll Spezialkenntnisse im Ermittlungsbereich vertiefen und Einzelfallberatung anbieten. Ferner berät Europol auf den Gebieten der Fortbildung, Organisation und materiellen Ausstattung, entwickelt Methoden zur Verhütung von Straftaten und bietet Unterweisungen im Bereich der Kriminalwissenschaft an.[117]

Zur Erfüllung dieser Aufgaben unterhält Europol das Europol-Computer-System (TECS).[118] Es setzt sich aus drei Einzelsystemen zusammen. Das Informationssystem (EIS)[119] stellt die Datensammlung Europols dar, auf die die nationalen Behörden zugreifen können. Die Analysetätigkeit, die durch das Analysesystem (OASIS)[120] betrieben werden soll, ist das Herzstück Europols. Dort werden die eingegebenen Daten nicht nur gespeichert, sondern mannigfaltig verknüpft, um anschließend ausgewertet werden zu können. Die operativen Fall- und strategischen Lageanalysen Europols sind auf einen umfangreichen Datenfundus zurückzuführen. Das Indexsystem ermöglicht es, festzustellen, ob eine bestimmte Information im Analysesystem vorhanden ist. Aus der Analysetätigkeit hervorgegangene Daten kann Europol in das Informationssystem eingeben und so den berechtigten Stellen zugänglich machen.[121]

c) Immunitätsregelung

Beachtlich im Zusammenhang mit der Aufgabenerfüllung ist, dass Europol-Bedienstete, obgleich mit Hoheitsrechten ausgestattete Polizeibeamte, Immunität genießen.[122] Zur Begründung wird ins Feld geführt, es handele sich bei Europol um eine internationale Organisation.[123] Dort seien entsprechende Regelungen, so auch bei Interpol, üblich.[124] *Bull* behauptet, es solle sogar generell wünschenswert

[115] Zitiert bei Bolesch, in: Süddeutsche Zeitung vom 16.1.2006.
[116] Kübler, Die Säulen der Europäischen Union, S. 103; Martinez Soria, VerwArch 1998, 400, 422.
[117] Art. 3 Abs. 2 und 3 EPK.
[118] Aus dem Englischen: The Europol Computer System.
[119] Europol-Information-System (EIS).
[120] Overall Analysis System for Investigation Support (OASIS).
[121] Art. 7 Abs. 1 S. 2 EPK.
[122] Art. 41 EPK iVm Rechtsakt des Rates über die Fertigstellung aufgrund von von Art. K. 3 und von Art 41 Abs. 3 des Europol-Übereinkommens des Protokolls vom 19.6.1997 über die Vorrechte und Immunitäten für Europol, die Mitglieder der Organe, die stellvertretenden Direktoren und Bediensteten von Europol, Abl. C 221 vom 19.7.1997, S.1.
[123] Hierzu: Hirsch, ZRP 1998, 10, 11.
[124] Bull, DRiZ 1998, 32, 40.

sein, wenn sich der kriminalistische Sachverstand ungestört von insbesondere politischen Einflüssen entfalten könne.[125] Auch könne eine Polizei durch unberechtigte Strafanzeigen nahezu lahmgelegt werden.[126] Wenn allerdings selbst eine massive Befugnisüberschreitung oder –anmaßung nur disziplinarische Maßnahmen und nicht auch Strafverfolgung nach sich zöge, könnte eine Polizeibehörde willentlich und wissentlich Nutzen hieraus ziehen. Rechtsstaatlich ist dies absolut inakzeptabel.[127]

3. Organisationsstruktur Europols

Europol verfügt über eigene Organe sowie über spezifische Kontrollinstitutionen und Verbindungsbeamte zu den nationalen Stellen der Mitgliedstaaten. Die Behörde setzt sich aus vier Abteilungen zusammen, die von den stellvertretenden Direktoren geleitet werden.[128] Es handelt sich um die Abteilung Schwerkriminalität (Serious Crime), die Abteilung Forschung und Entwicklung (Development), die Abteilung Ressourcen (Resources) und die Abteilung Technische Dienste (Technology Services).[129] In der Abteilung Schwerkriminalität werden die Kriminalitätsfelder untersucht, die in den Zuständigkeitsbereich Europols gefallen sind. Die dort tätigen Bediensteten stammen aus den verschiedenen nationalen Polizeibehörden und sind mit der Aufgabe des Informationsaustausches und der Datenanalyse betraut.

a) Direktor

Der Direktor ist gesetzlicher Vertreter Europols.[130] Er ist Leiter der Behörde und verantwortlich für die Erfüllung der Europol übertragenen Aufgaben. Ihm obliegt die Aufsicht über die laufende Verwaltung, die Personalverwaltung und die sachgerechte Ausarbeitung und Durchführung der vom Verwaltungsrat gefassten Beschlüsse. Er hat die Entwürfe des Haushalts-, Stellen- und Finanzplans aufzustellen und für deren Ausführung zu sorgen.[131] Der Direktor und das gesamte Europol-Personal dürfen von keiner Regierung, Behörde, Organisation oder nicht Europol angehörenden Personen Weisungen entgegennehmen.[132] Die Ernennung des Direktors erfolgt einstimmig durch den Rat[133] nach Stellungnahme des Verwaltungsrates von Europol. Rechenschaftspflichtig ist der Direktor nur dem Verwaltungs-

---

[125] Bull, DRiZ 1998, 32, 38.
[126] Europol-Direktor Storbeck zit. bei: Hirsch, ZRP 1998, 10, 13.
[127] Hirsch, ZRP 1998, 10, 13.
[128] Freyer, Kriminalistik 2003, 80.
[129] Freyer, Kriminalistik 2003, 80, 81.
[130] Art. 29 Abs. 5 EPK.
[131] Art. 29 Abs. 3 Nr. 1-5 EPK.
[132] Art. 30 Abs. 1 EPK.
[133] Beim Rat handelt es sich um den Rat gemäß Art. 203 EGV, Art. 1 EUV. Der Rat besteht aus je einem Vertreter jedes Mitgliedstaates auf Ministerebene.

rat.[134] Eine Entlassung des Direktors ist durch den Rat bei einer Zweidrittelmehrheit möglich.[135] Dem Direktor stehen stellvertretende Direktoren bei, die ebenfalls vom Rat ernannt werden. Erster Direktor von Europol war von 1999-2005 der ehemalige Koordinator der in Europol aufgegangenen Europol-Drogenstelle (EDU) Jürgen Storbeck. Sein Nachfolger ist Max-Peter Ratzel.

b) Verwaltungsrat

Der Verwaltungsrat setzt sich aus je einem Vertreter der Mitgliedstaaten zusammen und stellt nach dem Direktor das wichtigste Organ Europols dar.[136] Dem Verwaltungsrat obliegen mannigfaltige Aufgaben. Diese reichen von der Mitwirkung an der Erweiterung des Aufgabenbereichs von Europol, über die Ausarbeitung von Durchführungsbestimmungen, diverse Verwaltungsaufgaben bis hin zu Kontrollbefugnissen.[137] Hervorzuheben ist die Befugnis, die Errichtungsanordnungen für die von Europol geführten Dateien festzusetzen. Der Verwaltungsrat wird seinerseits vom Rat kontrolliert. Mitglieder der Europäischen Kommission können an den Sitzungen des Verwaltungsrates ebenso teilnehmen wie Sachverständige aus den Mitgliedstaaten.[138]

c) Finanzkontrolleur und Haushaltsausschuss

Der Haushaltsausschuss setzt sich aus je einem Vertreter der Mitgliedstaaten zusammen und hat die Aufgabe, die Beratungen in Haushalts- und Finanzfragen vorzubereiten.[139] Der Haushalt wird vom Direktor entworfen und nach Prüfung durch den Haushaltsausschuss dem Verwaltungsrat vorgelegt, der diesen nach einer Stellungnahme dem Rat zur Entscheidung weiterreicht.

Die Kontrolle der Einnahmen und Ausgaben obliegt dem Finanzkontrolleur, der vom Verwaltungsrat ernannt und kontrolliert wird.

Nach der Überführung Europols in den einheitlichen rechtlichen Rahmen der EU durch Ersetzung der EPK durch einen Beschluss des Rates wird Europol aus dem Gesamthaushalt der EU finanziert werden. Die Finanzierung hieraus soll am 1.1.2010 beginnen.[140]

---

[134] Petri, Europol, S. 32 hält daher die rechtliche Verantwortlichkeit des Direktors für merkwürdig ausgestaltet.

[135] Art. 29 Abs. 6 EPK.

[136] Kalk, DuD 1999, 442.

[137] Art. 28 Abs. 1 EPK.

[138] Art. 28 Abs. 4 und 5 EPK, Art. 2 § 7 Abs. 1 EuropolG.

[139] Art. 35 Abs. 8 EPK.

[140] Vgl. Entwurf von Schlussfolgerungen des Rates zur Ersetzung des Europol-Übereinkommens durch einen Beschluss des Rates, Dokument des Rates Nr. 10326/07 v. 4.6.2007, S. 3.

d) Gemeinsame Kontrollinstanz

Der gemeinsamen Kontrollinstanz (GKI) kommt die Aufgabe zu, die Tätigkeit Europols dahingehend zu überprüfen, ob durch die Speicherung, die Verarbeitung und die Nutzung der bei Europol vorhandenen Daten die Rechte von Personen verletzt werden.[141] Die GKI setzt sich aus je zwei Vertretern der nationalen Kontrollinstanzen zusammen, die ihrerseits von der Europol-Konvention vorgesehen sind, aber von den Mitgliedstaaten konstituiert werden.[142] Gemäß § 6 Abs. 1 EuropolG nimmt der Bundesbeauftragte für den Datenschutz die Aufgaben der nationalen Kontrollinstanz nach Art. 23 EPK wahr.

Die erste Plenarsitzung der GKI fand am 9.10.1998 in Den Haag statt.[143] Die GKI tritt mindestens viermal im Jahr zusammen. In der Praxis tritt sie jedoch öfter zusammen. Sie verfügt über einen eigenen Haushalt, so dass ihr ein gewisses Maß an Flexibilität zur Verfügung steht.[144]

Die GKI wirkt bei der Erstellung der Errichtungsanordnungen für die Arbeitsdateien zu Analysezwecken mit, sie berät bei der Kommunikation mit Drittstaaten und Drittstellen und ermöglicht zugleich die Durchführung von Beschwerdeverfahren bezüglich des Auskunftsanspruchs, des Rechts auf Berichtigung oder Löschung von Daten gegenüber Europol. Durch die Mitwirkung an der Erstellung der Errichtungsanordnungen ist die GKI wie der Verwaltungsrat an wesentlichen exekutiven Entscheidungen Europols beteiligt. Dies kann zu nicht unerheblichen Interessenkonflikten führen. Darüber hinaus ist die persönliche und sachliche Unabhängigkeit der GKI-Mitglieder nicht gewährleistet, da diese sich aus den nationalen Kontrollinstanzen rekrutieren und auch hier Interessenkonflikte im Zusammenhang mit der Kontrollfunktion, insbesondere bei Beschwerdeverfahren auftreten können.[145]

Die Zwitterstellung[146] der GKI ist offenbar Differenzen zwischen den Mitgliedstaaten hinsichtlich ihrer Ausrichtung geschuldet.[147] Die GKI ist zwar bei der Wahrnehmung ihrer Aufgaben keinen Weisungen unterworfen, sie muss aber bei ihrer Tätigkeit von Europol unterstützt werden.[148]

---

[141] Art. 24 Abs. 1 EPK.
[142] Art. 23 EPK.
[143] Tätigkeitsbericht Oktober 1998 – Oktober 2002 der Gemeinsamen Kontrollinstanz von Europol, S. 7.
[144] Tätigkeitsbericht Oktober 1998 – Oktober 2002 der Gemeinsamen Kontrollinstanz von Europol, S. 8.
[145] Martinez Soria, VerwArch 1998, 400, 432.
[146] Petri, Europol, S.33.
[147] Kalk, DuD 1999, 442, 443 verweist auf vergleichbare Probleme bei der Beratung über die Geschäftsordnung der GKI Anfang 1999.
[148] Oberleitner, Schengen und Europol, S. 152.

e) Nationale Stelle

Jeder Mitgliedstaat bezeichnet oder errichtet eine nationale Stelle, die als einzige Verbindungsstelle zwischen Europol und den zuständigen Behörden der Mitgliedstaaten fungiert.[149] Die Beziehungen zwischen der nationalen Stelle und den nationalen Behörden richten sich nach dem Recht des Mitgliedstaats. Die Mitgliedstaaten haben den Zugang der nationalen Stelle zu den nationalen Datensammlungen zu gewährleisten. In Deutschland hat das BKA die Funktion der nationalen Stelle inne.[150] Die Tätigkeit des BKA als nationale Stelle für Europol zählt zu dessen Aufgaben als Zentralstelle.[151]

Aufgabe der nationalen Stelle ist es, Europol aus eigener Initiative die Informationen und Erkenntnisse zu liefern und auf dem neuesten Stand zu halten, die für die Durchführung der Aufgaben Europols erforderlich sind.[152] Sie hat Anfragen von Europol zu beantworten und eigene Anfragen an Europol zu richten. Sie übermittelt Europol die Informationen für die Speicherung in dessen automatisierten Informationssammlungen. Eine Ausnahme von der Übermittlungspflicht besteht allein für den Fall, dass die Übermittlung wesentliche nationale Sicherheitsinteressen schädigen, den Erfolg laufender Ermittlungen oder die Sicherheit einer Person gefährden würde. Für die Rechtmäßigkeit des Informationsaustausches mit Europol hat die nationale Stelle indes selbst Sorge zu tragen. Auffällig ist, dass die EPK nicht festlegt, ob die zu benennende Behörde eine Polizei- oder Justizbehörde zu sein hat.[153] In Deutschland führt dies dazu, dass die Staatsanwaltschaften den Informationsaustausch nicht überwachen können und sich mit Ersuchen an das BKA wenden müssen.

f) Verbindungsbeamte

Bereits vor der Schaffung von Europol arbeiteten bei den wichtigsten Botschaften polizeiliche Verbindungsoffiziere, die den Kontakt zwischen den Staaten herstellten. Diese Netzwerke von Verbindungsoffizieren wurden sukzessive in die geschaffenen Institutionen (Schengen, Europol) integriert.[154]

Die Verbindungsbeamten[155] bei Europol können zurecht als die „Gesandten der Mitgliedstaaten“[156] bezeichnet werden. Jeder Mitgliedstaat entsendet mindestens einen Verbindungsbeamten zu Europol. Deren Aufgaben bestehen darin, den Kon-

[149] Art. 4 Abs. 1 und 2 EPK.
[150] Art. 2 § 1 Nr. 1 EuropolG; §§ 2, 14 BKAG.
[151] Ahlf/Daub/Lersch/Störzer, BKAG, § 3 Rz. 4.
[152] Art. 4 Abs. 4 Nr. 1 EPK.
[153] Oberleitner, Schengen und Europol, S. 129.
[154] Van Outrive, DuD 2000, 23, 24.
[155] Art. 5 EPK; englisch: Europol Liason Officers (ELO).
[156] Freyer, Kriminalistik 2003, 80, 81.

takt zwischen der nationalen Stelle und Europol hinsichtlich der Datenübermittlung herzustellen.[157] Jeglicher Austausch personenbezogener Daten erfolgt über die Verbindungsbeamten.[158] Ferner sind sie an der Datenanalyse Europols beteiligt.[159] Zur Erfüllung ihrer Aufgaben haben die Verbindungsbeamten das im Rahmen der EPK gewährte Recht, aus Europols Datensammlungen Informationen abzurufen und dort einzugeben.

Die Verbindungsbeamten unterfallen der Immunitätsregelung für Europol-Bedienstete[160], obgleich sie dem nationalen Recht des entsendenden Mitgliedstaats unterliegen und dessen Interessen bei Europol vertreten sollen. Rechtlich bilden die Verbindungsbeamten einen Teil der nationalen Stelle. Aufgrund ihres Selbstverständnisses, als Teil der taktisch-operativen Arbeitsweise Europols tätig zu sein, sowie aufgrund der faktischen räumlichen Nähe dürften sie hingegen eher als Teil von Europol zu betrachten sein.[161] Problematisch ist, dass die Verbindungsbeamten, ohne über die fallspezifische Aktenkenntnis zu verfügen, berechtigt sind, national gespeicherte Daten weiterzugeben. Gegenüber Europol sind sie aber verpflichtet, sich um die Erreichung der Ziele Europols zu bemühen.[162] Einer Weisungsbefugnis des Europol-Direktors unterliegen die Verbindungsbeamten nicht.[163]

Untereinander kommunizieren die Verbindungsbeamte über ein Local-Area-Network (LAN). Anfragen werden per E-mail an die Verbindungsbeamten der weiteren Mitgliedstaaten weitergegeben.[164]

4. Das Europol-Informationssystem (EIS)

Bereits 1997 begann die Ausschreibung für ein Informationssystem für Europol. Nachdem mehrere Anbieter Europol entsprechende Konzepte vorlegten, entschloss sich Europol kurzerhand das Projekt nicht zu vergeben, sondern selbst zu entwickeln. Im Nachgang hierzu kam es zu Problemen zwischen Europol und einigen Anbietern, so dass das Informationssystem infolgedessen nicht wie geplant in Betrieb gehen konnte.[165]

---

[157] Art. 5 Abs. 3 EPK.

[158] Freyer, Kriminalistik 2003, 80, 81.

[159] Art. 10 Abs. 2 Nr. 2 EPK.

[160] Art. 5 Abs. 8 EPK.

[161] Weichert, DuD 1995, 450, 455.

[162] Art. 6 Abs. 1 des Beschlusses des Verwaltungsrates von Europol vom 15. Oktober 1998 über die Rechte und Pflichten der Verbindungsbeamten, Abl. C 26 vom 30.1.1999, S. 86-88.

[163] Petri, Europol, S. 38.

[164] So schon mit Bezug auf EDU der Tätigkeitsbericht 1995 und 1996 des Bundesbeauftragten für den Datenschutz, Pkt. 11.5.4.

[165] Schulzki-Haddouti, Bayernconnection, Internet am 11.7.2005.

Seit Anfang 2002 war zunächst ein provisorisches Informationssystem als Inhouse-System bei Europol in Betrieb.[166] Am 10.Oktober 2005 konnte das System jedoch endgültig in allen 25 Mitgliedsstaaten in Betrieb genommen werden.

a) Der Zugang zu den Daten des Informationssystems

Das EIS soll den polizeilichen Informationsaustausch beschleunigen. Es ist als fallorientiertes Informationssystem konzipiert worden, bei dem eine Tat und ihre Umstände mehr als der einzelne Verdächtige oder Täter im Vordergrund stehen soll.[167] Insbesondere Beziehungsgeflechte sollen erkennbar werden. Hiermit soll die „polizeilich relevante Wirklichkeit" abgebildet werden.[168]

Die nationalen Stellen erhalten über einen windowsbasierten Oberflächenclient Zugriff auf die im EIS gespeicherten Daten. Das BKA als nationale Stelle der Bundesrepublik Deutschland kommuniziert mit Europol im Rahmen einer Schnittstellenlösung[169], so dass das seit 16.8.2003 in Funktion befindliche deutsche Polizei-Informationssystem „INPOL-neu" mit dem EIS direkt verbunden wird.

Das Informationssystem wird von Europol zur Erfüllung seiner Aufgaben errichtet und unterhalten.[170] Unter Beachtung der innerstaatlichen Verfahren der Mitgliedstaaten geben die nationalen Stellen oder die Verbindungsbeamten Daten in das EIS ein. Europol gibt jene Daten in das EIS ein, die es von Drittstaaten oder Drittstellen erhält oder die aus seiner Analysetätigkeit stammen. Als Zentralstelle in Deutschland trägt das BKA für von dort in das EIS eingegebene Daten die datenschutzrechtliche Verantwortlichkeit.[171] Auch die Eingabe und Veränderung sowie die Löschung von Daten erfolgen nach Maßgabe des nationalen Rechts.[172] Beides birgt Probleme in sich.

Zwar ist die nationale Stelle verpflichtet, die von ihr gelieferten Informationen auf dem neuesten Stand zu halten,[173] und somit auch, falls erforderlich, zu löschen. Insbesondere ist vorgesehen, dass die Daten einer betroffenen Person im Falle einer endgültigen Verfahrenseinstellung oder eines Freispruches zum Teil zu löschen sind.[174] Allerdings findet bis zum Löschungszeitpunkt eine unüberschaubare Internationalisierung der Daten statt, indem bis dahin sämtliche nationale Stellen und

---

[166] http://www.europol.eu.int/ataglance/ facts/files/2003/2003-01-01-E-DE-FactSheet.doc am 11.7.2005.
[167] Manske, Kriminalistik 2001, 105, 106.
[168] Manske, Kriminalistik 2001, 105, 106.
[169] Manske, Kriminalistik 2001, 105, 107.
[170] Art. 7 Abs. 1 EPK.
[171] Kübler, Die Säulen der Europäischen Union, S. 107.
[172] Art. 9 Abs. 1 EPK.
[173] Art. 4 Abs. 4 Nr. 3 EPK.
[174] Art. 8 Abs. 5 EPK.

beteiligte Drittstellen Zugriff auf die Daten nehmen und sie in ihre nationalen Systeme integrieren konnten.[175] Dort angelangt, sind sie jedoch der ursprünglichen datenschutzrechtlichen Verantwortlichkeit und dem Update entkommen. Auch der umgekehrte Fall ist problembehaftet. Sind die datenschutzrechtlichen Vorschriften eines Mitgliedstaates nicht ebenso stark ausgeprägt wie in einem anderen Mitgliedstaat, so hält diesen dennoch nichts davon ab, Daten aus dem EIS abzurufen, die nach seinem eigenen Recht nicht hätten erhoben werden dürfen.

Die Zentralstellenfunktion des BKA führt dazu, dass dort unabhängig von der Entscheidung der datenerhebenden polizeilichen Dienststelle die weitere Erforderlichkeit der Speicherung beurteilt wird. Auch kann es zu weiteren Verwerfungen kommen, indem zwar vor Ort eine Speicherung aufgrund der konkret beurteilbaren Aktenlage durch den Sachbearbeiter nicht mehr für erforderlich gehalten wird, eine entsprechende Löschungsmeldung aber dem BKA nicht vorgelegt wird. Der betroffenen Person wird es auf diese Weise unmöglich gemacht, zu wissen, wer, was, wann, bei welcher Gelegenheit über ihn weiß.[176]

Für Deutschland ist von Bedeutung, dass die Funktion des BKA als nationale Stelle zu einem Spannungsverhältnis mit den Staatsanwaltschaften führt.[177] Die Staatsanwaltschaften verfügen aufgrund des § 161 StPO über das Recht, von allen staatlichen Stellen Auskünfte verlangen zu dürfen. Da sie über keinen direkten Zugriff auf das EIS verfügen, müssen sie sich an das BKA wenden. Dies wäre unproblematisch, wenn nicht ausdrücklich geregelt wäre, dass das BKA nur verpflichtet ist, Informationen zu Strafverfahren an die zuständige Staatsanwaltschaft weiterzuleiten.[178] Soweit die Staatsanwaltschaften von sich aus Daten an das EIS übermitteln wollen, verbleibt dem BKA ein Beurteilungsspielraum hinsichtlich der Weitergabe. Die Stellung der Staatsanwaltschaft als „Herrin des Ermittlungsverfahrens" wird auf diese Weise in Frage gestellt.[179]

b) Die betroffenen Personen und der Umfang der Datenverarbeitung

Im EIS dürfen laut EPK Daten gespeichert, verändert und genutzt werden, die Personen betreffen, die nach Maßgabe des nationalen Rechts des betreffenden Mitgliedstaats einer Straftat oder der Beteiligung an einer Straftat, für die Europol im Rahmen seiner Zielbestimmungen zuständig ist, verdächtigt werden oder die wegen einer solchen Straftat verurteilt worden sind.[180] Gleiches gilt für Personen, bei denen bestimmte schwerwiegende Tatsachen nach Maßgabe des nationalen Rechts die Annahme rechtfertigen, dass sie Straftaten begehen werden, für die Europol

[175] Zischang, ZRP 1996, 427, 428.
[176] BVerfGE 65, 1, 43.
[177] Martinez Soria, VerwArch 1998, 400, 423.
[178] Art. 2 § 2 Abs. 1 S. 2 EuropolG.
[179] Martinez Soria, VerwArch 1998, 400, 423.
[180] Art. 8 Abs. 1 Nr. 1 EPK.

zuständig ist.[181] Die Daten dürfen nur dann verarbeitet werden, wenn sie für die Erfüllung der Aufgaben von Europol erforderlich sind. Hiervon ausgenommen sind allerdings jene Daten, die lediglich die im Zusammenhang stehenden Straftaten betreffen.[182]

Es erscheint auf den ersten Blick unbedenklich, wenn Europol Daten von Personen verarbeiten darf, die einer Straftat verdächtig sind. Es würde sich hierbei um klassische Strafverfolgung i.S.d. § 152 Abs. 2 StPO handeln, die für staatliche Ermittlungsmaßnahmen einen Anfangsverdacht voraussetzt. Der hier erhebliche Verdacht wird hingegen nicht aufgrund besonderer Merkmale spezifiziert, sondern nach Maßgabe der jeweils greifenden nationalen Regelungen beurteilt. Diese fallen je nach Mitgliedstaat durchaus unterschiedlich aus. Dies führt dazu, dass unterschiedliche Kriterien für die Verarbeitung von Daten existieren, die allein davon abhängen, welcher Mitgliedstaat die Daten eingibt. Der damit verbundene Qualitätsunterschied der Daten bleibt im weiteren Verlauf der Verarbeitung vollkommen unberücksichtigt.[183]

Weitaus größere Probleme bereitet die zweite Alternative, wonach auch Daten über Personen verarbeitet werden dürfen, bei denen „bestimmte schwerwiegende Tatsachen" die Annahme rechtfertigen sollen, dass eine solche Person in Zukunft bestimmte Straftaten begehen werde. Mit dieser Befugnis wird deutlich, dass sich Europol nicht allein auf Ermittlungen bereits begangener Straftaten, also auf Strafverfolgung, beschränkt. Europol wird vielmehr auch im Bereich der vorbeugenden Verbrechensbekämpfung tätig.[184] Die Norm verlangt von den eingebenden Stellen eine Prognoseentscheidung hinsichtlich der Möglichkeit, dass eine bestimmte Person in der Zukunft irgendwelche Straftaten begehen wird, für die Europol zuständig ist.[185] Auch hier kommt die bereits erwähnte Problematik hinzu, wonach sich die Beurteilung des Vorliegens der erheblichen Tatsachen nach nationalem Recht zu richten hat. Eine derartige Norm ist aber in den Polizei- und Strafprozessgesetzen der Mitgliedstaaten weitgehend unbekannt.[186] Anforderungen, ab wann eine nationale Prognoseentscheidung als ausreichend abgesichert zu beachten ist, stellt die EPK nicht auf. Als zusätzlich erschwerend offenbart sich der Umstand, dass die EPK „bestimmte schwerwiegende Tatsachen" verlangt, aber auch diese nicht näher präzisiert. Es bleibt damit weitgehend den Daten eingebenden nationalen Behörden überlassen, irgendwelche Tatsachen als hinreichend bestimmt und schwerwiegend zu betrachten.

---

[181] Art. 8 Abs. 1 Nr. 2 EPK.

[182] Art. 8 Abs. 1 S. 1 iVm Art. 2 Abs. 3 Unterabs. 2 EPK. Zu der hier in der EPK ausgesprochen verwirrend ausgefallenen Wortwahl und der damit verbundenen Normenunklarheit vgl. Petri, Europol, S. 50.

[183] Kübler, Die Säulen der Europäischen Union, S. 107.

[184] Kübler, Die Säulen der Europäischen Union, S. 107.

[185] Albrecht/Braum, KritV 2001, 312, 344.

[186] Albrecht/Braum, KritV 2001, 312, 344.

Der Umfang der verarbeitbaren Daten ist im Informationssystem zwar nicht uferlos. Dennoch ist die Menge an Daten mit unmittelbarem Personenbezug nicht unerheblich. Das EIS umfasst den Namen, Geburtsnamen, Vornamen, Aliasnamen, das Geburtsdatum, den Geburtsort, die Staatsangehörigkeit, das Geschlecht, andere nicht näher beschriebene zur Identitätsfeststellung geeignete Merkmale der Person sowie in einen Zusammenhang mit der Person gebrachte Straftaten, Tatvorwürfe, Tatzeiten und Tatorte, Tatmittel, die verwendet wurden oder verwendet werden könnten, ferner Angaben über die aktenführenden Dienststellen und deren Aktenzeichen, den Verdacht der Zugehörigkeit zu einer kriminellen Organisation und Verurteilungen soweit sie in den Zuständigkeitsbereich von Europol fallen.[187] Weitere Informationen werden im EIS zwar nicht gespeichert, können aber auf Antrag problemlos übermittelt werden.[188] Das EIS erfüllt damit den Zweck, zwischen Personen und möglichen Straftaten einen für die beteiligten Behörden nachvollziehbaren Zusammenhang herzustellen, der sie im Anschluss unter Vermittlung der Verbindungsbeamten dazu veranlasst, mit der ebenfalls aufgeführten aktenführenden Dienststelle des anderen Mitgliedstaates Kontakt aufzunehmen, um weitere Informationen zu erhalten oder bei Europol einen Antrag auf Zugang zu den weiteren über die Person gespeicherten Daten außerhalb des Informationssystems zu stellen. Auch Europol kann die Übermittlung zusätzlicher Informationen beantragen.

Allgemeine Daten zu Straftaten und ihren tatsächlichen oder möglichen künftigen Umständen dürfen sowohl von den nationalen Stellen als auch von Europol in das EIS eingegeben werden, selbst wenn sie noch keinen Personenbezug aufweisen.[189] Auf diese Weise wird es im Wege des Datenabgleiches zwischen den beteiligten Stellen möglich, das EIS zur Ermittlung von Tätern, Verdächtigen oder künftig verdächtigen Personen zu nutzen. Das EIS eignet sich somit als der Rasterfahndung vergleichbares elektronisches Fahndungsinstrument.[190]

5. Arbeitsdateien zu Analysezwecken[191]

Neben dem Informationssystem unterhält Europol zeitlich begrenzt, aktuell zweckgerichtete Analysedateien.[192] Das Analysesystem ist das Kernstück der polizeilichen Tätigkeit Europols.[193] Es ermöglicht das frühzeitige Erkennen von Tatzusammenhängen und Verflechtungen in ausgewählten Kriminalitätsbereichen.[194] Die

---

[187] Art. 8 Abs. 2 und 3 EPK.
[188] Art. 8 Abs. 4 EPK.
[189] Art. 8 Abs. 3 Unterabs. 2 EPK.
[190] Gleß/Lüke, Jura 1998, 70, 77 bezeichnen die Verbindung von Europol mit dem SIS als sich ergänzende Fahndungsunion.
[191] englisch: Analysis Work Files (AWF).
[192] Siehe hierzu Kölbach, Die Polizei 1996, 245, 248; Aschmann, Europol aus Sicht der deutschen Länder, S. 165.
[193] Petri, DuD 1998, 324, 327.
[194] Petri, DuD 1998, 324, 328.

Nachfrage der Mitgliedstaaten nach operativen Analysen hat stetig zugenommen und bereits 2002 die bei Europol bestehenden Kapazitäten gesprengt.[195] 2001 führte Europol insgesamt 16 Analysedateien und erstellte 29 operative Analyseberichte.[196] 2003 existierten bereits 19 Analysedateien. Davon entfielen fünf auf den Drogenhandel, drei auf den Bereich Straftaten gegen Personen, fünf auf Finanzkriminalität, jeweils zwei auf die organisierte Kriminalität, Geldfälschung und Terrorismus.[197] Im Jahre 2006 ging die Zahl der Analysedateien auf 18 zurück.[198] Konkret werden z.B. Arbeitsdateien zu organisierten kriminellen Motorradgruppen, islamischen Terrorismus, zu Ausgangsstoffen für die Produktion synthetischer Drogen, Kinderpornographie-Netzwerken und illegaler Einwanderung geführt.[199] Die Datenanalyse kann mit handelsüblichen Analyseprogrammen, wie Oracle[200] oder spezifischen Anwendungen wie Polygenesys[201] erfolgen.

a) Strategische und operative Analysedateien

Die EPK unterscheidet zwischen allgemeinen strategischen und einzelfallbezogenen operativen Analysen. Sie dienen dazu, Zusammenhänge aufzudecken. So können allgemeine Täterprofile[202] oder Lagebilder erstellt und Routen, Umschlagplätze, beteiligte Personen, Fallkomplexe, Aktivitäten, Strukturen, Mitglieder und Erlöse international agierender Kriminalität in Erfahrung gebracht werden.[203] Die vom Rat erlassenen Durchführungsbestimmungen für die Analysedateien (DAzA)[204] beschreiben die strategischen Dateien als Dateien, die der Verarbeitung wichtiger Informationen über ein besonderes Problem oder der Weiterentwicklung oder Optimierung der Initiativen der zuständigen Behörden dienen.[205] Hierunter fallen beispielsweise die von Europol periodisch angefertigten Lageberichte über die Entwicklung der organisierten Kriminalität in der EU. Operative Dateien sind einzelfallbezogen und haben den Zweck, Informationen über eine oder mehrere kriminelle Aktivitäten mit Bezug auf einen speziellen Fall, eine Person oder eine Organi-

[195] Europol-Jahresbericht 2002.
[196] Europol-Jahresbericht 2001, S. 18.
[197] Europol-Jahresbericht 2003, S. 20.
[198] Europol-Jahresbericht 2006, S. 16.
[199] Freyer, Kriminalistik 2003, 80, 82.
[200] Oracle ist ein geschütztes und eingetragenes Warenzeichen der Oracle Corporation, Redwood Shores, CA 94065, USA .
[201] Polygon und Polygenesys sind eingetragene Warenzeichen der Polygon Visual Content Management GmbH, München; http://www.polygon.de/layout/index1.html : „Polygon Intelligence Applications: Ein integriertes Analyse-, Informations- und Dokumentationssystem für Intelligence Worker: Unterstützt Sie bei der Bearbeitung und Aufklärung von komplexen "Ermittlungen" in Technik, Qualitätssicherung, Naturwissenschaft oder Sicherheit."
[202] Degenhardt, Europol und Strafprozess, S. 181.
[203] Kröger, Europol und Individualrechtsschutz, S. 51.
[204] Rechtsakt des Rates vom 3.11.1998 über die Durchführungsbestimmungen für die von Europol geführten Arbeitsdateien zu Analysezwecken, Abl. C 26 v. 30.1.1999, S. 1.
[205] Art. 10 a) DAzA.

sation zu beschaffen, um multilaterale Ermittlungen zu ermöglichen, sofern mindestens zwei Mitgliedstaaten betroffen sind.[206]

Sowohl die strategische als auch die operative Analyse geht über eine reine Datensammlung deutlich hinaus, da Europol damit die Gelegenheit erhält, allgemeine Gefahrenlagen oder Bedrohungsszenarien selbständig zu definieren.[207] Auf diese Weise sollen Spuren und Verbindungen nachvollzogen werden können, die die nationalen Polizeien dazu veranlassen könnten, Ermittlungen einzuleiten oder selbst operative Maßnahmen im Vorfeld von Straftaten vorzunehmen. So erhält Europol eine Definitionsmacht, die auch Einfluss auf politische Entscheidungen nehmen kann, da die Politik ihrerseits auf die professionelle Analyse angewiesen ist.[208]

b) Errichtungsanordnungen

Jede von Europol geführte Analysedatei bedarf für ihre Erstellung einer Errichtungsanordnung, in der insbesondere der Zweck der Datei, der Personenkreis, über den Daten gespeichert werden, die Art der zu speichernden Daten, Übermittlungsregelungen und Speicherungsdauer bezeichnet werden.[209] Die GKI erhält vom Direktor den Entwurf einer Errichtungsanordnung zur Stellungnahme. In dringenden Fällen kann der Direktor die Errichtungsanordnung selbst beschließen und anschließend die GKI informieren.[210] Bei sämtlichen bis Oktober 2002 eingeleiteten Dringlichkeitserrichtungen hinterfragte die GKI die Notwendigkeit dieser Vorgehensweise.[211] In der Praxis wurde festgestellt, dass das Dringlichkeitsverfahren in erster Linie dazu diente, das Standardverfahren zu umgehen.[212] Aus diesem Grunde wurde in Zusammenarbeit mit der GKI ein Errichtungsmodell entworfen, das deswegen weniger zeitaufwändig ist, weil die GKI eine eigens hierfür zuständige Arbeitsgruppe gebildet hat. Um die Qualität der Daten und die Einhaltung der Errichtungsanordnungen zu überwachen, führt die GKI Inspektionen bei Europol durch. Bei einer dreitägigen Inspektion im März 2004 stellte die GKI erhebliche Mängel fest. Insbesondere bei der Bewertung von Daten durch die Mitgliedstaaten kam es zu Ungenauigkeiten hinsichtlich der Zuverlässigkeit der Angaben und der Qualität der Quellen.[213] Bei Europol kam es darüber hinaus zu Diskrepanzen zwischen den Festlegungen der Errichtungsanordnung und den tatsächlichen Gegebenheiten. Die Errichtungsanordnungen erhielten nicht immer einen aktuellen Überblick über die Stellen, die Informationen für die Dateien lieferten. In einigen Fällen wurden nur wenige der in der Errichtungsanordnung aufgeführten Datenar-

[206] Art. 10 b) DAzA.
[207] Fisahn, KJ 1998, 358, 363.
[208] Fisahn, KJ 1998, 358, 363.
[209] Art. 12 Abs. Nr. 1-9 EPK.
[210] Art. 12 Abs. 2 EPK.
[211] GKI-Tätigkeitsbericht Oktober 1998-Oktober 2002, S. 10.
[212] GKI-Tätigkeitsbericht Oktober 1998-Oktober 2002, S. 10.
[213] GKI-Tätigkeitsbericht Oktober 2002-Oktober 2004, S. 14.

ten in der Datei auch tatsächlich verarbeitet.[214] Im Zusammenhang mit dem Erlass von Errichtungsanordnungen für Analysedateien hielt es die GKI in den meisten Fällen jedoch für nicht erforderlich eine Bemerkung abzugeben.

c) Der Zugang zu den Analysedateien

Für jedes Analyseprojekt wird eine Analysegruppe gebildet, die sich aus Europol-Beamten und den Verbindungsbeamten und Experten der betroffenen Mitgliedstaaten zusammensetzt.[215] Solche Experten können beispielsweise Staatsanwälte und Richter sein. Zur Dateneingabe und zum Datenabruf sind allein Europols Analytiker und von Europol benannte sonstige Bedienstete berechtigt.[216] Die nationalen Stellen haben Europol auf Ersuchen oder aus eigener Initiative die für die Datenanalyse erforderlichen Informationen zur Verfügung zu stellen.[217] Die Daten können auf jede geeignete Weise an Europol übermittelt werden. Europol kann seinerseits Daten, die von Drittstellen oder aus seiner eigenen Analysetätigkeit stammen, in die Analysedateien eingeben. Ersteres ist im Vergleich zu der Datenübermittlung durch die Mitgliedstaaten insoweit verschieden, als die Mitgliedstaaten Daten nur dann übermitteln dürfen, wenn die Informationen nach dem jeweiligen nationalen Recht zu Zwecken der Verhütung, Bekämpfung oder Analyse von Straftaten verarbeitet werden können. Diese Voraussetzung ist zwar minimal, unterscheidet sich aber erheblich von der Datenübermittlung durch Drittstellen, wie die Organe und Einrichtungen der EG und der EU, internationalen Organisationen, Drittstaaten, Interpol und sonstigen öffentlich-rechtlichen Einrichtungen, die aufgrund einer Übereinkunft zwischen mehreren Staaten bestehen.[218] Für diese existiert nämlich keine Legalitätsvoraussetzung. Europol darf sogar Informationen dieser Einrichtungen entgegennehmen, die diese von sich aus übermitteln. Nachdem Europol Zugriff auf das Schengener Informationssystem (SIS) gewährt worden ist, kann Europol zusätzliche Daten von dort abrufen und in die Analyse einbeziehen.[219]

An einer Analysegruppe, die sich der Erstellung von strategischen Analysen widmet, nehmen die Verbindungsbeamte derjenigen Mitgliedstaaten teil, die Informationen geliefert haben oder von den Analysen betroffen sind. Über die Ergebnisse strategischer Analysen werden sämtliche Mitgliedstaaten in Kenntnis gesetzt.

Handelt es sich um fallbezogene operative Analysen, so sind ebenfalls die Vertreter jener Mitgliedstaaten an der Analysegruppe beteiligt, die Informationen geliefert haben oder von diesen betroffen sind. Ergibt sich im Laufe der Analyse, dass ein

---

[214] GKI-Tätigkeitsbericht Oktober 2002-Oktober 2004, S. 14.
[215] Art. 10 Abs. 2 EPK.
[216] Art. 10 Abs. 2 Nr. 1 EPK.
[217] Art. 10 Abs. 3 EPK.
[218] Art. 10 Abs. 4 Nr. 1-7 EPK.
[219] http://www.bundestag.de/bic/hib/2004/2004_006/09 am 18.6.2004.

weiterer Mitgliedstaat betroffen ist, so werden auch dessen Vertreter in die Analysegruppe einbezogen. Ferner können sich Mitgliedstaaten an der Analysegruppe beteiligen, die nach Befragung des Indexsystems zu der Ansicht gelangen, dass sie ebenfalls an der Analyse zu beteiligen seien.[220] Dieser Informationsbedarf muss von den hierzu eigens ermächtigten Verbindungsbeamten gesondert schriftlich angemeldet werden. Lehnt die Analysegruppe die Beteiligung des weiteren Mitgliedstaates ab, ist ein Vermittlungsverfahren einzuleiten. An den Ergebnissen der operativen Analyse haben im Umkehrschluss der Regelung bezüglich strategischer Analysen nur die an der Analysegruppe beteiligten Mitgliedstaaten teil.[221] Zwar ist es den Verbindungsbeamten verwehrt, Daten aus den Arbeitsdateien abzurufen oder dort einzugeben. Vorgeblich dient dies dem Datenschutz.[222] Im Rahmen der Analysegruppe werden die in den Dateien gespeicherten Daten allerdings durch die Verbindungsbeamte zur Beratung und Auswertung zur Kenntnis genommen und genutzt.

Die Mitgliedstaaten können ferner auf andere Weise Zugang zu den im Analysesystem gespeicherten Daten erhalten. Art. 8 Abs. 4 EPK enthält die Regelung, wonach sowohl Europol als auch die Mitgliedstaaten auf Antrag Daten übermittelt bekommen können, die über die im Informationssystem gespeicherten Daten hinausgehen, wenn Europol oder die nationalen Stellen über derartige Daten verfügen. Europol verfügt im Analysesystem jedenfalls über solche Daten. Dass die Möglichkeit zur Übermittlung dieser Daten auch tatsächlich eröffnet werden soll, zeigt sich an Hand der Vorschrift des Art. 13 DAzA. Demnach soll die Übermittlung von Daten aus einer Arbeitsdatei zu Analysezwecken an einen Mitgliedstaat in der jeweiligen Datei vermerkt werden.

Die Regelung, dass die Verbindungsbeamten nicht eigenständig auf die Dateien zugreifen können, verfolgt deswegen eher das Ziel zwischen den Mitgliedstaaten keine Animositäten aufkommen zu lassen, als dass es eine Nutzungsbeschränkung darstellt.

Im Unterschied zum Informationssystem haben die Mitgliedstaaten auf die Daten im Analysesystem keinen unmittelbaren Online-Zugriff. Sie können aber in der beschriebenen Weise auf Antrag Zugang zu den gewünschten Informationen bekommen. Diese können anschließend per E-mail an die nationalen Stellen zur weiteren Verfügung übersandt werden. Die Mitgliedstaaten haben auf diese Weise elektronischen Zugang zu sämtlichen bei Europol gespeicherten Daten.

---

220 Art. 10 Abs. 6 Nr. 1 und 2 EPK.
221 So im Ergebnis wohl auch Oberleitner, Schengen und Europol, S.139.
222 z.B.: Aschmann, Europol aus Sicht der deutschen Länder, S. 169 und Martinez Soria, VerwArch 1998, 400, 426.

d) Die betroffenen Personen

In den Arbeitsdateien zu Analysezwecken können die Daten von weitaus mehr Personen verarbeitet werden, als dies beim Informationssystem der Fall ist.[223] Der betroffene Personenkreis wird außerordentlich weit gefasst.[224] Die Analysedateien dürfen personenbezogene Daten all jener Personen enthalten, die auch das Informationssystem enthalten darf. Darüber hinaus können Daten verarbeitet werden von Personen, die bei Ermittlungen in den Straftaten für die Europol zuständig ist oder bei einer künftigen Strafverfolgung als Zeugen in Betracht kommen; von Personen, die Opfer einer solchen Straftat waren oder bei denen bestimmte Tatsachen die Annahme rechtfertigen, dass sie Opfer einer solchen Straftat werden können; von Kontakt- und Begleitpersonen sowie von Personen, die schlicht Informationen über die betreffende Straftat liefern können.[225] Wenngleich schon eine klare Abgrenzung der betroffenen Personengruppen kaum möglich ist, so zeigt sich zumindest, dass grundsätzlich jedermann betroffen sein kann.[226] Für alle aufgezählten Personengruppen gilt, dass es laut EPK ausreicht, wenn eine wie auch immer geartete Prognose ergibt, dass sie potenziell für eine Verarbeitung in Frage kommen. Kriterien, wann eine Prognose zutreffend oder ausreichend sein soll, liefert die EPK nicht.

Im Unterschied zur Speicherung personenbezogener Daten von potenziellen Tätern im Informationssystem, sollen im Analysesystem nach dem begrifflich variierenden Wortlaut der EPK keine schwerwiegenden bestimmten Tatsachen, sondern nunmehr einfache bestimmte Tatsachen erforderlich sein. Auch unterliegt die Prognose nicht mehr einer Einschätzung nach dem jeweils geltenden nationalen Recht, sondern ist von Europol selbst vorzunehmen. Umso gravierender wiegt der Umstand, dass Europol keine besonderen Kriterien zu beachten hat. Schwer vorstellbar sind insbesondere objektive Kriterien, aus denen geschlossen werden könnte, jemand werde künftig Opfer oder Zeuge einer Straftat werden. Da der Wortlaut der Vorschrift ausdrücklich bestimmte Tatsachen voraussetzt, soll die Prognoseentscheidung offenbar nicht nur auf Vermutungen beruhen. Welche Tatsache im Hinblick auf ungewisse künftige Sachverhalte allerdings hinreichend bestimmt sein soll, wird aber nicht geregelt, so dass die Frage berechtigt ist, wodurch sich die zu treffende Annahme von einer Vermutung unterscheiden soll, da auch diese im Ergebnis gewisse Tatsachen voraussetzt. Einzig die Kontakt- und Begleitpersonen werden durch die Durchführungsbestimmungen (DAzA) zu spezifizieren versucht.[227] Demnach handelt es sich um Personen, die nicht nur zufällig mit Tätern, Verdächtigen oder potenziellen Tätern in Kontakt stehen und bei denen ausreichende Gründe für die Annahme bestehen, dass über sie für die Analyse relevante Infor-

[223] Aschmann, Europol aus Sicht der deutschen Länder, S. 166.
[224] Kübler, Die Säulen der Europäischen Union, S. 110.
[225] Art. 10 Abs. 1 Nr. 1-5 EPK.
[226] Degenhardt, Europol und Strafprozess, S. 176.
[227] Art. 6 Abs. 3 DAzA.

mationen über Täter, Verdächtige oder potenzielle Täter beschafft werden können. Selbst Daten über Kontakt- und Begleitpersonen von Kontakt- und Begleitpersonen dürfen unter Umständen gespeichert werden.[228] Welche Personen als künftige Zeugen, Opfer oder Informanten in Betracht kommen sollen, wird nicht näher zu bestimmen versucht. Offensichtlich soll die immerhin durch Tatsachen erhärtete Möglichkeit einer irgendwie gearteten künftigen Verstrickung in eine Straftat genügen.[229]

e) Der Umfang der Datenanalyse

Unter einer Analyse versteht die EPK[230] die „Zusammenstellung, Verarbeitung oder Nutzung von Daten zwecks Unterstützung der kriminalpolizeilichen Ermittlung." Eine Beschränkung der Analyse auf die reaktive Strafverfolgung ergibt sich hieraus nicht. Denn zum betroffenen Personenkreis gehören auch Personen, die nur potenziell künftig in Straftaten, sei es als Täter, Opfer oder Zeuge verwickelt werden können. Die klassische reaktive Strafverfolgung setzt demgegenüber eine bereits begangene Tat voraus.

Zum Zweck der Analyse können die angelegten Dateien sowohl „harte" als auch „weiche" Daten enthalten. Bei den „weichen" Daten handelt es sich um noch nicht ausermittelte Informationen, wie zum Beispiel Vermutungen,[231] die von Europol auf ihre polizeiliche Relevanz hin zu bewerten sind.[232] Es besteht dabei grundsätzlich die Möglichkeit, auch Daten zum Sexualleben, zur rassischen Herkunft, zur Religion oder Weltanschauung von Personen zu speichern.[233] Deswegen stellt sich zu Recht die Frage, welchen Nutzen und welche Relevanz solche Daten für die europaweite Kriminalitätsbekämpfung haben sollen.[234] Die EPK liefert hierauf keine Antwort. Hinter der Datenanalyse steht allein die Hoffnung, durch die Verknüpfung der vorhandenen Daten, so unbestimmt diese auch seien mögen, Hintergrundstrukturen und Querverbindungen von komplexen Kriminalitätsstrukturen zu erhalten.[235]

Der jeweils zulässige Umfang der Speicherung ist nach den betroffenen Personen gestaffelt und richtet sich nach den eigens für die Datenanalyse erlassenen Durchführungsbestimmungen (DAzA). Am umfangreichsten sind die Datensammlungen

---

228 Art. 6 Abs. 3 Unterabs. 3, Spiegelstrich 5 DAzA.
229 Kübler, Die Säulen der Europäischen Union, S. 110; Ähnlich Degenhardt, Europol und Strafprozess, S.176.
230 Art. 10 Abs. 2 EPK; Art. 1 c) DAzA.
231 Aden, in: Innere Sicherheit als Gefahr, S. 145.
232 Kröger, Europol und Individualrechtsschutz, S. 50; Storbeck, Kriminalistik 1994, 201, 202.
233 Aschmann, Europol aus Sicht der deutschen Länder, S. 166; Kröger, Europol und Individualrechtsschutz, S. 50; Art. 10 Abs. 1 Unterabs. 2 EPK iVm Art. 6 Abs. 2 f) Nr. 1 DAzA.
234 15. Tätigkeitsbericht des Hamburgischen Datenschutzbeauftragten (1996) Pkt. 15.1.
235 Aden, in: Innere Sicherheit als Gefahr, S. 145.

die mit Bezug auf Täter, Verdächtige und potenzielle Täter angefertigt werden können:[236]

- Angaben zur Person,[237]
- Körperliche Merkmale,[238]
- Identifizierungsmittel,[239]
- Beruf und Qualifikation,[240]
- Informationen über die wirtschaftlichen und finanziellen Verhältnisse,[241]
- Informationen zum Verhalten,[242]
- Kontakt- und Begleitpersonen einschließlich Art und Beschaffenheit der Kontakte und Verbindungen,
- Informationen über verwendete Kommunikationsmittel,[243]
- Verwendete Verkehrsmittel,[244]
- Informationen über kriminelle Aktivitäten,[245]
- Angaben aus anderen Datenbanken[246] und

---

[236] Art. 6 Abs. 2 a)-l) DAzA.

[237] Derzeitige und frühere Familiennamen, derzeitige und frühere Vornamen, Mädchenname, Name der Eltern, Geschlecht, Geburtsort und –datum, Staatsangehörigkeit, Personenstand, Aliasnamen, Deck- oder falschnamen, derzeitiger und früherer Wohnsitz und/oder Aufenthaltsort.

[238] Personenbeschreibung, besondere Merkmale wie Male, Narben, Tätowierungen usw.

[239] Identitätsdokumente, Nummern des nationalen Personalausweises/Reisepasses, soweit vorhanden nationale Identifikationsnummern, Bildmaterial und sonstige Informationen zum äußeren Erscheinungsbild, Informationen für die kriminaltechnische Identifizierung wie Fingerabdrücke, DNS-Untersuchungsergebnisse, Stimmenprofil, Blutgruppe, Gebiss.

[240] Derzeitige und frühere Erwerbs- und Berufstätigkeit, Bildung (Schule/Hochschule/Berufliche Bildung), berufliche Qualifikationen, Fähigkeiten und sonstige Kenntnisse wie Sprachen.

[241] Angaben finanzieller Art, Bankkonten, Bankleitzahlen, Kreditkarten, Barvermögen, Aktien/sonstige Vermögenswerte, Immobilienbesitz, Verbindungen zu Gesellschaften und Unternehmen, Kontakte zu Banken und Kreditinstituten, steuerlicher Status, sonstige Angaben zum Finanzgebaren.

[242] Lebensweise und Gewohnheiten, Ortswechsel, regelmäßig aufgesuchte Orte, Mitführen von Waffen und von anderen gefährlichen Instrumenten, Gefährlichkeit, spezifische Gefahren wie Fluchtrisiko, Einsatz von Doppelagenten, Verbindungen zu Mitarbeitern von Strafverfolgungsbehörden, kriminalitätsbezogene Eigenschaften und Profile, Drogenmissbrauch.

[243] Telefon (Festnetz/Mobiltelefon), Fax, Funkrufdienst, eMail, Post, Postadressen, Internetanschlüsse.

[244] Kraftfahrzeuge, Wasserfahrzeuge, Luftfahrzeuge, Angaben zur Identifizierung dieser Verkehrsmittel.

[245] Vorstrafen, vermutete Beteiligung an kriminellen Aktivitäten, Modi operandi, tatsächliches oder potenzielles Instrumentarium zur Vorbereitung und/oder Begehung von Straftaten, Zugehörigkeit zu einer Tätergruppe / kriminellen Organisation und Stellung innerhalb der Gruppe / Organisation, Situation und Funktion in der kriminellen Organisation, geographische Reichweite der kriminellen Aktivitäten, bei Ermittlungen zusammengetragenes Material, wie Videos oder Fotos.

[246] Europol, Polizei- und Zollbehörden, sonstige Strafverfolgungsbehörden, internationale Organisationen, öffentliche und private Stellen.

- Informationen über juristische Personen, die mit den kriminellen Aktivitäten oder den wirtschaftlichen und finanziellen Verhältnissen der Person im Zusammenhang stehen.[247]

Von Personen, die Opfer einer Straftat waren oder werden können, dürfen die Angaben zur Person, die körperlichen Merkmale und Identifikationsmittel mit Ausnahme von Bild- und DNS-Material sowie zusätzlich Daten zur Identifizierung des Opfers, Gründe der Viktimisierung, Art des Schadens (körperlich, finanziell, psychologisch, oder andere Art), zum Erfordernis, die Anonymität zu wahren, die Möglichkeit der Teilnahme an einer Gerichtsverhandlung und von diesen Personen gelieferte Informationen, einschließlich Informationen über ihre Beziehungen zu anderen Personen verarbeitet und genutzt werden.

Ähnliches gilt sinngemäß für Zeugen und potenzielle Zeugen, wobei dort auch Informationen über die Gewährung von Schutz und zur schutzgewährenden Stelle sowie über eine neue Identität verarbeitet werden dürfen. Bei Informanten werden zusätzlich verschlüsselte Angaben zur Person, Angaben über die Art der gelieferten Informationen, negative Erfahrungen, Entlohnungen und Vergünstigungen sowie den Zeugen vergleichbare Daten verarbeitet.

Soweit die Rolle der betroffenen Person als Opfer, Zeuge, Informant oder Kontakt- und Begleitperson noch geklärt werden soll, können erforderlichenfalls Daten, wie bei Tätern, Verdächtigen und potenziellen Tätern gespeichert werden. Je weniger Europol über Nichttäter und Nichtverdächtige weiß, desto weiter ist also paradoxerweise der zulässige Speicherumfang. Die bestehenden Unterschiede in der möglichen Verstrickungstiefe können wieder eingeebnet werden, solange Europol im Wesentlichen nur „weiche" unausgemittelte Daten zur Verfügung hat. Da eine der wesentlichen Aufgaben einer Analyse darin besteht, die Rolle einer Person bezüglich eines Vorgangs oder künftigen Ereignisses zu klären, ist davon auszugehen, dass über einen langen Zeitraum hinweg auch und gerade sensible Daten bei Nichttätern und Nichtverdächtigen verarbeitet werden.

Voraussetzung für die Speicherung und spätere Verarbeitung der Daten ist laut EPK, dass die Speicherung oder Verarbeitung zur Erreichung der Ziele Europols erforderlich sind.[248] Es handelt sich um eine Generalklausel, die nicht nach spezifischen Fallgestaltungen unterscheidet. Hohe Anforderungen werden nicht gestellt, da ansonsten kaum eine Abgrenzung zu der Speicherung besonders sensitiver Daten möglich wäre. Diese dürfen nur dann gespeichert werden, wenn dies zum Zweck der betreffenden Datei unbedingt notwendig ist.[249] Da aber der Zweck der

[247] Name der juristischen Person, Anschrift, Zeitpunkt und Ort der Gründung, administrative Registriernummer, Rechtsform, Kapital, Tätigkeitsbereich, Tochtergesellschaften im In- und Ausland, Direktoren, Verbindungen zu Banken.

[248] Art. 10 Abs. 1 EPK.

[249] Art. 10 Abs. 1 Unterabs. 2 EPK.

Datei von Europol selbst festgelegt wird, kann Europol sowohl die Erforderlichkeit als auch die unbedingte Notwendigkeit einer Speicherung schon bei der Errichtungsanordnung beeinflussen, so dass die vorgeblichen Beschränkungen leerlaufen und nicht als Tatbestandsvoraussetzungen dienen.[250]

Die Datenanalyse stellt „ein neuartiges Instrument der polizeilichen Datenverarbeitung dar, dessen Zweckbestimmung diffus bleibt".[251] In keiner deutschen polizeilichen Datei gibt es eine vergleichbare Häufung an sensitiven Informationen.[252] Das Analysesystem eignet sich auch, um Informationen, die im Informationssystem nicht auf Dauer gespeichert werden können, dort vorübergehend zu „parken". Durch die umfangreichen Datenverarbeitungsbefugnisse Europols wird die traditionelle Aufgabenverteilung zwischen Staatsanwaltschaft und Polizei in Frage gestellt, zumal Europol keinem Weisungsrecht unterliegt und die Behörde ihre Ausrichtung durch die Leitungsbefugnis des Direktors selbst bestimmt.[253]

6. Indexsystem

Das Indexsystem ermöglicht es den nationalen Verbindungsbeamten, festzustellen, ob in einer Analysedatei eine Information gespeichert ist, an der ihr Mitgliedstaat interessiert ist.[254] Wird ein Interesse oder eine Betroffenheit seitens des Mitgliedstaats erkannt, kann der Mitgliedstaat, falls er noch nicht an der einschlägigen Analysegruppe beteiligt ist, einen entsprechenden Antrag stellen.

Neben den Verbindungsbeamten sind der Direktor und sein Stellvertreter sowie die intern ordnungsgemäß ermächtigten Europol-Beamten zum Zugriff berechtigt. Die Verbindungsbeamten können im Wege ihres Zugriffsrechtes nur die Nachricht erhalten, dass eine bestimmte Information in einer bestimmten Datei gespeichert ist. Rückschlüsse auf den Inhalt der Datei und Verknüpfungen sind dabei ausgeschlossen.[255] Aus diesem Grunde handelt es sich tatsächlich nur um ein Index- und nicht um ein Auskunftssystem.[256]

Über die Recherche im Indexsystem können die Mitgliedstaaten feststellen, ob im Analysesystem Daten gespeichert sind, die für sie von Bedeutung sein können. Auf Antrag gemäß Art. 8 Abs. 4 EPK können die Mitgliedstaaten im Anschluss Zugang zu den erwünschten Informationen erhalten. Interessanterweise muss dieser Antrag

---

[250] Kübler, Die Säulen der Europäischen Union, S. 110, 111; Petri, DuD 1998, 324, 328; Degenhardt, Europol und Strafprozess, S. 182.
[251] Albrecht/Braum/Frankenberg/Günther/Naucke/Simitis, KritV 2001, 279, 285.
[252] 15. Tätigkeitsbericht des Hamburgischen Datenschutzbeauftragten (1996) Pkt. 15.1.
[253] Gleß/Lüke, Jura 1998, 70, 77.
[254] Art. 11 Abs. 1 EPK.
[255] Art. 11 Abs. 2 Unterabs. 2 EPK; Aschmann, Europol aus Sicht der deutschen Länder, S. 167.
[256] Bull, DRiZ 1998, 32, 34.

nicht begründet werden. Der direkte Zugang zu Informationen aus dem Analysesystem steht den Mitgliedstaaten damit jederzeit offen.

7. *Weitere Tätigkeiten*

a) Informationsaustausch

Bereits zwischen dem Europol-Vorläufer EDU und dem BKA bestand eine ISDN-Verbindung. Die Existenz beider Inhouse-Systeme erlaubte schon damals, Anfragen per E-mail mit beliebigen Office-Dokumenten zu versenden und zu beantworten.[257] Der bilaterale Informationsaustausch ist nun auf dem gleichen Wege über die Verbindungsbeamten der anderen Mitgliedstaaten bei Europol möglich geworden, ohne dass das Informationssystem dabei in Anspruch genommen werden muss. Auch können die Verbindungsbeamten einen unmittelbaren Kontakt zwischen den nationalen Zentralstellen herstellen und auf diese Weise den Informationsaustausch beschleunigen. Die schiere Existenz Europols mit seinem institutionalisierten Netz von Verbindungsbeamten erleichtert damit die internationale Polizeiarbeit.

b) Kontrollierte Lieferungen

Im Rahmen seiner Unterstützungstätigkeit übernimmt Europol die Durchführung von „kontrollierten Lieferungen".[258] Es handelt sich dabei um eine verdeckte Ermittlungsmethode, bei der beispielsweise ein Drogentransport grenzüberschreitend vom Ort der Abfahrt bis zur Ankunft observierend begleitet wird.[259] Der Zugriff erfolgt nach Opportunitätskriterien. Ziel ist es insbesondere, Erkenntnisse über Schmuggelrouten von Drogen-, Waffen- oder Menschenhändlern zu gewinnen.[260] Eine ausdrückliche Rechtsgrundlage für kontrollierte Lieferungen findet sich in der EPK allerdings nicht.

c) Gemeinsame Ermittlungsgruppen[261]

Die EU-Mitgliedstaaten können im Wege der Vereinbarung die zuständigen Behörden für einen bestimmten Zweck und einen begrenzten Zeitraum, der im ge-

---

[257] Zeiger, Kriminalistik 1998, 313, 314; Tolmein, StV 1999, 108, 113.

[258] So z.B. in: Bestandsaufnahme der praktischen Modalitäten für die Unterstützung der gemeinsamen Ermittlungsteams durch Europol, Dokument des Rates der Europäischen Union v. 8.5.2000, Nr. 8325/00; Der Europol-Jahresbericht 2001 erwähnt, dass das Handbuch über kontrollierte Lieferungen auch als CD-ROM vorliegt.

[259] Rehmke, Cops on the Top, Internet am 18.6.2004.

[260] Degenhardt, Europol und Strafprozess, S. 160.

[261] englisch: Joint Investigation Teams (JIT).

genseitigen Einvernehmen verlängert werden kann, eine gemeinsame Ermittlungsgruppe zur Durchführung strafrechtlicher Ermittlungen in einem oder mehreren der an der Gruppe beteiligten Mitgliedstaaten bilden.[262] Darunter ist eine multidisziplinäre Einheit zur Aufklärung grenzüberschreitender organisierter Kriminalität zu verstehen. Anlass für die Bildung einer gemeinsamen Ermittlungsgruppe kann ein Analysebericht Europols sein. Die Bildung einer Ermittlungsgruppe kann auch für die weitere Analyse im Rahmen einer Analysegruppe als notwendig erachtet werden.[263] Europol soll in Erfüllung seiner beratenden Funktionen mittels eigener Beamte an gemeinsamen Ermittlungsgruppen beteiligt werden. Kenntnisse und Informationen, die die an einer gemeinsamen Ermittlungsgruppe beteiligten Beamten der Mitgliedstaaten oder Europols gewonnen haben, dürfen diese nach Abstimmung mit dem Mitgliedstaat, in dem diese angefallen sind, auch zu anderen Zwecken, als dem der Ermittlungsgruppe verwenden.[264]

d) Auswertung öffentlich zugänglicher Information

Neben den nationalen Stellen erhält Europol Informationen aus offen zugänglichen Quellen. Europol wertet daher Berichte aus Zeitungen und Nachrichtenagenturen aus und nimmt Einblick in elektronische Handelsregister. Eine weitere nicht unbedeutende Informationsquelle ist das Internet. Dort befindet sich nicht nur auf Websites eine große Menge an Information.

8. Rechtsschutz

Die EPK sieht für die von Europols Tätigkeit betroffenen Personen Auskunfts-, Berichtigungs- und Löschungsrechte vor.[265] Das Auskunftsrecht ist gegenüber den zuständigen nationalen Behörden, das Berichtigungs- und Löschungsrecht direkt bei Europol geltend zu machen. Hinsichtlich des Rechts auf Auskunft darüber, ob Europol personenbezogene Daten über den Antragsteller hat, steht zunächst den datenliefernden und den anderen sich im Besitz der Daten befindlichen Mitgliedstaaten ein Recht zur Stellungnahme zu. Wird von einem Mitgliedstaat die Auskunft an den Antragsteller abgelehnt, so erhält dieser nur die Mitteilung, dass eine Überprüfung vorgenommen worden sei, ohne dass er erfährt, ob tatsächlich Daten über seine Person gespeichert sind.[266] Hiergegen kann sich die betroffene Person mit einer Beschwerde an die GKI wenden. Je nachdem woher die Daten stammen,

---

[262] Art. 1 Abs. 1 des Rahmenbeschlusses des Rates über gemeinsame Ermittlungsgruppen, Dokument des Rates der Europäischen Union v. 28.11.2001, Nr. 14242/01; Siehe auch Rechtsakt des Rates v. 28.11.2002 zur Erstellung eines Protokolls zur Änderung des Europol-Übereinkommens, Abl. C 312 v. 16.12.2002, S. 1.
[263] Freyer, Kriminalistik 2003, 80, 82.
[264] Art. 1 Abs. 10 a) - d) des Rahmenbeschlusses des Rates über gemeinsame Ermittlungsgruppen.
[265] Art. 19, 20 EPK.
[266] Art. 19 Abs. 4 Unterabs. 2 EPK.

kann sich die GKI in einigen in der EPK genau bestimmten Fällen entweder mit einfacher oder nur mit qualifizierter Mehrheit über die vorausgegangene Entscheidung hinwegsetzen. Die Entscheidung der GKI ist rechtskräftig und kann nicht weiter angefochten werden.[267] Stellt die GKI einen Verstoß gegen Vorschriften der EPK fest, so hat sie den Direktor zu unterrichten.[268] Dieser ist verpflichtet, die entsprechende Mitteilung zu beantworten. Bezeichnenderweise ist er aber nicht verpflichtet, die Missstände abzustellen.[269]

Soweit Daten fehlerhaft sind, steht der betroffenen Person ein Berichtigungs- oder Löschungsanspruch zu.[270] Soweit Europol dem Ansinnen nicht nachkommt, besteht die Möglichkeit, sich an die GKI zu wenden. Das dortige Verfahren richtet sich nach dem Verfahren wie bei einem verwehrten Auskunftsrecht.[271] Im Falle eines Löschungsbegehrens stellt sich jedoch die prekäre Frage, wie im Falle eines Freispruches oder einer Verfahrenseinstellung vorgegangen werden soll. Zwar müssen in solchen Fällen die Daten laut EPK gelöscht werden.[272] Es ist jedoch nicht ausgeschlossen, dass die betroffene Person nunmehr als verdächtiger potenzieller Täter in der Zukunft in Frage kommt und somit eine Speicherung weiterhin zulässig wäre.[273]

Vor den nationalen Gerichten sind eventuelle Schadenersatzansprüche gegenüber Europol geltend zu machen.[274]

---

[267] Gleß, DRiZ 2000, 365, 371.
[268] Art. 24 Abs. 5 EPK.
[269] Fisahn, KJ 1998, 358, 367.
[270] Art. 20 Abs. 4 EPK.
[271] Martinez Soria, VerwArch 1998, 400, 429.
[272] Art. 8 Abs. 5 EPK.
[273] Zieschang, ZRP 1996, 427, 428.
[274] Art. 38 f. EPK.

B. DIE PRODUKTION VON DATEN UND IHRE VERWERTUNG ZU POLIZEILICHEN ZWECKEN

I. Informationsbeschaffung

Europols Datensammlungen sind auf einen regelmäßigen Datenzufluss angewiesen. Die Informationen kann Europol auf herkömmlichem, analogem Weg oder in digitalisierter Form erhalten. Die von Europol praktizierte Verarbeitungsform ist digital. Analoge Daten werden digitalisiert, um in die automatisierten Dateien aufgenommen werden zu können. Freilich wird der Großteil der Daten bereits in digitalisierter Form, schon aufgrund der vorgesehenen Übermittlungswege per E-mail oder Online-Anschluss, Europol erreichen. Die von den nationalen Stellen übermittelten Informationen sind Ausfluss staatlicher Datenerhebungsbefugnisse. Die Erhebung personenbezogener Daten erfolgt nicht zwangsläufig in automatisierter Form. Die Mehrzahl der Informationen wird aus herkömmlichen Ermittlungen und Wahrnehmungen von Polizeibeamten stammen. Sobald diese Informationen in eine automatisiert geführte polizeiliche Datei oder ein Informationssystem eingegeben werden, stehen sie zur weiteren Verarbeitung durch die hierzu befugten Stellen und zur Weitergabe in digitalisierter Form zur Verfügung.

Gleichzeitig liegt ein nicht unwesentlicher Teil der polizeilich erhobenen Daten bereits in digitalisierter Form vor, wenn er Abbild oder Ergebnis eines digitalen Verarbeitungsvorganges ist. Die Möglichkeiten der elektronischen Datenerfassung schreiten immer weiter voran. Insbesondere der Fortschritt der Kommunikationstechnologien hat dazu beigetragen, dass heute von einer Informationsgesellschaft die Rede ist. Wichtigster Rohstoff der Informationsgesellschaft sind die elektronischen Daten aus den unterschiedlichsten Quellen gesellschaftlich-virtuellen Handelns.[275] Die Verbindung verschiedener Einzeldaten in einem zusammenhängenden Kontext lässt Information entstehen.[276] Die Zusammenführung verschiedener Informationen kann zur Entstehung von Wissen führen.[277] Den Vorzügen der Informationsgesellschaft stehen ihre Risiken entgegen.[278] Eine zentrale Frage der elektronischen Datenverarbeitung und Informationsbeschaffung ist nicht ohne Grund die nach der Zugangsberechtigung. Datenverarbeitende Systeme müssen daher vor unberechtigten Zugriffen gesondert geschützt werden. Der Zugriff auf eine Vielzahl von Daten erlaubt es, mittels entsprechender Analyseprogramme das Datenprofil einer Person zu erstellen. Je nach der Qualität der vorhandenen Daten ergibt sich so die Möglichkeit, ein mehr oder weniger zutreffendes Teilabbild der Persönlichkeit einer Person anzufertigen. Ein wesentlicher Aspekt einer sicheren Informa-

---

[275] Jahresbericht 2000 des Berliner Datenschutzbeauftragten Pkt. 2.1; Perrey, Gefahrenabwehr und Internet, S. 53.
[276] Sieber, NJW 1989, 2569, 2572.
[277] Aulehner, Polizeiliche Gefahren- und Informationsvorsorge, S. 257.
[278] Hierzu ausführlich: Perrey, Gefahrenabwehr und Internet, S. 56 ff.

tionsgesellschaft ist deswegen die Wahrung des informationellen Selbstbestimmungsrechts als Bestandteil der individuellen Privatsphäre.[279]

II. Konzentration der Untersuchung auf die Datenanalyse

Die sich aus der Analyse, Verwertung und Verknüpfung von Daten ergebenen Möglichkeiten nutzen die Polizeibehörden zur Erledigung ihrer Aufgaben. Europol benötigt für seine Analysetätigkeit einen umfangreichen Datenpool, der von den nationalen Stellen mit Daten beliefert werden soll. Da es das Ziel der vorliegenden Untersuchung ist, das der europäischen Polizeikooperation in Form von Europol zu Grunde liegende Grundrechtsverständnis zu klären, wird sich der Fokus deswegen auf das Verhältnis der Analysetätigkeit Europols zum Recht auf informationelle Selbstbestimmung gemäß Art. 2 Abs. 1 iVm Art. 1 GG richten.

Hierzu muss untersucht werden, inwieweit die ohne Kenntnis der betroffenen Person erfolgende Datenanalyse einen Grundrechtseingriff darstellt. Denn Europol dient nicht nur als Fahndungsbehörde, sondern ist aufgrund seiner Analyse- und Auswertungstätigkeit auch selbständig präventiv und operativ tätig.[280] Untersuchungsgegenstand ist daher die im Vorfeld von Gefahren und Straftaten erfolgende operative Datenanalyse im Gegensatz zur reaktiven Analyse von Ermittlungsergebnissen zur Aufklärung einer bereits begangenen Straftat. Europol nimmt in der Praxis der Datenanalyse keine Unterscheidung vor. Im Blickfeld der hiesigen Untersuchung wird allerdings ausschließlich die operative Datenanalyse Europols stehen, weil diese im Vergleich zur klassischen Strafverfolgung das Novum darstellt.

In diesem Zusammenhang wird die Frage geklärt werden müssen, ob die vom Bundesverfassungsgericht im Volkszählungsurteil aufgestellten Maßstäbe zum Recht auf informationelle Selbstbestimmung auf Europol, als in die Strukturen der EU eingebettete internationale Organisation Anwendung finden. Dies geschieht in einem späteren Abschnitt der Arbeit. Um die Eingriffsqualität der Datenanalyse Europols richtig bewerten zu können, ist zuvor die Entstehung und polizeiliche Verwendung der von Europol genutzten Daten auf nationalstaatlicher Ebene zu untersuchen. Denn Europol betreibt selbst keine Datenerhebung. Es ist von der Zulieferung der Daten durch die nationalen Stellen abhängig. Der Weg der Daten von ihrer Entstehung bis hin zur Verwendung in den Datenanalysen Europols muss nachgezeichnet werden, um feststellen zu können, wann und wie oft ein grundrechtsrelevanter Eingriff stattfindet. Dies ist besonders wichtig, da insbesondere geklärt werden muss, ob die Verwendung der Daten durch Europol im Hinblick auf die zunächst allein nationale Erhebung und Verwendung der Daten einen zusätzlichen Eingriff darstellt oder als Ausfluss der nationalen Kompetenzen ange-

---

[279] Bäumler, DuD 2001, 348.

[280] Kraus-Vonjahr, Der Aufbau eines Raums der Freiheit, der Sicherheit und des Rechts in Europa, S. 210.

sehen werden muss. Die dies betreffende Untersuchung beschränkt sich im Wesentlichen auf die Situation in Deutschland.

III. Überblick über technische Möglichkeiten des Datenanfalls

Anders als zur Zeit des Volkszählungsurteils tritt heute die moderne Informationstechnologie den Bürgern verführerisch entgegen.[281] Die entwickelten Produkte versprechen Zeitersparnis, Rabatte und Bequemlichkeit. Sie sind Teil eines modernen Life-Styles. Die Grenzen von Realität und Virtualität verschwimmen angesichts der komplexen Nutzungsmöglichkeiten und fordern umso mehr den Datenschutz als Konzept zum Schutze der informationellen Autonomie heraus.[282]

1. Telekommunikation

Im Bereich der Telekommunikation kann eine Vielzahl von Daten anfallen. Die technischen Voraussetzungen, auch große Datenmengen zu verarbeiten und zu speichern, nehmen regelmäßig zu.[283] Anbieter von Telekommunikationsdienstleistungen speichern Daten zu Rechnungszwecken, Daten über die Dauer und den Zeitpunkt von Telekommunikationsvorgängen sowie über die an den Vorgängen beteiligten Kommunikationsteilnehmer. Auf solche Daten können Polizeien anschließend zugreifen.

a) Telefonnetze

Im Laufe der Digitalisierung der Telefonnetze können nicht nur Kunden- und Bestandsdaten, sondern auch Informationen über den Inhalt eines Gesprächs digital festgehalten werden. Dies betrifft die Festnetz- wie auch die Mobiltelefonie gleichermaßen. Gleiches gilt für Daten aus Online-Rechnungen oder digitalen Aufzeichnungen auf nicht ortsgebundenen Mailboxen.[284] Mit den geeigneten Gerätschaften ist es möglich, den Aufenthaltsort eines Mobilfunkteilnehmers zu ermitteln.[285]

Das Abhören von Mobiltelefonen und die Ortung eines Nutzers ist mit dem IMSI-Catcher[286] möglich. Das Gerät ist in der Lage, eine Funkzelle mit starker Feldstärke zu simulieren, so dass sich die im Empfangsbereich des Geräts befindlichen Mobil-

---

281 Hassemer, DuD 1995, 448.
282 Hassemer, DuD 1995, 448.
283 Vgl. Pfitzmann, DuD 2001, 194.
284 Roggan, KritV 2003, 76, 78.
285 Roggan, KritV 2003, 76, 79; Schmidt, Kriminalistik 2002, 42 ff.
286 IMSI=International Mobile Subscriber Identity. Der Einsatz des IMSI-Catchers ist vom Bundesverfassungsgericht für zulässig erklärt worden; vgl. BVerfG 2BvR 1345/03 v. 22.8.2006.

telefone nicht bei der Funkzelle ihres Betreibers, sondern beim IMSI-Catcher melden.[287] Wird das Gerät hingegen mit geringer Leistung betrieben, so dass die Simulationswirkung begrenzt bleibt, ist es möglich ein bekanntes Handy zu orten. Hierzu ist es ausreichend wenn das Handy auf Stand-by geschaltet ist.[288] Mit dem IMSI-Catcher können auch die individuellen Kennungen und Gerätenummern von Handys erfasst werden.[289] Dies ermöglicht anschließend die Abfrage von weiteren Nutzer- und Verbindungsdaten beim Betreiber. Aus der Zusammenstellung der erfassten Ortungsdaten lässt sich ein Bewegungsbild des Handy-Nutzers erstellen.[290]

b) Internet

Auch das Surfen im World-Wide-Web hinterlässt Datenspuren. Die Standard-Konfiguration der verbreitetsten Internet-Browser akzeptiert die Speicherung von Cookies auf der Festplatte des Rechners.[291] Cookies sind kleine Datenpakete, die zwischen den Rechnern der Internet-Server (Diensteanbieter) und dem Computer des Nutzers meist automatisch ausgetauscht werden.[292] Sie enthalten Informationen, die es beispielsweise ermöglichen, den Nutzer beim nächsten Aufruf der Website wiederzuerkennen. Durch das Lesen der auf der Festplatte des Nutzers gespeicherten Cookies ist es aber auch möglich, Informationen darüber zu erhalten, auf welchen anderen Websites sich dieser schon befunden hat. Die gespeicherten Cookies können u.a. die E-Mail-Adresse des Users oder auch die IP-Adresse des Rechners enthalten.

Die Internet-Suchmaschine Google[293] macht beispielsweise intensiven Gebrauch von Cookies. Werden diese nicht regelmäßig gelöscht, geben sie bei jedem Aufruf der Web-Seite an Google bis zum Jahre 2038 bestimmte Informationen weiter: Angaben zum User, zum benutzten Browser und über den Zeitpunkt und den Inhalt der Suchanfragen.[294] Google räumt indes selbst ein, dass so gespeicherte Daten auf Anforderung von Strafverfolgungsbehörden weitergegeben worden sind.[295]

Es ist aber nicht einmal nötig, die gespeicherten Cookies abzurufen, um Informationen über einen Internetnutzer zu erlangen. Denn bei jedem Kommunikationsvorgang erhält der Server regelmäßig Angaben über die IP-Adresse, das Betriebssy-

---

[287] Roggan, KritV 2003, 76, 86.
[288] Schmidt, Kriminalistik 2002, 42.
[289] Gössner, in: Frankfurter Rundschau v. 25.10.2003.
[290] Gundermann, DuD 1999, 681, 682.
[291] Bei „Cookies“ handelt es sich um kleine Krümel, die wie in der Geschichte von Hänsel und Gretel nur eben nicht im Wald, sondern auf der eigenen Festplatte für alle lesbar hinterlassen werden. Wer keine „Cookies“ hinterlassen möchte, sollte diese Browser-Funktion deaktivieren.
[292] Ihde, CR 2000,413.
[293] http://www.google.de/intl/de/corporate.
[294] Seidler, in: Süddeutsche Zeitung vom 6.12.2005.
[295] Seidler, in: Süddeutsche Zeitung vom 6.12.2005.

stem, den verwendeten Browser, die URL[296] der Website über die der User weiterverwiesen wurde, die benutzte Sprache und ggf. über Cookies des Nutzers.[297] Sofern diese Daten gespeichert werden, können mittels Protokollanalyseprogrammen detaillierte Informationen über die Aktivitäten der Web-Surfer gewonnen werden. Über die im Netz hinterlassenen Spuren von Web-Surfern lassen sich in Verknüpfung mit Suchmaschinen aussagekräftige Persönlichkeitsbilder über deren wirtschaftliche Situation, sexuelle Orientierung, persönliche Interessen und politische Meinungen erstellen.[298] Auf dem Markt sind entsprechende Datamining-Tool-Programme erhältlich.[299] In erster Linie dient dies zur Erforschung des Konsumverhaltens einer Person. Die Polizei kann mit dem vom Bundesamt für Sicherheit in der Informationstechnik (BSI) in Auftrag gegebenenen Internet-Ermittlungstool INTERMiT auf Online-Streife gehen und anhand der vorgefundenen Daten Online-Profile erstellen.[300]

2. Bonus-Programme

Vergleichbar aussagekräftige Informationen über die Vorlieben einer bestimmten Person können durch die Auswertung der in Bonus-Programmen gespeicherten Daten anfallen. Derartige Programme, die Preise und Rabatte versprechen, wie Payback[301], HappyDigits[302], Webmiles[303] u.a. führen ebenfalls zu umfangreichen

---

[296] URL=Uniform Resource Locator.

[297] Schaar, DuD 2001, 384, 385.

[298] Krempl, Terrorismus und Bürgerrechte im Internet, Internet am 2.10.2001.

[299] Schaar, DuD 2001, 383, 385.

[300] Krempl, Die Automatisierung der Webüberwachung, Internet am 2.10.2001.

[301] http://www.payback.de : Payback wurde von der Loyalty Partner GmbH München entwickelt: „Loyalty Partner hilft Unternehmen, ihre Kunden zu binden, sie für ihr Angebot zu begeistern und Marken treu zu bleiben – mit umfassenden Kundenmanagement-Lösungen."

[302] http://www.happydigits.de : Die CAP Customer Advantage Program GmbH Köln ist die gemeinsame Betreibergesellschaft der Deutschen Telekom und KarstadtQuelle für das Bonusprogramm HappyDigits.

[303] http://www.webmiles.de : „Die webmiles GmbH München betreibt unter www.webmiles.de Deutschlands führendes Prämiensystem für zielgruppenorientiertes Kundenbeziehungsmanagement. Im Internet und in der realen Welt verbindet webmiles bereits heute die Interessen von mehr als 145 Partnerunternehmen und über 1,7 Million Teilnehmern an bedürfnisorientiertem Informationstransfer und individueller Vorteilsgewährung: Die Partnerunternehmen setzen die Währung webmiles als umsatzunabhängige Incentivierung entsprechend ihrer individuellen Marketing-Ziele bei Interessenten und Kunden ein. Von der Identifikation des potentiellen Kundens über seine Gewinnung und Bindung bis zur langfristigen Weiterentwicklung innerhalb seiner Kundenbeziehung sind den Einsatzmöglichkeiten von webmiles keine Grenzen gesetzt: Mittels effizienter Dialoginstrumente übermittelt webmiles individuelle Werbebotschaften und Angebote zu Produkten oder Services der Partner an Kunden und Interessenten oder fordert diese zur Teilnahme an Marktforschungsumfragen und -tests auf. Die medienübergreifende Auswahl an Kommunikationskanälen, darunter E-Mailings, SMS und Internet, aber auch Offline-Mailings, Service Center und Kundenkarten gewährleistet dabei die inhaltliche und formelle Zielgruppenaffinität. In dieser Kombination entstehen effiziente Kommunikationsformen mit größten Akzeptanz- und Responsewerten der Adressaten."

Datenpools, die der Kundenbindung, der Marktforschung und der Erforschung des Konsumverhaltens zur gezielten Werbung dienen. Polizeibehörden können insbesondere im Zusammenhang mit Rasterfahndungen Zugriff auf den Datenpool verlangen oder unverbindliche Auskunftsersuchen an die jeweiligen Betreiberunternehmen richten.

3. Mauterfassungssysteme

Das von Toll-Collect[304] in Betrieb genommene Mauterfassungssystem ist in seinem Leistungsumfang nicht nur auf die Mauterhebung bei Lastkraftwagen beschränkt. Jedes Fahrzeug, dass die Kontrollbrücken passiert, wird auf Video aufgenommen.[305] Auf diese Weise ist eine automatisierte Nummernschilderkennung möglich. Bayern hat bereits solche Kennzeichen-Massenscreenings durchgeführt.[306]

Das Amtsgericht Gummersbach[307] hat zum Zwecke der Strafverfolgung die Beschlagnahme der vom elektronischen Mauterfassungssystem gewonnenen Daten für zulässig erachtet. Die diesbezüglich laufende Diskussion wird zeigen, ob sich das System zu einem „bundesweiten Bewegungsmelder"[308] entwickelt. Auch unabhängig von Toll-Collect ist die Ausweitung des Kennzeichen-Screenings geplant. Entsprechende Gespräche der Innenminister der Länder wurden bereits geführt.[309] In Bayern wurde das Polizeiaufgabengesetz, nach anfänglichem Widerstand, entsprechend ergänzt.[310] Dabei soll auch ein Abgleich mit dem INPOL-Datenbestand erfolgen. Seit 2006 haben auch andere Länder solche polizeilichen Befugnisse geschaffen.

4. Einblick in Bankkonten

Einblicke in Bankkonten sind aufgrund des Geldwäschegesetzes[311] und aufgrund des Gesetzes zur Förderung der Steuerehrlichkeit[312] möglich geworden. Das Geldwäschegesetz verpflichtet Kreditinstitute, anhand von automatisierten Research-Systemen die Konten sämtlicher Kunden auf Geldwäsche verdächtige Kontenbe-

---

[304] www.toll-collect.de : Die Toll Collect GmbH ist ein gemeinsames Tochterunternehmen der DaimlerChrysler Financial Services AG (45%), der Deutschen Telekom AG (45%) und der französischen Cofiroute S.A. (10%).
[305] Schulzki-Haddouti, Totale Verkehrsüberwachung, Internet am 10.7.2005.
[306] Gössner, in: Frankfurter Rundschau v. 25.10.2003.
[307] AG Gummersbach, Beschluss v. 21.8.2003 – 10 a Gs 239/03, NVZ 2004, 160.
[308] Raulff, in: Süddeutsche Zeitung v. 3./4. 1.2004 unter dem Titel „Der Superblitzkasten".
[309] ZAP-Aktuell „Jedermann-Kontrolle" in: ZAP 2004, 459; sowie beim Treffen der Innenminister des Bundes und der Länder im Januar 2006.
[310] § 33 Abs. 2 S. 2 BayPAG.
[311] Gesetz über das Aufspüren von Gewinnen aus schweren Straftaten (Geldwäschegesetz-GwG), BGBl.1993 I 1770.
[312] BGBl. 2003 I 2928.

wegungen zu überprüfen.[313] Verdächtige Kontenbewegungen sind dem BKA als Zentralstelle für Verdachtsanzeigen zu melden. Das BKA ist befugt, die erhaltenen Daten auszuwerten und mit anderen Datensammlungen abzugleichen.[314] Eine Übermittlung der Daten an andere Staaten ist ebenfalls möglich. Europol kann die Daten anschließend vom BKA oder der ausländischen Stelle übermittelt bekommen. Ausschlaggebend für eine Verdachtsanzeige durch das Kreditinstitut ist das Vorliegen bestimmter Indikatoren. Diese lassen sich aber nicht in verlässlicher Weise bestimmen.[315] Das Bundesaufsichtsamt für das Kreditwesen schlägt hierfür ein Suchraster vor, wonach eine unangekündigte vorzeitige Kreditrückführung, eine plötzliche rege Benutzung eines bisher nahezu inaktiven Kontos, eine Veräußerung von Wertpapieren zu einem unter Renditegesichtspunkten ungünstigen Zeitpunkt ohne ersichtlichen Grund, eine drastische Erhöhung der Anzahl der Habenumsätze oder wiederholte Finanztransfers an den selben Empfänger als verdächtig gelten.[316] Bei solchen Verdachtsindikatoren werden notwendigerweise viele unbeteiligte Dritte von den Maßnahmen betroffen. Sobald als verdächtig geltende Daten an andere ausländische Stellen übermittelt werden, sie aber nach Auswertung durch das BKA gelöscht werden, ist nicht ausgeschlossen, dass diese über die ausländische Stelle hinaus ein Eigenleben entwickeln und über Europol in der ursprünglichen Fassung wieder zum BKA gelangen.

Das Gesetz zur Förderung der Steuerehrlichkeit schafft die Befugnis des Bundesamts für Finanzen, im Wege eines automatisierten Abrufs von Kontoinformationen einzelne Daten bei den Kreditinstituten zu erheben und an die ersuchende staatliche Stelle zu übermitteln.[317] Als ersuchende Stelle kommen nicht nur Finanzämter, sondern auch Sozial- und Wohnungsämter, Gerichte und Staatsanwaltschaften in Betracht. Sobald die Staatsanwaltschaft die Daten der Polizei zu Ermittlungen überlässt, können diese in die polizeilichen Datensammlungen eingegeben und über das BKA an Europol übermittelt werden. Mit der Einrichtung des automatisierten Abrufsystems haben die Behörden Zugang zu 500 Millionen Kontendaten in Deutschland.[318]

5. Radio Frequency Identification (RFID)

Bei der RFID-Technik handelt sich um Computerchips in Miniaturform, die Daten speichern und gleichzeitig Radiosignale aussenden. RFID-Systeme bringen die

[313] § 11 Abs. 1 GwG.
[314] § 5 Abs. 1 Nr. 1 GwG.
[315] So der Bankenfachverband laut Jahresbericht 2000 des Berliner Datenschutzbeauftragten Pkt. 3.4.
[316] Jahresbericht 2000 des Berliner Datenschutzbeauftragten Pkt. 3.4.
[317] Art. 3 und 4 des Gesetzes zur Förderung der Steuerehrlichkeit; § 93b AO.
[318] Kuhr, in: Süddeutsche Zeitung v. 24./25.3.2005; Beachte aber die einschränkenden Bemerkungen des Bundesverfassungsgericht im Beschluss v. 13.6.2007 zu den Az. 1 BvR 1550/03; 2357/04; 603/05.

virtuelle Welt der Daten mit realen Objekten in Kontakt.[319] In Form von in den Körper einpflanzbaren VeriChips dienen sie als Notfallausweis oder als Kreditkarte, wie beispielsweise im BajaBeachClub in Barcelona.[320] Container und Warenpaletten im modernen Warenverkehr sind ebenso mit RFID-Chips ausgestattet wie Autoschlüssel und Skipässe.[321] RFID-Chips sind in der Lage, Körperfunktionen zu überwachen, aufzuzeichnen und bei Bedarf ein Notsignal zu aktivieren. Die Chips werden in moderne Auto-Reifen eingebaut und speichern Daten über die im Laufe der Nutzungszeit erlittenen Belastungen, um anhand der Daten nach Rücknahme des Reifens durch den Hersteller, Verbesserungen entwickeln zu können. Die polizeiliche Auswertung solcher Daten ermöglichte es, zurückgelegte Wegstrecken eines Fahrzeugs zu rekonstruieren. Supermärkte deren Produkte mit RFID-Chips ausgestattet sind, erlauben das Einkaufen ohne Kasse, da eine Abbuchung direkt von der Kredit- oder Bankkarte erfolgen kann. Haustiere erhalten oftmals RFID-Chips eingepflanzt, damit deren Halter ermittelt werden kann. Jedes mit einem solchen Chip ausgestattete Objekt oder Subjekt ist jederzeit identifizierbar und lokalisierbar.[322] Darin liegen große Vorzüge und Gefahren. Mittels RFID-Daten erstellte Datensammlungen enthalten unglaubliche Mengen an Einzeldaten, die mit Datamining-Programmen für zahlreiche Zwecke verwendet werden können.

6. Videoüberwachung

Es liegt auf der Hand, dass Videoaufnahmen eine große Menge an Informationen entstehen lassen. Die technologische Entwicklung hat Videokameras nicht nur kostengünstiger, sondern auch vielseitiger gemacht.[323] Als neuartige Leistungsmerkmale sind Kameras mit Infrarot-Funktion oder Wärme-Detektoren erhältlich. Der Einsatz von Videokameras ist längst nicht mehr auf Banken, Botschaften oder private Nutzer beschränkt. Zunehmend ist zu beobachten, dass als gefährdet eingestufte Objekte oder Orte wie die zentralen Plätze der Innenstädte, der öffentliche Personennahverkehr sowie Flughäfen und Bahnhöfe, videoüberwacht werden.[324] Die mittels Videoüberwachung erhobenen Daten können im Nachhinein mehreren Zwecken dienen. Das neue Polizeibehördengesetz des Landes Rheinland-Pfalz sieht beispielsweise vor, dass aus dem Einsatz von Bildübertragungstechnik erhobene Informationen und Aufzeichnungen dann nicht zu löschen sind, wenn sie für die vorbeugende Bekämpfung von Straftaten oder allein zur Verfolgung erheblicher

---

319 Filser, in: Süddeutsche Zeitung v. 18.11.2004.
320 Arnu, in: Süddeutsche Zeitung v. 27.10.2004.
321 Siehe dazu: Gneuss, in: Digitales Leben, S. 27, Sonderveröffentlichung der Süddeutschen Zeitung v. 31.5.2005.
322 Filser, in: Süddeutsche Zeitung v. 18.11.2004.
323 Banisar, Bürgerrechte & Polizei/CILIP 61, 3/1998, S.19, 24.
324 Keller, Kriminalistik 2000, 187, 189.

Ordnungswidrigkeiten erforderlich sind.[325] Der Einsatz von Gesichts- oder Körpererkennungssoftware erweitert die Verwertungsmöglichkeiten um ein Vielfaches.

7. Biometrie

Der Einsatz biometrischer Erkennungsverfahren dient der automatisierten Identifizierung einer Person. Die erfolgt insbesondere im Zusammenhang mit Zugangsfragen. Die soziale Akzeptanz biometrischer Systeme muss sich noch erweisen. Biometrische Verfahren haben erhebliche Automatisierungs- und Rationalisierungspotenziale.[326] Ihre Einsatzfelder reichen vom Einchecken im Flughafen bis zur Bargeldabhebung, von der Spracherkennung am Telefon bis zum Videoverleih per Fingerabdruck. Der Vorteil der Biometrie im Vergleich zu herkömmlichen Zugangsberechtigungen liegt darin, dass Passwörter, Chipkarten und PIN entbehrlich werden. Die Biometrie weist aber auch eine Menge Nachteile auf, die bisher dazu geführt haben, dass sie sich trotz der technischen Machbarkeit nicht umfassend durchsetzen konnte. Schwer wiegt insbesondere die Tatsache, dass eine auf Biometrie basierende Zugangsberechtigung weder weitergereicht noch ausgeliehen werden kann. Damit bleiben der Biometrie viele Nutzungsmöglichkeiten verschlossen. Ein weiteres schwerwiegendes Problem der Biometrie liegt in der sog. Lebenderkennung.[327] Dabei geht es darum, echte Menschen von Bilder, Prothesen oder Sonstigem zu unterscheiden. Zwar sorgen eingebaute Wärmesensoren bei der digitalen Erfassung von Fingerabdrücken für Abhilfe. Systeme, die aber auf einer Iris- oder Gesichtssymmetrieerfassung basieren, sind hierbei anfälliger. Aufgrund des hohen Missbrauchsrisikos biometrischer Erfassungsysteme sind hohe Anforderungen an den Datenschutz zu stellen. Dazu gehört, dass sich die abzugleichenden Referenzdaten nicht auf einem Zentralcomputer, sondern auf einer persönlichen Smartcard befinden. Geschieht dies nicht, ist auch hier eine uferlose Zugriffsmöglichkeit gegeben. Ein weiteres Problem der Biometrie ist die Benutzerfreundlichkeit. Der Einsatz von biometrischen Reisepässen kann dazu führen, dass etliche Passagiere an Flughäfen zu Unrecht zurückgewiesen werden, weil die Systeme nicht immer zuverlässig arbeiten.[328]

8. GPS-Ortung

Satellitengestützte Navigations- und Ortungssysteme übermitteln zwangsläufig Aufenthaltsdaten per Funk, die mit einem geeigneten Empfangsgerät abgefangen werden können. Nutzer, die ohne den Einsatz spezifischer Verschlüsselungs-

---

[325] § 27 Abs. 6 Polizei- und Ordnungsbehördengesetz Rheinland-Pfalz, zuletzt geändert durch Gesetz vom 2.3.2004, GVBl. 2004, S. 202. Ausgangspunkt war der Gesetzentwurf LT-Ds 14/2287 v. 24.6.2003; Siehe auch: Prantl, Süddeutsche Zeitung v. 2.1.2004.
[326] Büllingen/Hillebrand, DuD 2000, 339.
[327] Büllingen/Hillebrand, DuD 2000, 339, 341.
[328] Böcking, in: Süddeutsche Zeitung vom 14.9.2005.

technologie solche Systeme einsetzen, unterliegen der Möglichkeit einer permanenten Überwachung. Mit intelligenter Software lassen sich aufgrund der GPS-Daten vollständige Bewegungsprofile erstellen, die ggf. polizeilich ausgewertet werden können.[329]

9. Problem: Datenmüll

Umfangreiche Datenerhebungen führen zu Unmengen an Daten, die von den Polizeien bewältigt werden müssen.[330] Der anfallende Informationsmüll muss ausgesiebt werden.[331] Mit konventionellen polizeilichen Methoden ist dies nicht zu bewerkstelligen. Das seitens der Polizei zunächst zu begrüßende Überangebot des Rohstoffs „Information“ kann überhaupt nur mit einer „Veredelung“[332] für einen sinnvollen Einsatz nutzbar gemacht werden. Hierzu bedarf es besonderer Technik und geschulte Experten. Da das bisherige polizeiliche Instrumentarium an seine Kapazitätsgrenzen stößt und Ermittlungen kaum Aussicht auf Erfolg haben, sobald sich eine verfolgte Spur im Ausland verläuft, sind die nationalen Polizeien nicht in der Lage gewesen, Entsprechendes zu leisten. Der Analysearbeit Europols wird daher in erster Linie die Aufgabe zugeschrieben, die Qualität der angewandten Methoden und die Professionalität der Analytiker mittels Schulung zu steigern, um aus großen Datenmengen akribisch die erforderlichen Zusammenhänge herauszuarbeiten.

IV. Polizeiliche Datensammlungen in Deutschland

Die zu verschiedenen privaten oder öffentlichen Zwecken erhobenen Daten können Eingang in polizeiliche Datensammlungen finden, die unter Berücksichtigung der jeweils geltenden Zweckbindung der Daten geführt werden müssen. Die Grundlage für die polizeiliche Datenerhebung muss ein Gesetz sein, das die Polizei hierzu ermächtigt. Die Informationserhebung kann beweisförmig oder operativ sein.[333] Sie dient also entweder strafverfolgenden oder vorsorglichen Zwecken. Das gleiche gilt grundsätzlich für deren Speicherung. Durch Vorschriften zur Datenweitergabe wird die ursprüngliche Zweckbestimmung jedoch weitgehend aufgehoben. Doch bevor die verschiedenen rechtlichen Eingriffsgrundlagen zur Erhebung von Daten im deutschen Recht dargestellt werden (Teil 1, B. V.), soll der Weg der Daten in die polizeilichen Datensammlungen weiterverfolgt werden, um den Zusammenhang zwischen der Entstehung der Daten und ihrer polizeilichen Verwendung deutlich zu machen.

---

[329] Für die Strafverfolgung ist die GPS-Ortung vom Bundesverfassungsgericht ausdrücklich als zulässiges technisches Mittel gem. § 100c Abs. 1 Nr. 1 b) StPO anerkannt; BVerfGE 112, 304.
[330] Gössner, vorgänge 2002, 41.
[331] Narr, Bürgerrechte & Polizei/CILIP 60, 2/1998, S. 52, 56.
[332] Zum Begriff vgl. Bruhn/Risch, Kriminalistik 2000, 2,4.
[333] Vgl. hierzu Lorenz, JZ 1992, 1000, 1001.

Die Eingabe von Daten in polizeiliche Dateien erfolgt auf unterschiedliche Art und Weise. In der Regel wird der kriminalpolizeiliche Meldedienst von Bedeutung sein. Die Bundesländer bestimmen eigenständig einen Katalog meldepflichtiger Straftaten. Der einzelne Polizeibeamte hat Angaben zu meldepflichtigen Straftaten dem jeweiligen Landeskriminalamt (LKA) bekannt zu machen. Mit formatiertem Fernschreiben oder auf anderem geeigneten Wege sind Angaben zur Tatzeit, dem Tatort, dem Geschädigten, zu Spuren, zum Tathergang und der Arbeitsweise sowie, falls vorliegend, Angaben zum Täter oder eine Täterbeschreibung und die sachbearbeitende Dienststelle zu übermitteln.[334] Bei bestimmten Kriminalitätsfeldern, wie z.B. bei Verdacht auf eine bandenmäßige Begehung oder organisierter Kriminalität besteht besonderer Auswertungsbedarf. Die Ergebnisse sind dem jeweiligen LKA zu melden.

Für weitere Delikte, wie Rauschgift-, Umwelt-, Wirtschaft- oder Staatsschutzdelikte besteht ein Sofortmeldedienst. Bei einem solchen Verdacht ist dies dem LKA sofort zu melden.[335] Über Veränderungen der Sachlage sind die zuständigen Ämter zu unterrichten. Personenbezogene Daten, die nicht im Zusammenhang mit Straftaten, sondern mit Gefahren anfallen, gelangen aufgrund der unmittelbaren Wahrnehmung der mit der Gefahrenabwehr beauftragten Polizeibeamten in die jeweiligen Dateien.

Der Zweck einer Datei, der betroffene Personenkreis, die Speicherdauer und weitere Umstände sind in der Errichtungsanordnung für die Datei festzulegen. Dabei sind je nach landesrechtlicher Ausgestaltung spezifische Verwaltungsvorschriften zu beachten. Diese Richtlinien für die kriminalpolizeiliche Sammlungen personenbezogener Daten (KpS-Richtlinien) legen fest, welche allgemeinen Grundsätze bei der Speicherung zu beachten sind und welchen Inhalts die Errichtungsanordnungen zu sein haben.[336] Dabei ist zu beachten, dass nicht nur die Länder, sondern auch das BKA eine Vielzahl von Dateien führt. Nicht alle diese Dateien sind, u.a. aus rechtlichen Gründen, vernetzt.[337] Über Europol soll nun die Vernetzung offensichtlich vorangetrieben werden.

Ein Datensatz in einer polizeilichen Datenbank besteht aus mehreren Datengruppen: Personalien (P-Gruppe), Grund der Fahndung, wie Festnahme oder Aufenthaltsermittlung (F-Gruppe), Vorliegen eines Haftbefehls (H-Gruppe), Hinweise auf

---

[334] Brodag, Kriminalistik, S. 228 f.

[335] Brodag, Kriminalistik, S. 230.

[336] Beispiele: Ausführungsvorschriften zu § 49 ASOG Bln (Dateienrichtlinien) vom 4. Dezember 1992 (Abl. S. 3731); Richtlinien für die Führung Kriminalpolizeilicher personenbezogener Sammlungen (KpS) RV d. JM vom 05.04.2001 (4701 - III A. 14) gemäß Runderlass des Innenministeriums des Landes Nordrhein-Westfalen vom 25.08.2000 (MBl. NW 2000 S. 1370); Vgl. auch die detaillierten Ausführungen bei Ahlf/Störzer/Vordermaier, Datenschutz und informationelle Tätigkeit der Polizei, S. 643 ff. Beachtenswert ist insbesondere das dargestellte Beispiel einer Errichtungsanordnung des BKA auf S. 689.

[337] Deggerich, in: Spiegel-Online vom 3.10.2001.

Unterlagen in Kriminalakten (U-Gruppe), Aliasnamen (A-Gruppe), erkennungsdienstliche Informationen (E-Gruppe), zusätzliche Personeninformationen, wie z.B. der berufliche Werdegang oder andere polizeirelevante Informationen (Z-Gruppe), personengebundene Angaben über Bewaffnung, Drogenkonsum, Fremdenfeindlichkeit, etc. (W-Gruppe), Personenbeschreibung (L-Gruppe).[338]

Die polizeilichen Datenbanken umfassen Amtsdateien, die nur bei einer Behörde geführt werden und Zentraldateien, die zwar bei einer Behörde zentral geführt werden, auf die aber weitere Behörden Zugriff haben. Im Falle von Zentraldateien übermitteln die Länder Daten an das BKA, das diese und eigene Daten in die Datei eingibt. Ferner gibt es Verbunddateien. Hier werden die Datensätze bei mehreren Behörden geführt und gemeinsam vernetzt. Bei Verbunddateien fungiert das BKA als Zentralstelle. Die Länder können Daten in diese Dateien unmittelbar eingeben und abrufen.[339] Nicht immer ist vorgesehen, dass in den Errichtungsanordnungen angegeben wird, aufgrund welcher Rechtsgrundlagen die Daten Eingang in die Datei halten können. Auch nach Einstellung eines Ermittlungsverfahrens werden Daten zu Vorsorgezwecken gespeichert.[340] Die Einführung von Falldateien, wie PIOS- und SPUDOK-Anwendungen erlaubte erstmalig die IT-gestützte Informationsverarbeitung, um Beziehungsgeflechte sichtbar zu machen.[341]

Zum INPOL-System gehören u.a. die Personen- und Sachfahndungsdateien, die Erkennungsdienstdatei, die Haftdatei, der Kriminalaktennachweis (KAN), die zentralen Aktenerschließungssysteme für spezifische Deliktsformen (PIOS), Spurendokumentationsdateien (SPUDOK) und das Fahrzeugidentifizierungssystem (FINAS). Im Folgenden sollen einige herausgehobene Datensammlungen des INPOL-Systems und weitere polizeilich geführte Dateien gesondert betrachtet werden, da sich besonders aus ihnen relevante Informationen für Europols Datenanalyse ergeben können.

1. KAN

Auf Länderebene existieren automatisierte Aktennachweissysteme, die dazu dienen, angelegte Kriminalakten aufzufinden. Die Anwendungsmöglichkeiten gehen jedoch über ein reines Nachweissystem hinaus, da es auch als Personenindex dienen kann.[342] Das BKA führt über schwere und bedeutsame Straftaten als Verbunddatei ein Kriminalaktennachweissystem (KAN) in dem Personalien, Aliaspersonalien, die Kriminalaktennummer, die Bezeichnung der Straftat und ergänzende Informationen gespeichert sind.[343] Aktennachweissysteme sind potenziell dazu geeignet,

---

[338] Brodag, Kriminalistik, S. 236 f.
[339] Bäumler, in: Handbuch des Polizeirechts, Kap. J Rz. 145 ff.
[340] Götz, NVwZ 1998, 679, 686.
[341] Manske, Kriminalistik 2001, 105.
[342] Bäumler, in: Handbuch des Polizeirechts, Kap. J Rn. 165.
[343] Bäumler, in: Freiheitssicherung durch Grundrechtsschutz, S. 237 f.

auch anderen als strafverfolgenden Zwecken zu dienen. Da sie in automatisierter Form vorliegen, ist es ein Leichtes, auf diese Weise Informationen darüber zu erhalten, ob gegen eine bestimmte Person schon einmal ermittelt worden ist. Diese Information kann sowohl bei der Gefahrenabwehr, bei der Strafverfolgung und bei der vorbeugenden Bekämpfung von Straftaten bedeutsam sein. Aufgrund von § 8 Abs. 1 BKAG besteht die Möglichkeit, im KAN auch Daten über den Tatort, Tatzeitpunkt und zum Tatvorwurf zu speichern. Der kriminelle Werdegang einer Person wird damit sofort erkennbar. Das KAN eignet sich damit auch als operatives Ermittlungswerkzeug.[344] Der Inhalt des KAN richtet sich nach der jeweils geltenden Errichtungsanordnung.[345] Die Errichtungsanordnung muss grundsätzlich vor dem Zeitpunkt der Datenspeicherung erlassen werden. Da ab 1999 zunächst nur ein Arbeitsentwurf vorlag, der aber vom zuständigen Bundesministerium des Innern nicht erlassen wurde, mussten gespeicherte Daten gelöscht werden, soweit sie über die ursprüngliche Errichtunganordnung hinaus gingen.[346]

Auf welche Weise Daten in das KAN gelangen können, zeigt der Fall eines in Burma geborenen Deutschen, dessen Daten über zehn Jahre im KAN grundlos gespeichert waren, nur weil die US-amerikanische Drogenbekämpfungsbehörde DEA ein Auskunftsersuchen an das BKA gesandt hatte.[347] Die Abklärung der Personalien auf Anfrage des BKA beim LKA Schleswig-Holstein führte unmittelbar zur Speicherung im KAN, ohne dass irgendwelche polizeilich relevanten Erkenntnisse vorlagen. Wenn das KAN für die operative polizeiliche Arbeit zu Hilfe gezogen wird, sind derartige Vorgänge höchst bedenklich.

2. PIOS

PIOS-Dateien enthalten Einzelinformationen zu Personen, Institutionen, Organisationen und Sachen und können im Zweifel sämtlichen polizeilichen Zwecken dienen. Es werden nicht nur die Daten von Beschuldigten, Verdächtigen und gefährdeten Personen gespeichert. Betroffen sind auch sog. andere Personen, sofern ihre Daten für erforderlich gehalten werden. Die in PIOS-Dateien gespeicherten Daten werden über Verknüpfungen miteinander verbunden, sodass umfangreiche Querschnittsauswertungen möglich werden.[348] Diese Dateien sind auf Dauer angelegt und dienen allgemein der Kriminalitätsbekämpfung. Sie ermöglichen die dateimäßige Erfassung des Inhalts von Polizeiakten und fungieren somit als Aktenauswertungssystem.[349]

---

344 Voß/Roschke/Tretkowski, Das polizeiliche Informationssystem INPOL, im Internet auf http://ig.cs.tu-berlin.de/oldstatic/s2002/04351547/inpol.pdf am 26.8.2004.
345 § 34 BKAG.
346 Vgl. VG Gießen, Kriminalistik 2002, 428 - Urteil v. 29.4.2002, Az. 10 E 141/01.
347 Tätigkeitsbericht 1999 und 2000 des Bundesbeauftragten für den Datenschutz, S. 102.
348 Bäumler, in: Freiheitssicherung durch Datenschutz, S. 239.
349 Bäumler, in: Freiheitssicherung durch Datenschutz, S. 238.

Seit dem 2.1.1986 existiert beim BKA die Verbunddatei Arbeitsdatei PIOS-Innere Sicherheit (APIS). Es handelt sich dabei um eine spezifische PIOS-Anwendung, die Daten aus der Bekämpfung des Terrorismus und zu Staatsschutzdelikten zusammenführt. APIS unterscheidet nicht, ob die Daten aus der Strafverfolgung oder Gefahrenabwehr stammen. Auch unterscheidet APIS nicht zwischen Terrorismus und Kleinkriminalität, wie „wildes Plakatieren".[350] In der Arbeitsdatei PIOS-Rauschgift (APR) musste schon 1986 festgestellt werden, dass zwar 67 000 Personen dort insgesamt gespeichert, aber nur 500 als „andere Personen" vermerkt waren. Da die Einschätzung dem BKA obliegt und die Grenzen fließend sind, ist anzunehmen, dass die Mehrzahl der Personen schlicht aus Opportunitätsgründen als Verdächtige eingestuft wurden.[351] Weitere PIOS-Dateien gibt es zur organisierten Kriminalität (APOK), Wirtschaftskriminalität (APWK), illegalen Arbeitsvermittlung (AIA), zum Landfriedensbruch (APLF), Landesverrat (APLV) und zu Waffen (AP-Waffen).[352]

3. SPUDOK

SPUDOK- und PIOS-Anwendungen geben die Möglichkeit, den Inhalt von Kriminalakten mehrdimensional systematisch auszuwerten.[353] SPUDOK-Dateien dienen der Spurendokumentation in einzelnen Ermittlungsfällen. Sie liegen in Form von Verbund-, Zentral-, und Amtsdateien vor. Auch hier werden sämtliche für die strafrechtliche Fallaufklärung erforderlichen Daten von betroffenen Personen erfasst. Die Datenerfassung erfolgt freitextlich und ist nicht an Schlüsselbegriffe gebunden. Suchbegriffe sind einzeln auffindbar. SPUDOK-Dateien kommen auch zur Gefahrenabwehr zum Einsatz. So z.B. bei Großdemonstrationen.[354] Auch hier ist der betroffende Personenkreis meist sehr weit gefasst. So wies die Errichtungsanordnung für die Datei „BILLET" als „verdächtige Personen" jene Personen aus, „bei denen zu vermuten ist, dass sie Mitglied oder Unterstützer einer Gruppe im Zusammenhang mit dem unter Nr. 2.1 genannten Ermittlungsverfahren sind." Die Bedeutung der verwendeten Begriffe bleibt ebenso offen, wie die Frage, was eine „Gruppe im Zusammenhang" mit Ermittlungen in einem Einzelfall zu tun haben könnte. Bei der datenschutzrechtlichen Prüfung dieser Datei fielen weitere Unregelmäßigkeiten auf.[355] SPUDOK-Dateien sind regelmäßig nicht auf Dauer angelegt. Es gibt allerdings Ausnahmen.

Die Wirkung der längerfristigen Speicherung einer Person in einer SPUDOK-Datei lässt sich anlässlich der Aufklärung eines Brandes im Göttinger Arbeitsamt im No-

---

[350] Tätigkeitsbericht 1986 des Bundesbeauftragten für den Datenschutz, S. 60.
[351] Tätigkeitsbericht 1986 des Bundesbeauftragten für den Datenschutz, S. 59.
[352] Vgl. Auflistung bei Brodag, Kriminalistik, S. 244.
[353] Bäumler, DuD 1998, 314.
[354] Bäumler, in: Freiheitssicherung durch Datenschutz, S. 241.
[355] Tätigkeitsbericht 1986 des Bundesbeauftragten für den Datenschutz, S. 60.

vember 1997 nachvollziehen.[356] Im Rahmen eines Datenabgleiches waren im Februar 1998 Personen der Tat verdächtig worden, die der linken Szene Göttingens in den 80er Jahren angehörten und damals in SPUDOK-Dateien aufgenommen wurden. Bereits 1983 wurde zwar den Betroffenen mitgeteilt, dass sie zu Unrecht in die Datei aufgenommen und die fraglichen Dateien vernichtet worden seien. Dennoch existierten die Dateien mit den gleichen Schreibfehlern wie in den 80er Jahren weiter und wurden für die späteren strafrechtlichen Ermittlungen wegen des Brandfalles verwendet. Ein Tatverdacht hinsichtlich des Brandes konnte sich nicht bestätigen. Die Speicherung in einer SPUDOK-Datei begründete offenbar für die handelnden Beamten einen genügenden Anlass, um die betroffenen Personen zu verdächtigen. Ähnliche Vorkommnisse mit SPUDOK-Dateien gab es im Landkreis Lüchow-Dannenberg.[357]

4. DNA-Analysedatei

Seit April 1998 betreibt das BKA eine DNA-Analysedatei. Die erforderliche Errichtungsanordnung wurde am 27.10.1999 in Kraft gesetzt. Die DNA-Analyse ist gem. § 81g StPO zum Zwecke der Identitätsfeststellung in künftigen Strafverfahren zulässig, wenn sich die betroffene Person wegen Straftaten von erheblicher Bedeutung oder wiederholt verdächtig gemacht hat. Die entnommenen Körperzellen können zur Feststellung des DNA-Identifizierungsmusters molekulargenetisch untersucht werden.

Die DNA-Analyse soll eine geeignete Maßnahme für die Verhütung und Verfolgung von Straftaten darstellen. Die Entnahme des „genetischen Fingerabdrucks" kann zur Überführung eines Täters wie auch zur Entlastung eines zu Unrecht beschuldigten Verdächtigen führen. Die DNA-Analyse kommt insbesondere bei Sexualdelikten zur Anwendung. Hierzu werden Massentests vorgenommen. Dies dient dazu, den Täter zu überführen oder den Kreis der Tatverdächtigen zumindest einzuengen.

Die Führung einer DNA-Analysedatei ist deswegen problematisch, weil die Datei eines Tages nicht nur der Identifizierung, sondern ferner zur Entschlüsselung von Erbanlagen und genetischen Dispositionen einzelner Personen dienen könnte.[358] Schon jetzt entwickelt sich die DNA-Analyse zum polizeilichen Standardrepertoire hin.[359] Politisch ist längst die Forderung erhoben worden, den genetischen dem tatsächlichen Fingerabdruck anzugleichen und als Standardmaßnahme der Identitätsfeststellung einzuführen.[360]

---

[356] Hierzu: Gössner, Einmal verdächtig, immer verdächtig, Internet am 17.10.2001.
[357] Gössner, Einmal verdächtig, immer verdächtig, Internet am 17.10.2001.
[358] Nogala, Bürgerrechte & Polizei/CILIP 60, (3/98), S. 6, 16.
[359] Graalmann-Scherer, ZRP 2002, 72, 75.
[360] Vgl. http://www.cdu.de/portal/sicherheit.htm am 27.7.2005.

Aus datenschutzrechtlicher Sicht wurde auf die früher unzulässige Praxis hingewiesen, wonach die Polizeibehörden regelmäßig die Einwilligung der betroffenen Person zur Durchführung der DNA-Analyse ausreichen ließen, obwohl das Gesetz bis 2005 ausdrücklich einen Richtervorbehalt vorsah.[361] Die Neuregelung der DNA-Analyse sieht nunmehr vor, dass beim Vorliegen einer Einwilligung oder bei Gefahr im Verzug keine richerliche Anordnung mehr erforderlich ist.[362] Darüber hinaus sind nun DNA-Massenscreenings rechtlich geregelt worden.

Am 26.11.2002 waren 236 347 DNA-Identifizierungsmuster gespeichert.[363] Mit Ablauf des III. Quartals 2006 umfasste die DNA-Analysedatei bereits einen Bestand von 526.271 Datensätzen.[364]

5. Gewalttäterdateien

Nach Vorbild der im Nachgang zu der Fußball-Weltmeisterschaft 1998 entwickelten Datei „Gewalttäter Sport" führt das BKA Gewalttäterdateien über links- und rechtsextremistisch (LIMO, REMO) motivierte Personen sowie über gewalttätige Ausländer (AUMO). Der Personendatenbestand in den Gewalttäterdateien erschließt sich über die in das Informationssystem INPOL integrierte Datei Personenfahndung. In die Gewalttäterdateien werden nicht nur Beschuldigte und Tatverdächtige aufgenommen. Bedenklich ist, dass laut Beschluss der Innenministerkonferenz vom 24.11.2000 auch sonstige Personen gespeichert werden, wenn deren Persönlichkeit Grund zu der Annahme liefere, dass Strafverfahren gegen sie zu führen sein werden.[365] Als Anlass für eine Speicherung reicht oftmals schon ein Platzverweis oder eine Identitätsfeststellung aus. Die Tatsache, in einer Gewalttäterdatei gespeichert zu sein, kann zu erheblichen Unannehmlichkeiten führen. Dazu gehört, dass die betroffene Person beispielsweise mit Meldeauflagen oder einem Ausreiseverbot belegt wird.[366]

6. Auswertedateien beim BKA

Ferner ist auf die Auswertedateien des BKA hinzuweisen. Dabei handelt es sich um eine Art „Vordatei", in denen Daten vorläufig gespeichert werden, um im An-

---

[361] §§ 81g Abs. 3, 81f StPO a.F.; Tätigkeitsbericht 2001 und 2002 des Bundesbeauftragten für den Datenschutz, S. 95 f.
[362] § 81g Abs. 3 StPO n.F. nach dem Gesetz zur Novellierung der forensischen DNA-Analyse, BT-Drs. 15/5674, BR-Drs 521/05.
[363] Tätigkeitsbericht 2001 und 2002 des Bundesbeauftragten für den Datenschutz, S. 96.
[364] http://www.bka.de/profil/faq/dna02.html am 27.7.2007.
[365] Bittner/Staud, in: Die Zeit 37/2001; Tätigkeitsbericht 2001 und 2002 des Bundesbeauftragten für den Datenschutz, S. 97.
[366] Bittner/Staud, in: Die Zeit 37/2001.

schluss auf ihre polizeitaktische Relevanz hin untersucht zu werden.[367] Der Umfang der Speicherung wird allein durch den Zweck der Datei beschränkt. Völlig unbeteiligte Personen können somit von einer Speicherung in einer Auswertedatei betroffen werden. Die über Globalisierungsgegner erstellte Auswertedatei „Global" ist zwar mittlerweile gelöscht.[368] Eine weitere Speicherung der betreffenden Datensätze in der Gewalttäterdatei LIMO ist aber nicht ausgeschlossen.

Darüber hinaus führt das BKA eine Indexdatei Islamischer Terrorismus, die zwar als Auswertedatei geführt wird, aber nicht den hierfür üblichen strengen Übermittlungsregeln unterliegt. Zweck der Datei ist der Nachweis und die Vernetzung von Fundstellen über das Vorliegen präventiver und repressiver personenbezogener polizeilicher Erkenntnisse aus dem Bereich des islamistischen Terrorismus. Bei den gespeicherten Daten handelt es sich um „weiche" noch unbewertete Daten von Personen, die nicht zwangsläufig mit einer Straftat oder Gefährdungen in Verbindung gebracht werden.[369] Vielmehr hielt es die Innenministerkonferenz für ausreichend, wenn die Personen in irgendeiner Weise bei Maßnahmen gegen islamistischen Terrorismus bekannt geworden sind.[370] Die Speicherung erfolgt selbst, wenn die Informationen von einer Person stammen, die für nicht vertrauenswürdig gehalten wird. Eine Rechtsgrundlage für diese Auswertedatei, die sämtlichen Polizeibehörden in Deutschland den Zugriff ermöglicht, fehlt.[371]

7. VICLAS

Die im INPOL-Datenbestand integrierte VICLAS-Datei wird seit dem 1.6.2000 beim BKA als Verbunddatei geführt.[372] Es handelt sich um ein „Violent Crime Linkage Analysis System" also um die Erkennung von Tatzusammenhängen bei Gewaltverbrechen. VICLAS soll damit der Gewinnung von Präventionsansätzen bei Wiederholungstätern dienen.[373] Das VICLAS-System wurde bei der Royal Canadian Mounted Police entwickelt. Anhand eines umfangreichen Fragenkatalogs werden Verhaltensmuster festgestellt und von polizeilichen Fallanalytikern mit begangenen Taten abgeglichen.[374] Ausgehend von der Erkenntnis, dass die meisten Straftäter eine eigene „Handschrift" haben, wird versucht, diese zu identifizieren, um tat- und täterbezogene Zusammenhänge zu erkennen.[375] Die festgestellten Paralellen sollen der Polizei helfen, Gefährdungsanalysen und Täterprofile zu erstel-

---

[367] Tätigkeitsbericht 2001 und 2002 des Bundesbeauftragten für den Datenschutz, S. 93.
[368] Tätigkeitsbericht 2003 und 2004 des Bundesbeauftragten für den Datenschutz, S. 58.
[369] Tätigkeitsbericht 2003 und 2004 des Bundesbeauftragten für den Datenschutz, S. 58.
[370] Tätigkeitsbericht 2003 und 2004 des Bundesbeauftragten für den Datenschutz, S. 58.
[371] Tätigkeitsbericht 2003 und 2004 des Bundesbeauftragten für den Datenschutz, S. 59.
[372] Tätigkeitsbericht 1999 und 2000 des Bundesbeauftragten für den Datenschutz, S. 103.
[373] Brodag, Kriminalistik, S. 232.
[374] http://www.bka.de/kriminalwissenschaften/viclasinter.html am 30.7.2005.
[375] Tätigkeitsbericht 1999 und 2000 des Bundesbeauftragten für den Datenschutz, S. 103.

len.[376] Das sog. Profiling wird hiermit unterstützt. Der Einsatz einer solchen operativen Fallanalyse führt zur vereinfachten Einbindung von Verdachtgewinnungsstrategien in die Ermittlungstätigkeit.[377]

8. *Antiterrordatei*

Das Bundeskriminalamt, die Bundespolizeidirektion, die Landeskriminalämter, die Verfassungsschutzbehörden des Bundes und der Länder, der Militärische Abschirmdienst, der Bundesnachrichtendienst und das Zollkriminalamt führen beim Bundeskriminalamt zur Erfüllung ihrer jeweiligen gesetzlichen Aufgaben zur Aufklärung oder Bekämpfung des internationalen Terrorismus mit Bezug zur Bundesrepublik Deutschland eine gemeinsame standardisierte zentrale Antiterrordatei.[378] Die Datei ist seit dem 1.3.2007 in Betrieb. Das Ziel der Datei besteht darin, die bei den verschiedenen Behörden vorhandenen Informationen zu vernetzen. Dies erfolgt mit der Schaffung einer erweiterten Indexdatei.

Es wird keine neue zentrale Datei geschaffen, sondern der Zugriff auf offen, beschränkt und verdeckt gespeicherte Daten geregelt.[379] Die offene Speicherung bedeutet, dass die abfragende Behörde bei einem Treffer in der Suchmaske auf die sog. Grunddaten und erweiterten Grunddaten zugreifen kann. Erstere sind Informationen über Namen, Geschlecht, Geburtsort und –tag, Staatsangehörigkeiten, Anschriften, Sprachen, Dialekte u.a. Bei den erweiterten Grunddaten geht es um detailliertere Informationen. Hierzu gehören beispielsweise die genutzten Telekommunikationsmittel, Bankverbindungen, die Religionszugehörigkeit, besuchte Orte und Kontaktpersonen. Eine beschränkte Speicherung bedeutet, dass die speichernde Behörde selbst entscheidet, ob bzw. auf welche erweiterten Grunddaten sie den Zugriff gewährt. Die verdeckte Speicherung hat zur Folge, dass auf keine Daten zugegriffen werden kann. Allerdings erhält die speichernde Stelle sowohl bei beschränkter als auch bei verdeckter Speicherung im Falle eines Treffers eine Mitteilung und kann anschließend selbst entscheiden, ob sie die betreffenden Informationen der abfragenden Behörde zur Verfügung stellt.

9. *Weitere Dateien*

Die Liste polizeilicher Datensammlungen ist darüber hinaus schier unendlich. Hervorgehoben seien an dieser Stelle noch das automatisierte Fingerabdrucksystem (AFIS), das in der Erkennungsdienstdatei integriert ist, das Ausländerzentralregister

---

[376] Kersten, Kriminalistik 2000, 7, 10.
[377] Kersten, Kriminalistik 2000, 7, 10.
[378] § 1 Abs. 1 des Antiterrordateigesetzes (ATDG) auf Grundlage des Gesetzes zur Errichtung gemeinsamer Dateien von Polizeibehörden und Nachrichtendiensten des Bundes und der Länder (Gemeinsame-Dateien-Gesetz), BGBl. 2006 I 3409.
[379] Vgl. §§ 2- 5 ATDG.

(AZR), die Einwohnermeldedateien und die Falldateien, die es ermöglichen sollen, Straftaten durch den Vergleich der modi operandi unbekannten Tätern zuzuordnen.

V. Der Datenerhalt bei Europol

1. Überblick über rechtliche Möglichkeiten des Datenanfalls in Deutschland

a) Strafverfahrensrechtliche Befugnisse zur Datenerhebung

Gesetzliche Befugnisse zur Datenerhebung im Strafverfahren nach Vorliegen eines Anfangsverdachts finden sich in der Strafprozessordnung. Es handelt sich insbesondere um die Sicherstellung (§§ 111b-d StPO), die Beschlagnahme (§ 94 StPO), die Durchsuchung (§§ 102-104 StPO), die Rasterfahndung (§ 98a StPO) und die Anordnung von Abhör- und Observationsmaßnahmen (§§ 100a und 100c StPO). Auf Verbindungsdaten von Telekommunikationsvorgängen haben die Strafverfolgungsbehörden ebenfalls Zugriff (§§ 100g und 100h StPO). Das BKA hat weitergehende Befugnisse zur Datenspeicherung, da diese nicht nur die gegenwärtige Strafverfolgung, sondern auch die künftige umfassen (§§ 16-20 BKAG).

b) Befugnisse zur Datenerhebung bei der Gefahrenabwehr

Die Gefahrenabwehr ist Ländersache. Polizeiliche Befugnisse leiten sich aus den Polizeigesetzen der Länder ab. Der Polizei stehen dabei zur Abwehr von Gefahren für die öffentliche Sicherheit und Ordnung weitgehend die gleichen Mittel zur Verfügung wie bei der Strafverfolgung. Der Unterschied liegt in der Zielrichtung der Maßnahme. Von der Gefahrenabwehr sind darüber hinaus jene Maßnahmen zu unterscheiden, die der vorbeugenden Verbrechensbekämpfung dienen sollen. Gefahrenabwehr liegt vor, wenn die von der öffentlichen Sicherheit und Ordnung umfassten Rechtsgüter aktuellen Gefahren ausgesetzt sind. Das Schutzgut der öffentlichen Sicherheit und Ordnung umfasst die Unversehrtheit des Lebens, der Gesundheit, Ehre, Freiheit, Vermögen sowie der Rechtsordnung und der staatlichen Institutionen.[380] Ein Einschreiten ist bei einer konkreten Gefahr als auch bei Sachlagen möglich, in denen die Entstehung einer konkreten Gefahr nach allgemeiner Lebenserfahrung als möglich erscheinen muss. Als Gefahr ist eine Sachlage zu beurteilen, wenn sie ohne Abänderung des Kausalverlaufs mit Wahrscheinlichkeit zum Eintritt eines Schadens führt.[381] Datenerhebungen zur Gefahrenabwehr erfolgen neben den schon genannten Maßnahmen in Form von Befragungen, Identitätsfeststellungen und des Abgleichs von Datenbeständen.

---

[380] Denninger, in: Handbuch des Polizeirechts, Kap. E Rz. 6 ff.
[381] Brandt/Smeddink, Jura 1994, 225, 227.

c) Vorbeugende Verbrechensbekämpfung

Befugnisse zur vorbeugenden Bekämpfung von Straftaten befinden sich ebenfalls in den Polizeigesetzen der Länder. Die verschiedenen Polizeigesetze gehen zwar zum Teil von unterschiedlichen Begrifflichkeiten aus,[382] meinen aber das gleiche. Es handelt sich dabei einheitlich um Befugnisse, die als Voraussetzung für die polizeiliche Maßnahmen weder an eine begangene Straftat noch an eine konkrete oder abstrakte Gefahr anknüpfen. Richtigerweise sind diese Befugnisse als Vorfeldermittlungen zu bezeichnen.[383] Dabei handelt es sich ausnahmslos um Maßnahmen der Datenverarbeitung.[384]

d) Telekommunikationsüberwachung

Die Möglichkeiten der Telekommunikationsüberwachung in Deutschland werden mitunter als „paradiesisch"[385] bezeichnet. Im internationalen Vergleich ist Deutschland sogar „Abhörweltmeister".[386] Von 1984 bis 2000 hat sich die Anzahl der Anordnungen zur Überwachung des Telekommunikationsverkehrs verzehnfacht.[387]

Die Rechtsgrundlagen für die Erhebung von Daten aus Telekommunikationsvorgängen finden sich in Deutschland in den §§ 100a, 100b, 100g StPO, §§ 39 ff AWG, § 12 FAG und im G10-G.[388] Die Regelung der Art und Weise der Überwachung findet sich insbesondere in § 88 TKG und in der TKÜV[389]. Der Begriff der Telekommunikation wird in der Legaldefinition des § 3 Nr. 16 TKG weit ausgelegt und als der „technische Vorgang des Aussendens, Übermittelns und Empfangens von Nachrichten jeglicher Art" verstanden. Es können somit auf Grundlage der genannten Ermächtigungsnormen jederzeit Überwachungsanordnungen bezüglich der Telekommunikation über Telefonie, Internet, Satellit oder andere Datennetze ergehen.[390] Die Anordnungen erlauben es den zuständigen Stellen, nicht nur Zugriff auf Inhaltsdaten, sondern auch auf Verbindungs- und Bestandsdaten zu nehmen. Die Anbieter von Telekommunikationsdiensten sind aber nicht verpflichtet, den Behörden Daten ihrer Kunden zur Verfügung zu stellen, die sie selbst nicht

---

[382] Hierzu näher: Perrey, Gefahrenabwehr und Internet, S.105.
[383] Siehe Weßlau, Vorfeldermittlungen, S. 25 ff.
[384] Hoppe, Spannungsverhältnis, S. 26.
[385] Fox, DuD 2002, 194.
[386] Roggan, KritV 2003, 76, 83.
[387] Fox, DuD 2002, 194.
[388] Zur Unzulässigkeit der vorbeugenden Telekommunikationsüberwachung im niedersächsischen Sicherheits- und Ordnungsgesetz (NdsSOG) vgl. BVerfGE 113, 348.
[389] Zur Frage der Praxistauglichkeit der TKÜV siehe die Stellungnahme des ChaosComputerClub e.V., http://www.ccc.de/CRD/CRD20010405.html am 3.10.2001.
[390] Eckhardt, CR 2001, 670; Zur Praxis der Telekommunikationsüberwachung: Bizer, DuD 2002, 216 ff.

erheben oder speichern, aber erheben könnten.[391] Dies ist insbesondere bei Prepaid-Produkten der Fall. Auf beim Kunden erhobene Daten können die Behörden nach den Vorschriften der TKÜV zugreifen. Hierzu gehören auch fehlgeschlagene Anrufversuche, die Anschlusskennungen der Zielgeräte oder beim Surfen im Internet die besuchten Webpages. Da die Anbieter zur Speicherung über einen Zeitraum bis zu sechs Monaten[392] berechtigt sind, kann über diesen Zeitraum auf die Daten zugegriffen werden. Hierdurch entsteht ein gigantischer Vorrat an Datenmaterial.[393] Die in diesem Zusammenhang in den Jahren 1998-2002 geführten rechtspolitischen Diskussionen zur TKÜV kamen zu spät, da die Ermächtigung zum Erlass der Rechtsverordnung im TKG geregelt wurde, das schon am 1.8.1996 in Kraft trat.[394]

Mit dem voraussichtlichen Inkrafttreten des Gesetzes zur Neuordnung der verdeckten Ermittlungsmaßnahmen im Strafverfahren zum 1.1.2008 werden Anbieter von Telekommunikationsdiensten verpflichtet, eine große Zahl von Daten ihrer Kunden über vorgenommene Telekommunikationsvorgänge sechs Monate zu speichern. Es handelt sich insbesondere um die Bestands- und Kontaktdaten. D.h., es werden nicht die Inhalte selbst, sondern lediglich die Kennungen, Zeitpunkte und die Namen der an dem Kommunikationsvorgang beteiligten Personen gespeichert. Die Analyse allein dieser Daten ermöglicht jedoch bereits eine Vielzahl von Nutzungsvarianten. Grundlage für die Neuregelung ist die EU-Richtlinie über die Vorratsspeicherung von Daten.[395] Hiergegen ist eine Klage beim Bundesverfassungsgericht als auch eine Nichtigkeitsklage Irlands beim Europäischen Gerichtshof anhängig. Das Gesetz hat zur Folge, dass unzählige staatliche Stellen zur Strafverfolgung, zur Gefahrenabwehr und zu nachrichtendienstlichen Zwecken Zugriff auf die gespeicherten Daten haben.

2. Datenübermittlung durch das BKA

Europol ist darauf angewiesen, dass die nationalen Stellen, die zur Datenanalyse erforderlichen Informationen übermitteln. Werden nur unzureichend Daten zur Verfügung gestellt, bleibt die Analysefähigkeit von Europol begrenzt.[396] Als nationaler Stelle kommt dem BKA die Funktion zu, Europol mit den dort vorhandenen Informationen zu versorgen.[397] Übermittlungspflichtige Informationen sind sowohl

---

[391] BVerwG NJW 2004, 1191, Urt. v. 22.10.2003 – 6 C 23/02.
[392] § 7 Abs. 3 S. 3 TDSV 2000.
[393] Hamm, NJW 2001, 3100, 3101.
[394] Roggan, KritV 2003, 76, 77.
[395] Richtlinie 2006/24/EG des Europäischen Parlaments und des Rates vom 15. März 2006 über die Vorratsspeicherung von Daten, die bei der Bereitstellung öffentlich zugänglicher elektronischer Kommunikationsdienste oder öffentlicher Kommunikationsnetze erzeugt oder verarbeitet werden, und zur Änderung der Richtlinie 2002/58/EG, Abl. L 105 v. 13.4.2006, S. 54.
[396] Rath, in: die tageszeitung v. 4.3.2003.
[397] Art. 4 Abs. 4 EPK; §§ 2, 23 Abs. 1 und 2 BKAG; Ahlf/ Daub/Lersch/ Störzer, BKAG, § 3 Rz. 4; Weichert, Bürgerrechte & Polizei/CILIP 56 (1/97), S. 54 ff.

personenbezogene Daten als auch sachbezogene Mitteilungen.[398] Deutschland nimmt bei der Datenlieferung eine Spitzenposition ein.[399] Die Regeln der Übermittlung richten sich ausgehend von § 14 Abs. 4 BKAG nach dem zugrundeliegenden völkerrechtlichen Vertrag.[400] Laut EPK darf die Übermittlung nur dann erfolgen, wenn auch das BKA die übermittelten Daten zu Zwecken der Verhütung, Bekämpfung und Analyse von Straftaten nach nationalem Recht verarbeiten darf.[401] Die EPK lässt damit die Existenz einer nationalstaatlichen Rechtsgrundlage für die Frage der Zulässigkeit der Übermittlung ausreichen. Soweit sich das BKA Daten im Einzelfall zu Unrecht im Besitz der Daten befindet, so hat dies auf die Übermittlung offenbar keine Auswirkungen. Aus der EPK ergibt sich nämlich nicht, was mit Daten geschehen soll, die nicht hätten übermittelt werden dürfen.

Die Polizeibehörden der Länder und der Zoll sind ihrerseits verpflichtet, Informationen an das BKA zu übermitteln.[402] Innerstaatlich trägt die übermittelnde Stelle nach wie vor die datenschutzrechtliche Verantwortung für die Richtigkeit der Daten.[403] Geht es nicht um grenzüberschreitende Kriminalität, sondern allein um regionale Phänomene, können die Landeskriminalämter über die Verbindungsbeamten bei Europol den Informationsaustausch mit den Polizeibehörden anderer Mitgliedstaaten ohne Einbeziehung des BKA als nationale Stelle vornehmen, da dann ein Koordinierungsbedarf nicht erforderlich ist.[404]

3. Andere EU-Mitgliedstaaten

Die von Europol verwendeten Daten können, dies liegt auf der Hand, auch aus anderen EU-Mitgliedstaaten stammen. Aus Gründen der Vollständigkeit bietet es sich an, die polizeiliche Datenverarbeitung in einigen ausgesuchten EU-Mitgliedstaaten kurz zu skizzieren.

---

[398] BT-Drucks. 13/7391 - Begründung zur Anlage 1 zum Entwurf eines Gesetzes zu dem Übereinkommen vom 26. Juli 1995 aufgrund von Artikel K.3 des Vertrags über die Europäische Union über die Errichtung eines Europäischen Polizeiamts (Europol-Gesetz).

[399] BT-Drucks. 15/2287 (Antwort der Bundesregierung auf eine Kleine Anfrage der Fraktion CDU/CSU), Das deutsche Verbindungsbüro hat in den Jahren 1999-2002 insgesamt 3843 Anfragen an Europol gerichtet; siehe auch unter: http://www.bundestag.de/bic/hib/2004/2004_006/09.

[400] Aschmann, Europol aus Sicht der deutschen Länder, S. 159.

[401] Art. 10 Abs. 3 S. 2 EPK; Hausen, Verfassungs- und völkerrechtliche Probleme, S. 75 erwähnt hier nur die Verhütung und Verfolgung. Dabei wird verkannt, dass der sehr weite Begriff der Bekämpfung und insbesondere der Begriff der Analyse auch die Vorsorge für künftige Strafverfolgung mitumfasst.

[402] § 13 BKAG; Hausen, Verfassungs- und völkerrechtliche Probleme, S. 74.

[403] Art. 15 Abs. 1 Nr. 1 EPK.

[404] Aschmann, Europol aus Sicht der deutschen Länder, S. 150 f.

a) Frankreich

Polizeiliche Maßnahmen sind in Frankreich bei Vorliegen eines Tatverdachts oder einer Bedrohung der öffentlichen Sicherheit (Gefahr) zulässig. Das Vorliegen einer polizeilichen Gefahr wird unabhängig vom Verhalten einer Person eingeschätzt. Das französische Recht setzt polizeilichen Vorfeldaktivitäten keine wesentlichen Grenzen.[405] Der Umfang der Speicherung wird allein durch den Zweck der Datei begrenzt. Eine Unterscheidung zwischen Verdächtigen, Beschuldigten und Unbeteiligten erfolgt nicht. Auswertedateien existieren besipielsweise über Demonstrationen von Globalisierungsgegnern.[406]

Zur Bekämpfung der Geldwäsche sind wie in Deutschland Geldinstitute verpflichtet, Geldtransfers zu kontrollieren. Beim Vorliegen einer von der Bank zu beurteilenden Verdachtslage ist die Polizei zu informieren. Die Behörde erhält Zugang zu den Informationen, die Konto- und Geldbewegungen betreffen, wenn nach allgemeiner Lebenserfahrung diese Transfers mit Straftaten einhergehen.[407] Zwar sieht das französische Recht keine speziellen Rechtfertigungsanforderungen für polizeiliche Eingriffe im präventiven Bereich vor. Die Regelungsdichte hängt von der Bedeutung des betroffenen Rechtsgut und weniger von der Größe der Gefahr ab. So sieht der Eingriffstatbestand für die Telefonüberwachung zum Zwecke der Verhütung von Straftaten aus dem Bereich der Organisierten Kriminalität oder des Terrorismus keine besonderen Kriterien vor.[408] Die Sammlung von personenbezogenen Daten zur operativen Informationsbeschaffung hängt ebenfalls nicht von einem bestimmten Verdachtsgrad ab.[409] Der Schutz der Grundrechte wird allein durch flankierende Verfahrensmaßnahmen hergestellt.

Die Errichtung von Datenbanken ist einem Gesetz oder Dekret vorbehalten. Darin werden die wesentlichen Ziele der Datenbank und die zuständige Behörde bezeichnet. Des weiteren finden sich darin Regelungen zur Dauer der Speicherung und zur Art der zu speichernden Daten. Soweit nicht durch die Errichtungsnorm ausgeschlossen, sind Verknüpfungen zwischen verschiedenen Datenbanken zulässig. Die Regelungen zur Errichtung von Datenbanken sehen grundsätzlich keine Zweckbindung vor.

Die Entscheidung welche Person von Informationserhebungsmaßnahmen der Polizei betroffen wird, liegt außerhalb des Einflussbereiches der betroffenen Person und hält sich im Rahmen des polizeilichen Beurteilungs- und Ermessensspielrau-

---

[405] Hartwig, Landesbericht Frankreich, S.249.

[406] Tätigkeitsbericht 2001 und 2002 des Bundesbeauftragten für den Datenschutz, S. 93.

[407] Gesetz Nr. 90-614 vom 12.7.1990, JO 1990, 8329 (Gesetz gegen die Geldwäsche) zit. nach Hartwig, Landesbericht Frankreich, S.248.

[408] Art. 4 Gesetz Nr. 91-646 vom 10.7.1991, JO 1991, 9167 zit. nach Hartwig, Landesbericht Frankreich, S.252.

[409] Art. 1 und 3 des Dekrets Nr. 91-1052 v. 14.10.1991, JO 1991,13499 9167 zit. nach Hartwig, Landesbericht Frankreich, S.253.

mes. Eine Einschränkung erfolgt bei der Erstellung von Datenbanken durch die Festlegungen in der Errichtungsnorm. Die Handhabung von Informationseingriffen unterscheidet sich daher erheblich von der deutschen Rechtslage.

b) Italien

In Italien gibt es eine Vielzahl von Gesetzen, die den verschiedenen Polizeiinstitutionen Befugnisse verschaffen. Für die Strafverfolgung ist die *polizia giudiziale* gemäß Art. 109 der italienischen Verfassung und Art. 55 der italienischen Strafprozessordnung zuständig. Mittels verschiedener Gesetze und Dekrete[410] werden den Polizeibehörden Aufgaben und Befugnisse zugewiesen. Zur Bekämpfung der organisierten Kriminalität existiert eine spezielle Polizeieinheit, die der *polizia giudiziale* zugeordnet ist. Dabei kommt es jedoch zu Kompetenzüberschneidungen mit anderen Polizeibehörden.[411] Zwischen der Gerichtspolizei und Sicherheitspolizei besteht Personalunion, so dass es zu einer Vermengung von präventiver und repressiver Tätigkeit kommt.[412]

Zur Aufrechterhaltung der öffentlichen Sicherheit (*sicurezza pubblica*) ist die Polizei berufen. Beschränkungen der persönlichen Freiheiten sind allein auf der Grundlage eines Gesetzes möglich. Diese sehen in der Regel bei Freiheitseingriffen eine richterliche Anordnung vor. Eine Ausnahme besteht u.A. für Notstandssituationen bei akuten Gefahren. Auch ist unter der Voraussetzung einer vorhergehenden Warnung an eine bestimmte Person, sie werde als „gefährlich" eingestuft, die polizeiliche Überwachung dieser Person im öffentlichen Raum zulässig. Die Überwachungsmaßnahmen dürfen jedoch nicht mit Grundrechteingriffen verbunden sein. Diese sind nur mit richterlicher Erlaubnis durchzuführen. Zu den zulässigen Maßnahmen gehören allerdings Nachforschungen über die wirtschaftlichen und anderen Aktivitäten von verdächtigen Personen.[413] Den Überwachungsergebnissen kommt jedoch keine strafrechtliche Beweiskraft zu. Überwachungsmaßnahmen, die Grundrechtseingriffe darstellen, können von der Polizei nur bei Dringlichkeit vorgenommen werden. Soweit die betroffenen Personen einer kriminellen Vereinigung angehören, so ist schon deswegen die Überwachung zulässig.[414]

Die Polizei darf zur Verbrechensprävention ohne weitere Voraussetzung Daten sammeln, analysieren und auswerten, soweit sich diese aus öffentlichen Akten, Ur-

---

[410] Beispielsweise: Königliches Dekret vom 18.6.1931 Nr. 773; Allgemeines Polizeigesetz vom 27.12.1956 Nr. 1423; Gesetz zur Bekämpfung der Organisierten Kriminalität vom 31.5.1965 Nr. 575; Dekret des Präsidenten vom 3.5.1992 Nr. 378 bzgl. Erhebung von Daten; zit. nach Oellers-Frahm, Landesbericht Italien, S.298.

[411] Oellers-Frahm, Landesbericht Italien, S.295.

[412] Oellers-Frahm, Landesbericht Italien, S.297.

[413] Oellers-Frahm, Landesbericht Italien, S.307.

[414] Art. 1 Gesetz v. 3.8.1988 Nr. 327 iVm Art. 4 Gesetz v. 27.12.1956 Nr. 1423, zit. nach Oellers-Frahm, Landesbericht Italien, S.309.

teilen und Verfügungen ergeben oder im Rahmen polizeilicher Ermittlungen angefallen sind.[415] Die Daten werden anschließend an eine Datenzentrale (*centro elaborazione dati*) zur Speicherung übermittelt. Die dort gespeicherten Daten unterliegen nur teilweise den Datenschutzvorschriften.[416] Zwar ergibt sich aus Art. 9 Abs. 3 des Gesetzes 1981/121 eine grundsätzliche Zweckbindung der Daten. Art. 6 a) des gleichen Gesetzes benennt als Zwecke des Gesetzes die Prävention und Repression von Straftaten sowie den Schutz der öffentlichen Sicherheit, so dass eine tatsächliche Einschränkung hinsichtlich Nutzung der Daten nicht erfolgt. Das verfassungsmäßige *diritto di riservatezza* schützt zwar den Einzelnen vor Datenerhebungsmaßnahmen des Staates, aber nur insoweit als es für Eingriffe eine gesetzliche Grundlage verlangt. Das Gesetz 1981/121 räumt nahezu allen Polizeibehörden Zugang zu den im *Centro elaborazione dati* gespeicherten Daten ein.

Nach den Anschlägen in London vom 7.7.2005 und dem missglückten Attentat vom 21.7.2005 wurde in Italien ein Anti-Terror-Paket verabschiedet, das die Ausweitung der präventiven Telekommunikationsüberwachung und verlängerte Aufbewahrungsfristen für Telefon- und Internetnutzungsdaten vorsieht. Darüber hinaus wurde die zwangsweise Speichelprobe für DNA-Analysen und die Sicherungshaft bei Verdächtigen eingeführt, ohne dass Beweise vorliegen müssten. Das Mitführen von falschen Personaldokumenten kann mit vier Jahren Haft bestraft werden.[417]

Es bestehen somit auch in Italien umfangreiche Datenerhebungsbefugnisse, die sich in ihren rechtlichen Anforderungen, von denen in Deutschland unterscheiden.

c) Großbritannien

Die Polizei in Großbritannien ist dezentral aufgebaut. Grundsätzlich verfügt jedes *county* über eine eigene Polizeibehörde. Einige *counties* haben sich jedoch zu größeren Polizeibezirken zusammen geschlossen. Darüber hinaus gibt es weitere polizeiliche Institutionen, wie beispielsweise zur Bekämpfung der organisierten Kriminalität den *National Criminal Intelligence Service* (NCIS). Die Aufgaben des NCIS bestehen darin, Informationen, die für die kriminalpolizeiliche Arbeit von Bedeutung sind zu speichern und zu analysieren.[418] Sie dient auch als nationale Verbindungsstelle für Europol.

Im Kampf gegen schwere Verbrechen sind die Geheimdienste zur Unterstützung der Polizei verpflichtet. Eine Trennung von Sicherheits- und Kriminalpolizei gibt

---

[415] Art. 6 a) Gesetz v. 1.4.1981 Nr. 121, zit. nach Oellers-Frahm, Landesbericht Italien, S.335.
[416] Gesetz vom 31.12.1996 Nr. 675 über den Schutz von Personen und anderen Subjekten bezüglich der Behandlung persönlicher Daten, zit. nach Oellers-Frahm, Landesbericht Italien, S.337.
[417] Kohl, in: Süddeutsche Zeitung v. 1.8.2005.
[418] Grote, Landesbericht Vereinigtes Königreich, S. 510.

es nicht. Die Polizei ist im Strafverfahren eigenständige Ermittlungsbehörde. Dabei unterliegt sie nicht dem Legalitätsprinzip. Die Strafverfolgung liegt in ihrem Ermessen.[419] Im präventiven Bereich berechtigt die Gefahr einer Störung des Friedens die Polizei zu allen erforderlichen und angemessenen Maßnahmen. Dieser aus dem Common Law stammende Grundsatz wird in spezifischen Kodifikationen konkretisiert. Die Störung des Friedens muss unmittelbar bevorstehen. Die hierfür entscheidenden objektiven Umstände müssen tatsächlich vorliegen und die Störung nicht nur möglich sein.[420] Maßnahmen zur vorbeugenden Verbrechensbekämpfung sind zulässig, soweit sie der Aufgabenerfüllung dienen.[421] Einschränkungen der polizeilichen Tätigkeit gibt es bezüglich des Kreises der Straftaten, zu deren Verhütung und Verhinderung die Maßnahmen ergriffen werden können. Die Telekommunikationsüberwachung ist vergleichbar geregelt. Die Ermächtigung zur Überwachung der Telekommunikation verleiht selbst dem NCIS eigene operative Befugnisse.[422] Zwar hat Großbritannien Vorschriften zum Datenschutz in Form der Anpassung an die europäische Datenschutzrichtlinie[423] geschaffen, soweit die Daten jedoch zur Verhütung oder Aufklärung von Straftaten verwendet werden, besteht nur ein begrenzter Schutz.[424]

Nach dem extensiven Ausbau des *Closed Circuit Television* – Systems (CCTV) gelten die Briten als das bestüberwachteste Volk der Welt.[425] Angesichts der geringen rechtlichen Voraussetzungen für die Nutzung von Informationen kann dies nicht überraschen. Wie in Italien und Frankreich ist die Eignung bzw. Erforderlichkeit einer Maßnahme zum Zwecke der Verbrechensbekämpfung für Eingriffe ausreichend. Paralell wird der Ausbau eines Systems zur automatisierten Fahrzeugnummererkennung vorangetrieben.[426] Täglich sollen über 35 Millionen Nummernschilder erfasst und die anfallenden Daten für zwei Jahre gespeichert werden.[427]

---

[419] Sects. 1 (2) (c), 3 (2) (c) Intelligence Services Act 1994; R. vs. Commissioner of Police for the Metropolis, ex parte Blackburn (No. 1) 1968 2 QB 118, zit. nach Grote, Landesbericht Vereinigtes Königreich, S. 518.

[420] Piddington vs. Bates 1961 1 WLR, 162 (Divisional Court), zit. nach Grote, Landesbericht Vereinigtes Königreich, S. 517.

[421] Grote, Landesbericht Vereinigtes Königreich, S. 521; Nach den Terroranschlägen in London sind die vorbeugenden Befugnisse erweitert worden. In Großbritannien ist, wie das traurige Beispiel des erschossenen Brasilianers Jean Charles de Menezès eindrucksvoll zeigte, sogar die vorbeugende Tötung von Verdächtigen ermöglicht worden.

[422] Sec. 93 (1), (5) (f) Police Act 1997, zit. nach Grote, Landesbericht Vereinigtes Königreich, S.525.

[423] Richtlinie 95/46/EG zum Schutz natürlicher Personen bei der Verarbeitung personenbezogener Daten und zum freien Datenverkehr, Abl. L 281 v. 23.11.1995 S. 31.

[424] Grote, Landesbericht Vereinigtes Königreich, S. 548.

[425] Menden, in: Süddeutsche Zeitung v. 19.8.2004. Menden weist auf den überwältigenden Umstand hin, dass mittlerweile auf 14 Menschen eine CCTV-Kamera kommt. In den letzten 15 Jahren habe der britische Staat 375 Millionen € in CCTV investiert.

[426] Automatic Number Plate Recognition Cameras (ANPR).

[427] Rötzer, in: http://www.telepolis.de/r4/artikel/21/21635/1.html am 22.12.2005.

d) Rechtshilfe-Übereinkommen

Daten über verdächtigte Personen können auch aufgrund des EU-Rechtshilfeabkommens vom 29. Mai 2000 (EU-RhAbk)[428] erhoben werden. Die Art. 18 - 20 EU-RhAbk regeln das Ersuchen um die Vornahme von Überwachungsmaßnahmen in einem anderen Mitgliedstaat und ermöglichen sogar die Überwachung über Staatsgrenzen hinweg.[429] Die Verpflichtung eine Telekommunikationsüberwachung durchzuführen besteht sogar, wenn die erbetene Maßnahme nicht mit den Anordnungsvoraussetzungen im ersuchten Staat übereinstimmt.[430] Sollte es damit trotzdem Probleme geben, besteht die ebenfalls bedenkliche Möglichkeit des Befugnis-Shoppings, indem zur Erlangung der gesuchten Daten jener Mitgliedstaat um Überwachung ersucht wird, in dem die erforderliche Rechtsgrundlage existiert.

4. Datenerhalt aus anderen internationalen Quellen

a) Schengener Informationssystem (SIS)

Die Anwendung des am 1.9.1993 in Kraft getretenen Schengener Durchführungsübereinkommens (SDÜ)[431] ist bei der täglichen Polizeiarbeit schon zur Routine geworden.[432] Dies betrifft nicht nur das mit INPOL verbundene Schengener Informationssystem (SIS), das zur Sach- und Personenfahndung dient. Das SDÜ vertieft darüber hinaus die polizeiliche Zusammenarbeit.

Am 26.3.1995 wurde das SIS in Betrieb genommen. Waren im Jahr 1996 noch 3,9 Millionen Datensätze im SIS gespeichert, so handelte es sich im Jahre 2003 schon um 11,3 Millionen elektronisch erfasste Datensätze.[433] Ziel des SIS war die elektronische Vernetzung der bis dahin getrennt laufenden Fahndungssysteme der Mitgliedstaaten. Eine Abfrage im SIS erfolgt nun online an einem der über 50 000 Terminals der nationalen Polizeibehörden.

Die Funktionsweise des SIS ist relativ einfach. Der recherchierende Polizeibeamte gibt eine Anfrage in INPOL ein, wobei im Hintergrund automatisch eine Abfrage im SIS ausgelöst wird.[434] Das SIS besitzt unterschiedliche Datenbanken, die den Ausschreibungskategorien entsprechen. Personen können zur Fahndung ausgeschrieben werden: zum Zwecke der Festnahme mit dem Ziel ihrer Auslieferung,

---

[428] Abl. C 197/3 vom 12.7.2000.
[429] Moechel, in: http://www.telepolis.de/deutsch/special/enfo/7220/1.html am 2.10.2001.
[430] Vassilaki, CR 1999, 574, 575.
[431] Es handelt sich um das Übereinkommen zur Durchführung des Übereinkommens von Schengen vom 14.6.1985, BGBl. 1993 II 1010 ff.
[432] Tuffner, Kriminalistik 2000, 39.
[433] Leutheusser-Schnarrenberger, ZRP 2004, 97.
[434] Tuffner, Kriminalistik 2000, 39, 40.

zur Einreiseverweigerung, zum Auffinden von Vermissten oder vorläufig in Gewahrsam genommenen Personen und zur Aufenthaltsermittlung von Verurteilten, Zeugen oder Verdächtigen.[435] Es besteht ferner die Möglichkeit, eine Person zum Zwecke der verdeckten Registrierung oder gezielten Kontrolle auszuschreiben.[436] Sachen sollen zur Sicherstellung oder Beweissicherung ausgeschrieben werden.[437] Bei „Treffern" wird der Polizeibeamte augenblicklich über den entsprechenden Datensatz informiert und kann zusätzliche Informationen im SIS über den Grund der Ausschreibung der Person oder Sache einsehen. Das SIS ermöglicht mithin eine „elektronische Verfolgungsfahrt" der Polizeien quer durch Europa.[438] Mit dem neuen Informationssystem SIS II sollen die Verknüpfungsmöglichkeiten zwischen den einzelnen Datensätzen gesteigert und der Umfang der Daten ausgeweitet werden. Verschiedene öffentliche Stellen sollen zum SIS II einen Online-Zugang erhalten.[439] Aufgrund der geplanten Errichtung des SIS II würde das System den Charakter einer Ausschreibungsdatei verlieren und sich zu einem umfassenden polizeilichen Informationssystem entwickeln.[440] Auch Europol bekommt Zugriff auf die Datenbestände des weiter entwickelten Informationssystems SIS II.[441] Da mit der Fertigstellung des SIS II erst ab 2009 gerechnet wird, wird zunächst das alte System unter dem Namen „SIS one 4 all" ausgebaut, um den neuen EU-Mitgliedstaaten einen Beitritt zu ermöglichen.[442]

b) Vertrag von Prüm

Der mehrfach als „SIS III" bezeichnete Vertrag von Prüm ist in Deutschland mit Gesetz vom 10.7.2006 ratifiziert worden.[443] Der Vertrag sieht den automatisierten polizeilichen Austausch von DNA-, Fingerabdruck und Fahrzeugregisterdaten mittels Online-Zugriffs vor.

Der Vertrag von Prüm ist zunächst außerhalb des EU-Rahmens entwickelt worden. Vertragsparteien sind neben Deutschland, die Benelux-Staaten, Frankreich, Spanien

---

[435] Art. 95-98 SDÜ; Oberleitner, Schengen und Europol, S. 75.
[436] Art. 99 SDÜ; Oberleitner, Schengen und Europol, S. 75.
[437] Art. 100 SDÜ.
[438] Tuffner, Kriminalistik 2000, 39, 42.
[439] Leutheusser-Schnarrenberger, ZRP 2004, 97, 99.
[440] Tätigkeitsbericht 2003 und 2004 des Bundesbeauftragten für den Datenschutz, S. 35.
[441] Art. 18 Nr. 2 des Vorschlags der Kommission zu einem Beschluss des Rates über die Einrichtung, den Betrieb und die Nutzung des Schengener Informationssystems der zweiten Generation (SIS II), Dokument des Rates 9942/05 v. 9.6.2005.
[442] EU-Nachrichten, Nr. 6 v. 15.2.2007, S. 4.
[443] Gesetz zu dem Vertrag vom 27. Mai 2005 zwischen dem Königreich Belgien, der Bundesrepublik Deutschland, dem Königreich Spanien, der Französischen Republik, dem Großherzogtum Luxemburg, dem Königreich der Niederlande und der Republik Österreich über die Vertiefung der grenzüberschreitenden Zusammenarbeit, insbesondere zur Bekämpfung des Terrorismus, der grenzüberschreitenden Kriminalität und der illegalen Migration, BGBl. 2006 II 626; und Ausführungsgesetz, BGBl. 2006 I 1458.

und Österreich. Der Rat der Innen- und Justizminister der EU hat jedoch auf seiner letzten Tagung unter deutscher Präsidentschaft am 12.6.2007 beschlossen, den Vertrag von Prüm mit geringen Abweichungen in den Rechtsrahmen der EU zu überführen.[444]

Bei der Online-Datenabfrage haben sämtliche beteiligten Behörden direkten Zugriff auf den gesamten Bestand der jeweiligen Fahrzeugregisterdaten. Der Zugriff auf die anderen Daten erfolgt in einem ersten Schritt nur in anonymisierter Form.[445] Im Falle einer Übereinstimmung im Zuge eines Abgleichs erhält die abfragende Behörde lediglich die zum Datensatz zugehörige Kennung. Auf diese Weise kann festgestellt werden, ob ein anderer Staat über die gesuchten Informationen überhaupt verfügt. Im Anschluss daran kann sich der abfragende Staat an den dateiführenden Staat mit einem Übermittlungsersuchen wenden.[446] Eine besondere Bestimmung findet sich in Art. 7 des Vertrages von Prüm. Demnach leistet die ersuchte Vertragspartei unter bestimmten Voraussetzungen dem ersuchenden Staat Rechtshilfe bei der Gewinnung molekulargenetischen Materials, wenn diesem im Zuge von laufenden Ermittlungs- oder Strafverfahren kein DNA-Profil einer Person vorliegt, die sich im ersuchten Staat aufhält.

Ferner ist die Datenübermittlung im Rahmen der Terrorismusbekämpfung und von Großveranstaltungen vereinbart worden. Dies soll insbesondere sog. Gefährder sowie Hooligans und Demonstranten betreffen. So können sich die Vertragsparteien gemäß Art. 14 des Vertrages von Prüm zur Verhinderung von Straftaten und zur Gefahrenabwehr personenbezogene Daten direkt übermitteln, wenn „Tatsachen die Annahme rechtfertigen", dass die betroffenen Personen Straftaten begehen werden oder von ihnen eine Gefahr für die öffentliche Sicherheit und Ordnung ausgehen können. Welche Tatsachen allerdings derartige Annahmen rechtfertigen sollen, lässt sich aus dem Vertrag nicht entnehmen. In den ersten Monaten der Anwendung des Vertrages konnten die deutschen Behörden bereits über 1500 Übereinstimmungen bei DNA-Profilen im Zuge eines Abgleichs mit den österreichischen Datenbeständen feststellen.[447] Zur Folge hat dies, dass die ausgetauschten Daten nicht nur von einem Mitgliedstaat an Europol übermittelt werden können, sondern von einer ganzen Reihe anderer Staaten. Da die entsprechenden Daten aber zwangsläufig innerhalb verschiedener Zusammenhänge beschafft wurden, können Probleme bei der analytischen Zuordnung der Daten bei Europol auftreten.

---

[444] Tagung des Rates der EU (Justiz und Inneres) vom 12.6.2007, Dokument des Rates 10232/1/07 REV 1 CRIMORG 104 ENFOPOL 109.
[445] Art. 3 und 9 Vertrag von Prüm.
[446] Hierzu eingehend: Kietz/Maurer, Von Schengen nach Prüm, S. 5.
[447] EU-Nachrichten, Nr. 6 v. 15.2.2007, S. 5.

Die sich im Vertrag befindlichen Vorschriften[448] über den Einsatz von „Sky-Marshalls“ und der Nacheile über Staatsgrenzen hinweg, werden angesichts des Widerstandes aus Italien, Großbritannien und Irland zunächst nicht in den EU-Rahmen überführt.

c) Befugnis-Shopping

Wie schon zuvor beschrieben, war es das Ziel des SDÜ, den Abbau der Grenzkontrollen durch Ausgleichsmaßnahmen abzufangen.[449] Angesichts der wohl überschätzten Bedeutung der Grenzkontrollen für die grenzüberschreitende Kriminalität und der zu beobachtenden Praxis dürfte das SDÜ jedoch in erster Linie den Zweck gehabt haben, migrationsfeste Außengrenzen einzuführen und die polizeiliche Kooperation auszubauen. Unter dem Deckmantel der „Ausgleichsmaßnahmen“ konnten die Polizeien ihre Zusammenarbeit unter territorialer und sachlicher Ausdehnung und unter Verknüpfung ihrer jeweiligen Kompetenzen intensivieren.[450]

Da nach Art. 54 SDÜ ein Strafklageverbrauch[451] erst bei einer rechtskräftigen Verurteilung eintritt, ist es durchaus möglich, dass zwei oder mehrere Vertragsstaaten des SDÜ parallel gegen die gleiche Person ermitteln - seien es Vorfeldermittlungen oder Ermittlungen aus Gründen der Strafverfolgung. Art. 46 SDÜ sieht vor, dass die Polizeidienststellen zweier Vertragsstaaten im Wege der sog. Spontanauskunft Informationen austauschen können. Ein Vertragsstaat kann aufgrund dieser Vorschrift einem anderen Vertragsstaat ohne dessen vorausgehendes Ersuchen, Informationen übermitteln, die für den Empfängerstaat zum Zwecke der Strafverfolgung, Gefahrenabwehr oder zur vorbeugenden Bekämpfung von Straftaten von Bedeutung sein können.[452] Sie können ihre Ermittlungen aufeinander abstimmen und über gem. Art. 47 SDÜ entsandte Verbindungsbeamte oder unter Anwendung der Vorschriften des Vertrages von Prüm die erforderlichen Informationen austauschen, um ihre unterschiedlichen hoheitlichen Befugnisse nach ihren jeweiligen Prozessordnungen als „Komplettangebot für die gegenseitige Ergänzung ihrer Ermittlungen“ zu nutzen.[453] Das Produkt einer solchen Kooperation ist das „Befugnis-Shopping“.[454]

[448] Art. 18 Vertrag von Prüm.
[449] Wolters, Kriminalistik 1995, 172.
[450] Nelles, ZStW 1997, 727, 736.
[451] Vgl. hierzu Schomburg, NJW 1999, 540, 542; BGH NJW 1999, 1270.
[452] Wolters, Kriminalistik 1995, 172, 175.
[453] Nelles, ZStW 1997, 727, 737 mit Bezug auf das SDÜ.
[454] Nelles, ZStW 1997, 727, 738; Schomburg, ZRP 1999, 237,238 spricht von „Forum-Shopping“.

d) Drittstaaten

Die Datenbeschaffung für die Analysedateien kann auch bei Drittstaaten erfolgen.[455] Europol kooperiert u.a. mit Interpol, mit der Task Force der Polizeichefs, mit der Europäischen Polizeiakademie und mit Nachrichtendiensten.[456] Zum Zweck des Informationsaustausches und somit der zusätzlichen Informationsbeschaffung hat Europol strategische Abkommen u.a. mit der Europäischen Zentralbank (EZB), der EU-Kommission, der Weltzollorganisation (WCO) sowie mit Russland, Kolumbien und den USA abgeschlossen.[457] Im August 2002 erfolgte die Abstellung von zwei Europol-Verbindungsbeamten in ein Verbindungsbüro in Washington D.C.[458] Für assoziierte Drittstaaten ist eigens ein 24-Stunden-Service für den Zugriff auf Europols Informationssysteme geschaffen worden.

---

[455] Art. 10 Abs. 4 Nr. 4 EPK; Weichert, DuD 1995, 450, 452.
[456] Europol-Jahresbericht 2001, S. 5.
[457] Europol-Jahresbericht 2003, S. 23.
[458] Europol-Jahresbericht 2003, S. 23

Teil 2

Europols Datenanalyse und das Recht auf informationelle Selbstbestimmung

A. GRUNDRECHTSEINGRIFF

I. Das Recht auf informationelle Selbstbestimmung

Das Recht auf informationelle Selbstbestimmung aus Art. 2 Abs. 1 iVm Art. 1 Abs. 1 GG ist die verfassungsrechtliche Grundlage des Datenschutzes.[459] Es ist Funktionsbedingung einer demokratischen Gesellschaft[460] und trägt dem Umstand Rechnung, dass „heute mit Hilfe der automatisierten Datenverarbeitung Einzelangaben über persönliche oder sachliche Verhältnisse einer bestimmten oder bestimmbaren Person [...] technisch gesehen unbegrenzt speicherbar und jederzeit ohne Rücksicht auf Entfernungen in Sekundenschnelle abrufbar sind. Sie können darüber hinaus – vor allem beim Aufbau integrierter Informationssysteme – mit anderen Datensammlungen zu einem teilweise oder weitgehend vollständigen Persönlichkeitsbild zusammengefügt werden, ohne daß der Betroffene dessen Richtigkeit und Verwendung zureichend kontrollieren kann."[461]

Europol stellt eine „Computer-Kripo" dar.[462] Seine Ermittlungstätigkeit ist ganz auf den Erhalt und die Auswertung von Daten ausgerichtet. Nicht nur die durch die Ermittlungen bedingten Eingriffe in die Persönlichkeitssphäre sind für den Betroffenen schmerzlich. Auch die bloße Tatsache polizeilicher Ermittlungen kann gegenüber einer Person eine ungünstige Stigmatisierungswirkung entfalten.[463] Da die Datenanalyse Europols Ausgangspunkt für Ermittlungen in den Mitgliedstaaten sein soll, ist auf diese spezifische Form der Datenverarbeitung ein besonderes Augenmerk zu richten.

Entscheidend ist die Frage, ob sich die Tätigkeit Europols an den Erfordernissen des sich aus dem deutschen Grundgesetz ergebenden Rechts auf informationelle Selbstbestimmung messen lassen muss. Dies wäre der Fall, wenn dessen Tätigkeit als Grundrechtseingriff zu werten wäre. In der Literatur wird teilweise übersehen, dass nicht nur klassische polizeiliche Zwangsmaßnahmen, sondern auch die Datenverarbeitung eine Exekutivmaßnahme darstellt.[464]

Freyer behauptet dennoch, dass Europol noch nicht über Exekutivbefugnisse verfüge.[465] Ähnlich verhält es sich bei *Baldus*, der die Auffassung vertritt, dass Europol aus deutscher Sicht demokratischen Grundsätzen entspreche, solange es über keine Exekutivbefugnisse verfüge.[466] Die Grundrechtsrelevanz von Datenverarbeitungs-

---

[459] Simitis, NJW 1984, 398, 399.
[460] Simitis, NJW 1984, 398, 399.
[461] BVerfGE 65, 1, 42.
[462] Bull, DRiZ 1998, 32.
[463] Kühne, NJW 1979, 617.
[464] Vgl. Petri, DuD 1998, 324, 327 (dort Fn. 39) m.w.N.
[465] Freyer, Kriminalistik 2003, 80.
[466] Baldus, ZRP 1997, 286, 290.

maßnahmen übersieht auch *Martinez Soria*, wenn er behauptet, Europol werde sich erst in Zukunft zu einer Behörde mit Exekutivbefugnissen entwickeln.[467] *Bull* hingegen erkennt in Europols Tätigkeit Eingriffe in das Recht auf informationelle Selbstbestimmung, relativiert dies aber mit dem Hinweis darauf, dass Europol keine Befugnisse zu weiteren eigenen Aktivitäten hätte.[468] Auch *Gleß* weist darauf hin, dass Europol keine klassischen Zwangsbefugnisse ausübe, sondern „nur" Informationseingriffe vornehme.[469] Die Auffassung, dass Informationseingriffe unabhängig von ihrer Eingriffstiefe nicht mit den klassischen polizeilichen Zwangsmaßnahmen vergleichbar wären, wird nicht nur im Zusammenhang mit Europol vertreten. So sind nach *Lange* Eingriffe in das informationelle Selbstbestimmungrecht auch ohne gesetzliche Grundlage für einen angemessenen Zeitraum hinzunehmen, wenn es um die Durchführung staatsanwaltlicher Vorermittlungen geht, also um die Klärung vor dem Bestehen eines Anfangsverdachts, ob ein solcher überhaupt besteht.[470] Schon das *Bundesverfassungsgericht* stellte hingegen fest, dass sich die Bedeutung eines Eingriffs in das Recht auf informationelle Selbstbestimmung nach dem Verwendungszusammenhang der Daten richtet und Eingriffe in dieses Grundrecht nicht undifferenziert als weniger gewichtig betrachtet werden dürfen.[471] Dies ist von besonderer Bedeutung, da der Vorgang der automatisierten Verarbeitung die Angaben aus ihrem Erhebungszusammenhang löst und diese sich verselbständigen können. Die Daten verwandeln sich in ein „unendlich oft für unendlich viele Zwecke verwendbares Informationsmaterial. Je kompatibler daher die vorhandenen Systeme sind, desto multifunktionaler gerät die Verwendung der jeweils gespeicherten Angaben."[472] Belanglose Daten gibt es somit nicht.[473]

1. Volkszählungsurteil

Mit Urteil vom 15.12.1983 hat das Bundesverfassungsgericht die Vorschriften des Volkszählungsgesetzes über den sog. Melderegisterabgleich und über die Weitergabe von personenbezogenen Daten für verfassungswidrig und nichtig erklärt.[474] Das Gericht erkennt im allgemeinen Persönlichkeitsrecht in Verbindung mit der Menschenwürde das Grundrecht eines jeden Menschen, „grundsätzlich selbst über die Preisgabe und Verwendung seiner persönlichen Daten zu bestimmen."[475] Es führt weiter aus, dass derjenige, der „nicht mit hinreichender Sicherheit überschauen kann, welche ihn betreffende Informationen in bestimmten Bereichen seiner sozia-

[467] Martinez Soria, VerwArch 1998, 400, 438.
[468] Bull, DRiZ 1998, 32, 40.
[469] Gleß, DRiZ 2000, 365, 366.
[470] Lange, DRiZ 2002, 264 ff.
[471] BVerfGE 65, 1, 45; Im Gegensatz zum alten Mikrozensus-Beschluss, BVerfGE 27, 1.
[472] Simitis, NJW 1984, 398, 402.
[473] BVerfGE 65, 1, 45.
[474] Kritisch zum Urteil: Scholz/Pitschas, Informationelle Selbstbestimmung und staatliche Informationsverantwortung, S. 11.
[475] BVerfGE 65, 1 (1. Leitsatz).

len Umwelt bekannt sind, und wer das Wissen möglicher Kommunikationspartner nicht einigermaßen abzuschätzen vermag"[476], in seiner Freiheit, aus eigener Selbstbestimmung zu planen und zu entscheiden, gehemmt sein kann. „Mit einem Recht auf informationelle Selbstbestimmung wären eine Gesellschaftsordnung und eine diese ermöglichende Rechtsordnung nicht vereinbar, in der Bürger nicht mehr wissen können, wer was wann und bei welcher Gelegenheit über sie weiß. Wer unsicher ist, ob abweichende Verhaltensweisen jederzeit notiert und als Information dauerhaft gespeichert, verwendet oder weitergegeben werden, wird versuchen, nicht durch solche Verhaltensweisen aufzufallen."[477] Der Bürger erhält mit dem Recht auf informationelle Selbstbestimmung das, was er angesichts der Bedingungen der modernen Datenverarbeitung zum Schutze benötigt.[478] Nicht ganz außer Acht gelassen werden kann der Umstand, dass das Volkszählungsurteil in einigen Passagen ein wenig zwiespältig wirkt.[479] Dies betrifft insbesondere die Reichweite des Rechts auf informationelle Selbstbestimmung, die das Gericht offen ließ.

Da aber gemäß § 31 BVerfGG Entscheidungen des Bundesverfassungsgerichts bindende Wirkung für alle Verfassungsorgane des Bundes und Länder haben, ist mit dem Volkszählungsurteil die Erforderlichkeit einer Rechtsgrundlage zur Datenerhebung und- verarbeitung festgestellt worden.[480] Deswegen spielt es keine Rolle, ob das Recht auf informationelle Selbstbestimmung nun ein Grundrecht oder, wie von *Aulehner*[481] behauptet, nur ein verfassungsrechtlicher Schlüsselbegriff sei. Die Kategorie des verfassungsrechtlichen Schlüsselbegriffes wird von *Aulehner* dazu benutzt, das Recht auf informationelle Selbstbestimmung in einer Art praktischer Konkordanz mit einem „Grundrecht auf Sicherheit", das auch ein verfassungsrechtlicher Schlüsselbegriff sei, im Wesentlichen wieder aufzuheben.[482] Diese Auffassung übersieht, dass aufgrund der in ständiger Rechtsprechung getroffenen Feststellungen des Bundesverfassungsgerichts zum Recht auf informationelle Selbstbestimmung, ein Eingriff in dieses Recht in jedem Fall eine verfassungsmäßige – normenklare und verhältnismäßige - Rechtsgrundlage erfordert.

2. Schutzbereich

Der Schutzbereich des Rechts auf informationelle Selbstbestimmung umfasst die Freiheit der Kommunikation und der Selbstdarstellung. Jedem ist es grundsätzlich selbst überlassen, den Kommunikationspartner sowie Inhalt, Ort und Zeit der

---

476 BVerfGE 65, 1, 43.
477 BVerfGE 65, 1, 43.
478 Vgl. Schlink, Der Staat 1986, 233, 250.
479 Konkret hierzu: Schlink, Der Staat 1986, 233, 237 ff.
480 Ahlers, Grenzbereich zwischen Gefahrenabwehr und Strafverfolgung, S. 145.
481 Aulehner, Polizeiliche Gefahren- und Informationsvorsorge, S. 359 ff.
482 Vgl. hierzu die Ausführungen bei Aulehner, Polizeiliche Gefahren- und Informationsvorsorge, S. 403 ff.

Kommunikation zu wählen.[483] Dies ist besonders wichtig, da Kommunikation selten wertfrei oder objektiv ist und somit von ihren äußeren Umständen abhängt. Die Freiheit der Selbstdarstellung ermöglicht es dem Individuum, die Wahrnehmung seiner Person in der Gesellschaft wenn nicht zu steuern, so doch zumindest zu beeinflussen. Es unterliegt der autonomen Entscheidung eines Menschen, sein Erscheinungsbild in der ihn umgebenden Umwelt frei zu bestimmen.

a) Ausschlussfunktion

Der elementare Bestandteil jedes freien Informationsaustausches besteht in der Freiheit, entscheiden zu können, ob ein solcher überhaupt stattfinden soll. Kommunikation mit bestimmten Personen kann verweigert werden.[484] Zum Bereich der privaten Lebensgestaltung gehört die Autonomie, selbst festlegen zu können, welche Kommunikationsinhalte gegenüber bestimmten Personen preisgegeben werden und welche nicht. Der Schutzbereich geht aber zwangsläufig über die Kommunikation hinaus. Informationelle Selbstbestimmung bedeutet auch, dass persönliche Lebenssachverhalte nur demjenigen offenbart werden, der hierzu auserkoren wurde und andere hiervon ausgeschlossen werden sollen. Sowohl die zwangsweise als auch die verdeckte Informationserhebung wirken sich deswegen als Eingriff aus.

b) Soziale Funktionen

Die informationelle Selbstbestimmung dient dem Gemeinwohl, weil sie eine „elementare Funktionsbedingung eines auf Handlungs- und Mitwirkungsfähigkeit seiner Bürger begründeten freiheitlichen demokratischen Gemeinwesens ist."[485] Für jede Gesellschaft ist Kommunikation konstitutiv.[486] Eine dynamische Gesellschaft ist stark von der Kreativität der sie bildenden Individuen abhängig. Unerlässlich ist deswegen der Schutz des „Un-Normalen" und des „Anders-Sein".[487] Die Verfügungsbefugnis über die eigenen persönlichen Daten ist als Bedingung autonomer Verhaltenssteuerung unabkömmlich.[488] Wer damit rechnet, dass ihm aufgrund nicht bekannter Informationserhebungen Risiken entstehen können, wird in der Ausübung seiner Freiheit beschränkt und passt sich im Zweifel den als akzeptiert angesehenen Verhaltensweisen an. Eine demokratische Willensbildung und -äußerung wäre unter solchen Bedingungen stark erschwert.

---

[483] Weichert, Informationelle Selbstbestimmung und strafrechtliche Ermittlung, S. 11.
[484] So ähnlich: Erfurth, Verdeckte Ermittlungen, S. 46.
[485] BVerfGE, 65, 1, 43.
[486] Weichert, Informationelle Selbstbestimmung und strafrechtliche Ermittlung, S. 19.
[487] Weichert, Informationelle Selbstbestimmung und strafrechtliche Ermittlung, S. 19.
[488] Denninger, in: Freiheitssicherung durch Datenschutz, S. 132.

Das Recht auf informationelle Selbstbestimmung ist nicht schrankenlos gewährleistet. Andernfalls wäre staatliches Handeln in diversen Bereichen, so auch bei der Strafverfolgung schlicht undenkbar. Der Einzelne muss Einschränkungen seines Rechts im überwiegenden Allgemeininteresse hinnehmen. Das Recht auf informationelle Selbstbestimmung gibt dem Einzelnen keine uneingeschränkte Herrschaft über seine Daten.[489] Hintergrund hierfür ist der natürliche Sozialbezug jeder Kommunikation.

Der Grundrechtseingriff erfordert eine gesetzliche Eingriffsgrundlage. Das Vorliegen einer gesetzlichen Regelung zwingt die Behörden und den Gesetzgeber, die Ziele und den Umfang der Verarbeitung offenzulegen.[490] Nur ein gesetzlich exakt definierter Anknüpfungspunkt erlaubt es nachzuprüfen, ob sich die Verarbeitung tatsächlich auf diesen Umfang beschränkt. Grundsätzlich sind daher Generalklauseln für die Datenerhebung und –verarbeitung untauglich.[491] Die bereichsspezifische Einschränkung muss dem rechtsstaatlichen Gebot der Normenklarheit entsprechen und verhältnismäßig sein. Die an das Parlamentsgesetz anzusetzenden Bestimmtheitsanforderungen richten sich nach der Intensität der Einwirkungen auf den Betroffenen.[492]

Erhobene Daten sind strikt an den Erhebungszweck gebunden. Es gilt ferner der Grundsatz der Datenvermeidung und –sparsamkeit. Eine Datensammlung auf Vorrat ist mit dem Recht auf informationelle Selbstbestimmung ebenso unvereinbar wie die Erstellung von Persönlichkeitsbildern.[493] Zusätzlich sind organisatorische und verfahrensrechtliche Vorkehrungen zu treffen, um der Gefahr einer Grundrechtsverletzung entgegenzuwirken. Dem staatlichen Zugriff komplett entzogen sind Informationen mit unzumutbarem Intimbezug und Selbstbezichtigungen.[494]

---

[489] Vgl. hierzu Scholz/Pitschas, Informationelle Selbstbestimmung und staatliche Informationsverantwortung, S. 27.

[490] Simitis, NJW 1984, 398, 400; Krause, JuS 1984, 268, 271; Erfurth, Verdeckte Ermittlungen, S. 55; Weichert, Informationelle Selbstbestimmung und strafrechtliche Ermittlung, S. 22; Degenhardt, Europol und Strafprozess, S. 122.

[491] Roggan, Handbuch zum Recht der Inneren Sicherheit, S.30; a.A. Rogall, Informationseingriff und Gesetzesvorbehalt, S.73 f, der eine generalklauselartige Ausgestaltung einer Datenerhebungs-Ermächtigungsnorm nicht grundsätzlich ausschließt.

[492] BVerwG NJW 2004, 1191, 1192.

[493] Simitis, NJW 1984, 398, 402; BVerfGE 65, 1, 42.

[494] BVerfGE 65, 1, 46.

II. Normative und tatsächliche Ausgestaltung der Datenanalyse Europols

1. Die Eingriffsnormen

Bei der EPK handelt es sich um ein Regelwerk mit hoher Grundrechtsrelevanz.[495] Europol darf gemäß Art. 10 Abs. 1 Nr. 1 iVm Art. 8 Abs. 1 EPK personenbezogene Daten von Personen, die der Beteiligung an einer Straftat verdächtig sind, für die Europol zuständig ist, wegen einer solchen Straftat verurteilt worden sind oder eine solche Straftat in Zukunft begehen könnten, zur Datenanalyse verarbeiten. Darüber hinaus kann Europol gemäß Art. 10 Abs. 1 Nr. 2-5 EPK Daten von Personen nutzen und verarbeiten, die Opfer oder Zeugen einer solchen Straftat waren oder als solche in Zukunft in Betracht kommen, sowie von Kontakt- und Begleitpersonen der anderen Personen und von weiteren Personen, die Informationen über die betreffende Straftat geben können.

Mit der Datenanalyse Europols soll es gelingen, die bei den nationalen Polizeien vorhandenen Informationen, die im Zusammenhang mit internationaler organisierter Kriminalität stehen und dort mangels entsprechender personeller und technischer Ressourcen nicht verarbeitet werden können, auszuermitteln.[496] Gesondert und im Zuge von ermittlungsunterstützenden reaktiven Analysen betreibt Europol die ermittlungsinitiierende proaktive oder besser: operative Analyse. Dabei wird laut Auskunft des ehemaligen Europol-Direktors *Storbeck* in einem ersten Schritt „die Kriminalitätslage in der EU intensiv analysiert, um Trends, modus operandi etc. festzustellen. Im zweiten Schritt werden dann spezielle, besonders gefährliche kriminelle Organisationen identifiziert und ihre Arbeitsweise beschrieben. Der dritte Schritt dient dazu, die Haupttäter und Schlüsselfunktionen zu identifizieren, die Struktur im Einzelnen zu beschreiben, Informationen zu modus operandi, Tarnfirmen und Transportwegen zu gewinnen, um so genügend Anhaltspunkte für die Eröffnung nationaler Ermittlungsverfahren zu haben."[497] Es sollen also die Hintergründe einzelner Straftaten und allgemeine Strukturen der internationalen Kriminalität durchleuchtet werden.[498]

Die Suche nach stichhaltigen Tatbestandsmerkmalen erweist sich jedoch als wenig ergiebig. Der Zweck der Datenanalyse wird in der EPK mit der Zusammenstellung, Verarbeitung oder Nutzung von Daten für die Unterstützung der kriminalpolizeilichen Ermittlung umschrieben. Abgesehen von der Aufzählung der betroffenen Personen in Art. 10 Abs. 1 Nr. 1 – 5 EPK verweist die Befugnisnorm als weiteres tatbestandliches Kriterium allein auf die Erforderlichkeit zur Erreichung der Ziele des Art. 2 EPK.[499] Ein solches Ziel ist die Verbesserung der polizeilichen Zusam-

---

[495] Petri, KritV 1998, 441, 445.
[496] Storbeck, in: Dokumente der Fraktion der SPD im Deutschen Bundestag, Nr. 6/01, S. 29.
[497] Storbeck, in: Dokumente der Fraktion der SPD im Deutschen Bundestag, Nr. 6/01, S. 29.
[498] Petri, KritV 1998, 441, 447.
[499] Petri, KritV 1998, 441, 448.

menarbeit im Zuständigkeitsbereich Europols. Als Voraussetzung werden „tatsächliche Anhaltspunkte" für eine kriminelle Organisationsstruktur genannt. Offen bleibt, wie schon oben gezeigt worden ist, welche Anhaltspunkte die Annahme, dass eine derartige Struktur existiere, begründen sollen. Ebenso offen bleibt, welche Anhaltspunkte vorliegen sollen, damit angenommen werden könne, jemand werde in Zukunft Täter, Opfer, Zeuge oder schlichter Informationsträger bezüglich eines Delikts für das Europol zuständig ist. Es wird weder an einen Verdacht bezüglich einer konkreten Straftat noch an eine konkrete Gefahrenlage angeknüpft. Justitiable Tatbestandsmerkmale sind nicht erkennbar.

Allein auf der Rechtsfolgenseite ist eine Einschränkung insoweit vorgesehen, als dass sensible Daten nur dann verarbeitet werden können, wenn sie für die Zwecke der Datei unbedingt notwendig sind.[500] Dies ist allerdings nur eine geringe Einschränkung, da der Umfang der Datenverarbeitung über eine entsprechend weite Zweckbestimmung in der Errichtungsanordnung beeinflusst werden kann. Gleiches gilt für das Kriterium der Erforderlichkeit.

2. *Eingriffsqualität*

Ein Grundrechtseingriff liegt vor, wenn der Staat dem Einzelnen ein vom Schutzbereich eines Grundrechtes erfasstes Verhalten verwehrt.[501] Dabei spielt es keine Rolle, ob das staatlich bewirkte Ergebnis final oder unbeabsichtigt, unmittelbar oder mittelbar, rechtlich oder tatsächlich und mit oder ohne Zwang entsteht. Die Maßnahme muss dem Staat zugerechnet werden können.[502] Ein Eingriff in das Recht auf informationelle Selbstbestimmung liegt vor, wenn der Entschluss, Informationen über sich preiszugeben oder dies zu verweigern, beschränkt wird.[503] Lediglich völlig ungezielte Informationsanfälle sind nicht als Eingriff anzusehen.[504] Die Eingriffsqualität ergibt sich aus dem Gedanken des Gefährdungsschutzes.[505] Deswegen ist jeder Informationseingriff getrennt zu betrachten. Sowohl die Erhebung, als auch die Speicherung, Verwendung, Löschung, Nutzung und Weitergabe von Informationen stellen einzelne Eingriffe dar. Denn da alle Phasen der Kommunikation vom Schutzbereich umfasst sind, sind auch alle Phasen staatlicher Inanspruchnahme personenbezogener Informationen geschützt. Sie alle haben Auswirkungen auf der Seite des Betroffenen. Die Verwendung der Daten muss auf den jeweils gesetzlich definierten Zweck begrenzt sein.[506] Selbst die Übermittlung von

---

[500] Art. 10 Abs. 1 Unterabs. 2 EPK.
[501] Pieroth/Schlink, Rn. 274; Kersting, Umfang des Schutzes deutscher Grundrechte, S. 57.
[502] Kersting, Umfang des Schutzes deutscher Grundrechte, S. 57.
[503] Denninger, in: Freiheitssicherung durch Datenschutz, S. 135.
[504] Weichert, Informationelle Selbstbestimmung und strafrechtliche Ermittlung, S. 14.
[505] Siehe hierzu die diesbezüglichen Ausführungen bei Scholz/Pitschas, Informationelle Selbstbestimmung und staatliche Informationsverantwortung, S. 83.
[506] Weichert, Informationelle Selbstbestimmung und strafrechtliche Ermittlung, S. 47.

Daten an eine andere Behörde stellt einen Eingriff dar.[507] Denn die Übermittlung kommt in ihrer Wirkung der Erhebung durch die Behörde gleich, die die Daten erhält.

Als Erhebung von Daten wird das Beschaffen von Daten über den Betroffenen begriffen.[508] Werden die erhobenen Daten auf einem Datenträger festgehalten erfolgt zugleich die Speicherung. In der Regel fallen deswegen Erhebung und Speicherung zusammen.[509] Die Vorgänge des Speicherns, Veränderns, Übermittelns, Sperrens und Löschen von Daten werden als Verarbeitung bezeichnet.[510] Die Analyse umfasst mit Ausnahme der Erhebung, die genuin von den nationalen Polizeien geleistet wird, sämtliche Phasen der staatlichen Inanspruchnahme personenbezogener Daten. Bei der Datenanalyse erfolgt nicht nur eine Bewertung vorhandener Informationen.[511] Die Analyseergebnisse, die aus dem Zusammenfluss nationaler Datenbestände entstanden sind, sind neue Daten, die eine erhebungsgleiche Eingriffsqualität aufweisen. Hinzu kommt, dass die Analyse nicht nur mittelbare Folge des polizeilichen Handelns, sondern zielgerichtet stattfindet. An der Eingriffsqualität von Europols operativer Datenanalyse kann auch aufgrund seiner weitreichenden Verarbeitungsbefugnisse kein Zweifel bestehen.[512]

Aus diesem Grunde kann die Datenanalyse durch Europol auch nicht als Ausfluss der nationalen Verarbeitungsbefugnisse im Sinne eines fortgesetzten Eingriffs begriffen werden. Die nationale Regelungskompetenz hört dort auf, wo eine außerhalb des eigenen Hoheitsbereichs handelnde Behörde tätig wird. Soweit nationale Regelungen noch die Befugnis zur Weitergabe regeln, so kann die dafür geschaffene Rechtsgrundlage nicht für die weitere Verarbeitung und erst Recht nicht für die Herstellung völlig neuer Daten durch eine externe Behörde gelten. Selbst auf nationaler Ebene stellen Weitergabe und Verarbeitung zwei getrennte begründungsbedürftige Eingriffe dar.

Doch bevor genau untersucht wird, wer konkret im Falle von Europols Datenanalyse hoheitlich tätig wird, ist eine vertiefte Auseinandersetzung mit den wesentlichen Merkmalen und Zielen polizeilicher Datenanalysen erforderlich, um dessen Einsatzfelder nachvollziehen zu können.

3. Intelligence-Policing

Nach Angaben des ehemaligen Europol-Direktors Jürgen Storbeck führt Europol polizeiliche Analysen europäischer Verbrechensphänomene sowie Intelligence- und

---

507 Hufen, JZ 1984, 1072, 1075.
508 § 3 Abs. 4 BDSG.
509 Laicher, DuD 1995, 87, 88.
510 § 3 Abs. 5 BDSG; Vgl hierzu auch Wessel, Die Polizei 1996, 273 ff.
511 Weichert, DuD 1995, 450, 453.
512 Schomburg, Kriminalistik 2000, 13, 19.

Analysearbeit zur Unterstützung konkreter Ermittlungen durch.[513] Bei der Intelligence-Arbeit gehe es darum, „sich unter zweckmäßiger Verfügung von umfassenden Daten auf neue Herausforderungen einzustellen, ursächliche Zusammenhänge zu erkennen, Wesentliches von Unwesentlichem zu unterscheiden und darum, von Konkretem zu abstrahieren, abwägend vorauszudenken und planend zu handeln, um die nationalen Polizeibehörden zu unterstützen."[514]

a) Operative Analysetätigkeit

Die Legaldefinition des europolizeilichen Analysebegriffs erfolgt in Art. 1 c) DAzA. Sie deckt sich weitgehend mit dem üblichen polizeitaktischen Analysebegriff.[515] Demnach ist Analyse im Wesentlichen eine Auswertungsarbeit zur Gewinnung fundierter Lagebilder und qualifizierter Ermittlungsansätze. Die Datenanalyse soll Sachverhalte und Ereignisse über personelle, örtliche, zeitliche, strukturelle und deliktische Hintergründe und Zusammenhänge zusammenstellen. Die Arbeitsdateien zu Analysezwecken von Europol stellen nicht ohne Grund eine Zwischenform von PIOS- und SPUDOK-Anwendungen dar.[516]

Das Ziel operativer Analysen soll zum Einen die Aufdeckung von Waren- und Geldströmen und das Vordringen zu den Hinterleuten und Drahtziehern krimineller Strukturen sein.[517] Zum Anderen sollen damit Ermittlungsansätze gewonnen werden, um im günstigsten Fall die kriminelle Organisation insgesamt zu zerschlagen. Hierzu dienen sowohl operative Fallanalysen, als auch strategische Analysen.

Strategische Analysen sollen konkrete Handlungsempfehlungen an Polizei und Kriminalpolitik enthalten.[518] Ihr Nutzen bestehe in der Schaffung von Planungssicherheit und eines Lern- und Zeitvorsprungs. Synergieeffekte würden besser nutzbar gemacht und Präventivmaßnahmen gegen potenzielle Störereignisse entwikkelt.[519] Hierauf gründend werden Prognoseansätze für die Ausrichtung der polizeilichen Tätigkeit geschaffen, die in Verbindung mit anderen operativen Handlungsalternativen wie VICLAS den strategischen und operativen Handlungsbedarf zu definieren helfen. Strategische Analysen dienen besonders der Erstellung polizeilicher Lagebilder. Mit Hilfe der Lagebilder verschafft sich die Polizei nicht nur eine Übersicht über den Umfang bestimmter krimineller Aktivitäten. Lagebilder können auch operativ angewandt werden. Aus ihnen werden Anhaltspunkte für erforderlich werdende Prognoseentscheidungen im Zusammenhang mit der operativen Informationsbeschaffung für Fallanalysen entnommen. Der Erfolg der opera-

---

[513] Storbeck, in : Innenpolitik, Europol-Das Europäische Polizeiamt, Nr. VI/1997, S.7.
[514] Aschmann, Europol aus Sicht der deutschen Länder, S.166 m.w.N.
[515] Vgl. die Definition bei Sielaff, in: Organisierte Kriminalität, S. 510.
[516] So Weichert, DuD 1995, 450, 452.
[517] Kersten, Kriminalistik 2000, 7, 8.
[518] Rogge, Kriminalistik 2005, 140, 143.
[519] Rogge, Kriminalistik 2005, 140, 141.

tiven Datenanalyse bemesse sich nicht danach, ob ein Ermittlungsverfahren gegen eine Person eröffnet worden sei. Ebenso wichtig wie dies sei es, aufgestellte Vermutungen belegen oder ausschließen zu können.[520]

b) Verdachtsgewinnungsstrategien

Die operative Tätigkeit der Polizei soll sich insbesondere dort abspielen, wo eine hohe Anzeigenabstinenz einer ebenfalls hohen Sozialschädlichkeit gegenübersteht.[521] Die im Dunkelfeld vermuteten Straftaten und Straftäter sollen im Wege der aktiven Informationsbeschaffung dem Hellfeld zugeführt werden.[522] Aus den strategischen Analysen ergeben sich Lagebilder, die abwechselnde Bedrohungsszenarien und Gefährdungspotenziale betreffen.[523] Die jeweiligen Ergebnisse der strategischen Auswertungsarbeit werden in „täterorientierte Verdachtsgewinnungsraster" integriert, um im Rahmen eines „Mehrfaktorenansatzes" an Hand weiterer behördeninterner Quellen, wie Vernehmungen, Tätigkeitsberichte, Berichte verdeckter Ermittler und Informationen aus dem kriminalpolizeilichen Meldedienst nach einer Plausibilitätprüfung eine Vermutung oder einen vagen Verdacht zu generieren.[524] Der Bekämpfungsansatz ist proaktiv auf „network-detection" ausgerichtet.[525] Die Maßnahmen finden daher im Vorfeld von konkreten Gefahren oder Straftaten statt.

Der erste Schritt zur Verdachtsgewinnung ist eine offensive Informationsbeschaffung.[526] Häufigste Quelle ist der Bereich der verdeckten Datenerhebung.[527] Daten stehen der Polizei in den sich dynamisch entwickelnden Datensammlungen zur Verfügung. Mit der Methode des Data-Mining, also „Daten-Bergbaus", unter Anwendung automatisierter Suchmuster wird der Daten-Pool eines Informationssystems, wie beispielsweise INPOL-neu, durchforstet, wodurch neues weiterverwertbares Wissen entsteht.[528] Es kann sich dabei sogar um Wissen handeln, das selbst die betroffene Person überraschen würde, wenn sie denn davon erführe. Im zweiten Schritt der Verdachtsgewinnung wird der Versuch unternommen, die Information durch weitere interne und externe Quellen zu verdichten. In Betracht kommen neben Betreibern von Telekommunikationsdiensten Veröffentlichungen in Medien, Krankenkassen, sowie weitere Behörden und behördliche Register.[529]

---

520 Forstenhäusler, Kriminalistik 2002, 33, 38.
521 Kniesel, Kriminalistik 1996, 229, 232.
522 Weigand/Büchler, Kriminalistik 2002, 661, 665.
523 Forstenhäusler, Kriminalistik 2002, 33.
524 Forstenhäusler, Kriminalistik 2002, 33, 34.
525 Sielaff, in: Organisierte Kriminalität, S. 508, 509.
526 Sielaff, in: Organisierte Kriminalität, S. 509.
527 Weigand/Büchler, Kriminalistik 2002, 661, 664.
528 21. Tätigkeitsbericht (1999) des Datenschutzbeauftragten des Landes Schleswig-Holstein, Pkt. 7.3.
529 Forstenhäusler, Kriminalistik 2002, 33, 36.

Trotz des „ganzheitlichen" Vorgehens und des Anspruchs, kriminelle Strukturen aufzuhellen, erweist sich die operative Tätigkeit auf einem entscheidenden Betätigungssektor der organisierten Kriminalität aber als unzulänglich. Die polizeiliche Verdachtsschöpfung und auch die Kontrollintensität bevorzugen nämlich Kriminalitätsbereiche und Personen, die eine vereinfachte Zugangsstruktur mit einer kriminellen Szene oder einem Milieu aufweisen, wie im Falle der Rauschgiftkriminalität.[530] Wirtschaftskriminalität, Subventionsbetrug und Korruption sind entweder unterrepräsentiert oder werden außer Acht gelassen, da es sich als erhebliches Problem herausstellt, die organisierte Kriminalität als solche zu erkennen.[531] Ist das hinter organisierter Kriminalität vermutete Dunkelfeld nicht vorhanden, werden Verdachtsgewinnungsstrategien jedoch hinfällig.

c) Keine klassische Strafverfolgung

Das Intelligence-Policing hat mit der klassischen Strafverfolgung nicht viel gemein. Diese setzt erst nach der Begehung einer konkreten Straftat ein. Zwar kann die Datenanalyse auch hierbei sinnvoll und erfolgversprechend eingesetzt werden, wenn es darum geht, Verdächtige, Tatmittel, modi operandi und andere Tatumstände zu vergleichen, um eine klar bestimmte Tat einer Person zuzuordnen. Soweit allgemeine Datenschutzbestimmungen beachtet werden, kann gegen eine solche reaktive Ermittlungsarbeit nichts nachteiliges eingewendet werden. Denn zwischen der Tat und den Personen wird ein raumzeitlicher Zurechnungszusammenhang hergestellt. Dieser kann sich im Laufe der Ermittlungen verstärken oder abschwächen. Ausschlaggebend für reaktive Ermittlungsmaßnahmen bleibt die sich aus den besonderen Umständen der Tat und aus den feststellbaren Tatsachen des Kausalverlaufs ableitbare Nähe einer Person zum eingetretenen Schaden. Würde sich die Arbeit Europols hierauf beschränken, könnte die überregionale reaktive Strafverfolgung gestärkt werden, ohne weitgreifende rechtsstaatliche Bedenken auslösen zu müssen. Anders ist es jedoch bei der operativen oder antizipierten Datenanalyse, die Verdachtsmomente und das Wissen über mögliche künftige Straftaten erst generieren soll. Diese Form der Datenanalyse löst sich von Kausalitätserwägungen und orientiert sich hingegen an Zweckvorgaben. Als solche kommt, wie im Fall von Europol, die umfassende Bekämpfung von Kriminalität im Allgemeinen und von Terrorismus im Besonderen in Betracht. Die Nähe der polizeilich in Anspruch genommenen Person zum einem möglicherweise bevorstehenden Schaden kann zum Zeitpunkt des Informationseingriffs nur unzureichend beurteilt und im Zweifel nur vermutet werden. Deswegen besteht hierbei die Gefahr, dass selbst sich stets rechtstreu verhaltende Personen grundlos zur staatlichen Zweckerfüllung vereinnahmt werden.

---

530 Timm, Kriminalistik 2004, 666.

531 Weigand/Büchler, Kriminalistik 2002, 661, 665.

d) Die Bedeutung kriminalstrategischer Indikatoren als Ausgangspunkt operativer Maßnahmen

Die Analyse im Rahmen der Intelligence-Arbeit sowie die Zusammentragung der Informationen erfolgt verdeckt, geheim und unabhängig von konkreten Gefahren oder Tatverdachtssituationen. Denn ein Zuwarten bis hin zur konkreten Tatausführung fördert angeblich die Verfestigung krimineller Strukturen.[532] Umso bedeutsamer werde es, nach den einschlägigen Indikatoren organisierter Kriminalität zu suchen.[533] Die auf offensive Informationsbeschaffung basierende Erkenntnisgewinnung solle daher bereits im „organisationsverdächtigen Vorfeld" ansetzen. Die Informationsgewinnung der Intelligence-Arbeit setzt also - zumindest faktisch - ein aufgrund kriminalstrategischer Indikatoren bestimmbares verdächtiges Vorfeld voraus.[534]

Im Falle Europols erfolgt in der Befugnisnorm[535] für die operative Datenanalyse der Versuch einer Vorausdefinition jener für die europäische Polizeibehörde bedeutsamen kriminalstrategischen Indikatoren, die eine Vorfeldtätigkeit in Form der Datenverarbeitung auslösen sollen. Als ausreichender normativer Indikator wird dort die Eigenschaft, Täter, Zeuge, Opfer oder Kontakt- und Begleitperson zu sein oder werden zu können angesehen. Für Europol handelt es sich also bei dem entscheidenden normativen Merkmal um die reine Möglichkeit einer Verwicklung mit möglicherweise begangenen oder noch zu begehenden Straftaten, für die Europol zuständig ist. Dies ermöglicht zwar die Zusammenstellung eines umfangreichen Daten-Pools. Darunter dürfte aber schon die für fundierte Analysen ausschlaggebende Datenqualität leiden, da die Auswertungsprogramme mit einer Menge Datenschrott belastet werden, so dass das Ergebnis verfälscht und in seiner Zuverlässigkeit reduziert wird.[536] Ob und wenn welche weiteren Indikatoren Europol verwendet, ergibt sich weder aus der EPK noch aus den DAzA. Die für die Analysearbeit ausschlaggebenden Umstände finden daher keinen Niederschlag als tatbestandliches Merkmal in der Befugnisnorm. Sie werden vielmehr fallspezifisch von Europol selbst festgelegt.

e) Kosten der Datenanalyse

Um trotz fragwürdiger Datenqualität einigermaßen verlässliche Analyseergebnisse zu erzielen, werden hohe personelle und finanzielle Ressourcen aufgebracht. Auf nationaler Ebene kann deswegen die Ausweitung der operativen Arbeit tendenziell zur Vernachlässigung der klassischen fallorientierten Strafverfolgung führen.[537] Eu-

[532] Sielaff, in: Organisierte Kriminalität, S. 510.
[533] So Sielaff, in: Organisierte Kriminalität, S. 509.
[534] Vgl. die Auflistung genereller Indikatoren bei Sielaff, in: Organisierte Kriminalität, S. 503 ff.
[535] Art. 8 Abs. 1 iVm Art. 10 Abs. 1 EPK.
[536] Kühne, in: Europäische Sicherheitsunion, S. 33, 49.
[537] So die Behauptung von Kniesel, Kriminalistik 1996, 229, 232.

ropols-Haushalt betrug im Jahre 2004 schon 61,1 Millionen Euro gegenüber noch 53,4 Millionen Euro im Vorjahr.[538] Für das Jahr 2005 waren bereits 65,7 Millionen Euro veranschlagt.[539] Davon werden ca. 11 Millionen Euro von Deutschland beigesteuert. Ende 2004 waren bei Europol 494 Bedienstete tätig - die Verbindungsbeamten nicht eingeschlossen. Allein die Hälfte davon war der Abteilung Schwerkriminalität zugeordnet, die die Analysearbeit betreibt.[540] Im Jahre 2006 waren 100 Analytiker bei Europol beschäftigt.[541] Allein für die technische Aufrechterhaltung des Betriebs des Analysesystems wurden im Jahre 2004 knapp 4 Millionen Euro[542], 2006 immerhin noch 3,05 Millionen[543] Euro aufgewendet. Dies lässt erahnen, welche Möglichkeiten dem Analysesystem zugeschrieben werden. Hinzu kommen die Kosten für das zuständige Europol zugewiesene Analyse-Personal. Da die an den Analysegruppen beteiligten Verbindungsbeamten offiziell nicht zu Europol gehören, sondern den Mitgliedstaaten zugeordnet sind, erhöhen sich die Gesamtkosten um weitere wohl nicht unerhebliche Beträge. Denn Europol stellt den Verbindungsbeamten allein die Räumlichkeiten unentgeltlich zur Verfügung. Alle weiteren Kosten, insbesondere die Kosten der Ausstattung der Verbindungsbeamten werden von den Mitgliedstaaten getragen.[544] Unberücksichtigt bleiben bei dieser Betrachtung jene nicht nachzuweisenden Kosten, die auf Ebene der Mitgliedstaaten für die Erhebung, Speicherung und Übermittlung jener Daten aufgewandt werden mussten, ohne die Europol keinerlei Analyse betreiben könnte.

III. Die Supranationalität Europols

Europol hat die Befugnis zur operativen Datenanalyse erhalten. Nach deutschem Rechtsverständnis stellt dies einen Eingriff in das Recht auf informationelle Selbstbestimmung dar. In den Analysegruppen arbeiten aber neben den nationalen Verbindungsbeamten auch Analytiker von Europol, die nicht der deutschen Rechtsordnung unterworfen sind. Für die Klärung der Frage, wem der Grundrechtseingriff zugeordnet werden muss, kommt es darauf an, festzustellen, ob und in welchem Ausmaß eine Übertragung von Hoheitsrechten stattfindet. Hiervon hängt ganz wesentlich ab, welchen Grundrechtsstandard es einzuhalten gilt. Dabei sind verschiedene Konstellationen denkbar. Zu prüfen ist insbesondere, ob die Befugnisse Europols nicht unter der Schwelle einer Hoheitsrechtsübertragung bleiben. Dies wäre der Fall, wenn Kooperationsformen gewählt worden wären, bei denen sich der deutsche Staat das Handeln Europols als eigenes zurechnen lassen müsste

538 Europol-Jahresbericht 2004, S. 22.
539 Europol-Budget 2005, Abl. C 187 v. 22.7.2004, S. 1.
540 Europol-Jahresbericht 2004, S. 21.
541 Europol-Jahresbericht 2006, S. 15.
542 Europol-Budget 2005, Abl. C 187 v. 22.7.2004, S. 5.
543 Europol-Budget 2007, Abl. C 180 v. 2.8.2006, S. 5.
544 Art. 5 Abs. 9 EPK.

und der Durchgriff Europols auf die der deutschen Rechtsordnung Unterworfenen ausgeschlossen wäre.[545]

1. *Hoheitsrechtsübertragung*

Unter Hoheitsrechten ist die gesamte Ausübung öffentlicher Gewalt im innerstaatlichen Bereich zu verstehen.[546] Hierunter fallen die gesetzgebende, die ausführende und die rechtsprechende Gewalt. So gilt für die Hoheitsrechte der Einrichtungen der EU gemäß Art. 23 Abs. 1 S. 2 GG, dass die Ausübung der ihnen mit völkerrechtlichem Vertrag eingeräumten Befugnisse die Rechtssubjekte in den Mitgliedstaaten ohne gesonderten staatlichen Umsetzungsakt unmittelbar bindet.[547] Dies wird als rechtliche Durchgriffswirkung bezeichnet. Die Übertragung von Hoheitsrechten setzt voraus, dass sie dem übertragenden Staat bereits zugestanden haben und führt auf dessen Seite nicht zum Verlust derselben.[548] Eine Hoheitsrechtsübertragung führt auf Seiten der EU zur vorübergehenden Ermächtigung, die übertragenen Hoheitsrechte eigenverantwortlich wahrzunehmen. Es gilt der Grundsatz der begrenzten Einzelermächtigung.[549]

Der operativen Datenanalyse könnte eine Übertragung von Hoheitsrechten zugrunde liegen. Das Gegenteil wäre nämlich zum Einen dann der Fall, wenn die Europol-Beamten in den deutschen Hoheitsvollzug eingebunden und sie unter der Leitungsbefugnis deutscher Hoheitsträger tätig wären, so dass sie keine eigenen Entscheidungsspielräume hätten.[550] An den Analysegruppen sind aber sowohl nationale Verbindungsbeamte als auch Europol-Analytiker beteiligt. Letztere sind nicht an Weisungen der Verbindungsbeamten gebunden, sondern agieren selbständig. Es ist denkbar, dass sich der Verbindungsbeamte nicht an jeder Analysetätigkeit beteiligt und nur an koordinierenden Gesprächen teilnimmt. Allein die Analytiker Europols sind zur Eingabe und zum Abruf von Daten in den Analysedateien berechtigt. Die Verbindungsbeamten hingegen wirken an der Analyse lediglich aber maßgeblich mit. Da die Aufgabenfelder sich nicht decken, kann die Tätigkeit der Europol-Beamten nicht den nationalen Verbindungsbeamten zugerechnet werden.

Zum Anderen stellt sich die Analysetätigkeit nicht als eine auf Ersuchen Europols allein von deutschen Hoheitsträgern vorgenommene Arbeit dar. Das Handeln der Europol-Beamten kann auch in keiner anderen Weise dem deutschen Staat zugerechnet werden. Weder werden die Eingriffe der Europol-Analytiker auf deutschem Territorium noch nach deutschem Recht vorgenommen.[551]

---

[545] Siehe zu dieser Problematik: Gramm, DVBl. 1999, 1237, 1242.
[546] Jarass/Pieroth, Art. 23 Rz. 17.
[547] Hausen, Verfassungs- und völkerrechtliche Probleme, S. 91.
[548] Chapuis, Die Übertragung von Hoheitsrechten auf supranationale Institutionen, S. 95 ff.
[549] Huber, Recht der Europäischen Integration, S. 146 ff.
[550] Gramm, DVBl. 1999, 1237, 1242.
[551] Vgl. hierzu die Fallbeispiele bei Gramm, DVBl. 1999, 1237, 1243.

Eine Übertragung von Hoheitsrechten ist dann anzunehmen, wenn keine unmittelbare Durchgriffswirkung der Ausübung einer Regelungsbefugnis feststellbar ist.[552] Eine Hoheitsrechtsübertragung liegt nämlich vor, wenn die zwischenstaatliche Einrichtung zu schlicht-hoheitlichem Handeln ermächtigt wird, das die Gefahr von faktischen Grundrechtseingriffen birgt.[553] Da Europol Informationseingriffe, also grundrechtsrelevante Ermittlungsmaßnahmen, unbeschadet davon, ob dies nach nationalem Recht jeweils zulässig wäre, vornimmt, überlagern diese Maßnahmen bisweilen sogar nationales Recht, ohne dass hierdurch der übertragende Charakter entfiele. Sämtliche Maßnahmen sind Ausfluss einer ungeteilten Staatsgewalt, die allein von verschiedenen Einrichtungen ausgeübt wird.[554] Europol birgt nicht nur die Gefahr faktischer Grundrechtseingriffe. Die operative Datenanalyse des europäischen Polizeiamts ist genau auf die Vornahme von Eingriffen angelegt. Obgleich diese verdeckt stattfinden und vom Betroffenen daher nicht wahrgenommen werden können, entfalten sie doch unmittelbare Wirkung auf die Rechtsposition des Einzelnen. Außerdem erfolgte eine weitere Übertragung von nationalen Souveränitätsrechten, indem die Mitgliedstaaten in der EPK Europol die hoheitliche Kompetenz übertrugen, über Auskunfts-, Berichtigungs- und Löschungsersuchen verbindlich zu entscheiden. Europol erhielt somit die nicht unbedeutende Befugnis, Grundrechtseingriffe vorzunehmen und weitere hoheitliche Rechte auszuüben[555].

Europol ist eine aufgrund eines völkerrechtlichen Vertrages mit Hoheitsrechten ausgestattete Einrichtung der EU.[556] Die vom deutschen Gesetzgeber des Europolgesetzes geteilte Gegenauffassung kann nicht überzeugen.[557]

2. Vergleichbarer Grundrechtsschutz

Gegenüber einer zwischenstaatlichen Einrichtung muss nicht derselbe Grundrechtsschutz gewährleistet sein, wie es in Deutschland durch Art. 19 Abs. 4 GG der

---

[552] Siehe dazu: BVerfGE 68, 1, 94 (Pershing II); Gramm, DVBl. 1999, 1237, 1240; Kritisch hingegen: Rauschning, JuS 1985, 863ff.

[553] Hausen, Verfassungs- und völkerrechtliche Probleme, S. 93.

[554] Vgl. allgemein hierzu: Chapuis, Die Übertragung von Hoheitsrechten auf supranationale Institutionen, S. 100.

[555] Martinez Soria, VerwArch, 1998, 400, 419; Weichert, DuD 1995, 450, 453; Hailbronner, JZ 1998, 283, 287.

[556] Petri, KritV 1998, 441.

[557] Aus der Begründung zum Europolgesetz in BT-Drucks. 13/7391: „Hoheitliche Befugnisse werden Europol durch das Übereinkommen nicht eingeräumt. Der innerstaatliche Regelungsbedarf zur Umsetzung der völkerrechtlichen Vereinbarungen des Übereinkommens ist dementsprechend gering. Er beschränkt sich im wesentlichen auf Vorschriften zur Zuständigkeit sowie zur näheren Ausgestaltung der durch das Übereinkommen selbst nicht geregelten innerstaatlichen Befugnisse, Pflichten und datenschutzrechtlichen Verantwortlichkeiten der Bundes- und Landesbehörden bei der Anwendung des Übereinkommens.“ In der Denkschrift zum Übereinkommen heißt es: „Das Übereinkommen räumt Europol keine eigenen Exekutivbefugnisse ein.“

Fall ist.[558] Ausreichend ist ein wesentlich vergleichbarer Grundrechtsschutz.[559] Das Grundgesetz stellt an supranationale Maßnahmen nicht die gleichen Anforderungen wie an deutsche Hoheitsakte. Dies gilt ausdrücklich auch für hoheitliche Maßnahmen innerhalb der dritten Säule der EU;[560] also grundsätzlich auch für Europol. Den gleichen Maßstab anzusetzen, liefe indirekt der internationalen Zusammenarbeit zuwider, da sich Deutschland vertragsunfähig machen könnte.[561] Welche Einschränkungen im Zusammenhang mit Europol hingenommen werden können, ist damit nicht eindeutig bestimmbar. Ein wesentlich vergleichbarer Grundrechtsschutz wird jedenfalls voraussetzen, dass ein Grundrechtsschutz zumindest nicht ausgeschlossen ist. Unverzichtbare Voraussetzung ist daher die rechtliche Möglichkeit, gegen jede Art von ungerechtfertigten Grundrechtseingriffen vorgehen zu können, gleich ob diese durch die nationalen Verbindungsbeamten oder die Europol-Analytiker vorgenommen worden sind.

Der zu gewährleistende Mindeststandard beim Recht auf informationelle Selbstbestimmung darf sich aber nicht auf rein formalistische Kriterien beschränken. Zwar sieht die EPK Rechte der Betroffenen vor, wie die bereits angesprochenen Auskunfts-, Berichtigungs- und Löschungsrechte. Diese können aber zum Einen wirkungslos bleiben, da Europol nicht verpflichtet ist, Missstände abzustellen oder die betroffene Person tatsächlich wahrheitsgemäß zu informieren. Zum Anderen handelt es sich dabei allein um die vom Volkszählungsurteil erwähnten verfahrensrechtlichen Vorkehrungen, die ergänzend zu den normativen Voraussetzungen eines zulässigen Grundrechtseingriffs geschaffen werden müssen. Es muss mithin nicht nur ein Mindeststandard an verfahrensrechtlichen Vorkehrungen, sondern auch ein Mindeststandard an normativen Voraussetzungen gewährleistet sein. Denn die Grundrechte dürfen nicht ihren Charakter als subjektive individuelle Schutzrechte verlieren.[562] Schwer durchzusetzende Auskunfts-, Berichtigungs- und Löschungsrechte sind mit Blick auf einen vergleichbaren Grundrechtsschutz nicht ausreichend.[563]

3. Intergouvernementale Zusammenarbeit und Supranationalität

a) Kennzeichen von Supranationalität

Die supranationale Hoheitsgewalt zeichnet sich dadurch aus, dass die von ihren Mitgliedstaaten geschaffene zwischenstaatliche Einrichtung einseitig Rechtsakte

---

[558] Gleß, DRiZ 2000, 365, 366; Storr, Der Staat 1997, 547, 554; Hailbronner, JZ 1998, 283, 288.
[559] BVerfGE 58, 1, 40 ff; 73, 339, 376.
[560] BVerfGE 89, 155, 174 ff. (Maastricht-Urteil).
[561] Hailbronner, JZ 1998, 283, 288.
[562] Petri, Europol, S. 197.
[563] Gleß, DRiZ 2000, 365, 373; Lisken, DRiZ 1998, 75, 77ff.; Petri, Europol, S. 196 f; Frowein/Krisch, JZ 1998, 589, 596; A.A.: Oberleitner, Schengen und Europol, S.145; Martinez Soria, VerwArch 1998, 400, 437; unklar: Bull, DRiZ 1998, 32, 40 ff.

erlassen darf, die u.a. für die Mitgliedstaaten und den in ihnen lebenden Individuen auch gegen deren Willen verbindlich sind.[564] Nicht erforderlich ist, dass sich die supranationale Hoheitsgewalt auf sämtliche Politikbereiche erstreckt. Ausreichend ist schon „jurisdiction over specific policy domains within the territory comprised by the member states."[565] Supranationale Rechtsetzung unterscheidet sich dadurch von schlichten völkerrechtlichen Vereinbarungen, dass diese einstimmig oder zumindest einvernehmlich, jene aber über Mehrheitsentscheidungen erfolgt. Weitere spezifische Merkmale von Supranationalität sind die Existenz einer Struktur eines gemeinschaftlichen politischen Prozesses und zum anderen die Geltungskraft des gemeinschaftlichen materiellen Rechtes.[566]

Die EG stellt die erste Säule der EU dar und ist als supranationale Organisation zu charakterisieren.[567] Die Mitgliedstaaten handeln als pouvoir constituant, indem sie die grundlegenden Verträge einvernehmlich abändern, erweitern oder aufheben. Diese Form von „permanenter Verfassungsgebung" ist ein konstruktives Merkmal einer supranationalen Verfassungsordnung.[568] Nichts anderes gilt für den Rat im Zusammenhang mit Europol. Denn dieser kann die Befugnisse Europols ebenfalls stets erweitern und abändern. Europol ist als durch Vertrag geschaffene und mit hoheitlichen Eingriffsrechten ausgestattete internationale Organisation mit der EG vergleichbar.[569]

b) Einordnung Europols

(1) Bedeutung der Determination

Die korrekte Bestimmung Europols als entweder rein völkerrechtliche oder supranationale Einrichtung ist nicht nur von dogmatischem Interesse. Eine eindeutige Zuordnung und Bezeichnung Europols zu einer der beiden Kategorien ist für das Verständnis der europäischen Polizeikooperation und der Verortung Europols darin von großer Bedeutung. Hieße doch die Konsequenz aus einer rein völkerrechtlichen Tätigkeit auf intergouvernementaler Basis, dass Europols Handlungen eher derivativen Charakters wären. Europol hingegen als supranational zu bezeichnen, ließe erkennen, dass es sich um eine Einrichtung handelt, der die Ausübung von Staatsgewalt zuteil werden durfte. Mit der Datenanalyse nimmt Europol Grundrechtseingriffe vor. Bedeutsamer als die mit der Datenanalyse vorgenommenen Eingriffe ist der Umstand, dass Europol aus den Daten neue Daten und neues Wissen schafft, das vorher in den ursprünglichen Daten nicht vorhanden war. Die

---

[564] Zuleeg, Integration 1988, 103, 109; Seeler, EuR 1998, 721, 723; Schweitzer, Staatsrecht III , S. 211.
[565] Stone/Sandholtz, JoEPP 1997, 297, 303.
[566] von Bogdandy, Supranationale und staatliche Herrschaft, Internet am 15.11.1998.
[567] Huber, Recht der Europäischen Integration, S. 68.
[568] Kaufmann, Der Staat 1997, 521, 530.
[569] Vgl zur EG: Kübler, Die Säulen der Europäischen Union, S.154.

Verwendung selbstgenerierten Wissens zu staatlichen Ausforschungzwecken soll nicht nur gegebenenfalls für die Polizeiarbeit nützlich sein, sondern ist in erster Linie Ausdruck des staatlichen Gewaltmonopols. Europol als supranational zu erkennen, hieße daher Europol einem komplexen europäischen Gewaltmonopol zuzuordnen, das sich aus verschiedenen Einzelelementen zusammensetzt. Umso mehr verwundert es, dass im Schrifttum die Supranationalität Europols kaum problematisiert wird.[570]

(2) Europol als Teil der dritten Säule der EU

Vielfach wird Europol als zwischenstaatliche internationale Organisation des Völkerrechts bezeichnet.[571] Auf den ersten Blick scheint dies eine zutreffende Feststellung zu sein. Der Amsterdamer Vertrag ordnete in Art. 29 ff. EUV Europol der dritten Säule der EU zu. Es handelt sich bei diesen Vorschriften um die Bestimmungen über die polizeiliche und justizielle Zusammenarbeit in Strafsachen. Diesen Bestimmungen fehlt die supranationale Qualität.[572] Die in Art. 34 EUV genannten Maßnahmen lassen erkennen, dass in der dritten Säule der Grundsatz der intergouvernementalen Zusammenarbeit gelten und keine Verlagerung in das supranationale Gemeinschaftsrecht stattfinden soll. Insbesondere lässt sich dies aus der Tatsache ableiten, dass Art. 34 EUV nicht auf Art. 249 EGV verweist, wo die gemeinschaftstypischen Rechtsakte mit Durchgriffswirkung näher bezeichnet sind.[573] Europol ist im Rahmen eines Übereinkommens nach Art. 34 Abs. 2 d) EUV geschaffen worden. Offenbar gingen die Mitgliedstaaten davon aus, mit der EPK keine Hoheitsrechte an eine supranationale Organisation zu übertragen.

Die dritte Säule der EU ist allerdings nicht frei von Widersprüchen. Zurecht wird sie mitunter als hybrid bezeichnet.[574] Sie verbindet die traditionell völkerrechtliche Kooperation souveräner Staaten mit Elementen einer supranationalen Institution.[575] Ihr sekundäres Recht stellt eine Mischung aus völkerrechtlichen und supranationalen Elementen dar.[576] Die Schwierigkeit, die dritte Säule der EU ordentlich zu klassifizieren, trifft ebenfalls auf die gesamte EU zu. So stellt sich die EU als System eigener Prägung dar.[577] Denn die sich in komplexer Weise entwickelnde europäische Rechtsordnung entzieht sich einer isolierten Betrachtung.[578] Sowohl der

---

[570] Weichert, DuD 1995, 450, 452 nennt Europol zwar eine eigenständige supranationale Einrichtung, führt den Gedanken aber nicht weiter aus.

[571] Tolmein, StV 1999, 108, 109; Petri, Europol, S. 25; Martinez Soria, VerwArch 1998,400, 418.

[572] Kraus-Vonjahr, Der Aufbau eines Raums der Freiheit, der Sicherheit und des Rechts in Europa, S. 195.

[573] Di Fabio, DÖV 1997, 89, 98.

[574] Gleß, EuR 1998, 748, 749.

[575] Gleß, EuR 1998, 748, 749.

[576] Albrecht/Braum, KritV 2001, 312, 317.

[577] Lemke, KJ 1999, 1, 4.

[578] Rodriguez Iglesias, NJW 1999, 1.

intergouvernemetalistische als auch der streng supranationale Erklärungsansatz erweist sich als unzulänglich.[579] Das betrifft insbesondere Europol. Es darf zum Einen nicht die Rolle der Mitgliedstaaten überschätzt werden, da Europol zum Teil durchaus ohne diese zu handeln befugt und in der Lage wäre. Allerdings sind nicht sämtliche Aktivitäten und Funktionen Europols als supranational zu bezeichnen. Dies betrifft insbesondere die Förderung des Informationsaustausches zwischen den Verbindungsbeamten und die Schulung von Personal sowie die technische und kriminaltaktische Unterstützung. Europol als reine interadministrative Stelle zu bezeichnen, in der sich der kriminalistische Sachverstand ungestört entfalten könne, geht aber an der Realität vorbei.[580] Hierin spiegeln sich die Ansichten eines dominanten polizeilichen Expertenlobbyismus wider.[581] Die Vornahme von Grundrechtseingriffen geht über interadministrative Tätigkeiten weit hinaus.

(3) Europol als supranationale Behörde

Spätestens seit der Tagung des Europäischen Rates in Tampere am 15./16.10.1999[582] hat eine qualitative Aufwertung der europäischen Verbrechensbekämpfung dahingehend stattgefunden, dass sie nicht mehr nur als Ausgleichsmaßnahme zum Kontrollverlust durch den Abbau der innereuropäischen Grenzen, sondern als ein gemeinschaftliches Interesse verstanden wird.[583]

Auf Europol treffen die oben genannten Merkmale von Supranationalität zu. Der Handlungsweise Europols liegt nicht nur die Struktur eines politischen Prozesses bei der Ernennung des Direktors, sondern auch bei der Erstellung der Errichtungsanordnungen, an denen der Verwaltungsrat maßgeblich mitwirkt, zu Grunde. Darüber hinaus entfalten die Errichtungsanordnungen, die die verdeckten Datenverabeitungsmaßnahmen Europols regeln, eine nicht zu vernachlässigende materielle Geltungskraft.

Im Gegensatz zur EPK, die als intergouvernementale Vereinbarung durch das Europolgesetz[584] der Umsetzung in deutsches Recht bedurfte, benötigt Europol sowohl zur Erstellung einer Errichtungsanordnung als auch zur Entscheidung über die Vornahme einer Analysemaßnahme keinen nationalstaatlichen Umsetzungsakt. Die Errichtungsanordnungen können vom Verwaltungsrat Europols mit Zweidrittelmehrheit, und damit gegen den Willen einiger Mitgliedstaaten erlassen werden.

---

[579] Lemke, KJ 1999, 1, 6.

[580] So aber Bull, DRiZ 1998, 32, 33, 38.

[581] Gleß/Nelles, Neue Kriminalpolitik 2000, 22.

[582] Schlussfolgerungen des Vorsitzes, http://ue.eu.int/ueDocs/cms_Data/docs/pressdata/de/ec/00200-r1.d9.htm am 2.8.2005.

[583] Bruhn/Risch, Kriminalistik 2000, 2, 4.

[584] Gesetz zu dem Übereinkommen vom 26.Juli 1995 auf Grund von Artikel K.3 des Vertrages über die Europäische Union über die Errichtung eines Europäischen Polizeiamtes (Europol-Gesetz) vom 16.12.1997; BGBl. 1997 II 2150.

In concreto basiert jeder Grundrechtseingriff der operativen Datenanalyse Europols auf einer in einer Errichtungsanordnung nieder gelegten Zweckbestimmung. Formal handelt es sich um die politische Entscheidung des Organs einer internationalen Organisation. Indem Europol dabei selbständig vorgehen kann, nimmt das Polizeiamt eine Aufgabe war, die nach dem Volkzählungsurteil allein dem Gesetzgeber vorbehalten ist. Zwar legt Europol in der Errichtungsanordnung nicht nur den Zweck der Datei, sondern u.A. auch den betroffenen Personenkreis, die Art der zu speichernden Daten, Prüffristen und Speicherdauer fest[585]. Eine wirksame Beschränkung der informationellen Aktivitäten Europols wird dadurch aber naturgemäß nicht erreicht. Da Europol den Zweck einer Datei selbst bestimmt, entscheidet es selbständig über den Umfang und das Ausmaß der Datenverarbeitung. An dieser Stelle wird die Bedeutung der Frage nach dem anzuwendenden Grundrechtsstandard besonders deutlich.

Auf Grundlage der Errichtunganordnungen sollen die zur Aufgabenerfüllung Europols benötigten Dateien erstellt werden. Sobald dort Daten verarbeitet werden, erfolgen Grundrechtseingriffe. Da diese Eingriffe bestimmte Personen in den Mitgliedstaaten betreffen, wird der „Souveränitätspanzer“[586] der Mitgliedstaaten durchbrochen. Europols Datenanalyse kommt so eine klare Durchgriffswirkung zu. Das Polizeiamt verfügt nämlich über Befugnisse zum Erlass von Einzelfallmaßnahmen, die sich unmittelbar an Rechtssubjekte in den Mitgliedstaaten richten und ohne weiteren Umsetzungsakt verbindlich sind. Auf diese Weise ist Europol in der Lage eine eigene Kriminalpolitik zu entwickeln.[587] Kein Mitgliedstaat ist befugt, Europol Weisungen zu erteilen. Ausgehend vom Direktor kann Europol in vielen Fällen kraft seines überlegenden Wissens faktisch die Ermittlungsführerschaft übernehmen.[588]

Unterstützt wird dies durch mangelhafte Zweckbindungsregeln. Die EPK enthält für die Daten eine Verwendungsregelung[589], die lediglich zum Ausdruck bringt, dass die in den Dateien gespeicherten Daten allein zur Aufgabenerfüllung Europols übermittelt, genutzt und verwendet werden dürfen. Dies bedeutet, dass Europol faktisch jederzeit auf den gesamten Datenpool Zugriff hat.[590]

Die datenschutzrechtliche Verantwortung für übermittelte Daten verbleibt beim jeweiligen Mitgliedstaat, wenn es sich nicht um Analyseergebnisse oder von Dritten übermittelte Daten handelt. Letztere unterliegen der alleinigen Verantwortlichkeit Europols.[591] Im Ergebnis haben diese Regelungen zur Folge, dass der ursprüngliche Erhebungszusammenhang komplett entkoppelt wird. Denn soweit bestimmte per-

---

[585] Art. 12 Abs. 1 Nr. 1-9 EPK.
[586] Dörr, DÖV 1993, 696, 699.
[587] Gleß/Lüke, Jura 1998, 70, 77.
[588] Weichert, DuD 1995, 450, 453.
[589] Art. 17 EPK.
[590] Kübler, Die Säulen der Europäischen Union, S.116.
[591] Art. 15 Abs. 1 Nr. 1, 2 EPK.

sonenbezogene Daten auf mitgliedstaatlicher Ebene wegen eines Freispruchs oder Verfahrenseinstellung gelöscht werden, so ist dies bei Übergang in die Datenverantwortlichkeit Europols nicht zwingend der Fall. Die Daten stehen so auch den Mitgliedstaaten wieder zur Verfügung. Dies verdeutlicht, welche Möglichkeiten die supranationale Ebene der polizeilichen Informationsversorgung für die polizeiliche Tätigkeit bereit halten kann.

Zwar ist nicht jegliche Tätigkeit Europols als supranational zu begreifen, so dass Europol mit Recht insgesamt als quasi-supranationale Einrichtung bezeichnet werden kann.[592] Hinsichtlich der hier interessierenden operativen Datenanalyse überwiegen aber die supranationalen Merkmale. Es liegt eine supranationale polizeiliche Zusammenarbeit vor.[593] Mit der Ersetzung der EPK durch einen Ratsbeschluss und der Überführung Europols in den einheitlichen Rechtsrahmen der EU nach Abschluß des Reformvertrages kann an seiner Supranationalität nicht mehr gezweifelt werden.

c) Bislang fehlende Zuständigkeit des Europäischen Gerichtshofes

Das Protokoll betreffend die Auslegung der EPK durch den EuGH im Wege der Vorabentscheidung[594] spielt nur eine untergeordnete Rolle. Eine Vorabentscheidung setzt voraus, dass ein nationales Gericht dem EuGH eine entsprechende Auslegungsfrage zur Vorabentscheidung vorlegt. Der nationale Rechtsweg ist aber nur ausnahmsweise gegeben.[595] Zwar können grundrechtserhebliche Eingriffe grundsätzlich von der deutschen Gerichtsbarkeit überprüft werden,[596] erforderlich ist hierfür aber, dass eine Maßnahme der deutschen Staatsgewalt zugeordnet werden kann. Das ist nur bei den Verbindungsbeamten der Fall, da Europol ansonsten supranational handelt. Außerdem müsste der von einer Maßnahme Betroffene von dieser überhaupt erst erfahren. Dies dürfte allerdings in den wenigsten Fällen der Fall sein. Aufgrund von Art. 46 EUV iVm Art. 35 EUV ist eine Zuständigkeit des EuGH für Maßnahmen im Zusammenhang mit Europol nicht gegeben.[597] Eine Prüfung der Rechtmäßigkeit von polizeilichen Maßnahmen durch den EuGH ist darin ausgeschlossen. Der supranationale Rechtsschutz bezüglich Maßnahmen von Europol ist deswegen derzeit auf das Verfahren vor der GKI beschränkt. In wel-

---

[592] So Gleß, DRiZ 2000, 365, 366; Gleß, EuR 1998, 748, 751.

[593] Petri, KritV 1998, 441, 448.

[594] Abl. C 299 vom 9. 10. 1996, S. 1; Deutschland hat dem Europol-Auslegungsprotokoll mit Gesetz zu dem Protokoll vom 24.7.1996 auf Grund von Artikel K.3 des Vertrages über die Europäische Union betreffend die Auslegung des Übereinkommens über die Errichtung eines Europäischen Polizeiamtes durch den Gerichtshof der Europäischen Gemeinschaften im Wege der Vorabentscheidung (Europol-Auslegungsprotokollgesetz) vom 17.12.1997 zugestimmt; BGBl. 1997 II 2170.

[595] Gleß, DRiZ 2000, 365, 372.

[596] Weichert, DuD 1995, 450, 456.

[597] Petri, DuD 1998, 324, 329.

cher konkreten Weise der EuGH nach Inkrafttreten des EU-Reformvertrages die Handlungen Europols wird überprüfen können, wird abzuwarten sein.

IV. Nationales Recht als Prüfungsmaßstab

Zwar haben sich die Legitimationsprämissen der EU von den herkömmlichen einzelstaatlichen Strukturen weitgehend verselbständigt und diese zum Teil obsolet werden lassen,[598] der Grundrechtsschutz muss aber gewährleistet bleiben. Unter der Voraussetzung, dass die supranationalen Hoheitsakte der deutschen Staatsgewalt als eigene zugerechnet werden können, bilden die deutschen Grundrechte weiterhin den Prüfungsmaßstab sowohl für das Völker- als auch Gemeinschaftsrecht.[599] Nur für deutsche Hoheitsakte ist der Rechtsweg vor den deutschen Verwaltungsgerichten gegeben.[600] Können supranationale Maßnahmen hingegen nicht der Bundesrepublik Deutschland zugeordnet werden, bleibt nur Raum für einen den deutschen Grundrechten vergleichbaren Schutzstandard, der insbesondere bei den Anforderungen an die normative Ausgestaltung der Eingriffsgrundlage Abstriche mit sich brächte.

1. Zurechnung der Datenanalyse zur deutschen Staatsgewalt

a) Zurechnungskriterien

Grundsätzlich sind EU-Maßnahmen in der dritten Säule allein den Mitgliedstaaten zuzurechnen,[601] da diese Maßnahmen einen nationalen Umsetzungsakt erfordern. Im Zusammenhang mit Europol konnte gezeigt werden, dass dies nicht immer der Fall ist. Einige Maßnahmen Europols haben durchaus eine supranationale Wirkung. Daran wird sich nach Überführung Europols in den einheitlichen Rechtsrahmen der EU nichts ändern. Es gilt insbesondere auch für die operative Datenanalyse. Da die Staatsgewalt einheitlich und unteilbar, allenfalls delegierbar ist, müssen Eingriffe der öffentlichen Gewalt zugerechnet werden können, um zu prüfen, inwiefern eine Beeinträchtigung des Rechts auf informationelle Selbstbestimmung vorliegt.[602] Dies ist unproblematisch. Europols hoheitliche Gewalt basiert auf dem Rechtsanwendungsbefehl in Form des Europolgesetzes. Ohne diesen wären die aufgrund der EPK als völkerrechtlicher Vereinbarung erlassenen Sekundärrechtsakte, wie die

---

[598] Bach, in: Nationalismus, Nationalitäten, Supranationalität, S. 288, 289.
[599] Schmahl, in: Pluralität des Rechts, S. 163, 166 ff.
[600] § 40 Abs. 1 VwGO.
[601] Kraus-Vonjahr, Der Aufbau eines Raums der Freiheit, der Sicherheit und des Rechts in Europa, S. 195.
[602] Vgl. Kersting, Umfang des Schutzes deutscher Grundrechte, S. 57; Eckhoff, Der Grundrechtseingriff, S. 271.

Errichtungsanordnungen wirkungslos.[603] Der Eingriff beruht auf einem ganz bestimmten Verhalten der Organe Europols und seiner Mitarbeiter.

Schwieriger ist die Frage zu beantworten, ob die Maßnahmen Europols trotz des supranationalen Charakters von Europol der Bundesrepublik Deutschland zugerechnet werden können. Denn hier geht es um mehrdimensionale Grundrechtsprobleme.[604] „Ist die Bundesrepublik Deutschland aus rechtlichen und tatsächlichen Gründen gehindert, auf einen Geschehensablauf, der zu einem Eingriff in ein grundrechtlich geschütztes Rechtsgut führt, durch Steuerung der als maßgebend erscheinenden Umstände Einfluß zu nehmen, kann ihr das Ergebnis dieses Geschehensablaufs verfassungsrechtlich nicht als Folge ihres eigenen Verhaltens zugerechnet werden."[605]

Für die Zurechnung eines hoheitlichen Aktes zur deutschen öffentlichen Gewalt ist die allein mittelbare Verursachung ausreichend.[606] Bei Europol ist die Bundesrepublik Deutschland im Verwaltungsrat vertreten und entsendet ihre Verbindungsbeamte in die Analysegruppen. Grundvorausetzung ist, dass das mitkausale Verhalten der deutschen öffentlichen Gewalt nicht weggedacht werden kann, ohne dass auch das Ergebnis wegfiele.[607] Entscheidendes Kriterium für die Zurechnung des Handelns einer fremden oder supranationalen Hoheitsgewalt ist die Möglichkeit, die Grundrechtsbeeinträchtigung zumindest zu kontrollieren.[608] Es kommt folglich darauf an, ob das Verhalten der deutschen Vertreter im Verwaltungsrat Europols und in den Analysegruppen bestimmenden Einfluss für das grundrechtsrelevante Handeln Europols hat.

b) Errichtungsanordnungen

Im Falle der Errichtungsanordnungen ist der entscheidende Einfluss des deutschen Vertreters nicht mit aller Gewissheit festzustellen. Gemäß Art. 28 Abs. 1 Nr. 7 EPK beschließt der Verwaltungsrat die Errichtungsanordnungen mit Zweidrittelmehrheit. Wird eine Errichtungsanordnung einstimmig angenommen, ist der Einfluss des deutschen Vertreters unerheblich, da der Beschluss auch ohne ihn ergangen wäre. Erheblich und entscheidend wäre der Einfluss des deutschen Vertreters nur, wenn sein Abstimmungsverhalten dazu beiträgt, das erforderliche Quorum zu erreichen.[609] Das dürfte im Zweifel schwer nachweisbar sein.

[603] Dies ergibt sich aus den Feststellungen von Schmahl, in: Pluralität des Rechts, S. 163, 167.
[604] Zu diesem Begriff: Eckhoff, Der Grundrechtseingriff, S. 272.
[605] BVerfGE 66, 39, 62 (Nato-Nachrüstung).
[606] BVerfGE 77, 170, 213 f. (C-Waffen).
[607] Kersting, Umfang des Schutzes deutscher Grundrechte, S. 60; Eckhoff, Der Grundrechtseingriff, S. 274.
[608] Kersting, Umfang des Schutzes deutscher Grundrechte, S. 63.
[609] Ähnlich hinsichtlich des Abstimmungsverhaltens des deutschen Vertreters im Rat: Kersting, Umfang des Schutzes deutscher Grundrechte, S. 66 ff.

c) Analysegruppen

Anders stellt sich der Sachverhalt bei der Beteiligung deutscher Verbindungsbeamter an den Analysegruppen dar. Die Verbindungsbeamten sind verpflichtet, die internen Vorschriften Europols zu befolgen.[610] Ihnen kommt insbesondere die Aufgabe zu, Europol mit Informationen aus den Mitgliedstaaten zu versorgen.[611] Sofern die in der Analysegruppe verwendeten Daten aus Deutschland stammen oder Deutschland anderweitig betroffen ist, ist der deutsche Verbindungsbeamte zwangsläufig in diese integriert und verpflichtet, an der Erreichung der Ziele der Analysegruppe mitzuwirken. Vor allem wenn Informationen in der Analysegruppe verwendet werden, die der deutsche Verbindungsbeamte eingebracht hat, ist ein maßgeblicher Einfluss gegeben, so dass die gesamte anschließende Analysetätigkeit der deutschen öffentlichen Gewalt zuzuordnen ist. Denn die gelieferten Informationen durchdringen gewissermaßen den Analyseprozess, sogar wenn sie für unerheblich gehalten werden, da auch diese Entscheidung letztlich Auswirkungen auf die weitere Analyse und das Ergebnis hat. Doch auch wenn sich ein Mitgliedstaat erst nachträglich nach dem Verfahren gemäß Art. 10 Abs. 6 UAbs. 2 Nr. 2 EPK an einer Analysegruppe beteiligt, ist sein Einfluss nicht weniger entscheidend, da die Beteiligung ebenso dazu führt, dass der entsprechende Verbindungsbeamte vollumfänglich an der Analyse teilnimmt, Informationen erhält und seinerseits zur Verfügung stellen muss.

Die nationalen Verbindungsbeamten zeichnen sich durch ein besonderes Näheverhältnis zu Europol aus, obwohl sie unmittelbar dem nationalen Recht und den Grundrechten unterworfen sind.[612] Denn sie bleiben Angehörige ihrer entsendenden nationalen Stelle.[613] Sie dienen als Schaltstelle zwischen den verschiedenen nationalen Stellen und zwischen der sie entsendenden nationalen Stelle und Europol.[614] Die Verbindungsbeamten sind nicht nur rechtlich, sondern auch faktisch Teil der nationalen Stellen.[615] Ihre Teilnahme an den Analysegruppen ändert an dieser Eigenschaft nichts. Die Datenanalyse in den Analysegruppen kann daher der deutschen Hoheitsgewalt durchaus zugeordnet werden. Den Analysevorgängen kommt damit eine Rückwirkung[616] auf die Bundesrepublik Deutschland mit dem Ergebnis zu, dass sie grundsätzlich von den Verwaltungsgerichten wegen § 40 Abs. 1 VwGO überprüfbar wären.[617]

---

[610] Beschluss des Verwaltungsrates von Europol vom 15. Oktober 1998 über die Rechte und Pflichten der Verbindungsbeamten, Abl. C 26 vom 30.01.1999 S. 86 – 88.

[611] Art. 5 Abs. 3 Nr. 1 EPK.

[612] Weichert, DuD 1995, 450, 453; Di Fabio, DÖV 1997, 89, 99.

[613] Kölbach, Die Polizei 1996, 245, 249.

[614] Aschmann, Europol aus Sicht der deutschen Länder, S. 150, 191.

[615] Aschmann, Europol aus Sicht der deutschen Länder, S. 191.

[616] Zum Begriff und der Bedeutung der Rückwirkungsfrage für die demokratische Legitimierung Europols: Baldus, ZRP 1997, 286, 287.

[617] a.A. Martinez Soria, VerwArch 1998, 400, 435; Frowein/Krisch, JZ 1998, 589, 592, wonach Europol keine deutsche öffentliche Gewalt ausübe. Der Verweis auf BVerfGE 73, 339 übersieht,

Aufgrund der Supranationalität Europols führt dies allerdings dazu, dass es sich formal weiterhin um Maßnahmen Europols und nicht der Verbindungsbeamten handelt. Letztere müssen sich lediglich die Europol-Maßnahmen als eigene zurechnen lassen. Das hat zur Folge, dass die damit einhergehenden Eingriffe der nationalen Verbindungsbeamten in das Recht auf informationelle Selbstbestimmung der betroffenen Personen nicht als Ausfluss der nationalen Eingriffsgrundlagen gerechtfertigt gelten können. Dies wäre nur dann denkbar, wenn in den Analysegruppen ausschließlich deutsche Beamte tätig wären. Bei Europol sind sie Mitglieder einer internationalen Analysegruppe. Darüber hinaus ist zu bedenken, dass die nationalen Befugnisse schon aus einem anderen Grund nicht die im Rahmen der Analyse vorzunehmenden Informationseingriffe abdecken können. Sowohl die Datenerhebung als auch die Datenverarbeitung sind zweckgebunden. Die Gesetzesgrundlage für die Weitergabe von Daten und jene für den Erhalt und die Weiterverarbeitung müssen jeweils den Zweck erkennen lassen, zu dem die Weitergabe, der Erhalt und die folgende Verarbeitung erfolgen sollen. In dieser Normenkette käme spätestens bei der Verarbeitung der Daten durch die Analysegruppe selbst nach nationalen Recht nur die über das deutsche Europolgesetz vermittelte Anwendung der EPK in Betracht, so dass die dortigen Vorschriften einschlägig blieben.

d) Nutzung der Daten aus dem Analysesystem

In gleicher Weise ist der Bundesrepublik Deutschland die Nutzung von Daten aus den Arbeitsdateien zu Analysezwecken zuzurechnen. Dies betrifft zum Einen den Zugriff auf Daten im Informationssystem, die aus Europols Analysetätigkeit oder von Drittstellen stammen und in das Informationssystem integriert worden sind.[618] Zum Anderen betrifft dies Daten, die dem BKA stellvertretend für die Bundesrepublik Deutschland auf Antrag übermittelt werden.[619] Sowohl die anschließende Nutzung der erhaltenen Daten aus dem Analysesystem durch das BKA selbst, als auch die Weitergabe an Länderbehörden stellen einen Informationseingriff dar, der allein deutscher Hoheitsgewalt zugerechnet werden kann und eine ausreichende Rechtsgrundlage in der EPK erfordert.

2. Ansprüche gegen den Mitgliedstaat

Eine von Informationseingriffen Europols betroffene Person hat sich in zwei Fällen an den Mitgliedstaat zu richten. Dies betrifft einerseits das Auskunftsrecht. Ein

---

dass es sich zwar richtigerweise um Maßnahmen handelt, die Ausdruck einer supranationalen Hoheitsgewalt sind, aber im Ergebnis der deutschen öffentlichen Gewalt zugerechnet werden müssen.

[618] Art. 7 Abs. 1 S. 2 und Art. 8 Abs. 3 UAbs. 2 EPK.

[619] Art. 8 Abs. 4 EPK.

entsprechender Antrag ist an die nationale Stelle zu richten, die diese dann an Europol weiterleitet. Kommt Europol dem Ersuchen nicht nach, entscheidet die GKI rechtskräftig.[620] Andererseits hat sich eine betroffene Person zur Durchsetzung eventueller Schadensersatzansprüche wegen der Nutzung fehlerhafter Daten durch Europol an die nationalen Gerichte zu wenden. Die Haftung liegt interessanterweise ebenfalls bei den Mitgliedsstaaten. Für den Fall, dass Europol eine Person unzutreffenderweise im Rahmen seiner operativen Datenanalyse mit der organisierten Kriminalität in Verbindung bringt und aufgrund der Stigmatisierungswirkung[621], die ein eventuell eingeleitetes und später eingestelltes Ermittlungsverfahren haben kann, ein Schaden entsteht, haftet Europol selbst zunächst nicht.[622] In bestimmten in der EPK benannten Fällen[623] hat Europol allerdings dem Mitgliedstaat die Schadensersatzzahlungen zu erstatten. Im gerichtlichen Verfahren zur Durchsetzung der Ansprüche ist das nationale Recht maßgeblich.[624] Dies unterstreicht, dass Europols supranationale Maßnahmen im Verhältnis zum betroffenen Bürger auch den Mitgliedstaaten zugerechnet werden sollen.

B. BESTIMMUNG DER EINGRIFFSGRUNDLAGE EUROPOLS

I. Gefährdungshintergrund

Intelligence-Policing und operative Datenanalyse stehen nicht zusammenhangslos im Raum. Ihnen liegen spezifische Gefährdungspotenziale zu Grunde. Terrorismus, organisierte Kriminalität und sozialphilosophische Theorien über eine Risikogesellschaft[625] eignen sich nicht nur vorzüglich als „Angstmacher"[626]. Terrorismus und organisierte Kriminaliät verursachen ohne Zweifel einen hohen gesellschaftlichen Schaden. Rauschgift- und Menschenhandel, Einflussnahmen auf politische Entscheidungen, korrupte Wirtschaftseliten und terroristische Anschläge sind in weiten Teilen der Welt zum Bestandteil des Alltags geworden. In Madrid und London hat sich der neue Terrorismus, wie zuvor in Nairobi, New York, Bali und Istanbul eindrucksvoll manifestiert. Deutschland ist vom neuen Terrorismus islamischer Fanatiker bislang verschont geblieben.[627] Moderne industrialisierte Gesellschaften sind in anderer Weise auch durch die fortschreitende Technologisierung gefährdet. Atomkraftwerke, Erdölraffinerien, Chemie-Werke, Gentechnik und Tanklager bergen Gefahren für Mensch und Umwelt. Hochhäuser, Bahnanlagen

---

[620] Petri, KritV 1998, 441, 457.
[621] Hierzu: Kühne, NJW 1979, 617.
[622] Hailbronner, JZ 1998, 283, 287.
[623] Art. 38 Abs. 2 EPK.
[624] Kölbach, Die Polizei 1996, 245, 249.
[625] Beck, Risikogesellschaft, S.25 ff.
[626] Hassemer, vorgänge 1993, 54, 55.
[627] Der terroristische Anschlag auf die insbesondere von deutschen Touristen besuchte La-Griba-Synagoge in Djerba am 11.4.2002 kostete allerdings 21 Menschen, davon 14 Deutsche, das Leben. Mutmaßliche Anschlagsversuche in Deutschland wurden bislang vereitelt oder schlugen fehl.

und Flughäfen gelten als durch Terrorakte hochgradig gefährdet. Selbst die fortschreitende informationstechnische Vernetzung lässt nicht unerhebliche Gefahrenpotenziale entstehen.[628] Die Information als Grundgröße moderner Gesellschaften ist sowohl ein wirtschaftliches und kulturelles Gut, als auch ein Mittel der sog. Cyberkriminalität mit eigenen Gefährdungsmerkmalen.[629]

Das kurz skizzierte Bild lässt sich scheinbar plausibel mit dem Erklärungsmuster einer von Risiken beherrschten Gesellschaft in Verbindung bringen. Die Risiken bestehen für die Umwelt, die Gesundheit, das Leben und für lebenswichtige Ressourcen.[630] Ungeachtet der unabweisbaren Tatsache, dass es um ein über Tausendfaches wahrscheinlicher ist, bei einem Verkehrsunfall als bei einem Terroranschlag ums Leben zu kommen[631], liefert die Postulation einer Risikogesellschaft die Forderung nach Maßnahmen zur Risikominimierung und -vermeidung gleich implizit mit. Das Bewusstsein der stets präsenten Verwundbarkeit nährt das Verlangen nach Gegenmaßnahmen. Die kriminalpolitische Diskussion führte schon in den 1980er Jahren zur Schlussfolgerung, man habe es angesichts der organisierten Kriminalität mit einer neuen Qualität von Kriminalität[632] zu tun, der geeignete Ermittlungsmethoden entgegenzusetzen seien.[633] Dem folgend entwickelte die Polizei einen strategischen Neuansatz, der darin lag, nicht länger nur auf Gefahren und Straftaten zu reagieren, sondern Kriminalität und andere allgemeine Risiken vorbeugend zu bekämpfen.[634]

Im Anschluss soll nun zunächst der Europols Datenanalyse zu Grunde liegende Gefährdungshintergrund an Hand seiner wesentlichen Erscheinungsformen skizziert werden, um die Zielrichtung dieses polizeilichen Instruments zu verdeutlichen. Danach wird die mit der operativen Datenanalyse verbundene rechtliche Problematik dargestellt. Beides ermöglicht es, im anschließenden Vergleich mit bestehenden Eingriffsschwellen des deutschen Strafprozess- und Polizeirechts, die Besonderheit Europols operativer Polizeiarbeit begreiflich zu machen und die konkrete Eingriffsschwelle für die europolizeiliche Datenanalyse zu identifizieren. Da die normative Ausgestaltung der europolizeilichen Befugnisnorm in der EPK keine konkreten Eingriffsvoraussetzungen erkennen lässt, muss die Eingriffsschwelle im Wege einer Gegenüberstellung mit den jeweiligen den nationalen Eingriffen zu Grunde liegenden tatsächlichen Umständen hergeleitet werden.

[628] Hoffmann-Riem, ZRP 2002, 497, 498; a.A. Weichert, in: Innere Sicherheit als Gefahr, S.25.
[629] Ahlf, Ethik im Polizeimanagement, S. 202 f.
[630] Weichert, in: Innere Sicherheit als Gefahr, S.25.
[631] Kreye, in: Süddeutsche Zeitung v. 13./14./15.8.2005.
[632] So Pitschas, JZ 1993, 857, 860.
[633] Erfurth, Verdeckte Ermittlungen, S. 19.
[634] Kniesel, ZRP 1989, 329.

1. Terrorismus

Der Begriff des Terrorismus ist nicht einer übereinstimmenden normativen Definition zugänglich, da es sich um einen zutiefst politisch geprägten und missbrauchten Begriff handelt. Was die eine Seite als Terrorismus geißelt, kann für die andere Seite einen legitimen Befreiungskampf darstellen. Im Gegensatz zum Terrorismus der RAF oder der IRA und ETA hat es der neue Terrorismus offensichtlich direkt auf maximale zivile Todesopfer und die Verbreitung von Schrecken abgesehen. Die urplötzlich explodierende Bombe[635] und die damit einhergehende Ungewissheit, wann, wer, wo, wieder zuschlagen werde, zerstört den Traum eines ruhigen und friedlichen Lebens.[636]

Eine taugliche Definition des Terrorismusbegriffes ist bislang weder auf nationaler noch auf internationaler Ebene gelungen.[637] Zwar scheint gegenwärtig jeder zu wissen, dass sich die staatlichen Maßnahmen insbesondere gegen den internationalen – islamistischen[638] – Terrorismus richten sollen. Eine fassbare juristische Definition, die nicht auch kontroverse Meinungskundgaben und Demonstrationen miteinschließt[639], ist z.Z. nicht erkennbar. Eine terroristische Vereinigung ist laut Bundesgerichtshof, in Anlehnung an § 129 StGB (kriminelle Vereinigung), der auf eine gewisse Dauer angelegte organisatorische Zusammenschluss mehrerer Personen, die bei Unterordnung ihres Willens unter den Willen der Gesamtheit gemeinsame Zwecke verfolgen und unter sich derart in Beziehung stehen, dass sie sich untereinander als einheitlichen Verband fühlen[640], mit dem Ziel wiederholt Katalogstraftaten gemäß § 129a, wie z.B. Mord, Völkermord, Straftaten gegen die persönliche Freiheit oder gemeingefährliche Straftaten zu begehen. Demgegenüber soll es nicht ausreichend sein, wenn die Begehung von Straftaten nicht im Vordergrund des Zusammenschlusses liegt.[641]

Auffällig im Sprachgebrauch sowohl der Medien, als auch der Regierungen ist die Vermischung unterschiedlicher Begriffe wie: Extremismus, Fundamentalismus und Terrorismus.[642] Eine sprachlich-semantische Unterscheidung wird so gut wie nicht vorgenommen. Politologische Definitionsversuche helfen hier mangels juristischer Fassbarkeit auch nicht weiter: Beim Terrorismus handele es sich um die systema-

---

[635] Denninger, KJ 2002, 467, 472.

[636] Hoffmann-Riem, ZRP 2002, 497, 499.

[637] Davy, ZAR 2003, 43; Renner, ZAR 2003, 52.

[638] Siehe hierzu: Waldmann, Kriminalistik 2004, 740; Wenzel, Kriminalistik 2004, 746.

[639] So aber der Versuch im EU-Rahmenbeschluss vom 13.6.2002 da dort Handlungen *„als terroristische Straftaten eingestuft werden, wenn sie mit dem Ziel begangen werden, die Bevölkerung auf schwer wiegende Weise einzuschüchtern oder öffentliche Stellen oder eine internationale Organisation rechtswidrig zu einem Tun oder Unterlassen zu zwingen oder die politischen, verfassungsrechtlichen, wirtschaftlichen oder sozialen Grundstrukturen eines Landes oder einer internationalen Organisation ernsthaft zu destabilisieren oder zu zerstören..."*

[640] BGHSt 10, 16; 28, 147; 31, 240.

[641] Marx, ZAR 2002, 127, 129; BGHSt 41, 47.

[642] Zu diesem Problemkreis: Pfahl-Traughber, Kriminalistik 2004, 364.

tisch geplante, politisch-motivierte Gewaltanwendung mit dem Ziel psychologischer Einwirkung auf die Bevölkerung, um den Gegner zu einer Reaktion zu bewegen, die die eigenen Ziele fördert.[643] Einer allgemeingültigen Definition ist man damit nicht näher gekommen. Dennoch wird der Begriff des Terrorismus als wesentlicher Anknüpfungspunkt für Datenanalysemaßnahmen Europols verwendet und erlaubt es damit Europol selbst zu beurteilen, wann es Sachverhalte als „terroristisch" betrachtet und erforderlichenfalls Daten zu sammeln und zu verarbeiten.

2. *Organisierte Kriminalität*

Neben dem Terrorismus bleibt die organisierte Kriminalität als Bedrohungsszenario extrem relevant. Für 2005 stellte das BKA einen durch organisierte Kriminalität verursachten Gesamtschaden von 688 Millionen Euro und einen Gewinn der kriminellen Organisationen in Höhe von 842 Millionen Euro allein für Deutschland fest.[644] Das vermutete Tätigkeitsfeld der organisierten Kriminalität ist weit. Hierunter fällt vor allem die Rauschgiftkriminalität, der Menschenhandel, die Prostitution, Kinderpornographie, Finanzkriminalität und der illegale Handel mit Waffen und anderer Schmuggelware. Geldwäsche und Erpressung sollen übliche Begleitstraftaten zur Ermöglichung der kriminellen Hauptaktivitäten sein. Nicht zuletzt deswegen hält insbesondere die Europäische Kommission die Bekämpfung der Geldwäsche als eines der wirksamsten Mittel gegen die organisierte Kriminalität.[645] Die Erscheinungsformen organisierter Kriminalität richten sich angeblich stark nach den jeweils vorherrschenden sozialen und ökonomischen Gegebenheiten.[646] Das genaue Erkennen von organisierter Kriminalität sei deswegen elementare Voraussetzung für ihre Bekämpfung. Damit stellt sich aber die Frage, ob es sich überhaupt um ein neues und fassbares Phänomen handeln kann.

Grundlage des polizeilichen Verständnisses von organisierter Kriminalität ist folgende in den gemeinsamen Richtlinien der Justiz- und Innenminister der Länder über die Zusammenarbeit bei der Verfolgung der Organisierten Kriminalität von 1990 verwendete Definition[647] von organisierter Kriminalität:

„Organisierte Kriminalität ist die von Machtstreben bestimmte planmäßige Begehung von Straftaten, die einzeln oder in ihrer Gesamtheit von erheblicher Bedeutung sind, wenn mehr als zwei Beteiligte auf längere oder unbestimmte Dauer arbeitsteilig a) unter Verwendung gewerblicher oder geschäftsähnlicher Strukturen, b) unter Anwendung von Gewalt oder anderer zur Einschüchterung geeigneter Mittel

[643] Ähnlich z.B.: Hess, KJ 2002, 450, 451; Pfahl-Traughber, Kriminalistik 2004, 366.
[644] Bundeslagebild – Organisierte Kriminalität 2005, http://www.bka.de/lageberichte/ok/2005kf/lagebild_ok_2005_kurzlage.pdf.
[645] Hetzer, Kriminalistik 2004, 596, 599.
[646] Forstenhäusler, Kriminalistik 2002, 33.
[647] z.B. Mbl. NW Nr. 93 v. 21.12.1990; Runderlass des niedersächsischen Ministeriums der Justiz Nr. 4208-304.84 und des Ministeriums des Innern Nr. 24.1-12334/04-1.

oder c) unter Einflussnahme auf Politik, Medien, öffentliche Verwaltung, Justiz oder Wirtschaft zusammenwirken. Der Begriff umfasst nicht Straftaten des Terrorismus"[648]

Ein herausragendes Merkmal der organisierten Kriminalität soll es sein, dass die vordergründig handelnden Täter nur Randfiguren eines kriminellen Gesamtgeschehens, beliebig austauschbar und ersetzbar sind, während die den Gewinn abschöpfenden Hauptpersonen möglichst nicht nach außen in Erscheinung treten.[649] Da sich die Anzeigenbereitschaft innerhalb einer kriminellen Organisation naturgemäß in überschaubaren Grenzen halten wird, dürfte eine Strafverfolgung gegen die vermuteten Hintermänner so gut wie ausgeschlossen sein.[650] Soll diese aber dennoch stattfinden, müsse das für die Begründung eines Anfangsverdachts zur Einleitung eines Ermittlungsverfahrens erforderliche Wissen auf andere Weise beschafft oder generiert werden.[651] Da dieses Wissen aber grundsätzlich verborgen ist, verfügen allein die mit der Wissensbeschaffung betrauten staatlichen Stellen über Erkenntnisse zur Struktur, Umfang und Erscheinungsformen der organisierten Kriminalität. Den turnusmäßig angefertigten polizeilichen Analysen zum Gefährdungspotenzial organisierter Kriminalität bedienen sich der Szenario-Technik.[652] Ihre Bedeutung liegt auch im Versuch der Legitimierung der hierzu geschaffenen polizeilichen Handlungsoptionen. Schon 2002 war in einer Untersuchung des LKA Baden-Württemberg festgestellt worden, dass vorherrschende polizeiliche Defintionen von organisierter Kriminalität sogar dessen Banalisierung zulassen.[653] Die Untersuchung des LKA Baden-Württemberg ergab, dass in den untersuchten Verfahrensakten die Existenz von Hintermännern nicht belegt werden konnte.[654] Fehlen aber die vermuteten Hintermänner und zeigen sich allein herkömmliche Bandenstrukturen auf, dann wäre denklogisch auch keine verdeckte Informationsbeschaffung nötig. Die nähere Überprüfung einiger Lagebilder zur organisierten Kriminalität könnte daher zur Aufdeckung manch einer „Phantasterei" führen.[655] Es ist daher fraglich, ob die zur Bekämpfung der organisierten Kriminalität geschaffenen Befugnisse Europols erforderlich sind.

3. Allgemeine Risiken und Bedrohungsgefühle

Zum Gefährdungshintergrund des Intelligence-Policing gehören auch allgemeine Risiken und Bedrohungsgefühle. Die Existenz von Risiken kann nur vermutet wer-

---

648 Brodag, Kriminalistik, S. 260 ff.
649 Vgl. BGHSt 32, 115, 120.
650 Vgl. Kniesel, ZRP 1989, 329.
651 Hierzu: Pitschas, JZ 857, 859.
652 Siehe Wagner/Boberg/Beckmann, Kriminalistik 2005, 85.
653 Weigand/Büchler, Kriminalistik 2002, 661, 662.
654 Weigand/Büchler, Kriminalistik 2002, 661, 666.
655 Forstenhäusler, Kriminalistik 2002, 33.

den. Es beschreibt eine Bewegung vom Möglichen zum Wirklichen.[656] Daher ist es zunächst einmal konsequent, wenn die Risikobekämpfung daran ansetzt, Ungewißheiten zu beseitigen. Unter einer solchen Prämisse würde es darum gehen, „das Schlimmste zu verhindern"[657] und im Umgang mit der Kriminalität naheliegen, den Ansatz zur Strafverfolgung vorzuverlegen.[658] Risikobekämpfung hat aber nicht in erster Linie die Strafverfolgung, sondern die Zerschlagung krimineller Zusammenschlüsse im Sinn. Der Bekämpfungsansatz soll sogar zu einer vollkommenen Beseitigung der jeweiligen „Kriminalitätsform" führen.[659] Soweit der staatliche Strafanspruch hierbei ein Hindernis darstelle, müsse dieser, nach der schon oben erwähnten Auffassung, aufgeschoben werden oder gänzlich untergehen.[660] Diesem Gedanken liegt die Vorstellung zugrunde, dass es sich bei der Bekämpfung der Risiken nicht um eine x-beliebige öffentliche Aufgabe, sondern um den hehren Zweck der Erfüllung einer quasi Menschheitsaufgabe handele.[661] Das stets präsent gehaltene Bewusstsein der Existenz von Risiken führt unvermeidlich zur Entstehung von Bedrohungsgefühlen und der Forderung nach mehr Sicherheit.[662] *Schulz* benennt diesen Vorgang zutreffend als gesellschaftsinternen Kreuzzug.[663]

Die beschriebenen Gefährdungspotenziale sind allesamt diffus. Nicht nur Terrorismus und organisierte Kriminalität, sondern auch die Risiken der modernen Technologien schaffen ein allgemeines Bedrohungsklima. *Hassemer* stellt fest: „Bedrohungsgefühle sind kein schlichter Reflex tatsächlicher Bedrohung, sondern auch Konsequenz von Zuständen sozialer Entsolidarisierung und Verunsicherung. Nicht die reale Bedrohung durch Kriminalität und Gewalt, sondern die allgemeine Wahrnehmung einer solchen Bedrohung ist der für die Politik der inneren Sicherheit entscheidende Faktor."[664] Die entstehenden Bedrohungsgefühle sorgen für eine anhaltende Sicherheitspanik, die leicht kriminalpolitisch zum Ausbau des polizeilichen Befugnisarsenals aufgegriffen werden kann. *Ahlf* behauptet, die Bürger erhofften sich von einem „stärkeren Staat", dass dieser „präventiv-gestaltend wirkt und auch zu durchaus intensiven Eingriffen im Vorfeld konkreter Gefahren in der Lage ist."[665] *Frehsee* erkennt dahingegen in der „dramatisierenden Mystifizierung" der organisierten Kriminalität eine „gigantische Propagandaleistung, die Respekt abnötigt."[666] So verwundert es nicht, dass die angeblich zu bekämpfenden Gefahren

---

[656] Schulz, Normiertes Misstrauen, S. 9.
[657] Beck, Risikogesellschaft, S. 65.
[658] Callies, NJW 1989, 1338, 1340.
[659] Sielaff, in: Organisierte Kriminalität, S. 508.
[660] Kniesel, ZRP 1987, 377, 381.
[661] Prittwitz, in: Konstruktion der Wirklichkeit, S. 53.
[662] So im Ergebnis auch: Pitschas, JZ 1993, 857, 859.
[663] Schulz, Normiertes Misstrauen, S. 9.
[664] Hassemer, vorgänge 1993, 54, 61 f.
[665] Ahlf, Ethik im Polizeimanagement, S. 206; Pitschas, JZ 1993, 857, 859, der Sicherheit als einen gesellschaftlichen Kommunikationsprozess versteht, teilt diese Meinung insofern, als er fordert, dass der demokratische Rechtsstaat auf das Sicherheitsbedürfnis der Bürger reagieren muss.
[666] Frehsee, in: Konstruktion der Wirklichkeit, S. 29.

wechseln, die Methoden einer angeblich effizienten Bekämpfung aber gleich bleiben.[667] Von der Demagogenverfolgung Metternichs, über die Sozialistengesetze Bismarcks bis zur Bekämpfung der organisierten Kriminalität und des islamisch getarnten Terrorismus[668] scheinen sich die politischen Handlungsmuster der staatlichen Reaktion zu wiederholen.[669] Die jeweils geschaffenen neuen staatlichen Kontroll- und Überwachungsbefugnisse enthalten keine ad-hoc entstandenen neuen Ideen, sondern Instrumente, die schon lange zuvor in den Schubladen lagen und auf den Anlass warteten, vermeintlich notwendig zu sein.[670] Die Zielrichtung der heutigen polizeiliche Sicherheitsstrategie lautet daher: mehr Daten sammeln und verarbeiten.[671]

II. Rechtliche Problematik operativer Polizeiarbeit

Terrorismus und organisierte Kriminalität werden als „Sesam-öffne-dich" für die polizeiliche Befugniserweiterung im Bereich der Gefahrenvorsorge und Verbrechensaufklärung eingesetzt[672] und dienen der Legitimierung, weitere Handlungsfreiräume zu schaffen. Gleiches gilt für den Begriff der Risikogesellschaft. Der Begriff entwertet nicht nicht nur die Kategorie der Schuld, sondern auch die der Kausalität[673]. Deswegen scheint hin und wieder die kriminologische Unkenntnis über den Ursprung und Umfang des zu bekämpfenden Risikos mit der Bedrohungsintensität verrechnet zu werden, um „bei besonders bedrohlichen Lagen auch schon einmal blind zuzuschlagen."[674] Das Abweichen vom Kriterium der Kausalität, also des Zurechnungszusammenhangs zwischen einem konkreten Schaden und einer bestimmten Person, geht unweigerlich einher mit dem Bedeutungsverlust des Anfangsverdachts und der polizeirechtlichen Gefahr als unabdingbaren Voraussetzungen für staatliches Einschreiten. Das klassische staatliche Handeln ist im Bereich der Gefahrenabwehr und Strafverfolgung grundsätzlich überschaubar und begrenzt. Die Funktionslogik des Rechtsstaats stützt sich deswegen auf eine bemessene und angemessene Reaktion, die die Bestimmtheit der Gesetze und die Beachtung des Verhältnismäßigkeitsgrundsatzes voraussetzt.[675]

Das operative Vorgehen basiert auf einer anderen Funktionslogik. Es setzt nicht auf Reaktion, sondern auf Antizipation und Aktion. Die Polizei soll dem Täter demnach nicht mehr nur „nachlaufen", sondern die Kriminalität strukturell und

---

[667] Prantl, in: Süddeutsche Zeitung v. 10.11.2004.
[668] Zum Begriff des islamisch *getarnten* Terrorismus vgl: Todenhöfer, in: Süddeutsche Zeitung v. 4./5.2.2006.
[669] Kutscha, in: Frankfurter Rundschau v. 7.11.2001.
[670] Kutscha, in: Frankfurter Rundschau v. 7.11.2001; Hoffmann-Riem, ZRP 2002, 497, 498.
[671] Rössler, in: Süddeutsche Zeitung v. 21.4.2004.
[672] Hassemer, vorgänge 1993, 54, 55 f.
[673] Schulz, Normiertes Misstrauen, S. 212.
[674] Hassemer, Strafen im Rechtsstaat, S. 254.
[675] Denninger, KJ 2002, 467, 471.

ganzheitlich angehen.[676] Es geht dabei um Kriminalitäts- und Risikokontrolle. Kriminalitätskontrolle in Bereichen hoher Anzeigenabstinenz setzt eine proaktive Informationsbeschaffung durch die Polizei voraus. Die Ungewissheit des Wissens dehne, so *Pitschas*,[677] schon von sich aus, die „Staatsaufgabe der Inneren Sicherheit“ auf das Vorfeld aus. Es müsse daher eine „informationelle Sicherheitsvorsorge“ betrieben werden. Dies geschieht mittels Observierung, Razzien, und der Störung des Aktionsfeldes der kriminellen Gruppen. Die Erforschung von Warenströmen, Logistikbasen und anderer Strukturen soll ein Bild des Betätigungsfeldes liefern.[678] Diese Lagebilder sind im Konzept der Kriminalitätskontrolle von enormer Wichtigkeit. Sie liefern nicht nur die für erforderlich gehaltene Information, sondern sollen zusammen mit der polizeilichen Erfahrung als Ersatz für gesetzlich bestimmte Tatbestandsmerkmale herhalten.[679] Die handelnden Behörden werden auf diese Weise in die Lage versetzt, die Voraussetzungen für ihr Einschreiten selbst zu bestimmen. Selbst wenn dies im Zweifel in Einzelfällen zu mehr Effizienz führen sollte, wird es aber gewiss nicht zu mehr Rechtssicherheit führen. Rechtssicherheit darf nämlich nicht vom „guten Willen“ des Amtswalters abhängen.[680] Polizeiliche Aktionen im Vorfeld von Gefahren oder Straftaten werden dann nicht durch Schadenswahrscheinlichkeiten bestimmt, sondern würden auf den beschriebenen unbestimmten Lageeinschätzungen beruhen, die mit der Unbestimmtheit der zu bekämpfenden Risiken korrespondieren. Eine solche Funktionslogik ist die eines Präventionsstaats.[681]

Ein Staat, der grenzenlose Sicherheit verspricht, kann kein Rechtsstaat sein. Sicherheit kann nirgends garantiert werden. Es kann allenfalls um die Reduktion von Unsicherheit gehen.[682] Weil sich ein Risiko zu jeder Zeit, an jedem Ort verwirklichen kann, setzt die sich auf Risikobekämpfung stützende Sicherheitsstrategie auf das Misstrauen gegenüber jedermann. Wenn aber die Existenz von Risiken als Normalität und das Wohlverhalten als Ausnahme verstanden wird, findet eine Umkehrung des Verhältnisses zwischen dem Staat und seinen Bürgern zu Lasten letzterer statt.[683] Die Redlichkeitsvermutung gegenüber dem Bürger, als Konstitutionsprinzip des Grundgesetzes geht damit verloren.[684] Folge ist auch eine qualitative Wandlung der Rolle der Polizei, die strukturell geheimdienstlichen Methoden angepasst wird.[685] Denn dann ginge es nicht mehr um die Verfolgung tatsächlicher Kriminalität, sondern um die Vorsorge gegen potenzielle Kriminalität.[686]

---

676 Kniesel, Kriminalistik 1996, 229, 232.
677 Pitschas, JZ 1993, 857, 858.
678 Zu alledem: Kniesel, Kriminalistik 1996, 229, 233.
679 implizit: Walter, Kriminalistik 2004, 668, 669.
680 Lisken, NVwZ 1998, 22, 24; Das Gleiche ergibt sich schon aus Art. 20 Abs. 3 GG.
681 Denninger, KJ 2002, 467, 471.
682 Glaeßner, Aus Politik und Zeitgeschichte 2002, 3, 5.
683 Denninger, KJ 2002, 467, 472.
684 Lisken, NVwZ 1998, 22, 24.
685 Frehsee, Konstruktion der Wirklichkeit, S. 21.
686 Denninger, KJ 2002, 467, 472.

Der Zurechnungszusammenhang verliert unter einer solchen polizeilichen Funktionslogik maßgeblich an Bedeutung. Polizeiliches Handeln im Vorfeld schadensverursachender Kausalabläufe wird dann nicht mehr von individuellen Verantwortlichkeiten abhängig gemacht, sondern an einen bestimmten (Präventions-) Zweck gebunden. Angeknüpft wird hierzu, wie gezeigt wurde, an die Begriffe des Terrorismus, der organisierten Kriminalität sowie an die Existenz allgemeiner Risiken. Die Logik der Prävention impliziert ein hohes Maß an Informationsbeschaffung und damit an Überwachung und verlegt hierzu die Eingriffsschwelle für staatliche Maßnahmen vor.[687] Um allerdings beurteilen zu können, wie weit die staatlichen Eingriffsbefugnisse zu Präventions- und Vorsorgezwecken vorverlegt und wie tief sie in die Freiheitssphäre des Einzelnen eindringen, ist der genaue Standort einer solchen risikoadaptierten Eingriffsschwelle zu ermitteln. Nur so kann überprüft werden, ob die geschaffenen Befugnisse den sich aus dem Gesetzesvorbehalt ergebenden rechtsstaatlichen Anforderungen, wie Normenklarheit, Normbestimmtheit und Verhältnismäßigkeit noch genügen können.

III. Vergleich der Eingriffsschwellen

Die Klärung der Frage, welche Eingriffsschwelle für Europol maßgeblich ist, erfolgt, wie bereits zuvor schon erläutert, im Wege eines Vergleiches und einer Auseinandersetzung mit den bestehenden Eingriffsgrundlagen im deutschen Strafprozess- und Polizeirecht. Dies ist erforderlich, weil sich aus der EPK keine klare Eingriffsschwelle ergibt. Im Anschluss werden die wesentlichen Merkmale der bestehenden Eingriffsgrundlagen erörtert und der operativen Datenanalyse Europols gegenüber gestellt. Die Auswertung der Ergebnisse des Vergleiches erfolgt mit dem Ziel, eine klare Einordnung und Bestimmung der europolizeilichen Eingriffsschwelle vorzunehmen.

1. *Anfangsverdacht*

a) Tatbestandsmerkmale

Der Anfangsverdacht gemäß § 152 Abs. 2 StPO wird begründet, sofern zureichende tatsächliche Anhaltspunkte für die Begehung einer verfolgbaren Straftat vorliegen. Es handelt sich um einen unbestimmten Rechtsbegriff, der auszulegen ist.[688] Die Entscheidung darüber, ob eine Tatsache als zureichend anzusehen ist, hängt von den Kenntnissen, Erfahrungen und der subjektiven Sichtweise des handelnden Staatsanwaltes ab.[689] Die Staatsanwaltschaft ist wegen des sich aus § 152 Abs. 2 StPO ergebenden Legalitätsprinzip verpflichtet, beim Vorliegen eines Anfangsver-

[687] Wolf, in: Rechtliches Risikomanagement, S. 70.
[688] Kammann, Der Anfangsverdacht, S. 8 f.
[689] Kammann, Der Anfangsverdacht, S. 9.

dachts einzuschreiten und den Sachverhalt aufzuklären.[690] § 152 Abs. 2 StPO enthält nicht nur die Pflicht zum Einschreiten, sondern auch das in Verfassungsrang stehende Verbot von Ausforschungsermittlungen, d.h. zu ermitteln, um erst Anhaltspunkte für einen Tatverdacht zu gewinnen.[691] Dem Anfangsverdacht kommt deswegen auch eine befugnisbegrenzende Funktion zu.[692] Da beim Vorliegen zureichender tatsächlicher Anhaltspunkte das Ermittlungsverbot in eine Ermittlungspflicht umschlägt, ist eine präzise Bestimmung dieses Tatbestandsmerkmals erforderlich. Dabei ist dem Gedanken Rechnung zu tragen, dass das Ziel eines Ermittlungsverfahrens nicht das Bemühen um Aufklärung als Selbstzweck ist. Die Tatbestandsmerkmale sind in Folge dessen restriktiv auszulegen, zumal der Verdacht die begründete Ausnahme von der Unschuldsvermutung darstellt.[693]

Jeder Verdacht ist als Ergebnis eines Zuschreibungsprozesses zwangsläufig eine Konstruktion.[694] Erforderlich zur Annahme eines Anfangsverdachts ist eine Diagnose der vorliegenden Erkenntnisse und eine in die Vergangenheit gerichtete Wahrscheinlichkeitsprognose[695]. Der Anfangsverdacht muss sich aus Tatsachen begründen lassen. Darunter werden bestimmte konkrete Vorgänge oder Zustände in der Vergangenheit oder Gegenwart verstanden, die sinnlich wahrnehmbar einem Beweis zugänglich sind. Der Anfangsverdacht stellt stets auf eine bereits begangene Straftat ab. Der Täter muss noch nicht bekannt sein. Dass die Täterschaft durch den Verdacht als möglich angesehen wird, ist keine Behauptung über die Wirklichkeit, sondern eine Behauptung über das Verhältnis des Wissens zur Wirklichkeit.[696]

Reine Vermutungen und Möglichkeiten vermögen keinen Anfangsverdacht zu begründen. Eine klare Grenzziehung zwischen Verdacht und Vermutung ist schwierig, zumal jeder Verdacht auf einer Vermutung fußt.[697] Der wesentliche Unterschied zur Vermutung besteht darin, dass der Verdacht, der zwar auch auf polizeilichen Erfahrungssätzen beruht, zusätzlich mit konkreten tatsächlichen Umständen untermauert werden kann. Die reine Vermutung kann sich dahingegen als willkürliche Annahme darstellen. Nicht zulässig ist es, wenn aufgrund bloßer, nicht durch tatsächliche Hinweise gestützte Möglichkeiten und rein kriminalistischer Hypothesen in der Hoffnung auf Straftaten zu stoßen, ganze Felder des sozialen Lebens durchleuchtet werden.[698]

---

690 Krehl, in: HK-StPO § 152 Rn. 5.
691 SK-Weßlau § 152 Rn. 21; Lisken, NVwZ 1998, 22, 24.
692 LR-Beulke § 152 Rn. 22.
693 Schulz, Normiertes Misstrauen, S. 619.
694 Schulz, Normiertes Misstrauen, S. 273.
695 Ebert, Der Tatverdacht im Strafverfahren, S.17; Schulz, Normiertes Misstrauen, S. 529 („retrospektive Prognose").
696 Schulz, Normiertes Misstrauen, S. 241.
697 Haas, Vorermittlungen und Anfangsverdacht, S. 23.
698 LR-Beulke § 152 Rn. 22; Eisenberg/Conen, NJW 1998, 2241.

Die Staatsanwaltschaft kann durch Anzeigen oder durch eigene Wahrnehmungen Kenntnis von Tatsachen erhalten, die einen Anfangsverdacht begründen. Auch Zufallsfunde im Rahmen von Rasterfahndungen oder von Ermittlungen gegen eine andere Person können Grundlage für die Einleitung eines Ermittlungsverfahrens werden.

b) Vorermittlungen und Vorverdacht

Aus der limitierenden Funktion des Anfangsverdachts als conditio-sine-qua-non rechtsstaatlichen Handelns[699] folgt, dass den Strafverfolgungsbehörden grundsätzlich Vorfeldermittlungen untersagt sind. Umstritten ist, ob das Gesetz dem Anfangsverdacht und damit der Straftatenbegehung vorgelagerte Initiativ- oder Vorermittlungen zulässt.

Vorermittlungen sollen dazu dienen, herauszufinden, ob ein Sachverhalt, aus dem sich noch nicht alle Elemente einer verfolgbaren Straftat erkennen lassen, aber bereits Ansatzpunkte für sachdienliche Erhebungen erkennbar sind[700], Veranlassung zur Einleitung eines Verfahrens bietet. Vorermittlungen stehen in einem Spannungsverhältnis zum Verbot von Ausforschungsermittlungen, zumal sie sich von den Voraussetzungen des Anfangsverdachts lösen. *Lange*[701] vertritt die Auffassung, Vorermittlungen seien wegen des hohen Stellenwerts der Grundrechte nur zulässig, soweit damit keine Grundrechtseingriffe einhergehen. Eine Ausnahme bestehe allerdings für Eingriffe in das Grundrecht auf informationelle Selbstbestimmung, da derartige Eingriffe im Interesse einer funktionstüchtigen Strafrechtspflege als unvermeidbar hinzunehmen seien. *Haas*[702] hingegen sieht für Vorermittlungen keinen Raum und keine Notwendigkeit. Für die Vornahme von Maßnahmen zur Ermittlung, ob ein Anfangsverdacht vorliege, bestehe keine Veranlassung, weil die Strafverfolgungsbehörden ohne jeglichen Anstoß keine Ermittlungen aufnähmen. „Ein Umstand, der die Prüfung eines Anfangsverdachts nahelegt, muss immer auf Tatsachen beruhen", so *Haas* weiter. Liegen derartige Tatsachen vor, ist zugleich der Anfangsverdacht gegeben.

Ähnlich verhält es sich mit der von *Artzt*[703] und anderen aufgestellten These vom Vorverdacht. Dieser liege bei einer nur vagen Verdachtslage vor, die über die bloße Vermutung hinausgehe, aber die Erfordernisse an einen Anfangsverdacht noch nicht erfülle. Der Vorverdacht stelle sich bei näherer Betrachtung als eine „Verdachtsgewinnungsphase" zwischen Vermutung und Anfangsverdacht dar. So treffe die Rasterfahndung vielfach Vorverdächtige, da eine Tatbeteiligung nicht auszu-

---

[699] Rogall, Informationseingriff und Gesetzesvorbehalt, S.87.
[700] Lange, DRiZ 2002, 264.
[701] Lange, DRiZ 2002, 264.
[702] Haas, Vorermittlungen und Anfangsverdacht, S. 25.
[703] Artzt, Die verfahrensrechtliche Bedeutung polizeilicher Vorfeldermittlungen, S. 123 ff.

schließen, zugleich aber noch kein individuell-konkreter Anfangsverdacht anzunehmen sei.[704] Inwieweit die Befugnisnorm Europols einen derartigen Vorverdacht voraussetzt, wird anschließend zu beurteilen sein.

c) Im Vergleich: Europol

Sowohl der Erhalt von Daten der mitgliedstaatlichen Behörden durch Europol, als auch der umgekehrte Fall basiert auf Informationsübermittlungen. Die Weitergabe von Informationen an die nationalen Polizeien kann daher einen Anfangsverdacht entstehen lassen.[705] Analyseergebnisse Europols können durchaus strafrechtliche Ermittlungen nach sich ziehen. Für den Grundrechtseingriff durch Europol spielen diese Gesichtspunkte aber kaum eine Rolle, da in der Befugnisnorm Europols eine Verdachtsvermutung in der Weise normiert ist, dass von bestimmten Personen generell Daten verarbeitet werden dürfen. Die europolizeiliche Befugnisnorm sieht im Vergleich zum Anfangsverdacht keine Wahrscheinlichkeitsprognose vor. Diese wird bei Europol durch die reine Möglichkeit einer Verwicklung der betroffenen Person in nicht näher konkretisierte vergangene oder künftige kriminelle Aktivitäten ersetzt. Europols Befugnisnorm setzt keinen Anfangsverdacht voraus. An dieser Stelle kann zu Recht darauf verwiesen werden, dass der Verdacht als Eingriffsvoraussetzung „erodiert“.[706]

Anknüpfungspunkt für Vorermittlungen oder Vorverdacht bliebe eine in der Vergangenheit begangene Straftat. Da die europolizeiliche Befugnisnorm hingegen ausdrücklich auch Personen benennt, die weder selbst eine Straftat begangen, noch an einer Straftat beteiligt waren, kann eine Zuordnung von Europols operativer Datenanalyse zur Strafverfolgung nicht einwandfrei gelingen.[707] Europols Tätigkeit im Bereich der operativen Datenanalyse setzt schon im Vorfeld beziehungsweise unabhängig von jeglicher Straftatbegehung an, so dass sie nicht zwangsläufig den Zweck verfolgt, Straftaten aufzuklären. Vielmehr zeigt die Tatsache, dass auch Daten von künftigen Opfern oder Zeugen von Straftaten verarbeitet werden sollen, dass es für den Eingriff nicht auf eine bereits begangene Tat ankommen soll. Inwiefern solche Eingriffe zur Aufklärung künftiger Straftaten oder zu anderen Zwecken dienen, ist zum Zeitpunkt des Eingriffs aber noch nicht absehbar. Die Eingriffschwelle in der EPK kann daher weder ein Anfangsverdacht noch ein Vorverdacht sein.

---

704 Artzt, Die verfahrensrechtliche Bedeutung polizeilicher Vorfeldermittlungen, S. 230.
705 Kammann, Der Anfangsverdacht, S. 85.
706 So z.B.: Hassemer, vorgänge 2002, 10, 12.
707 Tolmein, StV 1999, 108, 109.

2. *Gefahr*

a) Voraussetzungen

Eine Gefahr i.S.d. Polizeirechts liegt vor, wenn eine Sachlage oder ein Verhalten bei ungehindertem Ablauf des objektiv zu erwartenden Geschehens mit Wahrscheinlichkeit ein polizeilich geschütztes Rechtsgut schädigen wird.[708] Schutzgegenstand der Gefahrenabwehr ist die öffentliche Sicherheit.[709] Unter die öffentliche Sicherheit fallen die Unverletzlichkeit der Rechtsordnung, die subjektiven Rechte und Rechtsgüter einzelner Personen und die Funktionsfähigkeit der staatlichen Einrichtungen. Dem betroffenen Schutzgut muss eine nicht unerhebliche Beeinträchtigung drohen. Erforderlich ist ferner, dass die Polizei ihre Maßnahmen gegen den Verantwortlichen „Störer" richtet. Nur in Ausnahmefällen können sich polizeiliche Maßnahmen gegen einen „Nichtstörer" richten. Das ordnungsrechtliche Handeln der Polizei ist im Allgemeinen an das Vorliegen einer konkreten Gefahr gebunden.

Der polizeirechtliche Gefahrenbegriff enthält eine Prognoseentscheidung über den Grad der Wahrscheinlichkeit eines Schadenseintritts.[710] Die Prognose setzt die gegenwärtige Sachlage mit dem Eintritt einer künftigen Sachlage in ein Verhältnis.[711] Das Erfordernis einer gewissen Wahrscheinlichkeit dient hier als Regulativ. Denn die Einschätzung berücksichtigt sowohl sichere Tatsachen als auch ungewisse Umstände und Erfahrungswerte.[712] Nicht jede bloß entfernte Möglichkeit kann daher eine Gefahr begründen.[713] Ebenso ist aber auch keine Gewissheit erforderlich. Die jeweiligen Anforderungen an das Wahrscheinlichkeitsurteil hängen wesentlich vom Rang des gefährdeten Rechtsguts und des Rechtsguts ab, in das eingegriffen werden soll.[714] Der Schutz eines hochwertigen Rechtsguts darf aber nicht zur Auflösung des Gefahrenbegriffs in der Weise führen, dass der hohe Rang und ein massiv befürchteter Schadensumfang allein die Annahme einer Gefahr begründen.[715] Zusätzlich ist der Zeitpunkt der Gefahrenabwehrmaßnahme mit dem Grad an Wahrscheinlichkeit des Schadenseintritts in Relation zu setzen. Steht der Schadenseintritt nicht unmittelbar bevor, muss der Grad an Wahrscheinlichkeit umso höher sein, damit Maßnahmen vorgenommen werden dürfen.[716]

---

[708] BVerwGE 45, 51, 57.

[709] Denninger, in: Handbuch des Polizeirechts, Kap. E Rz. 6.

[710] Denninger, in: Handbuch des Polizeirechts, Kap. E Rz. 36; Neumann, Vorsorge und Verhältnismäßigkeit, S. 53.

[711] Albers, Die Determination polizeilicher Tätigkeit, S. 34.

[712] Denninger, in: Handbuch des Polizeirechts, Kap. E Rz. 36.

[713] PrOVGE 77, 341, 345.

[714] Vgl. BVerwG NJW 1970, 1890, 1892.

[715] Brandt/ Smeddinck, Jura 1994, 225, 228.

[716] Schink, DVBl. 1989, 1182, 1187.

b) Konkrete und abstrakte Gefahr

Als konkrete Gefahr wird die im Einzelfall bestehende hinreichende Wahrscheinlichkeit eines Schadenseintritts bezeichnet.[717] Diese zeichnet sich dadurch aus, dass der behördliche Handlungszeitpunkt so nah wie möglich am voraussichtlichen Schadenszeitpunkt liegt.[718] Eine nur abstrakte Gefahr liegt hingegen vor, wenn nach allgemeiner Lebenserfahrung der Eintritt einer hypothetischen Sachlage zu einer konkreten Gefahr führt.[719] Konkrete und abstrakte Gefahr unterscheiden sich daher nicht nach dem Grad der Wahrscheinlichkeit des Schadenseintritts, sondern nach ihrem Realitätsbezug.[720] Konkrete Gefahren legitimieren unmittelbare polizeiliche Maßnahmen im Einzelfall. Abstrakten Gefahren wird mit dem Erlass abstrakt-genereller Rechtsverordnungen begegnet.[721]

c) Allgemeine Gefahr

Der Begriff der allgemeinen Gefahr soll eine Sachlage beschreiben, aus der sich nach allgemeiner Lebenserfahrung eine konkrete Gefahr entwickeln kann.[722] Verwendung findet er im Bayerischen Polizeiaufgabengesetz. Ansatzpunkt für eine allgemeine Gefahr ist nicht der wahrscheinliche, sondern schon der nur mögliche Schadenseintritt. Die allgemeine Gefahr liegt damit im Vorfeld einer konkreten Gefahr und ist grundverschieden von der abstrakten Gefahr. Letztere erfordert nämlich, dass die vorliegende Sachlage nach allgemeiner Lebenserfahrung tatsächlich zu einer konkreten Gefahr führt und nicht nur führen kann. Allerdings kann sich bei näherem Hinschauen jeder Lebensbereich als „allgemein gefährlich" herausstellen.[723] Zu konkreten gefahrenabwehrenden Maßnahmen kann eine allgemeine Gefahr nicht führen. Da der Begriff nicht an die Wahrscheinlichkeit eines Schadenseintritts anknüpft, ist es misslich ihn überhaupt dem Gefahrenbegriff unterzuordnen.

d) Gefahrenverdacht

Zentraler Gedanke des Gefahrenverdachts ist die Annahme, dass bereits der Verdacht einer Gefahr eine, wenn auch geminderte polizeirechtliche Gefahr darstelle

---

[717] Denninger, in: Handbuch des Polizeirechts, Kap. E Rz. 32; Castillon, Dogmatik und Verfassungsmäßigkeit, S. 45.
[718] Neumann, Vorsorge und Verhältnismäßigkeit, S. 54.
[719] Castillon, Dogmatik und Verfassungsmäßigkeit, S. 52.
[720] Denninger, in: Handbuch des Polizeirechts, Kap. E Rz. 32.
[721] Brandt/Smeddinck, Jura 1994, 225, 228; Castillon, Dogmatik und Verfassungsmäßigkeit, S. 56; Denninger, in: Handbuch des Polizeirechts, Kap. E Rz. 33.
[722] Castillon, Dogmatik und Verfassungsmäßigkeit, S. 55; Knemeyer, Polizei-und Ordungsrecht, Rz. 63.
[723] Denninger, in: Handbuch des Polizeirechts, Kap. E Rz. 35.

und entsprechende „Abwehrmaßnahmen" zur Beseitigung oder Klärung des Verdachts, also zur Gefahrenerforschung ermögliche.[724] Die Polizei stützt sich bei derartigen Eingriffen zumeist auf die polizeiliche Generalklausel. In Folge dessen bestünde für den Bürger nicht mehr nur die materielle Polizeipflicht, Gefahren zu vermeiden, sondern auch die Pflicht, das Entstehen eines behördlichen Verdachts zu verhindern, um nicht im Zuge der Entstehung eines Gefahrenverdachts Gefahrenerforschungseingriffen ausgesetzt zu werden.[725] Wäre der Gefahrenverdacht vom Betroffenen zu verantworten, so würde ein eventueller Entschädigungsanspruch wegen des Gefahrenerforschungseingriffs gegebenenfalls entfallen.[726]

Ein Gefahrenverdacht soll anzunehmen sein, wenn behördlicherseits Unsicherheit über die tatsächliche Sachlage oder den weiteren Kausalverlauf besteht.[727] In einem solchen Fall sind Anhaltspunkte oder Indizien für eine Gefahr gegeben, obwohl zugleich ungewiss ist, welche Schadenswahrscheinlichkeit tatsächlich angenommen werden kann.[728] Wird dann das Verhältnismäßigkeitsprinzip als einschränkendes Kriterium für die Eingriffsintensität ins Spiel gebracht und die Maßnahme damit zu rechtfertigen versucht[729], so verkennt diese Auffassung, dass die Eingriffsschranke der Verhältnismäßigkeit nicht in eine Ermächtigungsgrundlage umfunktioniert werden kann.[730]

Grundsätzlich ist der Polizei mit einer Eingriffsnorm nicht zugleich die Ermächtigung mitverliehen worden, Eingriffe vorzunehmen, um erst deren Voraussetzungen zu klären. Ausgehend von einem sich an objektiven Maßstäben leitenden Gefahrenbegriff wäre der Begriff des Gefahrenverdachts und ihn einschränkende Verhältnismäßigkeitserwägungen ohnehin überflüssig.[731] Auf bloße Möglichkeiten lässt sich nämlich auch ein Gefahrenverdacht nicht stützen.[732] Soweit der Verdachtsgrad der Gefahr die Annahme einer hinreichenden Wahrscheinlichkeit eines Schadeneintritts zulässt, ist der Eingriff bereits als klassische Gefahrenabwehrmaßnahme zulässig, ohne dass ein Rückgriff auf einen Gefahrenverdacht erforderlich wäre[733]. Alles andere bedeutete schlicht die Überwälzung des Aufwandes eingriffsfreier polizeilicher Ermittlungsarbeit in die Risikosphäre des Bürgers.[734] Fehlen hingegen konkrete Anhaltspunkte für das Vorliegen einer Gefahrenlage, so können,

---

[724] Beispielsweise Darnstädt, Gefahrenabwehr und Gefahrenvorsorge, S. 94 ff; BVerwG, DVBl. 1960, 725,726.
[725] Vgl. hierzu: Poscher, Gefahrenabwehr, S. 82.
[726] Götz, NVwZ 1998, 679, 687.
[727] Petri, DÖV 1996, 443, 445.
[728] Losch, DVBl. 1994, 781; Brandt/Smeddinck, Jura 1994, 225, 230.
[729] So Schink, DVBl. 1989, 1182, 1184.
[730] Petri, DÖV 1996, 443, 447.
[731] Schink, DVBl. 1989, 1182, 1187; Roggan, KritV 1998, 336, 340.
[732] Castillon, Dogmatik und Verfassungsmäßigkeit, S. 51.
[733] Ähnlich Weßlau, Vorfeldermittlungen, S. 31.
[734] Petri, DÖV 1996, 443, 446.

insbesondere mangels der notwendigen engen Beziehung zum Schadenszeitpunkt[735] auch keine sich auf einen vermeintlichen Gefahrenverdacht stützenden Informationseingriffe erfolgen.[736]

e) Inanspruchnahme des Nichtstörers

Polizeiliche Verfügungen können von einer polizeipflichtigen Person ein Handeln, Dulden oder Unterlassen verlangen. In der Polizeiverfügung konkretisiert sich die Polizeipflicht des Bürgers, keine Gefahren für die öffentliche Sicherheit zu verursachen; sei es durch sein eigenes Verhalten oder durch die seiner Sachherrschaft unterliegenden Gegenstände. Sowohl die Verhaltens- als auch die Zustandsverantwortlichkeit setzen eine gewisse Nähebeziehung zwischen dem Verantwortlichen und einer drohenden Gefahr voraus. Dies rechtfertigt es, dem „Störer" die Beseitigung der Gefahr aufzuerlegen. Wenn aber die Gefahrenbeseitigung nicht anders möglich ist, ist es zulässig, unbeteiligte Dritte als „Notstandspflichtige" zur Gefahrenabwehr heranzuziehen. Voraussetzung ist eine akute, also gegenwärtige und erhebliche Gefahr sowie eine doppelte Subsidiarität: Weder der Störer noch die Polizei dürfen in der Lage sein, die Gefahr zu beseitigen.[737] Ein Sonderfall ist der „unechte" polizeiliche Notstand. Hier kann der Nichtstörer in Anspruch genommen werden, wenn der beim Störer mit der Abwehr der Gefahr entstehende Schaden in einem krassen Mißverhältnis zu einem geringen Nachteil des Nichtstörers steht. Aus Verhältnismäßigkeitsgründen ist die Maßnahme beim Nichtstörer in jedem Falle auf das für die Gefahrenabwehr Unumgängliche zu begrenzen.[738] Auf keinen Fall darf der Unterschied zwischen einem Störer und einem Nichtstörer nivelliert werden.[739]

Offenbar ist die Besinnung auf Notstandspflichten der Hintergrund dafür, dass unter Polizeipraktikern, angesichts umfangreicher digitaler Spuren in den verschiedensten Lebensbereichen, spezifische Mitwirkungspflichten von Technologie-Herstellern bei der polizeilichen Arbeit diskutiert werden.[740] Dies betrifft insbesondere Chipkarten-Hersteller in der Automobilindustrie, in der Haustechnik und Nutzer von Warenwirtschaftssystemen. Da der Nichtstörer nur im Notstand, also im ausdrücklichen Ausnahmefall mit einem Eingriff zu rechnen hat, ist auch die

[735] Neumann, Vorsorge und Verhältnismäßigkeit, S. 55.

[736] Roggan, Bürgerrechte & Polizei/CILIP 60, (2/98) S. 60, 64; Roggan beschreibt, wie die Staatsschutzabteilung der Hamburger Polizei einen nicht offen ermittelnden Polizeibeamten aufgrund eines nicht vorhandenen Gefahrenverdachts einsetzte, um Gruppen zu beobachten, die sich gegen Ausländerhass einsetzten.

[737] Denninger, in: Handbuch des Polizeirechts, Kap. E Rz. 129.

[738] Denninger, in: Handbuch des Polizeirechts, Kap. E Rz. 138; Siebrecht, Rasterfahndung, S. 76.

[739] Lisken, DRiZ 2000, 272, 274.

[740] Siehe hierzu: Glaser/Dörschuck, Kriminalistik 2003, 351, 353ff. Hier werden auch weitere Möglichkeiten der rechtlichen Begründung von Mitwirkungspflichten Privater bei der Erfüllung staatlicher Aufgaben diskutiert.

Handy-Ortung mittels eingesetzter IMSI-Catcher im Rahmen der Gefahrenabwehr sehr skeptisch zu betrachten. Da damit eine Funkzelle simuliert wird, melden sich alle in ihrem Einzugsbereich befindlichen Mobiltelefone bei dem Gerät an und werden damit funktionsunfähig. Nachdem die Mobiltelefone ihre Kennung an das Gerät übermittelt haben, kann die Polizei nach § 89 VI TKG Namen und Adresse der Nutzer feststellen.[741] Die Einbeziehung von Unbeteiligten wird damit vom Ausnahme- zum Normalfall.

f) Im Vergleich: Europol

Bei Europol liegen zum Zeitpunkt der Datenanalysen regelmäßig keine konkreten Gefahrenlagen vor, da die Analysedateien eher langfristig angelegt sind und insbesondere situationsbezogene Fall- und allgemeine Lageanalysen erlauben sollen. Als bloße Informationsgewinnungsmaßnahmen sind diese gerade nicht wie die Gefahrenabwehr auf die Unterbrechung oder Beeinflussung eines Geschehensablaufs gerichtet. Die betroffenen Rechtsgüter erwartet kein alsbald wahrscheinlicher Schadenseintritt. Für die operative Datenanalyse kommt es darauf gar nicht an. Weder sieht die Befugnisnorm entsprechende Voraussetzungen vor, noch ergibt sich aus dem Intelligence-Ansatz ein Hinweis darauf, dass Informationseingriffe nur kurz vor dem prognostizierten Schadenseintritt vorgenommen werden sollen.

Die Annahme einer abstrakten Gefahr beschränkt sich hingegen auf die Definition typischer Schadensursachen, die bei ihrem Eintritt eine konkrete Gefahr begründen. Da in der EPK weder bestimmte Schäden noch irgend welche Ursachen näher benannt werden, die den Informationseingriff auslösen sollen, liegt der operativen Datenanalyse auch keine abstrakte Gefahr zu Grunde. Wohl aber können die gewonnenen Informationen für künftige Gefahrenabwehrmaßnahmen vorteilhaft sein.

Bei der Inanspruchnahme von Nichtstörern bestehen einige Gemeinsamkeiten mit Europols Datenanalyse mit Bezug auf das Verhältnis gegenüber Unbeteiligten. Es stimmt aber allein der Grundgedanke überein, Maßnahmen bei Personen durchzuführen, denen keine schädigende Handlung zugerechnet werden kann. Die polizeirechtliche Inanspruchnahme des Nichtstörers setzt eine gegenwärtige und erhebliche konkrete Gefahr voraus. Die Störung muss unmittelbar bevorstehen oder schon eingetreten sein. Zudem darf die Polizei nicht mit eigenen Mitteln in der Lage sein, die Gefahr zu beseitigen. Dies entspricht in etwa einem strengem Erforderlichkeitsvorbehalt. Die bei der Notstandspflicht erforderlichen Voraussetzungen werden bei Europol nur unzureichend durch die diffusen Gefährdungspotenziale der organisierten Kriminalität und des Terrorismus zu ersetzen versucht. Diese sind bei weitem nicht derart konkretisierbar, dass stets eine gegenwärtige Gefahr angenommen werden könnte. Bei Europol liegt die Inanspruchnahme im Bereich des

---

[741] Roggan, KritV 2003, 76, 86.

abstrakt-möglichen, wohingegen bei der polizeirechtlichen Notstandspflicht diese im Bereich des akut-unumgänglichen liegt.

3. Rasterfahndung

Rasterfahndungen sind nur dann sinnvoll, wenn genügend Daten in elektronisch geführten Dateisystemen, wie Personalabteilungen von Unternehmen, Versicherungen, Telekommunikationsunternehmen, Universitäten, Banken, Behörden, Stromkonzernen und anderen Stellen vorhanden sind.[742] Die Maßnahme basiert auf dem Abgleich der erhaltenen Daten mit einem vorher aufgestellten Täterprofil (Raster). Erfolg, Misserfolg und Untauglichkeit einer Rasterfahndung hängen daher wesentlich vom aufgestellten Raster ab. Die Rasterfahndung ist sowohl in den Polizeigesetzen als auch im Strafverfahrensrecht normiert. Die Länder Bremen, Niedersachsen und Schleswig-Holstein haben die Rasterfahndung zur Gefahrenabwehr als letzte erst unmittelbar nach den Terroranschlägen vom 11.9.2001 eingeführt.[743]

§ 98a StPO setzt das Vorliegen von zureichenden tatsächlichen Anhaltspunkten für eine Straftat von erheblicher Bedeutung voraus. Die Norm enthält zudem Benachrichtigungspflichten und einen Richtervorbehalt.[744] Die Strafverfolgungsbehörden erhalten mit der Rasterfahndung das Zugriffsrecht auch auf nichtpolizeiliche Datenbestände und können diese mit anderen Daten abgleichen, um hieraus taktische Schlüsse zu ziehen. Der Datenabgleich erfolgt unter Verwendung aufgrund kriminalistischer Erkenntnisse zuvor ausgearbeiteter Verhaltens- oder Eigenschaftsprofile der gesuchten Personen.[745] Die strafprozessuale Rasterfahndung ist anderen Ermittlungmaßnahmen gegenüber nur subsidiär anwendbar. Sie darf allein dann angeordnet werden, wenn die Sachverhaltserforschung auf andere Weise wenig Aussichten auf Erfolg hätte oder wesentlich erschwert wäre.

Die Rasterfahndung zur Gefahrenabwehr erfordert das Vorliegen einer gegenwärtigen Gefahr für ein hohes Schutzgut, wie Leib, Leben oder Freiheit einer Person oder den Bestand des Bundes oder des Landes. Nur in einigen Ländern sieht die Norm einen Richtervorbehalt vor. Darüber hinaus ist in den Ländern im Vergleich zu § 98a StPO die Zweckbindung der erhaltenen Daten verschieden ausgestaltet.

Im Regelfall ergibt eine Rasterfahndung keinen Tatverdacht, sondern vielmehr eine Annäherung an einen Kreis potentiell Verdächtiger.[746] Dabei werden die gewonnenen Ergebnisse („Treffer") analysiert und zur Einengung des Suchrasters weiterverwendet bis verwertbare Datenprofile vorliegen, die weitere polizeiliche Maß-

---

[742] Kutscha, in: Frankfurter Rundschau v. 7.11.2001.

[743] Groß, KJ 2002, 1, 3.

[744] Zu den genauen Voraussetzungen und zum Verfahrensgang vgl. Wittig, JuS 1997, 961, 968ff.

[745] Hilbrans, in: Innere Sicherheit als Gefahr, S. 269.

[746] Hilbrans, in: Innere Sicherheit als Gefahr, S. 269.

nahmen ermöglichen. „Treffer“ werden selektiert und in einer gesonderten Report-Datei vorübergehend gespeichert.[747] Ist das angesetzte Raster zu eng oder unpassend, kann sich die Rasterfahndung als vollkommen untauglich herausstellen. Dies ist bei der im Anschluss an die Terroranschläge von New York vom Amtsgericht Tiergarten genehmigten Rasterfahndung der Fall gewesen.[748] Das Landeskriminalamt als Antragsteller hatte zunächst ohne weitere Prüfung das Raster des FBI übernommen, ohne zu beachten, dass in den abzugleichenden Dateien keine Angaben zu einer eventuellen Flugausbildung oder regen Reisetätigkeit vorhanden waren.[749] Schon einen Tag nach dem Erlass des Gerichtsbeschlusses musste am 21.9.2001 ein berichtigter Beschluss erlassen werden.[750] Das neue Raster war hingegen derart grob, dass auch nach Wochen keine brauchbaren „Treffer“ nachzuweisen waren. Denn es wurde nunmehr schlicht nach Personen mit „vermutlich islamischer Religionszugehörigkeit“ und legalem Aufenthalt in Deutschland gesucht.[751] Der Erfolg beschränkte sich darauf, einige Fälle von Sozialhilfebetrug und Schwarzarbeit aufgedeckt zu haben.[752]

Problematisch bei der Rasterfahndung ist insbesondere die Tatsache, dass notwendigerweise Unverdächtige und Nichtstörer von der Maßnahme betroffen werden.[753] Die Rasterfahndung dient in erster Linie der Verdachtsgewinnung,[754] da sie in systematischer Weise Zufallsfunde produziert.[755] Sie richtet sich gegen Personen, deren Existenz nur vermutet wird.[756]

Hierin besteht ein Unterschied zu anderen Eingriffen gegenüber Unverdächtigen. So ist zwar die Durchsuchung gemäß § 103 Abs. 1 StPO auch bei Personen erlaubt, die nicht Beschuldigte eines Strafverfahrens sind. Es muss aber bereits ein Tatverdacht gegen eine andere Person existieren. Bei der Rasterfahndung fehlt ein besonderer Bezug der betroffenen Person zu einer begangenen Straftat. Grundsätzlich hat zwar jeder Bürger gewisse Grundrechtsbeeinträchtigungen zur Aufklärung von Straftaten bis zu einem gewissen Grad hinzunehmen.[757]

Die Redlichkeitsvermutung des Grundgesetzes gebietet hingegen, dass der Bürger durch gesetzestreues Verhalten die Möglichkeit haben muss, den Staat von sich

---

[747] Wittig, JuS 1997, 961, 969.
[748] AG Tiergarten – 353 AR 199/01 (Siehe dazu: KG Berlin, Beschluss v. 16.4.2002 – 1 W 89-98/02, KG-Report 2002, 217 ff.).
[749] Kutscha, in: Frankfurter Rundschau v. 7.11.2001.
[750] KG, Beschluss v. 16.4.2002 – 1 W 89-98/02.
[751] KG, Beschluss v. 16.4.2002 – 1 W 89-98/02.
[752] Gössner, vorgänge 2002, 41.
[753] Tolmein, StV 1999, 108,111.
[754] Siebrecht, Rasterfahndung, S. 73; Hoffmann-Riem, ZRP 2002, 497, 500.
[755] Schulz, Normiertes Misstrauen, S. 534.
[756] Hoffmann-Riem, ZRP 2002, 497, 500.
[757] Siebrecht, Rasterfahndung, S. 79.

fern zu halten.[758] Eine Notstandspflicht des Nichtstörers kommt nur ausnahmsweise in Betracht.

Je nachdem, welcher Lebensbereich von der Rasterfahndung betroffen ist, ist davon auszugehen, dass aufgrund der zunächst nur vagen polizeilichen Vorstellung des gesuchten Täterbildes massenweise Personen betroffen werden, die mit der Tat oder Gefahr in keinem Zusammenhang stehen. Diese werden damit einem Generalverdacht unterworfen.[759]

Die spezifische Fahndungsart dieser polizeilichen Maßnahme kann zur Stigmatisierung von Abweichungen beitragen.[760] Bei Treffern im Suchraster haben die „herausgerasterten" Personen in der Regel weitere Eingriffe in ihr Recht auf informationelle Selbstbestimmung zu befürchten, bis hin zu konventionellen Zwangsmaßnahmen.[761]

Diese von *Rogall*[762] als „Merkmals-träger" bezeichneten Personen sollen ihm zufolge eine verfahrensrechtliche Stellung zwischen dem Verdächtigen und dem Nichtverdächtigen haben. Dies kann nicht überzeugen. Solange es keinen Verdacht gegen eine Person gibt, gibt es auch keinen Grund, eine solche Person anders als einen Nichtverdächtigen zu behandeln. Alles andere hinge vom Zufall ab, da das Vorliegen bestimmter Merkmale ohne weiteres jeden treffen kann.

Auch bei Europols operativer Datenanalyse können vor allem Unverdächtige Betroffene sein. Die Analysen sind mit Rasterfahndungen durchaus vergleichbar. Auch hier geht es um das automatisierte Herausfiltern von relevanten Informationen aus einer Vielzahl von personenbezogenen Daten. Bei Europol ist aber weder ein Richtervorbehalt noch eine Benachrichtigungspflicht vorgesehen. Der ganz wesentliche Unterschied zwischen der Rasterfahndung und der Analysetätigkeit Europols liegt in der fehlenden Kausalbeziehung. Denn Europols Tätigkeit knüpft weder an eine laufende Strafverfolgung noch an das Vorliegen einer gegenwärtigen Gefahr an. Sie erfolgt hingegen anlass- und ereignislos. Ein weiterer nicht unbeachtlicher Unterschied liegt darin, dass die Rasterfahndung im Gegensatz zu Europols Analysesystem nicht die dauerhafte Errichtung von Dateien zur Folge haben soll.[763]

---

[758] Lisken, NVwZ 1998, 22, 24; Siebrecht, Rasterfahndung, S. 76.
[759] Vgl. Gössner, vorgänge 2002, 41, 47; Rogall, Informationseingriff und Gesetzesvorbehalt, S. 84 spricht von „potentiellen Tatverdächtigen".
[760] Groß, KJ 2002, 1, 3.
[761] Groß, KJ 2002, 1, 3.
[762] Rogall, Informationseingriff und Gesetzesvorbehalt, S. 84.
[763] Tolmein, StV 1999, 108, 112.

4. *Schleierfahndung*

a) Allgemeine Voraussetzungen und Ziele

„Niemandem fällt ein Stein aus der Krone, wenn er der Polizei sagen muss, wer er ist", behauptete einst der mittlerweile selbst als Straftäter überführte ehemalige Bundesinnenminister Kanther.[764] Die als Schleierfahndung[765] bezeichneten verdachts- und ereignisunabhängigen Personenkontrollen[766] wurden bei ihrer Einführung als Ausgleichsmaßnahmen wegen des Wegfalls der Grenzkontrollen der EU-Binnengrenzen und zum Zwecke der Bekämpfung der internationalen grenzüberschreitenden Kriminalität für erforderlich angesehen.[767] Hierunter fallen die Kriminalitätsfelder des Menschen- und Waffenhandels, die Schleusungs-, Rauschgift-, Umwelt- und Eigentumskriminalität.[768] Bei der Schleierfahndung handelt es sich um eine offen erfolgende Informationsbeschaffungsmaßnahme der Polizei, bei der weder ein Tatverdacht noch eine konkrete Gefahr Voraussetzung ist.[769] Je nach der länderspezifischen Normgestaltung dürfen im Grenzgebiet bis zu einer Tiefe von 30 km, auf bedeutsamen Durchgangsstraßen oder Einrichtungen des öffentlichen Verkehrs, wie Bahnhöfen, Züge, Flughäfen, etc Polizeibeamte eine Person anhalten und dessen Identität feststellen.[770] Teilweise ist auch die Durchsuchung der Personen zugelassen.

Ziel der Maßnahmen soll neben der Bekämpfung der grenzüberschreitenden Kriminalität die Verhütung und Unterbindung der unerlaubten Einreise und des unerlaubten Aufenthaltes im Bundesgebiet sein. Anknüpfungspunkt für eine Maßnahme ist lediglich, dass sich eine Person an einem der genannten Orte aufhält.[771] Nur die Bundespolizei und die Berliner Polizei sind an weitere Kriterien, wie Lageerkenntnisse oder grenzpolizeiliche Erfahrungen gebunden.

Die Effektivität der Schleierfahndung ist sehr umstritten.[772] Für den Einsatzerfolg wird ein „umfassendes Qualitätsmanagement im Bereich der Informationsanalyse

---

[764] Der Spiegel, 27/1998, S. 24.

[765] Der Begriff geht auf eine wenig gelungene Wortschöpfung zurück, die dem ehemaligen Bundesinnenminister Manfred Kanther zugeschrieben wird.

[766] z.B. Art. 13 Abs. 1 Nr. 5 BayPAG; § 26 Abs. 1 Nr. 1 PolG BW; § 18 Abs. 2 Nr. 6 HSOG; § 19 Abs. 1 Nr. 5 SächsPolG; § 22 Abs. Nr. 1a BPolG. [766] Vorreiter war im Jahre 1994 der Freistaat Bayern. Die meisten Länder und der Bund folgten diesem Beispiel in verschiedener Weise.

[767] Götz, NVwZ 1998, 679, 683; Herrnkind, KJ 2000, 188, 190.

[768] Walter, Kriminalistik 2004, 668, 669.

[769] Benfer, Rechtseingriffe von Polizei und Staatsanwaltschaft, S. 44; Castillon, Dogmatik und Verfassungsmäßigkeit, S. 67; Herrnkind, KJ 2000, 188, 190.

[770] So z.B.: § 12 Abs. 1 Nr. 6 Brandenburgisches Polizeigesetz (BbgPolG); vertiefend: Kant, Bürgerrechte & Polizei/CILIP 65 (1/00), S. 29.

[771] Rachor, in: Handbuch des Polizeirechts, Kap. F, Rz. 353.

[772] Vgl. z.B.: Walter, Kriminalistik 2004, 668ff; Schütte, ZRP 2002, 393ff; und im Gegensatz dazu: Herrnkind in: Innere Sicherheit als Gefahr, S. 251ff.; Kant, Bürgerrechte & Polizei/CILIP 65

sowie eine Verbesserung der bisherigen Auswertesysteme unter einem ganzheitlichen Aspekt, der über die bisherige Einzelfallorientierung hinausgeht", gefordert.[773] Die hierfür erforderlichen Lagebilder liefere insbesondere Europols Intelligence-Arbeit.[774] Als mögliche Einsatzformen der Schleierfahndung erwähnt *Walter*[775] zivile Fahndungsstreifen, wechselnde Kontrollstellen, Fahndung an bestimmten Verkehrsbereichen, die Verkehrswegefahndung, systematische Überprüfung kriminogener Orte, verdeckte „mitschwimmende" Fahndung, Spezialfahndungstrupps und stationäre Großkontrollen.

b) Beispiel: Bundespolizei

§ 22 Abs. 1 a) BPolG[776] erlaubt das Anhalten, Befragen und Kontrollieren jeder Person, die sich in Flughäfen, Zügen oder Bahnhöfen befindet, soweit aufgrund von Lageerkenntnissen oder grenzpolizeilicher Erfahrung anzunehmen ist, dass diese Orte zur unerlaubten Einreise genutzt werden. Die Bundespolizei ist damit zur Vornahme von anlass- und ereignislosen Personenkontrollen befugt. Hierdurch werde die Effektivität der Arbeit der Bundespolizei gesteigert.[777] Derartige Befugnisse seien dem Verwaltungsrecht angeblich nicht unbekannt. *Walter*[778] vergleicht die Kontrollbefugnisse der Bundespolizei nach § 22 Abs. 1 a) BPolG mit den Verkehrskontrollen gemäß § 36 Abs. 5 StVO und den Luftsicherheitskontrollen nach § 29c LuftVG. Auch im Immisionsschutzrecht finden sich Befugnisse zu anlassunabhängigen Kontrollen.[779] Der Verweis auf andere Normen vermag aber dennoch im vorliegenden Zusammenhang nicht zu überzeugen. Diese anlassunabhängigen Kontrollbefugnisse sind auf das gefahrengeneigte Handeln einer Person zurück zu führen, wie die Teilnahme am Auto- oder Luftverkehr oder das Betreiben einer Fabrik.[780] Bei den Personenkontrollen im Rahmen einer Schleierfahndung ist dies hingegen nicht der Fall. Es kann jeder zu jeder Zeit betroffen sein.[781] *Schütte* bezeichnet es als „Stochern mit der Nadel im Heuhaufen"[782].

(1/00), S. 29ff.; Schütte, ZRP 2002, 393 ff.; Castillon, Dogmatik und Verfassungsmäßigkeit, S. 137f.

[773] Walter, Kriminalistik 2004, 668, 671.

[774] Walter, Kriminalistik 2004, 668, 671.

[775] Walter, Kriminalistik 2004, 668, 671.

[776] Gesetz zur Umbenennung des Bundesgrenzschutzes in Bundespolizei vom 21.6.2005, BGBl. 2005 I 1818.

[777] Walter, Kriminalistik 1999, 294.

[778] Walter, Die Polizei, 1999, 37; ders., Kriminalistik 2004, 668, 669.

[779] § 52 Abs. 2 BimSchG.

[780] Herrnkind, in: Innere Sicherheit als Gefahr, S. 251, 252.

[781] Rachor, in: Handbuch des Polizeirechts, Kap. F, Rz. 353; Prantl, in: Süddeutsche Zeitung v. 10.11.2004.

[782] Schütte, ZRP 2002, 393, 395; Das gleiche Bild verwendet Weichert in einem Interview der Zeitschrift Chip 12/ 2001 S. 160.

Ziel der Maßnahmen soll u.a. die Verhinderung einer bevorstehenden unerlaubten Einreise sein. Eine bereits vollendete unerlaubte Einreise gemäß §14 AufG sollte daher denklogisch nicht Anlass zu einer Maßnahme des § 22 Abs. 1 a) BPolG geben können.[783] Statistiken zeigen jedoch, dass im Jahre 2000 beispielsweise 333753 Kontrollen auf der Grundlage dieser Norm durchgeführt worden sind, wobei aber allein in 0,57% der Fälle eine unerlaubte Einreise verhindert werden konnte.[784] Durch die Kontrollen sind zwar eine Vielzahl von Straftaten und Ordnungswidrigkeiten aufgedeckt worden.[785] Aus den entsprechenden Statistiken geht aber hervor, dass diese zu großer Zahl Verstöße gegen das Aufenthalts- und Asylverfahrensrecht betreffen.[786] Das ist beispielsweise der Fall, wenn Ausländer gegen die ihnen auferlegte räumliche Aufenthaltsbeschränkung verstoßen und von einem Bundesland in ein anderes reisen.[787] Die Sicherstellungen von Rauschgift betreffen in der Regel Mengen, die dem Konsumentenbereich zuzuordnen sind.[788]

c) Rechtliche Problematik

Der Bürger kann aufgrund dieser umfangreichen Befugnis in die Lage kommen, durch ordnungsgemäßes Verhalten eine Kontrolle nicht vermeiden zu können. Die Polizei agiert ohne relevante Anknüpfungspunkte. Ein Zurechnungszusammenhang zwischen der kontrollierten Person und einer Straftat besteht im Zweifel nicht. Die Maßnahmen stellen sich vielmehr als reine Verdachtsgewinnungseingriffe dar und verfolgen offenbar andere Zwecke als vorgegeben. Die vermeintlichen Tatbestandsmerkmale - das Vorliegen von Lageerkenntnissen oder grenzpolizeilicher Erfahrung – sind vage.[789] Da die Erstellung oder Beurteilung der Lagebilder sowie das Entstehen einer Erfahrung allein der polizeilichen Einschätzungsprärogative unterstellt werden, sind sie zum Einen nicht Ausdruck des Gesetzesvorbehalts und zum Zweiten durch ein Verwaltungsgericht nicht nachprüfbar.[790]

Auf heftigen Widerspruch muss die These stoßen, dass die Loslösung vom klassischen Störer- und Gefahrenbegriff bereits „unter den Aspekten einer Weiterentwicklung des Polizeirechts in einer veränderten Risiko- und Gefahrengesellschaft zulässig" sei.[791] Der Zurechnungszusammenhang ist eine verfassungsrechtliche Grenze staatlicher Eingriffe, die auch für polizeiliche Eingriffe gilt. „Der Freiheitsanspruch des Einzelnen verlangt, dass er von polizeilichen Maßnahmen verschont

---

[783] Schütte, ZRP 2002, 393, 395.
[784] zit. nach Schütte, ZRP 2002, 393, 395.
[785] Walter, Kriminalistik 2004, 668, 672.
[786] Vgl. hierzu die Zahlen bei Herrnkind, KJ 2000, 188, 194f.
[787] Kant, Bürgerrechte & Polizei/CILIP 65 (1/00), S. 29, 30f.
[788] Kant, Bürgerrechte & Polizei/CILIP 65 (1/00), S. 29, 30.
[789] A.A. Walter, Kriminalistik 2004, 668, 669.
[790] Schütte, ZRP 2002, 393, 395.
[791] So aber Walter, Kriminalistik 2004, 668, 670; Abwägender aber ebenso bestimmt: Kniesel, Kriminalistik 1996, 229 ff.

bleibt, die nicht durch eine hinreichende Beziehung zwischen ihm und einer Gefährdung eines zu schützenden Rechtsguts oder eine entsprechende Gefahrennähe legitimiert wird."[792] Denn jeder Reisende wird mit der Schleierfahndung ohne Grund zum potenziell Gesuchten. Mit der Redlichkeitsvermutung ist das nicht in Einklang zu bringen.[793] Denn Misstrauen gegenüber dem Bürger ist das Merkmal des Polizeistaats.[794] Selbst im Preußen des Jahres 1851 war die „Jedermannkontrolle" nur in Fällen des Staatsnotstandes zulässig.[795]

Da Großkontrollen sehr personalintensiv sind, nimmt die Polizei stattdessen Selektivkontrollen vor, denen die Entscheidung zu Grunde liegt, bestimmte Personen zu kontrollieren und andere nicht.[796] Obgleich solche Kontrollen keinen Tatverdacht voraussetzen, knüpfen sie an eine andere Verdachtskategorie an. Es handelt sich um die „fast uneingrenzbare polizeitaktische Kategorie des Verdachts". Verdächtig ist das, was „verdächtig" erscheint. Diese Verdachtskategorie ist mehr von Alltagswissen und Stereotypen geprägt, als von kriminaltaktischen Erkenntnissen.[797] Kontrolliert wird, wenn intuitiv festgestellt werde, dass etwas „nicht zusammen passt".[798] Betroffen soll nicht derjenige sein, der „unauffällig" ist. Wegen der Zweckbeschreibung der Schleierfahndung, die grenzüberschreitende Kriminalität zu bekämpfen, treffen die Maßnahmen daher vorwiegend Ausländer und Personen mit einem „auffälligen" Erscheinungsbild. Das angewandte Prüfungsraster ist kontextuell und kumulativ: „Die hinter einer Wahrnehmung vermutete Realität muss aus vernebelter Perspektive erschlossen werden, ähnlich wie sich ein Puzzle vor dem geistigen Auge aufbaut: Stück für Stück. Der Verdacht konkretisiert sich oder verfliegt wieder."[799] Ausländer sind betroffen, da sie überwiegend als mutmaßliche Täter der zu bekämpfenden Delikte in Betracht kommen. Dies trifft insbesondere auf den unerlaubten Aufenthalt oder die unerlaubte Einreise zu. Folge ist das Phänomen des „Racial Profiling", wie es zum Teil in den USA zu beobachten ist.[800] Nichtdeutsches Aussehen wird damit zum Kontrollmotiv.[801]

Die normative Anknüpfung an bestimmte Orte mit vermeintlich besonderer Gefahrenneigung zeigt, dass die Schleierfahndung an dispositionellen Gefahren anzusetzen versucht. Eine dispositionelle Gefahr setzt nicht wie eine konkrete Gefahr einen wahrscheinlichen, sondern nur einen möglichen Schadenseintritt voraus. Von der abstrakten Gefahr unterscheidet sich dadurch, dass sie an ein Einzelfallgesche-

---

[792] Landesverfassungsgericht Mecklenburg-Vorpommern, LKV 2000, 149.
[793] Lisken, NVwZ 1998, 22, 24; Roggan, Handbuch zum Recht der Inneren Sicherheit, S. 140.
[794] Weßlau, Vorfeldermittlungen, S. 300.
[795] Lisken, NVwZ 1998, 22, 24.
[796] Herrnkind, in: Innere Sicherheit als Gefahr, S. 251, 254.
[797] Herrnkind, in: Innere Sicherheit als Gefahr, S. 251, 254.
[798] Bayerns Innenminister Beckstein zitiert in: Frankfurter Rundschau v. 24.6.1998.
[799] Herrnkind, in: Innere Sicherheit als Gefahr, S. 251, 256 unter Hinweis auf die Studie einer australischen Forschungsgruppe um David Dixon.
[800] Vgl. hierzu die von Herrnkind genannten Beispiele in: : Innere Sicherheit als Gefahr, S. 251 ff.
[801] Roggan, Handbuch zum Recht der Inneren Sicherheit, S. 150 f.

hen oder einen bestimmten Ort ansetzt und nicht an eine sich irgendwo realisierende Gefahrenlage.[802] Genau wie der Begriff der allgemeinen Gefahr, beschreibt die dispositionelle Gefahr nicht einen wahrscheinlichen, sondern nur einen möglichen Zustand. Voraussetzung für das Vorliegen einer dispositionellen Gefahr sollen Tatsachen sein, die die Annahme rechtfertigen, dass ein bestimmter Ort sich im Vergleich zu anderen deswegen als besonders „gefährlich" erweist, weil dort Straftaten begangen werden sollen.[803] Anhaltspunkte für eine solche Gefahrenprognose könnten sich im Grunde nur aus der polizeilichen Erfahrung ergeben. Die hierfür nötigen kriminalistischen Hypothesen sind jedoch, wie bereits *Weßlau*[804] nachwies, derart unspezifisch, dass sie dem aus dem Gesetzesvorbehalt fließenden Grundsatz der Normbestimmtheit kaum entsprechen können. Die hieraus folgende geringe Tatbestandlichkeit der Schleierfahndung weist darauf hin, dass die Maßnahme wohl im Wesentlichen der sozialen Kontrolle dienen soll.[805] Sie soll Sicherheit nur vorgaukeln und erweist sich als „Paradebeispiel symbolischen Rechts".[806]

d) Im Vergleich: Europol

Wie die Schleierfahndung, so ist auch Europol auf Lageanalysen angewiesen, um seine anlass- und ereignislose operative Analyse qualitativ zu verbessern. Europol knüpft aber nicht an die dispositionelle Gefahren eines Ortes, sondern von vermeintlichen „Risikopersonen" an. Übereinstimmung herrscht in dem Punkt, dass Betroffener grundsätzlich jede Person sein kann. Sind im Rahmen der Schleierfahndung besonders in ihrem Erscheinungsbild auffällige Personen betroffen, so kann dies in Beziehung auf Europol nicht behauptet werden, da die Daten bereits erhoben sind. Es ist aber davon auszugehen, dass auch bei Europol vermehrt Daten solcher Personen verwendet werden, da diese vermehrt kontrolliert werden. Ein anderer Unterschied ergibt sich aus der Tatsache, dass die im Zusammenhang mit der Schleierfahndung stattfindende Datenerhebung offen erfolgt, wohingegen Europol verdeckt arbeitet. Ein hohes Maß an Übereinstimmung ist aber bezüglich der den Maßnahmen implizit zugrunde gelegten Verdachtskategorie festzustellen. Auch bei Europol konkretisiert sich oder verflüchtigt sich der Verdacht hinsichtlich der nur vermuteten Realität. Bei Europol muss die Gefahrenprognose allerdings nicht durch kriminalistische Hypothesen belegbar sein, sondern wird in Form einer normativen Verdachtsvermutung durch die EPK vorgegeben. Die EPK schreibt in Art. 8 und Art. 10 selbst vor, welche Personen betroffen sein sollen.

---

[802] Castillon, Dogmatik und Verfassungsmäßigkeit, S. 58 ff.
[803] Weßlau, Vorfeldermittlungen, S. 285.
[804] Weßlau, Vorfeldermittlungen, S. 338.
[805] Herrnkind, KJ 2000, 188, 197.
[806] Herrnkind, KJ 2000, 188, 204.

5. *Datenverarbeitung für die vorbeugende Bekämpfung von Straftaten*

a) Hintergrund

Im Lichte von Kriminalitätserscheinungen wie Terrorismus und organisierte Kriminalität wird versucht, das staatliche Verhalten verstärkt präventiv auszurichten, um Risikopotenziale schon im Vorfeld zu erkennen.[807] Unter einer solchen Prämisse ist die Polizei darauf angewiesen, Maßnahmen unterhalb der Schwelle eines Tatverdachts oder einer konkreten Gefahr vorzunehmen.[808]

Die vorbeugende Bekämpfung von Straftaten ist in den Landespolizeigesetzen unterschiedlich normiert. Ausgehend vom Musterentwurf eines einheitlichen Polizeigesetzes des Bundes und der Länder in der Fassung des Vorentwurfs vom 12.3.1986 war in § 1 Abs. 1 S. 2 eine Legaldefinition der vorbeugenden Bekämpfung von Straftaten vorgesehen: Demnach soll die Polizei für die Verfolgung von Straftaten vorsorgen und Straftaten verhüten sowie Vorbereitungen treffen, um künftige Gefahren abwehren zu können.[809] Die Länder sind dieser Definition nicht einheitlich aber im Wesentlichen gefolgt.[810] Es handelt sich ausschließlich um Maßnahmen, die die Beschaffung und Verwendung von Informationen unter Inanspruchnahme der modernen Möglichkeiten der Datenverarbeitung zum Ziel haben.[811] Hierunter fallen u.a. die besonderen Formen der verdeckten Datenerhebung auch unter Einsatz technischer Mittel, die längerfristige Observation, die polizeiliche Beobachtung und der Einsatz von verdeckten Ermittlen oder V-Leuten. Vereinzelt wird der Polizei deswegen eine regelrechte „Sammelwut" vorgehalten.[812]

Die im Wege entsprechender Maßnahmen der Polizei erfolgende umfassende Informationsversorgung soll sie, so das vorgegebene rechtspolitische Ziel, in die Lage versetzen, die Aufgaben der Gefahrenabwehr und der Strafverfolgung effektiver und insbesondere zielgerichteter wahrzunehmen. Der Polizei sollen deswegen bereits im Vorfeld von konkreten Gefahren oder eines Tatverdachts Informationen zur Verfügung gestellt werden, um ihr Handeln entsprechend auszurichten. Die Polizei soll sich auf diese Weise ein Bild über ein ihr kriminogen erscheinendes soziales Umfeld verschaffen.[813]

Problematisch ist insbesondere die damit einhergehende partielle Durchbrechung des Legalitätsgrundsatzes. Indem die einschlägigen Normen die Vornahme entsprechender Maßnahmen in das Ermessen der Polizei legen, entscheidet sie im Ergebnis selbst, welche sozialen Erscheinungen als kriminogen zu beurteilen sein sollen

---

807 Kniesel, Kriminalistik 1996, 229.
808 Neumann, Vorsorge und Verhältnismäßigkeit, S. 47.
809 Siehe auch: Tolmein, StV 1999, 108, 110.
810 Im Einzelnen hierzu: Hoppe, Spannungsverhältnis, S. 26.
811 Ahlers, Grenzbereich zwischen Gefahrenabwehr und Strafverfolgung, S. 134.
812 Bittner/Staud, in: Die Zeit 37/2001.
813 Ähnlich: Neumann, Vorsorge und Verhältnismäßigkeit, S. 17.

und welche nicht. Auf diese Weise hält ein polizeidominiertes Opportunitätsprinzip über die Landespolizeigesetze Einzug in das Strafverfahren, ohne dass dies positivrechtlich normiert wäre.

Der Begriff der vorbeugenden Bekämpfung von Straftaten führt sprachlich in die Irre.[814] Die damit im Zusammenhang stehenden Maßnahmen lassen keinen vorbeugenden Gehalt erkennen. Sie allein können weder eine Gefahr noch eine Straftat verhindern. Sie setzen die Polizei vielmehr in die Lage, aufgrund einer umfassenderen Wissensbasis ihre gefahrenabwehrenden oder strafverfolgenden Zwangsbefugnisse spezifisch einzusetzen. Erst diese Maßnahmen könnten sich als wahrhaftig vorbeugend herausstellen, sofern sie letzten Endes tatsächlich Gefahren oder Straftaten verhindern sollten. Für die Strafverfolgung können die Daten schlecht vorbeugend wirken, da es sich um zeitlich abgeschlossene Vorgänge handelt, die es dann aufzuklären und nicht mehr zu verhindern gilt. Umgekehrt können verhinderte Gefahren nicht mehr bekämpft werden. Der Begriff der Bekämpfung kann allenfalls auf die mit der Strafverfolgung zu „bekämpfende" Kriminalität bezogen werden.

b) Einordnungsproblem

Fraglos handelt es sich bei den Maßnahmen der vorbeugenden Bekämpfung von Straftaten um Grundrechtseingriffe. Denn, obgleich die betroffene Person nicht zu einer Handlung, Duldung oder Unterlassung verpflichtet wird, erfolgt die Maßnahme zielgerichtet unter Verfolgung eines bestimmten staatlichen Zwecks.[815] Die vorbeugende Bekämpfung von Straftaten verfolgt, wie bereits dargestellt, die Verhütung von Straftaten und die Vorsorge für die Verfolgung künftiger Straftaten. Das Einordnungsproblem besteht darin, die Maßnahmen der Gefahrenabwehr oder der Strafverfolgung zuzuordnen. Von dieser Frage hängt sowohl die Gesetzgebungszuständigkeit (Bund oder Länder) als auch der Rechtsweg (Straf- oder Verwaltungsgerichte) und die Herrschaft über die erlangten Daten (Polizei oder Staatsanwaltschaft) ab. Sind Maßnahmen der Strafverfolgung zuzuordnen, so ist die Einschreitschwelle des Anfangsverdachts zu beachten. Im Falle der Zuordnung zur Gefahrenabwehr, muss eine konkrete Gefahr vorliegen. Beides ist jedoch bei der vorbeugenden Bekämpfung von Straftaten nicht der Fall, da es sich um Vorfeldeingriffe handelt. Zwar könnte die Verhütung von Straftaten der Gefahrenabwehr zugeordnet werden, da damit Straftaten verhindert werden sollen und somit zweifellos eine Gefahr für die öffentliche Sicherheit abgewehrt wird.[816] Dies kann aber nicht darüber hinwegtäuschen, dass die Verhütung einer Straftat nicht mit ihrer Verhinderung gleichgesetzt werden kann, da die Verhütung zeitlich in das Vorfeld einer Rechtsgutsverletzung fällt. Die Verhütung will das schädigende Ereignis, also

[814] Weichert, Informationelle Selbstbestimmung und strafrechtliche Ermittlung, S. 74.
[815] Hoppe, Spannungsverhältnis, S. 55.
[816] Kniesel, ZRP 1989, 329, 330; Tolmein, StV 1999, 108, 110.

die Straftat oder Gefahr gar nicht erst eintreten lassen.[817] Eine Verhinderung hingegen kann erst dann einsetzen, wenn die Gefahr eines Schadens bereits feststeht. Dem gleichen Zweck wie die Verhütung soll grundsätzlich auch die Gefahrenvorsorge dienen.[818] Bei der Vorsorge zur Strafverfolgung allerdings ergibt sich ein nicht nur begrifflicher Unterschied. Hier sollen Maßnahmen vorgenommen werden, die helfen sollen, eine Straftat aufzuklären, deren Eintritt noch ungewiss ist. Der sie tragende zentrale Grundgedanke ist die Informationsvorsorge[819] als „vorsorgende Bereitstellung von Hilfsmitteln für die sachgerechte Wahrnehmung"[820] von polizeilichen Aufgaben. Eine solche Vorschrift wäre zwar auf dem ersten Blick wegen des Bezuges zur Strafverfolgung dem gerichtlichen Strafverfahren zuzuordnen. Da die Maßnahmen aber keine schuld- und rechtsfolgenrelevante Bedeutung haben, wäre diese Schlussfolgerung allerdings nicht zwingend. Dafür, dass die Maßnahmen nämlich der Gefahrenabwehr zuzuordnen seien, wird ins Feld gebracht, dass ein Anfangsverdacht gerade nicht vorausgesetzt werde.[821] Nach der Auffassung des *Brandenburgischen Verfassungsgerichts* solle es sich bei Maßnahmen im Vorfeld von Straftaten ohnehin allein um Gefahrenabwehrmaßnahmen handeln.[822] Eine weitere Auffassung hingegen betont, dass es sich um doppelfunktionale Maßnahmen handele und deswegen keine Bedenken bezüglich einer Regelung in den Polizeigesetzen bestünden.[823] Es wird zum Teil auch die Auffassung vertreten, die Polizei habe sich mit der vorbeugenden Bekämpfung von Straftaten ein neues eigenständiges Arbeitsfeld erschlossen.[824] Der hierüber jahrelang gehegte Streit[825] dürfte nun mit dem Urteil des Bundesverfassungsgerichts vom 27.7.2005 abschließend entschieden sein.[826] Demnach liegt die Verhütung einer Straftat in der Gesetzgebungskompetenz der Länder, sie sei aber an enge Voraussetzungen hinsichtlich Normenbestimmtheit und Verhältnismäßigkeit geknüpft. Gleiches gilt zur Vorsorge für die künftige Strafverfolgung mit der Maßgabe, dass diese dem Strafverfahren zuzuordnen sei.

c) Tatbestandlichkeit

Polizeiliche Maßnahmen im Rahmen der vorbeugenden Bekämpfung von Straftaten setzen keinen Anfangsverdacht und keine konkrete Gefahr voraus. Es ist aber

---

[817] Denninger, in: Handbuch des Polizeirechts, Kap. E, Rz. 187.
[818] Kniesel, ZRP 1989, 329, 331.
[819] Zum Begriff: Pitschas, JZ 1993, 857; Aulehner, Polizeiliche Gefahren- und Informationsvorsorge, Berlin, 1998.
[820] BVerwG DÖV 1990, 117.
[821] Hierzu und zu den weiteren Auffassungen: Artzt, Die verfahrensrechtliche Bedeutung polizeilicher Vorfeldermittlungen, S. 93.
[822] BbgVerfG LKV 1999, 450, 453 – Urteil v. 30.6.1999, Az. 3/98.
[823] Kniesel, ZRP 1989, 329, 332.
[824] Schütte, ZRP 2002, 393, 396.
[825] Siehe hierzu die Darstellung bei Neumann, Vorsorge und Verhältnismäßigkeit, S. 110 ff.
[826] BVerfGE 113, 348, 369.

erforderlich, dass der Anlass, der Zweck und die Grenzen eines Eingriffs in der gesetzlichen Grundlage bereichsspezifisch, präzise und normenklar festgelegt werden.[827] Regelmäßige normative Voraussetzung bei Maßnahmen zur vorbeugenden Bekämpfung von Straftaten, ist das Vorliegen von tatsächlichen Anhaltspunkten oder von Tatsachen, die die Annahme rechtfertigen, eine Person werde in Zukunft Straftaten von erheblicher Bedeutung begehen.[828]

(1) Prognoseentscheidung

Naturgemäß sind in einem vorgelagerten Stadium die Anhaltspunkte für den Schadenseintritt in Form einer Straftat weitaus weniger deutlich als in einer akuten Gefahrensituation. Der sachbearbeitende Polizeibeamte soll eine Prognoseentscheidung vornehmen, aus der sich ergibt, ob damit zu rechnen sei, dass eine Person in Zukunft Straftaten begehen wird. Der Entwurf einer Verwaltungsvorschrift zu § 38 Abs. 1 S. 2 PolGBW aus dem Jahre 1993 sah vor, dass die Prognose anhand des polizeilichen Erfahrungswissens unter Berücksichtigung der Persönlichkeit des Betroffenen und dessen bisheriger polizeilicher Auffälligkeit im Rahmen einer Gesamtwürdigung vorzunehmen sei.[829] Das Landeskriminalamt Baden-Württemberg gelangte allerdings im gleichen Jahr bei der Auswertung geeigneter Polizeiakten zu dem Ergebnis, dass 41% der erfolgten Bewertungen Falschprognosen gewesen sind.[830] Es gilt deswegen zu verhindern, dass sich polizeiliche Maßnahmen undifferenziert in irgendeinem Vorfeld von irgendeiner Gefahr oder Straftat abspielen.[831]

(2) Tatsachen und tatsächliche Anhaltspunkte

Wenn schon die Maßnahmen nicht an eine konkrete Gefahr oder an einen Anfangsverdacht anknüpfen, so müssten die tatbestandlichen Voraussetzungen zumindest derart beschaffen sein, dass sich aus ihnen eine normative Eingriffsschwelle ergibt, die hinreichend bestimmt ist, um damit den verfassungsrechtlichen Anforderungen zu entsprechen. Die erforderlichen Tatsachen, die die Annahme einer bevorstehenden Straftat rechtfertigen sollen, könnten sich beispielsweise aus eigenen Beobachtungen der Polizei, der Kriminalstatistik, aus Mitteilungen anderer Behörden oder aus Anzeigen ergeben.[832] Reine Vermutungen oder Einzelbeobachtungen reichten nicht aus.

---

[827] BVerfGE 113, 348, 375.
[828] z.B.: §§ 16 Abs. 3, 27 Abs. 2 Nr. 3 ASOG Berlin, § 31 Abs. 1 S. 4 Brandenburgisches Polizeigesetz (BbgPolG).
[829] Ahlf, Ethik im Polizeimanagement, S. 164 (dort Fn. 348).
[830] Ahlf, Ethik im Polizeimanagement, S. 164 (dort Fn. 349).
[831] Roggan, Bürgerrechte & Polizei/CILIP 60, (2/98) S. 60, 64.
[832] Castillon, Dogmatik und Verfassungsmäßigkeit, S. 42.

Die polizeilichen Befugnisse der vorbeugenden Bekämpfung von Straftaten sehen allerdings außer dem Vorliegen von „Tatsachen" keine einschränkenden Tatbestandsmerkmale der Art vor, dass „die im Vorfeld von künftigen Straftaten bestehenden Schwierigkeiten der Abgrenzung eines harmlosen von dem in eine Straftatenbegehung mündenden Verhaltens" bewältigt werden könnten.[833] Normativ fehlen sowohl gesetzlich fixierte kriminalistische Indikatoren als auch Hinweise zum erforderlichen Grad an Wahrscheinlichkeit und zum zeitlichen Zusammenhang. Der vorbeugenden Bekämpfung von Straftaten liegt daher nur eine „wortreiche Scheintatbestandlichkeit" zugrunde.[834]

d) Im Vergleich: Europol

Auch zu Europols Aufgabengebiet zählt, wie vielfach erwähnt, die Verhütung von Straftaten und die Vorsorge für künftige Strafverfolgungsmaßnahmen. Es stellt sich somit auch hier die Frage, wie Europol Straftaten verhüten und bekämpfen soll, wenn diese noch nicht begangen worden sind. Das Dilemma von Vorfeldeingriffen reproduziert sich damit auf europäischer Ebene.[835] Das Problem der mangelnden Bestimmtheit kommt bei Europol in verschärfter Variante zum Tragen, da die EPK eine Unzahl an unbestimmten Rechtsbegriffen verwendet. Die europolizeiliche Befugnisnorm setzt nicht einmal eine wann auch immer bevorstehende Straftat voraus. Soweit in der EPK an Tatsachen angeknüpft werden soll, die die Annahme einer künftigen Straftat rechtfertigen sollen, so richtet sich dies nach Maßgabe des nationalen Rechts.[836] Das heißt, dass diese Einschätzung den übermittelnden nationalen Stellen obliegt und Europol mit den erhaltenen Daten eigenständig verfährt. Entsprechendes ergibt sich aus den Regelungen zur datenschutzrechtlichen Verantwortung.[837]

Für die Rechtmäßigkeit der Erhebung, der Übermittlung an Europol und (!) der Eingabe in eine Datei sowie für die Richtigkeit und Aktualität der Daten ist der übermittelnde Mitgliedstaat verantwortlich. Europol verabschiedet sich dabei komplett von etwaigen Unterscheidungskriterien zwischen Prävention und Repression. Zu Recht erkennt *Tolmein*[838] hier nur noch ein angedeutetes „großes Ganzes".

---

[833] BVerfGE 113, 348, 379.

[834] Denninger, in: Handbuch des Polizeirechts, Kap. E, Rz. 195; A.A.: Walter, Kriminalistik 2004, 668, 669.

[835] Tolmein, StV 1999, 108, 110; der aber davon ausgeht, dass Europol nicht zur Vorsorge für die künftige Strafverfolgung zuständig sein soll.

[836] Art. 8 Abs. 1 Nr. 2 EPK.

[837] Art. 15 Abs. 1 Nr. 1 EPK.

[838] Tolmein, StV 1999, 108, 110.

6. Exkurs: Terrorismusbekämpfung im Aufenthaltsgesetz

a) Überblick

Am 1.1.2005 ist das Aufenthaltsgesetz (AufG)[839] in Kraft getreten, das das alte Ausländergesetz ersetzte. Nachdem das Zuwanderungsgesetz 2002[840] im ersten Anlauf vom Bundesverfassungsgericht für verfassungswidrig[841] erklärt worden ist, brachte die seinerzeitige Regierungskoalition die unveränderte Gesetzesvorlage[842] nochmals als Entwurf im Januar 2003 in den Bundestag ein. Der Gesetzentwurf erlangte zwar die Mehrheit im Bundestag. Der Bundesrat verweigerte jedoch im Juni 2003 die Zustimmung. Am 30.6.2004 legte der Vermittlungsausschuss dem Bundestag eine Beschlussempfehlung[843] vor, die wesentliche Änderungen und Ergänzungen im Gesetz vorsah. Insbesondere wurden die im Lichte der Terrorismusbekämpfung stehenden sicherheitsrechtlichen Forderungen[844] in das Gesetz aufgenommen. Die Ausrufung des Kriegs gegen den Terror traf in Deutschland auf einen lang vorbereiteten Boden.[845] Der terroristische Anschlag auf das World Trade Center in New York erwies sich als brauchbares Begründungsmuster.[846] Im Ergebnis sieht das Gesetz Ausweisungsgründe und die sog. Abschiebungsanordnung[847] vor, deren Tatbestände allein behördliche Annahmen erfordern. Eine Ausweisung verpflichtet einen Ausländer, das Land zu verlassen. Die Abschiebung ist die zwangsweise Verbringung eines Ausländers aus dem Bundesgebiet. Grundsätzlich erfolgt eine Abschiebung erst nachdem eine Ausweisung verfügt worden ist.

Ende Januar 2005 wurde bekannt, dass die Innenminister der Länder unter der Bezeichnung „Aktion Kehraus" Ausweisungen und Abschiebungen von vermeintlichen Islamisten auf Grundlage des neuen Aufenthaltsgesetzes planten.[848] Dabei verlautete, dass man das „zupackende rechtsstaatliche Instrument"[849] des Zuwanderungsgesetzes „konsequent nutzen" solle.[850]

---

[839] Gesetz über den Aufenthalt, die Erwerbsfähigkeit und die Integration von Ausländern im Bundesgebiet; verkündet als Artikel I des Gesetzes zur Steuerung und Begrenzung der Zuwanderung und zur Regelung des Aufenthaltes und der Integration von Unionsbürgern und Ausländern (Zuwanderungsgesetz), BGBl. 2004 I 1950.

[840] BT-Ds 14/7387.

[841] BVerfG, BGBl. 2003 I 126.

[842] BT-Ds 15/420.

[843] BT-Ds 15/3479.

[844] Insbesondere von der CDU: http://www.cducsu.de/ag2innen/zuwanderung040331.pdf am 3.1.2005.

[845] Hirsch, vorgänge 2002, 5, 6.

[846] Zu diesem Ergebnis gelangt: Fox, DuD 2002, 194.

[847] Diese war bereits zuvor durch den Bundesinnenminister Otto Schily ersonnen worden und diente wohl im Vermittlungsverfahren als „As im Ärmel".

[848] Berliner Morgenpost v. 23.1.2005, Junge Welt vom 24.1.2005, die tageszeitung vom 24.1.2005.

[849] Wiefelspütz, innenpolitischer Sprecher der SPD, in: Berliner Morgenpost vom 23.1.2005.

[850] Beckstein, bayerischer Innenminister, zitiert in: http://www.spiegel.de/politik/deutschland/0,1518,337976,00.html.

Mit der Möglichkeit der Ausweisung gem. § 54 Abs. 5 AufG und mit der Abschiebungsanordnung gem. § 58a AufG sind aufenthaltsbeendigende Maßnahmen geschaffen worden, die nicht an ein nachweisbares vergangenes oder gegenwärtiges Handeln eines Ausländers anknüpfen. Ausreichend ist zwar in beiden Fällen die Möglichkeit der Verwicklung in nicht näher bestimmte terroristische Aktivitäten. In beiden Fällen soll die zuständige Behörde aufgrund von reinen Annahmen entscheiden können. Die Abschiebungsanordnung gem. § 58a AufG aber ist ein komplett neues Instrument.

b) Abschiebungsanordnung

Die Abschiebungsanordnung ist sofort vollziehbar, wobei eine Androhung der Abschiebung oder eine vorherige Ausweisungsverfügung entgegen dem bisherigen Recht entbehrlich ist.[851] Tatbestandlich erfordert die Abschiebungsanordnung eine auf Tatsachen gestützte Prognose zur Abwehr einer besonderen Gefahr für die Sicherheit der Bundesrepublik Deutschland oder einer terroristischen Gefahr. Die behördlich[852] zu treffende Prognoseentscheidung soll zumindest teilweise auf Tatsachen beruhen.[853] Es ist nicht erforderlich, dass der Betroffene zuvor eine Straftat begangen hat. Die Maßnahme muss allein dem Zweck dienen, besondere Gefahren für die Sicherheit der Bundesrepublik Deutschland oder terroristische Gefahren abzuwehren. Die *vorläufigen Anwendungshinweise*[854] des Bundesinnenministeriums verweisen in diesem Zusammenhang darauf, dass die bisherige Abschiebepraxis gelehrt habe, dass die Abschiebung von Ausländern aufgrund der ursprünglichen Rechtslage „mit Schwierigkeiten verbunden“ gewesen sei, die nun mit der Abschiebungsanordnung überwunden würden. Sie solle „in Einzelfällen von herausragender Bedeutung zur Anwendung kommen“. Der Rechtsschutz wurde auf eine Instanz vor dem Bundesverwaltungsgericht verkürzt. Ob dies in der vorliegenden Form verfassungsmäßig ist, ist fraglich, da das Grundrecht auf angemessenen Rechtsschutz gem. Art. 19 Abs. 4 GG auch für Ausländer gilt.[855]

---

[851] So das Informations- und Schulungsmaterial zum Gesetz zur Steuerung und Begrenzung der Zuwanderung und zur Regelung des Aufenthalts und der Integration von Unionsbürgern und Ausländern (Zuwanderungsgesetz) des niedersächsischen Ministeriums für Inneres und Sport, Referat 45, Stand: November 2004, (Schulungsmaterial ZuwG Ns) S.64.

[852] Zuständig ist gem. § 58a Abs. 1 AufG die oberste Landesbehörde. Gem. § 58a Abs. 2 AufG kann im Falle einer länderübergreifenden Gefahrenlage das Bundesministerium des Innern im Einzelfall die Zuständigkeit an sich ziehen.

[853] Schulungsmaterial ZuwG Ns., S. 63.

[854] Vorläufige Anwendungshinweise des Bundesministeriums des Innern zum Aufenthaltsgesetz und zum Freizügigkeitsgesetz/EU – Projektgruppe Zuwanderung PG ZU – 128 406, Stand: 22.12.2004 (Vorläufige Anwendungshinweise), 58a.0.1.

[855] Sperlich, ZAR 2002, 180, 183, unter Hinweis auf BVerfGE 35, 382.

(1) Besondere Gefahr für die Sicherheit der Bundesrepublik Deutschland

Der Begriff der besonderen Gefahr für die Sicherheit der Bundesrepublik Deutschland ist nicht mit dem polizeirechtlichen Begriff der öffentlichen Sicherheit identisch, sondern bezieht sich auf die innere und äußere Funktionstüchtigkeit des Staates und seiner Einrichtungen.[856] Der Schutzbereich umfasst insbesondere das Funktionieren staatlicher Einrichtungen. Aber auch nichtstaatliche Einrichtungen sollen vom Schutzbereich umfasst sein, wenn ihre Gefährdung erhebliche Schadensfolgen befürchten lässt. Deswegen sollen auch sog. weiche Ziele, wie Krankenhäuser, Bahnhöfe, Flughäfen, Züge, Wohnanlagen, Fußballstadien, etc. in den Schutzbereich fallen.[857] Dies ermöglicht es, eine Vielzahl von Szenarien unter obigen Begriff zu subsumieren, wodurch er unklar wird.

(2) Terroristische Gefahr

Neu ist der Begriff der terroristischen Gefahr. Wurde bisher bei Ausweisungstatbeständen an die besondere Gefährlichkeit von terroristischen Vereinigungen angeknüpft, so stellt die neue Begrifflichkeit klar, dass es nicht mehr auf eine Mehrzahl von Personen ankommt, sondern schon ausreichend ist, wenn die Gefahr allein durch eine Person hervorgerufen wird.[858] Wann eine terroristische Gefahr anzunehmen ist, ist nicht näher beschrieben. Zwar sind unbestimmte Rechtsbegriffe grundsätzlich zulässig, da sie von der Rechtsprechung ausgefüllt werden können. Da aber für die Überprüfung der Rechtmäßigkeit einer Abschiebungsanordnung allein das Bundesverwaltungsgericht zuständig ist, ist weniger mit einer regen Auseinandersetzung in der Rechtsprechung zu rechnen. Der Begriff wird daher im Wesentlichen der Auslegung durch die Innenminister unterliegen und damit in höchstem Maße politischen Schwankungen ausgesetzt sein. Alles deutet, angesichts der aktuellen Bedrohungen durch islamistisch motivierten Terrorismus, auf eine Anwendung insbesondere auf Personen hin, die mit islamischen Gruppen in Kontakt stehen.[859] Tatbestandlich muss es sich bei dem Vorliegen einer terroristischen Gefahr um eine Bedrohungslage handeln, die von der besonderen Gefahr für die Sicherheit der Bundesrepublik Deutschland gemäß § 58a Abs. 1 S.1 Alt.1 AufG abweicht, da ansonsten die zusätzliche Benennung der terroristischen Gefahr als Tatbestandsmerkmal überflüssig gewesen wäre. Wenn aber die Gefährdung der Funktionstüchtigkeit von staatlichen und nichtstaatlichen Einrichtungen schon in dem anderen Tatbestandsmerkmal aufgeht, stellt sich die Frage, was genau das Merkmal der terroristischen Gefahr noch umfassen soll. Anschläge wie in New York, London, Istanbul, Bali, Madrid, Moskau und Beslan[860] fallen zweifellos schon unter die

---

[856] Vgl. Hierzu BVerwGE 109, 1 ff.
[857] Vorläufige Anwendungshinweise 58a.1.3.
[858] So auch: Vorläufige Anwendungshinweise 58a.1.4.
[859] Marx, ZAR 2004, 275, 278.
[860] Vgl. hierzu: Dederer, JZ 2004, 421, 422.

erste Alternative. Die Abwehr derartiger Anschläge kann folglich nicht mehr der zweiten Alternative unterliegen. Übrig bleibt allein die Überlegung, die Person selbst als Gefahr anzusehen. Die Gefahr wäre damit nicht mehr ein objektiv vorliegender Zustand, sondern in Form einer Person subjektiviert. Rechtlich gesehen handelt es sich hierbei nicht um eine konkrete Gefahr im Sinne des Polizeirechts. Vielmehr handelt sich um den Versuch der Legaldefinition einer bestimmten Art von Mensch als Gefahr per se[861]. Dabei soll es sich offenbar um den Stereotyp eines islamistischen Terroristen handeln, der schwerlich tatsächlich definierbar ist, aber in Form von vermeintlichen Schläfern, potentiellen Selbstmordattentätern oder Teilnehmern an Al-Kaida-Ausbildungscamps[862] allgemein vorzuschweben scheint. Es ist nicht ausgeschlossen, dass im Laufe der Zeit Bestrebungen geben kann, weitere gewaltsame gesellschaftliche Phänomene ebenfalls dem Begriff der terroristischen Gefahr untergeordnet werden. Die vage Gesetzesformulierung birgt daher Gefahren in sich.

Da der einzelne Mensch selbst als Anknüpfungspunkt dienen soll, ist festzustellen, dass hier der polizeirechtliche Gefahrenbegriff und die strafrechtliche Zurechenbarkeit ineinander fließen, obwohl keine Zurechnung zu einer strafbaren Handlung, sondern nur zu einer möglichen Gefährdung erfolgt. Die dogmatischen Auswirkungen dieser Figur sind bislang nicht absehbar. So wird zwar behauptet, dass das Aufenthaltsgesetz mit dem Hinweis auf „sicherheitsgefährdendes Handeln" in § 5 Abs. 4 S. 2 AufG einen auf „individueller Verantwortlichkeit ausgerichteten Handlungsbegriff" habe schaffen wollen, so dass das von einer betroffenen Person ausgehende Gefährdungspotential staatliche Schutzpflichten begründe.[863] Diese Auffassung übersieht jedoch, dass für das Vorliegen der tatbestandlichen Voraussetzungen nicht einmal eine „Handlung" vom Betroffenen abverlangt wird. Als ausreichend wird nämlich schon dessen „terroristische" Prägung angesehen.[864] Diese müsse im Rahmen der gesetzlich vorgesehenen Gefahrenprognose erkennbar werden.

(3) Gefahrenprognose

Die Abschiebungsanordnung ist aufgrund einer Gefahrenprognose zu erlassen. Diese Gefahrenprognose ist aber nicht mit der Einschätzung, ob eine polizeiliche Gefahr vorliegt, vergleichbar. Die Gefahrenprognose im neuen Aufenthaltsrecht beinhaltet eine behördliche Einschätzung über mögliche künftige Gefahren.[865]

[861] So zum Terrorismusbekämpfungsgesetz: Müller-Heidelberg, vorgänge 2002, 21, 28.
[862] Dederer, JZ 2004, 421, 423.
[863] So z.B. Marx, ZAR 2004, 275, 278.
[864] Marx, ZAR 2002, 127, 131 unter Hinweis auf BVerfG EZAR 200 Nr. 36; sowie ähnlich: Weichert, Der Schlepper 2004, 46, der von verdächtigen Verhaltensweisen spricht.
[865] Bender, KJ 2003, 131, 135 unter Verweis auf die seinerzeitige Initiative des Bundesratsinnenausschusses, BR-Ds. 920/1/01 S.41.

Es ist also nicht von Bedeutung, ob eine konkrete Gefahr vorliegt oder eine solche wirklich entstehen wird. Die Gesetzessystematik verlangt, dass das Gewicht und der Umfang der hier erheblichen Gefährdung die Gefährdungssituation, die im Rahmen eines Regelausweisungsgrundes erforderlich ist, deutlich übertrifft.[866] Ansonsten wäre die Normierung der Regelausweisungsgründe überflüssig gewesen. Ist dort die Annahme einer Unterstützungshandlung oder Angehörigkeit zu einer terroristischen Vereinigung ausreichend, so müsste für den Erlass einer Abschiebunganordnung bei der Gefahrenprognose mindestens ein gesteigerter Gefährdungsumstand hinzutreten. Das Gesetz unterlässt es jedoch, derartige Gründe dezidiert zu benennen und überlässt die Einschätzung der Behörde. Daher kann nur gemutmaßt werden, welche Kriterien entscheidend sein sollen. Mit dem Bestimmtheitsgrundsatz kann dies kaum in Einklang gebracht werden.

Eine Abschiebung als Sofortmaßnahme mit stark beschränktem Rechtsschutz ist von gravierender Eingriffsintensität und hätte deswegen vom Gesetzgeber eine erhöhte Regelungsdichte abverlangt. Hierzu fehlte aber offenbar der politische Wille.

c) Fazit

Für die Feststellung einer vermeintlichen „terroristischen" Prägung eines Betroffenen kommen grundsätzlich viele Umstände in Betracht. Dabei kann nicht nur die Angehörigkeit zu einer terroristischen Vereinigung aus den dargestellten Gründen eine Rolle spielen. Gerade Einzeltäter[867] sollen von der Norm ebenfalls erfasst sein. Es wird daher in der Praxis insbesondere auf die Kontakte des Ausländers zu bekannten oder mutmaßlichen Terroristen und auf seine öffentlichen Meinungsäußerungen ankommen. Eine besondere Rolle kommt in diesen Zusammenhang den Nachrichtendiensten zu, die die ihnen zur Verfügung stehenden personenbezogenen Daten den Ausländerbehörden übermitteln sollen.[868] Insbesondere sind die nachrichtendienstlichen Untersuchungen zu Struktur und Funktionsweise islamistischer Netzwerke von Bedeutung, die auch einer polizeilichen Sachbearbeitung nutzbar gemacht werden.[869] Eine effiziente Prävention setzte nämlich voraus, dass der Polizei sicherheitsrelevante Informationen von Nachrichtendiensten und Europol zufließen.[870] Ebenfalls ist zu berücksichtigen, dass die erfoderliche Gefahrenprognose lediglich teilweise auf Tatsachen beruhen soll. Dies bedeutet, dass die Tatsachen mit Vermutungen vermischt werden. Es reicht also eine Art vager Terrorismusverdacht. Der Effekt ist mit den Effekten der vorbeugenden Bekämpfung

---

[866] So Marx, ZAR 2004, 275, 279; BVerfGE 35, 382.
[867] Vorläufige Anwendungshinweise 58a.1.4. Der Begriff des Einzeltäters ist hier völlig fehl am Platze, da es zum Zeitpunkt der Gefahrenprognose noch keinen Straf-„täter" geben kann.
[868] Fehn, Kriminalistik 2004, 709, 710.
[869] Würz, Kriminalistik 2005, 10, 12.
[870] Erbel, Aus Politik und Zeitgeschichte 2002, 14, 18.

von Strafaten vergleichbar.[871] Die damit einhergehenden Unschärfen[872] fallen zu Lasten der muslimischen Bevölkerung in Deutschland.

7. *Zwischenergebnis*

Die untersuchten Rechtsgrundlagen unterscheiden sich zum Teil sehr deutlich voneinander. Die Unterschiede bestehen in dreierlei Hinsicht. Klassische Ermittlungsmaßnahmen aufgrund eines Anfangsverdachts und Maßnahmen zur Abwehr einer konkreten Gefahr, wie auch die Schleierfahndung erfolgen offen und für den Betroffenen wahrnehmbar. Die Rasterfahndung und die anderen Maßnahmen zur vorbeugenden Bekämpfung von Strafaten hingegen erfolgen verdeckt. Demgegenüber knüpft die Rasterfahndung wie der Anfangsverdacht und die konkrete Gefahr an tatsächliche konkretisierbare Umstände und Vorgänge an. Die anderen Maßnahmen erfolgen anlass- und ereignisunabhängig. Große Unterschiede bestehen hinsichtlich des Grades an Bestimmtheit der verwendeten tatbestandlichen Voraussetzungen. Bei den Maßnahmen zur Verhütung von Straftaten und insbesondere zur Vorsorge für die künftige Strafverfolgung konnte gar ein Mangel an Tatbestandlichkeit festgestellt werden. Der Mangel an tatbestandlichen Voraussetzungen hat zur Folge, dass den Regelungen keine Begrenzungsfunktion zukommt.[873] Es liegt insofern auch nur eine Scheintatbestandlichkeit vor.[874] Fehl geht die Auffassung, dass die anlass- und ereignislosen Maßnahmen wie die Schleierfahndung nur vordergründig jedermann polizeipflichtig erscheinen ließen.[875]

Auch Europols operative Datenanalyse erfolgt anlass- und ereignislos und kann jeden Menschen innerhalb dessen Zuständigkeitsbereichs in den Fokus einer Datenanalyse geraten lassen.[876] Die „europäische Rasterfahndung in Analysedateien“[877] erfolgt im Gegensatz zu den Regelungen zur Rasterfahndung in Deutschland weder notwendigerweise zur Aufklärung einer bereits begangenen Straftat noch zur Abwehr einer gegenwärtigen Gefahr. Unter Europol werden die polizeilichen Maßnahmen frei.[878] Die Eingriffsschwelle ist unter die Gefahrengrenze abgesenkt worden.[879] Denn eine konkrete Gefahr soll keine Eingriffsvoraussetzung sein. Eine normative Verdachtsvermutung in der EPK sorgt dafür, dass die Möglichkeit einer Verwicklung in kriminelle Vorgänge, sei es als möglicher Täter, Zeuge oder Opfer

---

[871] Bender, KJ 2003, 131, 139.
[872] Bender, KJ 2003, 131, 133.
[873] Kniesel, Kriminalistik 1996, 229, 236.
[874] Schütte, ZRP 2002, 393, 395; Kniesel, Kriminalistik 1996, 229, 236; A.A.: Walter, Kriminalistik 2004, 668, 669.
[875] So aber: Walter, Kriminalistik 2004, 668, 669.
[876] Albrecht/Braum, KritV 2001, 312, 345.
[877] Hilbrans, in: Innere Sicherheit als Gefahr, S. 269.
[878] So Frehsee, in: Konstruktion der Wirklichkeit, S. 23 in Bezug auf Vorfeldmaßnahmen im Allgemeinen.
[879] Petri, KritV 1998, 441, 450.

ausreichen soll. Da der Zuständigkeitsbereich Europols sehr weit gefasst ist, müssen nicht einmal besonders hochrangige Rechtsgüter betroffen sein. Sämtliche Charakteristika von Vorfeldbefugnissen liegen bei Europol vor.[880]

Richtet sich polizeiliches Handeln aber nicht mehr nach Zurechnungsprinzipien und Wahrscheinlichkeiten, verlässt es den Boden von Tatsachen und entwickelt sich, wie eingangs erwähnt, zu einer Tätigkeit auf Vermutungsbasis.[881] Die Eingriffsschwellen lassen sich in solchen Fällen nicht mehr eindeutig bestimmen. Die tatbestandliche Öffnung für die Anknüpfung an Möglichkeiten geht notwendigerweise mit unbestimmten Kriterien einher. Infolgedessen würden die Betroffenen nicht mehr wie gesetzestreue Bürger behandelt werden. Im Gegenteil. Das Anknüpfen an zu bekämpfende Risiken führt zu staatlichem Misstrauen gegenüber jedermann.[882] Dies ist das Kennzeichen eines auf Prävention setzenden Staates. Jeder kann irgendwie verdächtig sein.[883]

Solange es um Risikobekämpfung geht, erscheint jede Person als ein potenzieller Störer. Hebt die Polizei an, Risiken bereits weit im Vorfeld von Gefahren zu bekämpfen und zu verhüten, so hat dies zwangsläufig zur Folge, dass es keine rechtlich fassbare Eingriffsschwelle mehr gibt. Die Schwelle zum staatlichen Eingriff wird nicht mehr beim Vorliegen gesetzlich bestimmter Tatsachen überschritten, sondern faktisch zu jenem Zeitpunkt, den die handelnden Behörden für zweckmäßig halten. Die dem zu Grunde liegende Beurteilung basiert auf einer Vielzahl von unterschiedlichen Daten, die auf Seiten der Polizei die Einschätzung hervorrufen, dass die Beschaffung von Informationen über eine bestimmte Person zur Erfüllung des Zwecks erforderlich sei. Die betroffene Person gerät damit mangels Straftat zwar noch nicht unter Tatverdacht. Die Informationsbeschaffung erfolgt aber, weil angenommen wird, dass sich die Person im Laufe der Untersuchungen und weiteren Informationsbeschaffung als insoweit verdächtig herausstellen könnte, dass ihr zugetraut wird, in Zukunft an einer Straftat beteiligt sein zu können. Dieser vage und unbestimmte Verdacht liegt in virtueller Form vor, weil er nur der Möglichkeit nach besteht. Er zeitigt dessen ungeachtet bereits in der Gegenwart polizeiliche Maßnahmen. Die dem Risiko innewohnende Realisierungsungewissheit scheint in der Virtualisierung des Verdachts ihren Widerpart zu haben. Auch dessen Realisierung ist ungewiss.

---

880 Vgl. hierzu: Castillon, Dogmatik und Verfassungsmäßigkeit, S. 47.
881 Bizer, DuD 1999, 1.
882 Kniesel, Kriminalistik 1996, 229, 236.
883 Vgl. Lisken, in: Polizei und Datenschutz, S. 32ff.

Teil 3

Rechtliche Würdigung der europolizeilichen Eingriffsschwelle

A. DIE FAKTISCHE EINGRIFFSSCHWELLE DES VIRTUELLEN VERDACHTS

I. Virtualität und Europol

Die Bezeichnung der europolizeilichen faktischen Eingriffsschwelle als virtueller Verdacht erfolgt mit Bedacht. Der Begriff der Virtualität ist der einzige, der die untersuchte Eingriffsschwelle korrekt beschreiben kann. Der Ausdruck „virtuell" stammt von dem lateinischen Wort „virtus", welches soviel wie Kraft oder Vermögen bedeutet und bezeichnet etwas Gedachtes, etwas Potenzielles, das keine Gegenständlichkeit besitzt. Somit ist etwas dann virtuell, wenn es der Kraft oder der Möglichkeit nach vorhanden ist.[884] Das Virtuelle nimmt einen Platz zwischen Wirklichkeit und Nicht-Wirklichkeit, zwischen den aktualisierten und nichtaktualisierten Möglichkeiten ein[885]. Es unterscheidet sich von der Fiktion dadurch, dass letztere einen Bereich der Nicht-Wirklichkeit beschreibt, wohingegen die Virtualität über eine Latenz zum Realen verfügt und ungeachtet ihrer Nicht-Existenz Wirkungen entfalten kann. *Matussek*[886] stellt fest:

- Virtualität ist eine nicht aktualisierte Möglichkeit oder besser gesagt eine Option, die im Denken und Handeln erreicht werden kann, sich aber nicht realisieren muss. Somit steht Virtualität für einen Zustand der „Möglichmachung" von Alternativen zum bereits Verwirklichten. Indem die Grenzen der bestehenden Wirklichkeit in den Bereich des Möglichen verschoben werden und Dinge, Zustände, Beziehungen, Gegebenheiten oder Zusammenhänge die Option der Überschreitung dieser Grenzen beinhalten, entsteht das Virtuelle, weil es Möglichkeitshorizonte eröffnet, die an die Wirklichkeit heranrücken und so Wirklichkeitsalternativen darstellen. Analog ist etwas genau dann als virtuell zu bezeichnen, wenn es das zuvor definierte Merkmal der „Vermöglichung" besitzt.

- Virtualität ist etwas Gemachtes, Hergestelltes, Erzeugtes oder Produziertes und nichts von vorne herein Gegebenes und wird durch Virtualisierung erreicht.

- Virtualisierung ist als ein wahrnehmbarer Prozess zu verstehen, der die Grenzen der Wirklichkeit ausdehnt, indem bisher Gegebenes durch nicht-aktualisierte Möglichkeiten verändert, erneuert oder erweitert wird.

- Es existieren verschiedenste Virtualisierungstechniken, insbesondere die Techniken der Inszenierung und Simulation. Diese dürfen natürlich nicht mit Virtualität gleichgesetzt werden.

---

[884] Matussek, Virtuelle Realität als Schwellenphänomen, Internet am 12.8.2004.
[885] Esposito, Fiktion und Virtualität, S.269.
[886] Matussek, Virtuelle Realität als Schwellenphänomen, Internet am 12.8.2004.

- Zur Inszenierung gehört beispielsweise der Aufbau einer Bühne, die den Einblick in eine andere Welt ermöglicht oder die Komposition eines Musikstücks oder Bildes, wodurch das Unsichtbare sichtbar bzw. das Unbeobachtbare beobachtbar werden soll. Eine Inszenierung verfolgt den Zweck, das Ungewöhnliche, Nicht-Alltägliche künstlich herbeizuführen und für den Beobachter wahrnehmbar zu machen bzw. das Imaginäre zu konstruieren.

Das Virtuelle ist etwas, das sich nur der Möglichkeit nach aktualisieren kann und schon hierdurch auf die Realität Einfluss nimmt. Diese Eigenschaft unterscheidet das Virtuelle vom rein Potenziellen. Virtualität wird durch eine Virtualisierung geschaffen, die Ausdruck einer Inszenierung des Imaginären – also Fiktiven – ist.

Die Europol-Konvention schafft im Wege einer normativen Verdachtsvermutung[887] die Fiktion, bestimmte Personen seien per se verdächtig und virtualisiert sie, indem die von der Vermutung ausgehende Wirklichkeitsinszenierung konkrete Informationseingriffe in Form der Datenanalyse und im Zweifel unberechtigterweise weitere Ermittlungsmaßnahmen zur Folge hat. Tatsächlich dient Europol der Verdachtsgewinnung durch Informationsverdichtung. Die Virtualisierung schafft den virtuellen Verdacht, der sich nach dessen eigener Vermöglichung als Anfangsverdacht bezüglich bestimmter Straftaten verwirklichen soll. Ein fiktiver Verdacht ist der virtuelle Verdacht hingegen nie. Denn dem stehen seine transzendendierenden Wirkungen entgegen.

Da die nachgebildete Wirklichkeit der Virtualität gegenüber der traditionell als gegebene Wirklichkeit verstandene Wirklichkeit an Wirklichkeit gleichkommen soll, ist auch der Begriff der virtuellen Realität hilfreich. Die virtuelle Realität umfasst die Verdichtung des Virtuellen zu Wirklichem und die Auflösung des Wirklichen zu Virtuellem.[888] Der erste Aspekt der virtuellen Realität spiegelt sich in der Analysetätigkeit Europols wider. Die per Analyse vorgenommene Informationsverdichtung mittels digital vorhandener Datensätze soll Ermittlungsansätze transzendieren und gegebenenfalls einen strafrechtlichen Anfangsverdacht hervorbringen. Der zweite Aspekt äußert sich in der Virtualisierung der Wirklichkeit durch die oben beschriebene Normierung der rechtlichen Fiktion der Verdachtsvermutung zum Zwecke der Bekämpfung besonders schwerer Kriminalitätserscheinungen. Ob dies aber *wirklich* gelingen kann, ist fraglich. Denn *Vaihinger*[889] schreibt: „Im Begriff der virtuellen Realität kommt die Sehnsucht nach Wirklichkeitsbewältigung und der Wunsch nach Kompensation einer als unbewältigbar erfahrenen Wirklichkeit zum Ausdruck."

---

[887] Feest/Blankenburg, Die Definitionsmacht der Polizei, S. 54 sprechen insoweit vom „gesetzlichen Verdacht", der in früheren Tagen insbesondere Vagabunden, Landstreicher, Zigeuner, Juden u.a. in der Weise traf, dass sie generell als verdächtig anzusehen waren.

[888] Vaihinger, Virtualität und Realität, S. 21.

[889] Vaihinger, Virtualität und Realität, S. 27.

II. Der virtuelle Verdacht

Nachdem erarbeitet worden ist, dass es sich bei der europolizeilichen Eingriffsschwelle um einen virtuellen Verdacht handelt und die diesem zu Grunde liegende Begrifflichkeit dargestellt worden ist, sollen nun die Funktion, die besonderen Merkmale und die Folgen dieser Eingriffsschwelle im Mittelpunkt der anschließenden Ausführungen stehen. Dazu findet eine vertiefte Auseinandersetzung mit dem Verhältnis zwischen virtuellem Verdacht und dem polizeilichen Handlungskonzept der Risikovorsorge statt. Auf diese Weise werden der Inhalt und die Wirkungen des virtuellen Verdachts begreifbar, so dass im Anschluss eine Prüfung der Verfassungsmäßigkeit dieser Eingriffsschwelle vorgenommen werden kann.

1. Die Funktion des virtuellen Verdachts

Wie oben festgestellt werden konnte, ist der faktische Eingriffshorizont für die Analysemaßnahmen die Annahme eines mehr auf die schlichte Möglichkeit einer unspezifischen kriminellen Verwicklung[890] einer Person und weniger auf die Wahrscheinlichkeit einer Tatbeteiligung abstellenden virtuellen Verdachts.[891] Die Voraussetzungen für die Annahme werden in der EPK nicht normativ beschrieben. Die EPK benennt allein Typen von Personen, bei denen die Informationseingriffe zulässig sein sollen. Der virtuelle Verdacht kann schwer dem Strafverfahrens- oder dem Polizeirecht zugeordnet werden. Er ist Ausdruck einer sich von normativen Beschränkungen lösenden, grenzüberschreitenden, polizeilich-operativen Sicherheitsstrategie zur umfassenden Bekämpfung selektierter Kriminalitätserscheinungen.

Europol ist ausgehend von seinem Aufgabenbereich darauf ausgerichtet, die nationalen Polizeien bei der Wahrnehmung ihrer Aufgaben durch Vorfeldermittlungen zu unterstützen. Zu diesem Zweck betreibt Europol die operative Datenanalyse und greift damit in das Recht auf informationalle Selbstbestimmung einer Vielzahl von Personen ein. Der Eingriffszeitpunkt liegt in der Regel im Vorfeld von Anfangsverdacht und konkreter Gefahr. Die ins Auge gefassten Bedrohungen der organisierten Kriminalität und des Terrorismus sind zugleich diffus und intensiv.[892] Im Zentrum der Tätigkeit von Europol befinden sich daher die Risikoerkennung

---

[890] Kübler, Die Säulen der Europäischen Union, S.110 stellt hierzu fest: „Für alle Personengruppen gilt, dass der Verdacht, also nur die immerhin durch Tatsachen erhärtete Möglichkeit, einer zukünftigen Verstrickung in eine Straftat – ob als Zeuge, als Opfer oder als Täter – für die Speicherung ausreicht."

[891] Im Zusammenhang mit dieser Wesenseigenschaft, nämlich verdächtigt zu werden, weil man eben verdächtig sei, verweist Schulz, Normiertes Misstrauen, S. 190 auf die Hexenprozesse. Die Schaffung einer hierauf basierenden Eingriffsbefugnis entpuppt sich somit als Griff in die Mottenkiste neuzeitlichen Wahns.

[892] So Hassemer, vorgänge 1993, 54, 55; jedoch ohne konkreten Bezug zu Europol.

und die Vorbereitung entsprechender Risikobekämpfungsmaßnahmen.[893] Das dahinter stehende Konzept ist das der Risikovorsorge.

a) Relativität des Risikobegriffs

Jede menschliche Handlung birgt Risiken in sich. Die Unausweichlichkeit riskanter Handlungen sagt jedoch nichts darüber aus, wie mit der Existenz von Risiken umgegangen werden soll.[894] Weder müssen alle Risiken hingenommen werden, noch sind sie alle zu unterdrücken. Ein Risiko kann als „Motor des Fortschritts" sogar wünschenswert sein.[895] Die Bewertung von Risiken ist daher selektiv und relativ. Eine normative Definition des Risikobegriffs liegt noch nicht vor. Im Vergleich zur Gefahr zeichnet sich das Risiko dadurch aus, dass die Eintrittswahrscheinlichkeit, der Schadensumfang und die Verursachungszusammenhänge ungewiss sind.[896] Risiken können im Unterschied zu konkreten Gefahren nicht mit den Mitteln der Lebenserfahrung erfasst werden[897]. Um Risiken beizukommen, wird auf Vorsorge gesetzt. Vorsorge versteht sich als die Gesamtheit aller Maßnahmen, die zum Zwecke der Verhütung oder Eindämmung der sich realisierenden negativen Folgen eines Risikos getroffen werden können. Ziel der Maßnahmen ist die Risikoerkennung, -vermeidung und -minimierung.[898] Die Risikovorsorge umfasst im Bereich der vorbeugenden Bekämpfung von Straftaten dessen beide Aspekte: die Verhütung von Straftaten und die Vorsorge für die künftige Strafverfolgung.

b) Ursprung des Vorsorgeansatzes

Risikovorsorge gibt es in vielen Rechtsgebieten. Sie beginnt bei der Sozial- und Krankenversicherung und führt über das technische Sicherheitsrecht zum Atom- und Umweltrecht. Dort wo eine Vielzahl chemischer und physikalischer Prozesse ablaufen, resultieren unvorhersehbare Schadensmöglichkeiten. Um dennoch ein Mindestmaß an Sicherheit zu gewährleisten, werden Vorsorgemaßnahmen getroffen, die darauf hinauslaufen, das Gefährdungspotenzial durch die Festsetzung von Qualitäts- und Sicherheitstandards, die einer zuverlässigen Kontrolle unterliegen, zu minimieren.[899] Die dadurch angestrebte Risikominimierung soll ein Gefühl von Sicherheit vermitteln.[900] Technische Risikovorsorge kann jedoch keine Sicherheit ga-

[893] Europol-Jahresbericht 2001, S. 18.
[894] Prittwitz, Strafrecht und Risiko, S. 66.
[895] Prittwitz, Strafrecht und Risiko, S. 67.
[896] Neumann, Vorsorge und Verhältnismäßigkeit, S. 89.
[897] Zu den Gefahren der Nutzung der Kernenergie: Aulehner, Polizeiliche Gefahren- und Informationsvorsorge, S.109.
[898] Glaeßner, Aus Politik und Zeitgeschichte, 2002, 3, 11.
[899] Vgl. hierzu insgesamt die Ausführungen bei Aulehner, Polizeiliche Gefahren- und Informationsvorsorge, S. 106 ff.
[900] Prittwitz, in: Konstruktion der Wirklichkeit, S. 54.

rantieren, sondern nur einen bewussten Ausgleich schaffen zwischen den Betreiberinteressen und den Interessen der Allgemeinheit, von Schäden verschont zu bleiben. Ist der Betrieb einer Anlage erst einmal genehmigt, kann die Normalgegenwart durch Vorsorge nicht wieder hergestellt werden.[901]

Im Umweltbereich spielen daher ökologische „Kollektivrechte“ eine größere Rolle als Individualrechte. Angesichts der chronischen Belastung der Umwelt gehört die Störung der natürlichen Wirkungszusammenhänge zur Normalität und nicht zum Ausnahmezustand.[902] Die präventive staatliche Intervention wird zunehmend zum Dauerzustand. Voraussetzung der Prävention ist die Erkennung der bestehenden Risiken. Informations- und Wissenvorsorge wird damit zur kognitiven Voraussetzung aller Maßnahmen der Technikkontrolle.[903] Angesichts der damit einsetzenden Wissensgenerierung ergaben sich neue Probleme. Hintergrund ist die Erosion der naturwissenschaftlichen Ursache-Wirkungsmodelle durch Begriffe wie Komplexität, Nichtlinearität und schließlich Chaos.[904] Die heutige Wissenschaft sieht sich nämlich zum Teil dem Dilemma ausgesetzt, dass je mehr geforscht und Wissen angesammelt wird, sich die Einsicht durchsetzt, dass Zusammenhänge nicht in der erwarteten Einfachheit vorliegen, sondern zum Teil verborgen bleibenden Gesetzmäßigkeiten gehorchen. Die Vorsorge im Umweltbereich musste daher schon früh auf eindeutige Kausalbeziehungen verzichten und mit einem vagen Beziehungsgeflecht aus Ursache und Wirkung operieren.[905] Ins Blickfeld der Vorsorge rückte damit ein weites Spektrum an Vorgängen.

c) Merkmale der Risikovorsorge und die Rolle des Rechts

Der Umfang der Vorsorge ist vom politischen Entscheidungsträger zu verantworten und als solcher schon von sich aus wertend. Da die Existenz eines Risikos von der Frage abhängt, wer den möglichen Nutzen, die Chancen aus der Schaffung des Risikos hat und wer einen möglichen Schaden erleiden kann, ist der Begriff des Risikos nicht objektivierbar[906] und zwingend perspektivisch. Schon die Feststellung eines Risikos ist daher eine wertende Handlung. Die Vorsorge kann aus diesem Grunde selbst nur selektiv sein. Die Justierung fester Grenzwerte scheitert daran, dass selten fixierbare Schwellenwerte erkennbar sind.[907] Denn neues Wissen offenbart zugleich die neuen Wissenslücken. Die Zunahme an Ungewissheit soll durch neues Wissen balanciert werden. Problematisch ist, dass dieser Art der Vorsorge folglich eine implizite Expansion zu eigen ist, die ihrerseits Risiken besonderer Art hervorbringt.

---

901 Neumann, Vorsorge und Verhältnismäßigkeit, S. 90.
902 Wolf, in: Rechtliches Risikomanagement, S. 75.
903 Wolf, in: Rechtliches Risikomanagement, S. 77.
904 Wolf, in: Rechtliches Risikomanagement, S. 83.
905 Hoffmann-Riem, Die Verwaltung, 2005, 145, 166.
906 Aulehner, Polizeiliche Gefahren- und Informationsvorsorge, S. 283.
907 Wolf, in: Rechtliches Risikomanagement, S. 81.

Die Risiken des Risikorechts liegen nicht nur in der nutzlosen Dauerproduktion neuen Wissens und Nichtwissens, sondern auch in der Frage, ob die Folgen von Fehleinschätzungen genügend berücksichtigt sind.[908] Eine Zentralfunktion des Rechts liegt in der Zuordnung von Verantwortlichkeiten für Risiken.[909] Rechtliche Steuerung erfolgt aufgrunddessen mit dem Ziel, normativ erwünschte Folgen zu fördern und unerwünschte Wirkungen zu vermeiden.[910] Recht wirkt damit kontrafaktisch. Grundlage zur Erreichung dieses Ziels ist eine ausreichende Wissensbasis. Anders als bei der Produktion von Recht hat der Staat jedoch kein Monopol bei der Produktion von Wissen.[911] An das dem Vorsorgeprinzip folgende Risikorecht wird aber die Hoffnung geknüpft, es könnten verlässliche normative Dämme gegen die Ungewissheiten in den Wirkungszusammenhängen errichtet werden. Im Ergbnis fungiert die Vorsorge also als Sicherheitssurrogat.[912]

Als Konsequenz konzentrieren sich die Vorsorgemaßnahmen auf die Minimierung der vermuteten Risikofaktoren und auf die Sensibilisierung der Annahmen.[913] Damit geht eine Loslösung vom Kausalprinzip einher. Denn die Eingriffe erfolgen nicht im Wissen um tatsächliche Zusammenhänge, sondern in und wegen der Ungewissheit über vermutete Zusammenhänge. Das Paradigma der Kausalität erfährt im Vorsorgeprinzip seine Negation.[914] Im Zuge dessen wird nämlich der individualisierbare Verursacher durch ein breites Spektrum von möglichen Risikoproduzenten ersetzt und das Kausalprinzip durch vage Allverantwortlichkeiten entgrenzt.[915]

Das Polizei- und Strafprozessrecht allerdings erfordert die allgegenwärtige Präsenz des Kausalnexus' überall dort, wo es nicht um den Zustand einer Sache, sondern um das Verhalten einer Person geht. Die Anwendung umweltrechtlicher Handlungsmaximen auf das verantwortungsvoll handelnde Individuum, wie es die These der Risikogesellschaft fortschreitend verlangt, ist zurückzuweisen. Eine solche Betrachtungsweise differenziert nicht nach den Gegenständen der einzelnen Rechtsgebiete[916] und übersieht, dass Menschen im Gegensatz zu Sachen Träger von Grundrechten sind. Das staatliche Gewaltmonopol ist deswegen auf punktuelle, einzeln begründungsbedürftige Eingriffe beschränkt. Nur über das Kausalprinzip kann die erforderliche Eingriffsbegrenzung hergestellt werden.

---

908 Hoffmann-Riem, Die Verwaltung, 2005, 145, 148.
909 Wolf, in: Rechtliches Risikomanagement, S. 69.
910 Hoffmann-Riem, Die Verwaltung, 2005, 145, 163.
911 Wolf, in: Rechtliches Risikomanagement, S. 78.
912 Wolf, in: Rechtliches Risikomanagement, S. 80.
913 Wolf, in: Rechtliches Risikomanagement, S. 81.
914 Wolf, in: Rechtliches Risikomanagement, S. 81.
915 Wolf, in: Rechtliches Risikomanagement, S. 83.
916 Prittwitz, Strafrecht und Risiko, S. 120.

d) Risikoadaptierte Eingriffsschwelle

Normative Eingriffschwellen sollen die Voraussetzungen erkennen lassen, die vorliegen müssen, damit die Schwelle zum staatlichen Eingriff überschritten werden kann. Die „informationelle Sicherheitsvorsorge"[917] setzt hingegen auf eine offene Eingriffsnorm, die es den Behörden erlauben soll, sich ohne Rücksicht auf konkrete Sachverhalte, umfangreiche Informationen über vermeintliche Risikopersonen zu verschaffen und diese so lange wie möglich nutzen und verarbeiten zu können. Soll der staatliche Eingriff allerdings von konkreten Voraussetzungen und Sachverhalten entkoppelt werden, so kann die dem zu Grunde liegende Eingriffsschwelle nicht normativ vorgegeben werden und wäre nicht mehr auf Anhieb erkennbar. Faktisch entwickelt sie dennoch reale normative Wirkungen gegenüber den Personen, die von den staatlichen Maßnahmen betroffen werden. Denn die Betroffenen werden ungeachtet ihres Verhaltens zur Duldung von Informationseingriffen verpflichtet. Eine solche Norm stellt das verfahrensrechtliche Äquivalent zum Begriff des Risikos dar.

Der Vorsorgeansatz verlegt den staatlichen Eingriff in einen Bereich, in dem mit Ausnahme der stets gegenwärtigen Risiken keine spezifischen Gefährdungssituationen vorliegen müssen. Maßnahmen können zu diesem Zeitpunkt selbst nach der Logik des Vorsorgeprinzips überhaupt nur dann einen Sinn machen, wenn zumindest die Möglichkeit eines künftigen Schadenseintritts besteht. Daher verweisen die einschlägigen Befugnisnormen auf den Erforderlichkeitsgrundsatz.[918] Besteht nicht einmal die Möglichkeit eines Schadenseintritts, ergo kein Risiko, sollen keine Maßnahmen stattfinden. Die hierdurch erreichte Begrenzung ist vernachlässigbar. Die Einschätzung, ob der Eintritt eines Geschehens möglich ist, obliegt keinen meßbaren Kriterien. Grundsätzlich ist vieles möglich und selten kann etwas mit aller Sicherheit ausgeschlossen werden. Soll wie bei der vorbeugenden Bekämpfung von Straftaten für künftige strafbare Handlungen einer Person vorgesorgt oder diese verhütet werden, so müsste zumindest die Möglichkeit bestehen, dass die Straftat tatsächlich begangen werden könnte. Da zum Zeitpunkt des Informationseingriffs nur gemutmaßt werden kann, ob die für möglich gehaltene Straftat begangen wird, ist der mögliche Täterkreis naturgemäß sehr weit. Je unspezifischer die Erwartung des Schadenseintritts ist, desto weiter müsste der Täterkreis gezogen werden. Ist nicht einmal bekannt, welche Straftat begangen werden könnte, ergäbe sich ein noch weiterer Täterkreis.[919] Je unsicherer das Wissen über mögliche künftige Ereignisse ist, desto eher beschränkt sich das tatsächliche Wissen darauf, dass stets ir-

---

[917] Pitschas, JZ 1993, 857, 858.

[918] Art. 8 Abs. 1, 10 Abs. 1 Uabs. 1 u. 2 EPK; Art. 4 Abs. 1 Uabs. 1 DAzA; Vgl auch Petri, Europol, S. 107 ff.

[919] Aden, in: Innere Sicherheit als Gefahr, S. 140, 145 findet Europols Analysedateien besonders deswegen problematisch, weil dort auch Unbeteiligte mit Straftaten in Verbindung gebracht werden.

gendwo irgendwelche Straftaten begangen werden.[920] Jede Person kann potenziell über Informationen verfügen, die für die Vorsorge und Verhütung von Bedeutung werden könnten, zumal sich die Maßnahmen zum Teil gegen Personen richten, deren Existenz nur vermutet wird.[921] In einem solchen Fall könnte die Gesamtheit aller x-beliebigen Personen als potenziell verdächtig angesehen werden.[922] Damit wird der Schritt in die eigens hierzu geschaffene virtuelle Möglichkeitswelt vollzogen.

Ein solcher Verdacht ist vom strafprozessualen Anfangsverdacht grundverschieden. Letzterer setzt nämlich eine bereits begangene Straftat voraus. Die hier in Erscheinung tretende Verdachtsform hingegen wird subjektiviert[923] und bezieht sich auf nur für möglich gehaltene künftige Ereignisse, die Ausdruck einer sich aufgrund intensiver Informationsbeschaffung entwickelnden virtuellen Wirklichkeit sind. Das Vorliegen dieser virtuellen Verdachtsform schafft mangels normativer Kriterien allein eine faktische Eingriffsschwelle. Darüber hinaus verliert dadurch der Anfangsverdacht seine Funktion als Anfangsvoraussetzung des Ermittlungsverfahrens.[924] Denn faktisch können die Ermittlungen gegen eine Person schon vorher beginnen. Auch werden damit die Eingriffsschwellen ihrer freiheitssichernden Funktion[925] beraubt. Stellvertretend für andere unbeherrschbare Risiken wird hier die Kriminalität als Projektionsfläche für das Scheingefühl der Machbarkeit von Sicherheit genutzt.[926]

e) Konstruktion von Wirklichkeit durch Vorsorge

Nach der Eigenlogik der Risikovorsorge müssten staatliche Vorsorgeregelungen und –maßnahmen an das betreffende Risiko angepasst sein, um überhaupt eine Wirkung zu erzielen. Problematisch ist die Tatsache, dass bei Risiken Voraussagen, wie ein Risiko zu vermeiden oder zu verhüten ist, nicht mit aller Sicherheit getroffen werden können. Das liegt an den einem Risiko innewohnenden Ungewissheiten. Der Staat ist deswegen nicht in der Lage, vollständige Sicherheit zu schaffen.[927] Wird dennoch die Schaffung eines Höchstmaßes an Gewissheit und Sicherheit beabsichtigt, so erforderte dies vom Grundsatz her eine umfangreiche Beobachtung der in Frage kommenden Risikosphären. Die zu beobachtenden Risikosphären müssten flexibel erweitert oder verkürzt und die Maßnahmen auch kurzfristig hier-

[920] Schütte, ZRP 2002, 393, 399 stellt zu Recht die Frage, ob sich trotzdem umfangreiche Informationseingriffe legitimieren lassen.
[921] Hoffmann-Riem, ZRP 2002, 497, 500.
[922] Ähnlich das Beispiel bei: Frehsee, Neue Kriminalpolitik 1999, 16, 17.
[923] Albrecht/Braum/Frankenberg/Günther/Naucke/Simitis, KritV 2001, 279, 285 mit Bezug auf Europol.
[924] Vgl hierzu: Hassemer, Strafen im Rechtsstaat, S. 269 f.
[925] Landesverfassungsgericht Mecklenburg-Vorpommern, LKV 2000, 149.
[926] Frehsee, Neue Kriminalpolitik 1999, 16, 20.
[927] Hoffmann-Riem, ZRP 2002, 497, 501.

an angepasst werden können.[928] Im Ergebnis bedeutete dies aber, dass eine gesetzliche Ermächtigung weite Befugnisse sowohl zur Informationsbeschaffung, als auch zur Kontrolle einräumen müsste.

(1) Stereotypisierungen

Ein Problem der Risikovorsorge besteht deswegen in der Ausrichtung nach Stereotypen. Das Vorsorgekonzept galt zunächst möglichen technischen Gefahren, die durch unerforschte naturwissenschaftliche Phänomene verursacht werden. Wird es auf den Menschen übertragen, so werden dessen Handlungen nicht als Ausdruck eines freien Willens, sondern ebenfalls als Ausdruck einer quasi physikalischen Zwangsläufigkeit verstanden. Die Logik rechtsstaatlicher Begrenzungen individueller Freiheiten wird durch das Vorsorgeprinzip damit durchbrochen.[929] Der Eingriffe ermöglichende Gesetzesvorbehalt degeneriert im Lichte des Vorsorgeprinzips von einem Prinzip begrenzter Einzelermächtigungen zu einem Gebot der Qualitätsgewährleistung durch inhaltliche Anforderungen an die rechtliche Steuerung.[930] Vorsorgemaßnahmen gegen menschliche Handlungen knüpfen im Bereich der Risikoerkennung an typisierenden Merkmalen bestimmter Personen an oder an Orte, an denen sich derartige Personen üblicherweise aufhalten sollen. Bestimmten Personen werden damit normativ bestimmte nivellierende Attribute zugerechnet.[931] Der Vorsorgeansatz führt zum Einen zur Typisierung von Risikopersonen und zum Anderen zu Maßnahmen gegen Personen, die in das aufgestellte stereotypische Raster fallen. So fordert *Pitschas* mit Hinweis auf den Vorsorgeansatz eine „täterorientierte Verdachtsgewinnung".[932]

Die oben erörterte Schleierfahndung operiert nach diesem Prinzip. Ohne die Aufstellung von faktischen Selektionskriterien wäre sie nicht durchführbar. Zugleich zeigt dies aber, dass solche Maßnahmen aufgrund genau dieser Eigenart von Anfang an zur selektiven Kontrolle dienen sollen.[933] Durch die zusätzliche Nutzung auch „weicher" Daten, die zum Teil nur auf kriminaltaktischen Vermutungen basieren, wird der typisierende Effekt der selektiven Datenerhebung bei Europol beibehalten und verstärkt. Denn einmal in das Analysesystem eingegebene Daten können ein unkontrolliertes Eigenleben entwickeln. Dies liegt an den Eigenschaften „weicher" Daten. Die gespeicherten ungesicherten Verdächtigungen, Hinweise oder Vermutungen können mit weiteren „harten" oder „weichen" Daten verbunden werden und damit ein Abbild einer nicht existenten Wirklichkeit schaffen, das

---

[928] Aulehner, Polizeiliche Gefahren- und Informationsvorsorge, S. 136 geht hier von „flexiblen Maßstäben" aus.
[929] Wolf, in: Rechtliches Risikomanagement, S. 82
[930] Hoffmann-Riem, Die Verwaltung, 2005, 145, 149
[931] Hierzu passt die Behauptung, dass der „organisierte Verbrecher" sich selbst als Krimineller definiere und deswegen Überzeugungstäter sei; so Sielaff, in: Organisierte Kriminalität, S. 522
[932] Pitschas, JZ 1993, 857, 861
[933] Walter, Kriminalistik 2004, 668, 671 hält dies für bloße Unterstellungen

im Ergebnis zu Stigmatisierungen gerade von Randgruppen führen kann.[934] Schon die übliche Verdachtsschöpfung richtet sich maßgeblich an Stereotypisierungen aus.[935] Denn bereits bei der Begründung eines Anfangsverdachts können grundsätzlich alle abweichenden und auffälligen Merkmale, die in der öffentlichen Meinung einer Geringschätzung unterliegen, einen Verdacht erregen.[936] Dies gilt insbesondere dort, wo der Verdacht allein auf der Intuition des Polizeibeamten beruht.[937]

(2) Taktische Notwendigkeiten

Die polizeilichen Maßnahmen der Risikovorsorge basieren auf taktischen Annahmen zur Risikoerkennung und –minimierung und somit nicht notwendigerweise auf Tatsachen. Die Annahme schafft sich ihre eigene Realität. Zwar schafft das im Rahmen einer polizeirechtlichen Gefahrenprognose erforderliche Wahrscheinlichkeitsurteil kurzfristig auch eine eigene Realität. Dieses fußt aber im Unterschied zum Vorsorgebereich auf klaren Verursachungszusammenhängen, auf eine zeitliche Nähe zum bevorstehenden Schadensereignis und einer nachvollziehbaren Lebenserfahrung. Je mehr die Annahme hingegen taktischen Notwendigkeiten nachgeht, wie es im Fall der Vorsorge ist, desto mehr entspricht auch die daraus hervorgehende vermeintliche Realität diesen Notwendigkeiten und nicht der Wirklichkeit. Von besonderer Bedeutung ist die Einschätzung, wie hoch das zu bekämpfende Risiko und der zu erwartende Schaden eingestuft wird und wie oft sich das Risiko manifestiert. Wird von einem häufigen Vorkommen ausgegangen, werden schon geringfügige Indizien als verdächtig betrachtet.[938] Das hierdurch entstehende Zerrbild der wirklichen Situation lässt die Kriminalpolitik zur puren Sicherheitspolitik werden.[939]

f) Effektivitätsproblematik

Die Schaffung Europols trägt dem „Verfassungsauftrag zur effektiven Kriminalitätsbekämpfung" Rechnung.[940] Die Effektivität von Vorfeldeingriffen, speziell von Europol ist aber nicht unumstritten.[941] Vielfach wird behauptet, Vorsorge sei besser

[934] Krempl, Computer – Daten – Macht, Internet am 22.6.2004.
[935] Eisenberg/Conen, NJW 1998, 2241, 2246; Feest/Blankenburg, Die Definitionsmacht der Polizei, S. 56.
[936] Eisenberg/Conen, NJW 1998, 2241, 2246.
[937] Hierzu: Herrnkind, in: Innere Sicherheit als Gefahr, S. 251, 255; Eisenberg/Conen, NJW 1998, 2241, 2246.
[938] Schulz, Normiertes Misstrauen, S. 460.
[939] Hassemer, vorgänge 1993, 54.
[940] So Schmidt-Jortzig, in: Europäische Sicherheitsunion, S. 136.
[941] Vgl. Präambel bei: Albrecht/Braum/Frankenberg/Günther/Naucke/Simitis, KritV 2001, 279; Hassemer, vorgänge 1993, 54, 60.

als Nachsorge[942] und dass es nicht zugelassen werden könne, dass Kriminelle einen technologischen Informationsvorsprung[943] hätten. Gegen die als „neue Risiken" bezeichneten Phänomene der organisierten Kriminalität und des Terrorismus müsse flächendeckend agiert werden.[944] Präventive Maßnahmen der Risikovorsorge in Form staatlicher Informationsvorsorge[945] werden in Teilen der Literatur als Ausdruck einer Staatsaufgabe „Innere Sicherheit" verstanden, die es effizient wahrzunehmen gelte.[946] Solle die polizeiliche Tätigkeit entsprechend dem Grundsatz der Effektivität polizeilichen Handelns[947] auch angesichts der „neuen Risiken" bestehen, so müsse das rechtliche Instrumentarium entsprechend um die erforderlichen Vorfeldbefugnisse erweitert werden. Der Staat trage die Verantwortung für die Effizienz der Kriminalitätsbekämpfung.[948] *Sielaff* meint, die Verbrechensbekämpfung sei defizitär, solange sie reaktiv sei. Erfolg habe man hingegen nur mit einer proaktiven Strategie, die im Vorfeld anzusetzen habe und auf offensiver Informationsbeschaffung basiere.[949] Der Effektivitätsbegriff wird dabei derart inflationär verwendet, dass bereits ein Gewöhnungseffekt dahingehend einsetzt, dass rechtsstaatliche Bedenken bei neuen polizeilichen Befugnissen regelmäßig hintangestellt werden, „wenn nur die Effizienz der diskutierten Methode behauptet oder auch nur erhofft werden kann".[950]

Die Frage nach der Effektivität ist deswegen bedeutsam, weil unter Berufung auf sie versucht wird, die Verlagerung der Eingriffsschwelle in das Vorfeld von Gefahren und Straftaten zu legitimieren. Mitangestoßen wurde dies durch ein Urteil des *Bundesverfassungsgerichts* von 1972 in dem es hinsichtlich des Aussageverweigerungsrechts eines Sozialarbeiters auf eine Abwägung zwischen dem Schutz des privaten Interesses und „dem Interesse der Allgemeinheit an einer wirksamen Strafrechtspflege, für die es – zur Überführung von Straftätern ebenso wie zur Entlastung Unschuldiger – auf eine möglichst umfassende Wahrheitsermittlung" ankam.[951] Das Gericht lehnte das Aussageverweigerungsrecht unter Hinweis auf ein „rechtsstaatliches Postulat der Aufrechterhaltung einer funktionstüchtigen Strafrechtspflege"[952] ab. Auf diese Weise erhielten Effizienzinteressen den Charakter eines Grundsatzes.[953] Schon früher betonte das Gericht die „Bedürfnisse einer wirksamen Verbre-

---

[942] Tischer, Das System der informationellen Befugnisse der Polizei, S.591.
[943] Kritisch: Hamm, NJW 2001, 3100, 3101.
[944] Kniesel, Kriminalistik 1996, 229, 230.
[945] In den Begriff einführend: Scholz/Pitschas, Informationelle Selbstbestimmung und staatliche Informationsverantwortung, S. 103 ff.
[946] Pitschas, JZ 1993, 857, 858.
[947] Rachor, in: Handbuch des Polizeirechts, Kap F, Rz.240 ff.
[948] So sinngemäß: Pitschas, JZ 1993, 857, 859.
[949] Sielaff, in: Organisierte Kriminalität, S. 508.
[950] Hamm, NJW 2001, 3100, 3101.
[951] BVerfGE 33, 367.
[952] Hierzu sehr eingehend: Hassemer, StV 1982, 275 ff.
[953] Erfurth, Verdeckte Ermittlungen, S. 23.

chensbekämpfung".[954] In späteren Entscheidungen verwies das Gericht auf eine notwendige „Effizienz des Strafprozesses".[955]

Die von Europol geleistete Intelligence-Arbeit wird ebenfalls als Teil einer effizienten Kriminalitätsbekämpfung begriffen.[956] Nicht zufällig wird der Ausbau von Europol als Maßnahme zum Ausgleich von Sicherheitsdefiziten verstanden[957] und Europol auf die Verbesserung und Steigerung der Leistungsfähigkeit der polizeilichen Behörden und ihrer Zusammenarbeit angelegt.[958] Bei Forderungen nach höherer polizeilicher Effektivität wird jedoch häufig übersehen, dass sich Effektivität grundsätzlich immer auf irgend einer Weise steigern lässt und kein veritables Kriterium darstellt. Die Forderung nach immer effektiveren Maßnahmen ist deswegen ebenso maßlos wie die Forderung nach mehr Sicherheit.[959] Die Effektivität staatlichen Handelns darf nicht das zentrale Element polizeilicher Handlungsmaximen sein.[960] Werden die geschaffenen Befugnisse zu weit gefasst, wie dies bei der Risikovorsorge der Fall ist, dann sind sie rechtsstaatlich nicht mehr vertretbar.[961]

Es sind durchaus Bedenken angebracht, wenn behauptet wird, Vorfeldbefugnisse seien zur effktiven Polizeiarbeit notwendig. Denn schon 1998 stellte der jetzige Leiter des BKA fest, dass 95% der polizeilichen Tätigkeiten mit den klassischen Eingriffsbefugnissen des Strafverfahrens- und Polizeirechts wirkungsvoll zu erfüllen sind.[962] Mißerfolge bei der effektiven Bekämpfung seien vielmehr auf Vollzugsdefizite zurück zu führen.[963] Ferner scheint auch eines der Hauptargumente für Vorfeldeingriffe nicht zum Tragen zu kommen: Die Maßnahmen sollen insbesondere dazu dienen, jene Hintermänner erkennbar zu machen, die hinter der organisierten Kriminalität stünden. Da diese nicht selbst in Erscheinung treten, seien verdeckte Maßnahmen zur Verdachtsgewinnung erforderlich. Die bereits angesprochene Untersuchung des LKA Baden-Württemberg im Jahre 2002 brachte hervor, dass die Existenz solcher Personen gerade nicht belegt werden kann.[964] Darüber hinaus ergab sich in der erwähnten Untersuchung, dass die Nachhaltigkeit der Zielverwirklichung von Vorfeldmaßnahmen sogar einer ermittlungsökonomischen Betrachtung im Wege stehen könne. Neue Ansätze zur Bekämpfung der organisierten Kriminalität sollten daher stärker wirtschaftsrechtlich statt sicherheitsrechtlich ausgerichtet

---

[954] BVerfGE 20, 45.
[955] BVerfGE 38, 105, 118.
[956] Forstenhäusler, Kriminalistik 2002, 33, 35.
[957] Bruhn/Risch, Kriminalistik 2000, 2, 4.
[958] Art. 2 Abs. 1 EPK.
[959] Sicherheit ist ebenso wie das Risiko kein objektives Kriterium, sondern das wahrgenommene Ergebnis eines wertenden Kommunikationsprozesses. Vgl. Aulehner, Polizeiliche Gefahren- und Informationsvorsorge, S. 283 ff.
[960] Brenneisen/Martins, Kriminalistik 1996, 526, 609.
[961] Bull, DRiZ 1998, 32, 39.
[962] Ziercke, DuD 1998, 319.
[963] Ziercke, DuD 1998, 319.
[964] Weigand/Büchler, Kriminalistik 2002, 661, 666.

sein.[965] Im Ergebnis heißt das, dass der betriebene Aufwand nicht in einem angemessenen Verhältnis zum Nutzen steht. Der praktische Nutzen von Europol dürfte sich aus den gleichen Gründen trotz hoher Kosten in engen Grenzen halten.[966]

g) Soziale Kontrolle

Die informationsabhängige Risikovorsorge hat mit dem klassischen Strafrecht nicht mehr viel gemein. Sie erweist sich vielmehr als generelles Überwachungsinstrument.[967] In Form von computer- und softwaregestützten Informations- und Analysesystemen kommen die Technologien sozialer Kontrolle zum Einsatz.[968] Die zur Anwendung kommenden Technologien dienen nicht mehr dem Schutz der Allgemeinheit vor einzelnen Übergriffen, sondern erlauben die Kontrolle eines großen Teils der Bevölkerung.[969] Das Mittel hierzu ist die Verdatung von Personen, die zwar noch nichts Rechtswidriges getan haben, denen die Polizei das aber für die Zukunft zutraut.[970] Ausschlaggebend werden die polizeilich definierten Selektionskriterien. Diese sind variabel und grundsätzlich von den jeweils ins Auge gefassten Risiken abhängig. Die präventive Ausrichtung polizeilicher Maßnahmen hat zur Folge, dass für immer neue Risiken vorzusorgen sein müsste.

Der Anspruch staatlicher Risikovorsorge liegt in der Gewährleistung von Sicherheit.[971] Sicherheit wird als ein Zustand der Abwesenheit von Gefahren und Risiken verstanden.[972] Da aber Sicherheit nie vollkommen hergestellt werden kann und die Relativierung des Sicherheitsbegriffs an die Grenze seiner eigenen Aussagefähigkeit führt,[973] kann es nicht um die Schaffung von Sicherheit, sondern nur um die Vermittlung eines Sicherheitsgefühls gehen.[974] Die staatlichen Anstrengungen zur Vermittlung von Sicherheit zeichnen sich aus diesem Grund dadurch aus, dass die Vorsorgemaßnahmen auf alle erdenklichen Risiken ausgeweitet werden. Der Begriff der Risikogesellschaft wird hier als legitimierend eingesetzt.

Der Ansatz, anlass- und ereignislos zu agieren, führt zu einer Nivellierung der Unterschiede zwischen rechtmäßigem und rechtswidrigen Verhalten, da der Bürger sich den Staat auch bei legalem und unauffälligem Verhalten nicht auf Distanz halten kann.[975] Wenn aber selbst regelkonformes Verhalten suspekt ist, dann ist es die

---

[965] Bäumler, DuD 1998, 314, 318.
[966] Aden, in: Innere Sicherheit als Gefahr, S. 140, 146.
[967] Frehsee, in: Konstruktion der Wirklichkeit, S. 25.
[968] Sack/Nogala, in: Polizei und Datenschutz, S. 199.
[969] Frehsee, in: Konstruktion der Wirklichkeit, S. 25.
[970] Hirsch, vorgänge 2002, 5, 7.
[971] Pitschas, JZ 1993, 857, 858.
[972] Isensee, Das Grundrecht auf Sicherheit, S. 26.
[973] Wolf, in: Rechtliches Risikomanagement, S.77.
[974] So zum Risikostrafrecht: Prittwitz, in: Rechtliches Risikomanagement, S. 198.
[975] Zieschang, ZRP 1996, 427, 429.

Gesamtheit aller Bürger, die der Kontrolle unterliegt. Die polizeiliche Befugnis, die erheblichen Selektionskriterien eigenmächtig bestimmen zu können, gibt den handelnden Behörden in höchstbedenklicher Weise die Freiheit, gerade den sozialen Teilbereich zu kontrollieren, der ihnen generell als verdächtig und risikobehaftet erscheint.

2. Merkmale des virtuellen Verdachts

Erst die aufgrund der Existenz moderner Datenverarbeitungstechnologie geschaffenen alternierenden Verknüpfungsmöglichkeiten von Information ermöglichen das Intelligence-Policing. Ohne diese modernen polizeilichen Kriminalitätsanalysemethoden wäre auch der virtuelle Verdacht als Eingriffsschwelle nicht vorstellbar. Umgekehrt ist am Beispiel des automatisierten Datenabgleichs erkennbar, dass zwangsläufig Unverdächtige mitgerastert werden und zu virtuell Verdächtigen mutieren. Die auf Datenverarbeitungstechnologie zurück greifende Polizeitätigkeit kreiert auf diese Weise zwangsläufig Scheinwelten, in denen die betroffenen wirklichen Personen virtuell verdächtig werden und in Folge dessen wirkliche Eingriffe in ihr Recht auf informationelle Selbstbestimmung zu gegenwärtigen haben.

Der Umfang der Datenanalyse ist durch die minimalen rechtlichen Voraussetzungen europolizeilichen Einschreitens kaum eingrenzbar.[976] Die Risikovorsorge begegnet dem Bürger, wie gezeigt, mit Misstrauen und fordert aus diesem Grunde eine weite Eingriffsbefugnis. Das Ausmaß und der Inhalt der Virtualisierung wird erst deutlich, wenn die den Eingriff faktisch auslösenden Gegebenheiten geklärt sind.

a) Deutungshoheit

Die EPK erlaubt die Verarbeitung personenbezogener Daten zu Analysezwecken, wenn eine Person nach Maßgabe des nationalen Rechts als Täter feststeht oder als Täter verdächtigt wird.[977] Auch die Information, wer als Opfer oder Zeuge einer Straftat oder als Kontakt- und Begleitperson einer der anderen Personen angesehen werden kann, unterliegt den nationalstaatlichen Feststellungen. Hinsichtlich abgeschlossener Vorgänge behalten damit ausschließlich die Mitgliedstaaten die Deutungshoheit. Gleiches gilt für künftige Vorgänge, soweit sie die Prognose betrifft, ob eine Person Täter einer Straftat werden könnte, für die Europol zuständig ist.[978] Die EPK schreibt allerdings nicht vor, wer zu beurteilen hat, ob eine Person in Zukunft als Zeuge in Betracht kommt[979] oder ob „bestimmte Tatsachen“ vorliegen,

---

[976] Albrecht/Braum, KritV 2001, 312, 344.
[977] Art. 10 Abs. 1 iVm Art. 8 Abs. 1 Nr. 1 EPK.
[978] Art. 10 Abs. 1 iVm Art. 8 Abs. 1 Nr. 2 EPK
[979] Art. 10 Abs. 1 Nr. 2, 2. Alt. EPK.

die „die Annahme rechtfertigen, dass sie Opfer einer solchen Straftat werden könnten“.[980] Wenn schon für mögliche Täter die erforderliche Annahme nach Maßgabe nationalen Rechts erfolgen soll, so müsste dies erst recht für andere Personen gelten. Es spricht jedoch einiges dafür, dass die Einschätzung von Europol vorgenommen werden soll, da ansonsten nicht zu erklären wäre, weswegen die EPK im Falle möglicher Täter ausdrücklich eine nationalstaatliche Prognose vorschreibt und bei anderen Personen nicht. Hieraus folgt, dass bezüglich dieser Personen Europol selbst beurteilen kann, welche Art einer künftigen Verwicklung anzunehmen sein soll. Dies beeinflusst jedoch vorab die späteren Analysevorgänge.

b) Unspezifische Nähe zur möglichen Straftat

Unabhängig von der Frage, wer die erforderliche Einschätzung vorzunehmen hat, gilt, dass zur operativen Datenanalyse Daten von Personen verwendet werden, die in einer unspezifischen Nähe zu einer begangenen Tat oder sich in unspezifischer Nähe zu einer ihrerseits zu einer Tat in unspezifischer Nähe befindlichen Person befinden oder in Zukunft befinden könnten. Der Eingriff setzt außer in den Fällen des Täters und Tatverdächtigen allein an die Möglichkeit einer Verwicklung der Person in eine Straftat an, für die Europol zuständig ist. Im Rahmen des Vorsorgeansatzes werden selbst Opfer und Zeugen als potenziell verdächtig angesehen, da sie möglicherweise nicht grundlos Opfer oder Zeuge der Straftat geworden sein könnten oder werden könnten. Das Gleiche gilt für Kontakt- und Begleitpersonen. Wann die Möglichkeit der Verwicklung bzw. die unspezifische Nähe zu einer möglichen Straftat vorliegen soll, ist nicht normativ erfasst worden. Die EPK liefert keine rechtlichen Voraussetzungen für den Eingriff, sondern faktisch nur die Anordnung, die Eingriffe vorzunehmen, wenn Europol eine Verwicklung annimmt oder annehmen darf. Es reicht die Möglichkeit, dass die Person irgendwann, irgendwie verdächtig werden könnte.[981]

Da es bei der operativen Datenanalyse im Besonderen und bei der Risikovorsorge im Allgemeinen darum gehen soll, Hintergrundstrukturen und Kriminalitätsfelder sichtbar zu machen, die wegen der besonderen Begehungsweisen und der geringen Anzeigebereitschaft angeblich kaum aufgedeckt werden können, werden neben den Daten von Verdächtigen auch die Daten von Zeugen und Opfer verarbeitet. Denn diese könnten u.U. selbst Angehörige des beobachteten Milieus sein. Sie stehen daher selbst im Verdacht potenziell in Straftaten verwickelt zu sein. Mit Bezug auf noch nicht begangene Taten gilt, dass deren mögliche Opfer und Zeugen ebenfalls potenziell in Straftaten verwickelt sein könnten, für die Europol zuständig ist. Der dem zu Grunde liegende Verdacht bezieht sich ganz klar nicht auf eine konkrete Straftat. Er ist allgemein und nicht objektiv vorhanden. Es ist vielmehr eine subjek-

---

980 Art. 10 Abs. 1 Nr. 3, 2. Alt. EPK.

981 Prantl, in: Süddeutsche Zeitung v. 16.1.2004.

tive Verdächtigung[982], die zur Konstruktion einer virtuellen Realität führt. Allein die Tatsache, mit einigen Straftaten in irgendeiner Weise in Verbindung zu stehen, sieht die EPK als ausreichenden Grund für die Verarbeitung von Daten und somit Grundrechtseingriffen vor.

c) Ungewisse Zusammenhänge

Es kommt bei der operativen Datenanalyse auch nicht darauf an, ob die künftige Begehung einer Straftat mit einem gewissen Grad an Wahrscheinlichkeit angenommen werden kann. Je hochwertiger das bedrohte Rechtsgut ist, desto geringere Anforderungen sind grundsätzlich an die Wahrscheinlichkeit eines Schadenseintritts zu stellen.[983] Bei einer konkret vorhersehbaren Situation kann in Einzelfällen bei einem hochwertigen Rechtsgut schon die entfernte Möglichkeit eines Schadens für die Begründung einer Gefahr ausreichend sein. Bei Europols Datenanalyse liegt genau eine solche konkrete Situation jedoch niemals vor. Die Analyse kann reaktiv nach der Begehung von Straftaten erfolgen oder bei der operativen Datenanalyse weit im Vorfeld proaktiv zur Verdachtsgewinnung.[984] Das Anknüpfen an reinen Möglichkeiten führt dazu, dass der Zusammenhang mit der (nur möglichen) Straftat ungewiss ist und bleibt. Zwischen der betroffenen Person und der Gefährdung eines schützenswerten Rechtsguts ist zum Zeitpunkt des Eingriffs keine hinreichende Beziehung erkennbar und die Gefahrennähe nur scheinbar gegeben.[985] Dies ist ein Verstoß gegen das Verbot unnötiger Eingriffe.[986] Die Gefahrennähe wird nur in der Scheinwelt polizeilicher Annahmen sichtbar und ist nicht durch objektivierbare Wahrscheinlichkeitserwägungen begründbar. Im Vorfeld gibt es keine rechtlichen Kriterien, mit denen ein Störer von einem unbeteiligten Dritten oder von jedermann unterschieden werden könnte.[987] Ist nicht einmal die zu begehende Straftat eindeutig bekannt, so dürfte es um einiges schwieriger sein, eine verlässliche Aussage darüber zu treffen, ob eine Person möglicherweise eine noch unbekannte Straftat begehen wird. Es kommt nicht darauf an, ob die nationalen Polizeien oder Europol die auf „bestimmten Tatsachen“ beruhende Prognose hinsichtlich der Möglichkeit der Begehung einer Straftat durch eine Person oder eine andere Art der Verwicklung erstellen. Denn der Vorsorgeansatz erfordert zwangsläufig die Klärung der Art der Verwicklung und somit hierauf ausgerichtete Informationseingriffe. Faktisch wird aus diesem Grund bereits die Annahme einer Verwicklung zur kriminaltaktisch zu überschreitenden Schwelle hin zu weiteren Informationseingriffen.

---

[982] Albrecht/Braum/Frankenberg/Günther/Naucke/Simitis, KritV 2001, 279, 285.
[983] Brandt/Smeddinck, Jura 1994, 225, 228.
[984] Storbeck, in: Dokumente der Fraktion der SPD im Deutschen Bundestag, Nr. 6/01, S. 29.
[985] Lisken, DRiZ 2000, 272, 274 im Zusammenhang mit der Schleierfahndung.
[986] Siehe zum Verbot unnötiger Eingriffe: BVerfGE 17, 306, 313 ff.
[987] Kniesel, Kriminalistik 1996, 229, 236.

3. Folgen der virtualisierten Verdächtigung

Der virtualisierte oder virtuelle Verdacht wirkt sich, obgleich vorwiegend verdeckt agiert wird, auf die betroffene Person aus. Der virtuelle Verdacht wäre weitaus unproblematischer, wenn er nicht auch reale Folgen zeitigen würde. Personen, denen strafrechtlich nichts vorzuwerfen ist, können unvermittelt zu Objekten polizeilicher Nachforschungen werden.[988]

Das Bestehen eines virtuellen Verdachts führt zu weiteren Informationseingriffen durch Europol. Die gesammelten Informationen können verdichtet werden und im Rahmen der ermittlungsinitiierenden Analyse Europols dazu führen, dass sich die Person persönlich mit einem Ermittlungsverfahren konfrontiert sieht, sobald die Analyse sie als einer nunmehr konkret existierenden Straftat verdächtigt. In diesem Falle hätte die Vorsorge Erfolg gehabt, sofern der zunächst virtuell und später reale Verdächtige als Täter überführt werden kann. Ein virtueller Verdacht kann aber auch dazu führen, dass die Person gar nicht als einer Straftat verdächtig angesehen wird, sondern zum Beispiel als möglicher Zeuge in Betracht kommt und allein deswegen vermehrt Informationseingriffen ausgesetzt ist. Besonders problematisch sind die Fälle, in denen aus einem virtuell Verdächtigen im Zuge der Datenanalyse ein realer Tatverdächtiger wird und Ermittlungen ausgesetzt wird, obgleich er nicht der Täter war. Denn diese Person kann nur deswegen vorübergehend als Tatverdächtiger in Erscheinung treten, weil die Datenanalyse bestimmte Tatsachen in einem anderen Licht erscheinen lassen kann als die Wirklichkeit. Die vorgegebene Zielrichtung der operativen Datenanalyse kann schnell aus virtuell Verdächtigen fälschlicherweise reale machen. Hinzu kommt, dass die personenbezogenen Daten der Person ein Eigenleben entfalten und in angereicherter Form über verschiedene Wege in nationale Dateien Eingang finden. Der Eintrag in einer polizeilichen Datei kann ebenfalls mit erheblichen Unannehmlichkeiten verbunden sein.[989]

Im Gegensatz zum realen Anfangsverdacht, der als unbestimmter Rechtsbegriff ebenso wie die polizeirechtliche Gefahr der Polizei keinen auslegungsunabhängigen Beurteilungsspielraum einräumt und verwaltungsgerichtlich voll überprüfbar ist, ist der virtuelle Verdacht auf eine faktische Befugnis zur eigenmächtigen normativen Selektion durch eine freie Prognoseentscheidung angelegt. Eine richterliche Überprüfung findet nicht statt. Die fehlende Tatbestandlichkeit hat zur Folge, dass Europol die Prognosekriterien selbst festlegen und damit das Prognoseergebnis entscheidend beeinflussen kann. Die Fähigkeit, durch selektive Perzeption und Verwendung von Tatsachen, die Wirklichkeit einem Verdacht anzupassen, ist Ausdruck wachsender polizeilichen Definitionsmacht.[990] Ob dies in Bezug auf Europol noch als verfassungskonform angesehen werden kann, wird sich im Rahmen der

---

[988] Roggan, KritV 2003, 76, 88.

[989] Vgl. das allerdings den Verfassungsschutz betreffende Beispiel bei: Müller-Heidelberg, vorgänge 2002, 21, 24.

[990] Feest/Blankenburg, Die Definitionsmacht der Polizei, S. 53.

Prüfung der Verfassungsmäßigkeit herausstellen. Dabei sind die sich aus dem *Volkszählungsurteil* ergebenden Anforderungen an einen Eingriff in das Recht auf informationelle Selbstbestimmung zu beachten.

B. DIE VERFASSUNGSWIDRIGKEIT DES VIRTUELLEN VERDACHTS

I. Rechtsstaatliche Anforderungen an die Verfassungsmäßigkeit

Das konstituierende Merkmal des modernen Rechtsstaats ist die Rechtsbindung aller staatlichen Gewalt.[991] Sinn und Zweck der Beschränkungen hoheitlicher Gewalt ist die Sicherstellung eines persönlichen Freiheitsraumes für die Adressaten der Machtausübung.[992] Um dies zu gewährleisten, geht die Funktionslogik des Rechtsstaats von bemessenen und angemessenen Reaktionen aus.[993] Die Bestimmtheit des Gesetzes und die Verhältnismäßigkeit der zur Anwendung kommenden Mittel sind unabdingbare Voraussetzungen rechtsstaatlichen Polizeihandelns.

1. Überwiegendes Allgemeininteresse

Das Vorliegen eines virtuellen Verdachts führt zu Eingriffen in das Recht auf informationelle Selbstbestimmung. Einschränkungen dieses Rechts sind nur im überwiegenden Allgemeininteresse zulässig.[994] Dem Volkszählungsurteil ist aber nicht zu entnehmen, welche Abwägungsmaßstäbe hierbei angewendet werden sollen und wann das Allgemeininteresse überwiegt.[995]

a) Bestimmung des Begriffsinhaltes

Das *Bundesverfassungsgericht* bestätigt mit dem Recht auf informationelle Selbstbestimmung, dass das Grundgesetz nicht die Freiheit schafft, von Informationseingriffen allgemein verschont zu bleiben, sondern der Datenverarbeitung Barrieren vorschreibt.[996] Dem Einzelnen steht keine absolute, uneingeschränkte Herrschaft über seine Daten zu.[997] Aus dem Volkszählungsurteil ergibt sich vielmehr, dass „dem Bürger gegeben werden soll, worauf er ein Recht hat, und zugleich der Ver-

---

[991] Denninger, in: FS für Lüderssen, S. 41, 47.
[992] Petri, KritV 1998, 441; Böckenförde, Staat, Verfassung, Demokratie, S. 264 ff.
[993] Denninger, KJ 2002, 467, 471.
[994] BVerfGE 65, 1 (Leitsätze).
[995] Krause, JuS 1984, 268, 271.
[996] Simitis, NJW 1984, 398, 399.
[997] BVerfGE 65, 1, 43; Scholz/Pitschas, Informationelle Selbstbestimmung und staatliche Informationsverantwortung, S. 29.

waltung, was sie braucht."[998] Hierdurch wird ein Regel-Ausnahme-Verhältnis geschaffen.[999] Grundsätzlich steht es dem Einzelnen zu, über die Preisgabe seiner Daten zu entscheiden. Eingriffe in sein Recht auf informationelle Selbstbestimmung hingegen benötigen seine Einwilligung oder eine gesetzliche – verfassungsmäßige – Grundlage. Auf der anderen Seite ist zu erkennen, dass einem Eingriff nicht allzu große Hürden entgegengesetzt werden sollen. Es soll nicht jedes beliebige Gemeinwohlinteresse einen Eingriff rechtfertigen. Zwischen der Intensität des Eingriffs und dem Nutzen auf Seiten der Behörden muss ein ausgewogenes Verhältnis bestehen. Ein überwiegendes Gemeinwohlinteresse liegt vor, wenn das einschränkende Gesetz dem rechtsstaatlichen Gebot der Normenklarheit entspricht und verhältnismäßig ist.[1000] Diese Einschränkung ist Ausdruck des Vorbehalts der verfassungsmäßigen Ordnung gem. Art. 2 Abs. 1 GG. Dieser zum Schutze der Rechte Dritter geschaffene Vorbehalt eröffnet aber nicht die Möglichkeit, zu jeder nützlichen Grundrechtseinschränkung.[1001] Nur Verhaltensweisen, die für andere gefährlich sind, können staatlicher Regulierung unterliegen.[1002]

Darüber hinaus etabliert das Volkszählungsurteil einen unberührbaren Kernbereich der Privatsphäre, der abwägungsfest ist.[1003] „Ein überwiegendes Allgemeininteresse wird regelmäßig überhaupt nur an Daten mit Sozialbezug bestehen unter Ausschluß unzumutbarer intimer Angaben und von Selbstbezichtigungen."[1004] Es handelt sich insoweit um den von der Menschenwürde geschützten, unantastbaren und höchstpersönlichen Bereich privater Lebensgestaltung,[1005] der von Eingriffen verschont zu bleiben hat.

Der Gesetzgeber ist also bei Eingriffen in das Recht auf informationelle Selbstbestimmung weitgehend frei in der Bestimmung des Allgemeininteresses, soweit die gefundenen Regelungen den Grundsätzen der Normenklarheit und Verhältnismäßigkeit entsprechen. Um beurteilen zu können, ob ein Gesetz normenklar und verhältnismäßig ist, ist der Verwendungszweck der Daten zu bestimmen. Der Zweck muss sich zumindest aus dem Regelungszusammenhang erkennen lassen. Nur dann ist feststellbar, ob sich der Eingriff auf das zur Erreichung des angestrebten Ziels erforderliche Minimum beschränkt.[1006] Aus diesem Grund müssen zunächst die Nutzungsmöglichkeiten der Analyseergebnisse unter die Lupe genommen werden.

---

998 Schlink, Der Staat 1986, 233, 250.
999 Chirino Sanchez, Das Recht auf informationelle Selbstbestimmung, S. 99.
1000 BVerfGE 65, 1, 44.
1001 Lisken, NVwZ 1998, 22, 24.
1002 Lisken, NVwZ 1998, 22, 24 m.w.N.
1003 Siebrecht, Rasterfahndung, S. 65 ff.
1004 BVerfGE 65, 1, 46.
1005 BVerfGE 80, 367, 373 ff.
1006 Bäumler, in: Handbuch des Polizeirechts, Kap. J, Rz. 13.

b) Nutzungsmöglichkeiten der Analyseergebnisse

Das Nahziel der operativen Datenanalyse Europols liegt darin, verwertbare Analyseergebnisse zu erhalten. Diese sollen als Fernziel die Leistungsfähigkeit der zuständigen Behörden der Mitgliedstaaten bei der Bekämpfung des Terrorismus und der organisierten Kriminalität verbessern.[1007] Worin konkret die Verbesserung der Leistungsfähigkeit liegen soll, kann nur an Hand der Möglichkeiten beurteilt werden, die den nationalen Behörden bei der Verwendung der Analyseergebnisse entstehen, da die Zweckbestimmung dieser Daten äußerst diffus ist.[1008] Aus diesem Grunde werde im Anschluss einige Verwendungs- und Einsatzmöglichkeiten der Analyseergebnisse aufgezeigt.

(1) Persönlichkeitsbilder

Die Möglichkeiten Europols im Rahmen der Datenanalyse sind sehr umfangreich. Die Durchführungsbestimmungen für die Datenanalyse (DAzA) erlauben die Verarbeitung einer Unmenge verschiedener personenbezogener Daten. Der Zweck von sog. einsatzbezogenen Analysedateien liegt beispielsweise darin, Informationen insbesondere über Personen zu beschaffen, um Ermittlungen zu ermöglichen.[1009] Aber auch diese Zweckbestimmung trägt nicht zu weiterer Klarheit bei. Erst die Rückbesinnung auf die spezifischen polizeilichen Methoden des Intelligence-Ansatzes erhellen, was hier beabsichtigt ist. Angesichts der anfänglich bestehenden Unkenntnis über die jeweiligen Kriminalitätsformen und die typischen Verhaltensweisen, in die sich virtuell Verdächtige verwickeln können, sollen zunächst unspezifische Annahmen über Täterprofile konkretisiert werden.[1010] Das Instrumentarium der Auswertearbeit reicht von der allgemeinen Profilanalyse über die vergleichende Fallanalyse und Täterprofilanalyse bis zur kriminologischen Regionalanalyse.[1011] Genau dies werde, so *Walter*[1012], supranational unter dem Stichwort „Intelligence" von Europol geleistet. Wenn die erstellten Profilanalysen Ermittlungen gegen bestimmte Personen ermöglichen sollen, so müssten diese in das erstellte Profil passen; wozu die entsprechenden Daten in der erforderlichen Vielzahl vorhanden sein müssten. Das bedeutet, dass zum Zweck des Profil-Screenings die gesamte Persönlichkeit einer Person durchleuchtet werden soll. Dies erfolgt über die automatisierte Erstellung von Persönlichkeitsbildern.[1013] Auf Grundlage ermittelter Daten, beispielsweise zur Internetnutzung, ist es schon allein mittels Analyse des Surfverhal-

---

1007 Art. 2 Abs. 1 EPK.

1008 Albrecht/Braum/Frankenberg/Günther/Naucke/Simitis, KritV 2001, 279, 285.

1009 Art. 10 b) DAzA.

1010 Hoffmann-Riem, ZRP 2002, 497, 500; mit Bezug auf Rasterfahndungen zum Auffinden von sog. Schläfern.

1011 Walter, Kriminalistik 2004, 669, 671.

1012 Walter, Kriminalistik 2004, 669, 671.

1013 Degenhardt, Europol und Strafprozess, S. 191.

tens möglich, Online-Profile herzustellen, die Rückschlüsse auf die individuellen Interessengebiete einer Person erlauben.[1014]

Auch wenn nicht alle in der Analyse gewonnenen Informationen in das Informationssystem übertragen werden können und damit der direkte Online-Zugriff nicht gegeben ist, ist zumindest in der jeweiligen Analysedatei das Persönlichkeitsprofil gespeichert, auf das die Polizeien gegebenenfalls über das Indexsystem und anschließendem Antrag zugreifen können. Die nationalen Behörden können die erhaltenen Daten für direkte zielgerichtete Aktionen oder Einflussnahmen auf die betroffene Person oder ihr Umfeld nutzen. Auch ist es denkbar, dass die gewonnenen Informationen verdeckten Ermittlern zur Verfügung gestellt werden.

(2) Datenwaschanlage

Die aus den Analysevorgängen hervorgehenden Daten fallen als Analyseergebnisse in die datenschutzrechtliche Verantwortlichkeit Europols und unterliegen nicht mehr den datenschutzrechtlichen Bestimmungen der die Ursprungsdaten übermittelnden Mitgliedstaaten.[1015] Da die Mitgliedstaaten über das Informationssystem auf die Analyseergebnisse Zugriff haben, können über Europol nationale Verarbeitungs-, Zweck- und Nutzungsbeschränkungen sowie Löschungsbestimmungen umgangen werden.[1016] Die Beschränkung des Informationssystems auf bestimmte Daten steht dem nicht im Wege, da sich aus dem System ergibt, ob Europol über weitere zusätzliche Daten zur betreffenden Person verfügt, die gem. Art. 8 Abs. 4 auf Antrag übermittelt werden können. Als Europol-Daten stehen sie den Mitgliedstaaten aufbereitet wieder zur Verfügung. Möglich wird dies aufgrund der Tatsache, dass für die von Europol ausgehende Datenübermittlung keine hohen Hürden existieren.[1017] Der Abruf von Daten ist schon dann zulässig, wenn es zur Aufgabenerfüllung erforderlich ist und nicht den nationalstaatlichen Normen zum Datenempfang durch die nationale Stelle widerspricht.[1018] Regelmäßig sind die Anforderungen an den Empfang von Daten in den Mitgliedstaaten weniger streng ausgestaltet als bei der Übermittlung.[1019] Europol eignet sich daher als polizeiliche „Datenwaschanlage“[1020].

Nicht nur im vertikalen Verhältnis zwischen dem Mitgliedstaat und Europol ist das Datenwaschen möglich. Horizontal besteht über Europol die Möglichkeit unter Umgehung nationaler Vorschriften, Daten anderer Mitgliedstaaten zu nutzen, um

[1014] Schaar, DuD 2001, 383, 385.
[1015] Art. 8 Abs. 3 und 4 EPK.
[1016] Krempl, Computer – Daten – Macht, Internet am 22.6.2004; Weichert, Bürgerrechte & Polizei 56 (1/97), S. 54, 57.
[1017] Petri, Europol, S. 37.
[1018] Art. 9 Abs. 1 S. 2 EPK.
[1019] Petri, Europol, S. 37.
[1020] Diesen Begriff verwendet Weichert, Bürgerrechte & Polizei/CILIP 56 (1/97), S. 54, 56.

an Informationen zu gelangen, für deren Erhebung es im eigenen Mitgliedstaat keine Befugnisse gibt. Auf diese Weise werden landesrechtliche Datenschutzstandards unterminiert.[1021] Die Mitgliedstaaten haben es aus unbekannten Gründen unterlassen, die Frage zu klären, ob die von Europol abgerufenen Daten auch nach nationalem Recht hätten erhoben werden können.[1022] Europol fügt sich auf diese Weise geschmeidig in ein Kooperationsnetz ein, das die europäischen Polizeien miteinander verwebt. Unter Anwendung von Art. 18 ff. des EU-Rechtshilfeabkommens vom 29.5.2000[1023] besteht nämlich grundsätzlich die Möglichkeit des „Befugnis-Shopping", indem beispielsweise zur Erlangung der gesuchten Daten jener Mitgliedstaat um Überwachung des Telekommunikationsverkehrs ersucht wird, in dem die Rechtsgrundlage mit den geringsten Anforderungen existiert.

Äußerst bedenklich ist, dass durch den Umweg über Europol Daten an polizeiliche Stellen übermittelt werden können, die aus der Tätigkeit irgendeines (nicht nur) mitgliedstaatlichen Nachrichtendienstes herrühren.[1024] Europol kann den Mitgliedstaaten sogar über seinen Zuständigkeitsbereich hinausgehende Informationen zur Verfügung stellen, wenn diese bei der Wahrnehmung seiner Aufgaben bekannt werden.[1025]

Es ist nicht auszuschließen, dass der Betrieb Europols als Datenwaschanlage, bei der Schaffung des europäischen Polizeiamtes, bewusst in Kauf genommen worden ist. Die europäische Polizeikooperation erhält jedenfalls mit Europols Analysesystem in Verbindung mit dem Informationssystem neue Instrumente zur Umgehung nationaler Vorschriften.

(3) Strafrechtliche Bezüge

Die Analyseergebnisse können ermittlungsbegleitend, -unterstützend oder wie im Falle operativer Analysen ermittlungsinitiierend sein.[1026] Für die Bekämpfung von Kriminalität und Terrorismus ist die klassische Strafverfolgung nach wie vor ein wichtiges und probates Mittel. Im Rahmen konzertierter Aktionen zwischen nationalen Polizeien und Europol spielen daher die Exekutivbefugnisse der nationalen Polizeien und Strafverfolgungsbehörden eine bedeutende Rolle. Bildlich gesprochen verfügt das europäische Polizeiwesen mit Europol über einen denkenden Kopf und mit den nationalen Polizeien über Arme und Beine. Neben der weitgehend unproblematischen reaktiven klassischen Strafverfolgung besteht die Mög-

---

1021 Weichert, DuD 1995,450, 454.
1022 Martinez Soria, VerwArch 1998, 400, 425.
1023 Abl. C 197/3 vom 12.7.2000, S.1.
1024 Petri, Europol, S. 188.
1025 Art. 13 EPK.
1026 Freyer, Kriminalpolitik 2003, 80, 82; Storbeck, in: Dokumente der Fraktion der SPD im Deutschen Bundestag, Nr. 6/01, S. 29.

lichkeit, dass die Analyseergebnisse zu weiteren strafrechtlichen Zwecken verwendet werden.

(a) Verdachtsgewinnung zur Begründung eines Anfangsverdachts

Formelle strafrechtliche Ermittlungen erfordern das Vorliegen zureichender tatsächlicher Anhaltspunkte für die Begehung einer Straftat. Um das der Polizei nach der Feststellung eines Anfangsverdachts gegebene Instrumentarium der strafprozessualen Zwangsbefugnisse nutzen zu können, müssten sich die bei Europol gesammelten und analysierten Informationen weg von einem virtuellen Verdacht, hin zu einem realen „Tat"-Verdacht verdichtet haben. Die operative Datenanalyse leistet dies, soweit erst sie die Begehung einer Straftat erkennen lässt.[1027] Diesem Schritt liegt ein Wesensmerkmal der Risikovorsorge zu Grunde: es wird vom Möglichen zum Wirklichen geschritten.[1028] Die Datenanalyse für die Vornahme von Strafverfolgungsmaßnahmen leistet die Aufgabe, nicht nur mögliche Täter, sondern konkrete Straftaten zu identifizieren, die diesen zugerechnet werden können. Im Rahmen der generellen Verdachtsschöpfung geht hier die Verdachtsgewinnung mit der Verdachtskonkretisierung Hand in Hand.[1029] Das Instrument der Verdachtsgewinnung führt seinerseits zur Selektion von Risikopersonen.[1030] Die Erforschung des Umfelds der virtuell verdächtigen Personen kann der Polizei nämlich Hinweise auf Spuren verschaffen, die zur Verdachtsverdichtung und –konkretisierung dienlich sein können. Ohne aktive Informations- und Verdachtsgewinnung lässt sich kaum ein Ziel Europols erreichen. Selbst wenn die operative Datenanalyse durchaus brauchbare Ergebnisse liefern kann, so darf dies nicht darüber hinweg täuschen, dass der ihr zu Grunde liegende Eingriff gerechtfertigt sein muss. Da der Anfangsverdacht die normative Ausnahme von der Redlichkeitsvermutung regelt und Eingriffe rechtfertigt, folgt aus ihm das Verbot, Verdachtsgewinnung aktiv zu betreiben.[1031] Tatsache ist, dass dieser Grundsatz bei Europol aufgehoben ist. Die Analyseergebnisse führen nämlich in der Tat in vielen Fällen zur Aufnahme von Ermittlungen in den Mitgliedstaaten.[1032]

(b) Ermittlungen

Die nationalen Polizeien können die gewonnenen Erkenntnisse, die sie aus den Analysegruppen über den Verbindungsbeamten oder direkt über das Informations-

---

1027 Rachor, in: Handbuch des Polizeirechts, Kap. F, Rz. 171; mit Bezug zur vorbeugenden Straftatenbekämpfung.
1028 Schulz, Normiertes Misstrauen, S. 214.
1029 Zu den Begriffen: Schulz, Normiertes Misstrauen, S. 534.
1030 Weßlau, Vorfeldermittlungen, S. 106.
1031 Schulz, Normiertes Misstrauen, S. 538.
1032 So schon der Europol-Jahresbericht 2001, S. 18.

system erhalten, neben gemeinsamen Ermittlungsprojekten auch für ihre eigenen allein nationalen Ermittlungen nutzen. Der bestehende Online-Anschluss des BKA an das Europol-Informationssystem führt dazu, dass Personenabfragen im INPOL-System automatisch den Datenbestand im Informationssystem einbeziehen.[1033] Soweit Europol Analyseergebnisse in das Informationssystem übertragen hat, ist auf diesem Wege eine unmittelbare Nutzung der Analyseergebnisse durch jeden deutschen Polizeibeamten möglich, der Zugang zu INPOL hat. Denkbar ist die Verwendung im Zuge des strafrechtlichen Ermittlungsverfahrens bei der Durchführung von Zwangsmaßnahmen.

Im Rahmen von Ermittlungen kann es zu Durchsuchungen nach § 103 StPO bei Personen kommen, die nicht selbst verdächtig sind, eine Straftat begangen zu haben. Voraussetzung ist das Vorliegen von Tatsachen, aus denen zu schließen ist, dass die gesuchte Person, Sache oder Spur in den betreffenden Räumen zu finden ist. Die erforderlichen Tatsachen können sich beispielsweise aus Europols Datenanalyse ergeben. Auch bieten sich Ansätze um Telekommunikationsüberwachungsmaßnahmen anzuordnen. Die in diesen Zusammenhängen erhobenen Daten können anschließend zur weiteren Verarbeitung Europol übermittelt werden, wenn dessen Zuständigkeit begründbar ist.

(c) Sicherungshaft

Um die Allgemeinheit vor weiteren erheblichen Straftaten besonders gefährlicher Täter zu schützen, ist als präventive Maßnahme[1034] die Anordnung der Sicherungshaft gem. §§ 112, 112a StPO zulässig.[1035] Neben einem dringenden Tatverdacht hinsichtlich einer konkreten Straftat müssen dort weitere „bestimmte Tatsachen" vorliegen, die eine so starke Neigung des Beschuldigten zu einschlägigen Straftaten erkennen lassen, dass anzunehmen ist, er werde vor der Hauptverhandlung weitere Straftaten dieser Art begehen.[1036]

Die in das Informationssystem übertragenen, aus dem Analyseprozess stammenden Daten, können Informationen zu bereits begangenen Taten einer Person enthalten. Sie können ferner Informationen zu möglichen Straftaten enthalten, die die betreffende Person möglicherweise in Zukunft begehen könnte. Damit können u.U. die Analyseergebnisse dazu beitragen, den Haftgrund der Wiederholungsgefahr gem. § 112a StPO zu begründen.

[1033] Zeiger, Kriminalistik 1998, 313, 314.
[1034] Roxin, Strafverfahrensrecht, S. 246.
[1035] BVerfGE 35, 185, 189 ff.
[1036] Kleinknecht/Meyer-Goßner, StPO, § 112a, Rz. 14; Roggan, Handbuch zum Recht der Inneren Sicherheit, S. 126 ff.

(d) Beweismittel im Strafprozess

Für den operativen Bereich polizeilicher Tätigkeit wird gefordert, die Ermittlungen vorrangig verdeckt und langfristig anzulegen.[1037] Nur so könne eine erfolgreiche Durchführung des Gesamtverfahrens gewährleistet werden. Die Beweisführung müsse in erster Linie auf die Erlangung qualifizierter Sachbeweise ausgerichtet sein.[1038] Dies ist eine Folge aus der vermuteten Verschwiegenheit und Abgeschlossenheit der organisiert-kriminellen „Szene", die dazu führe, dass Zeugen wegen Einschüchterungs- und Beeinflussungversuchen nicht effektiv zur Verfügung stehen dürften. Die Vernachlässigung des Zeugenbeweises kann darüber hinaus die Aufdeckung verdeckter Ermittler zu vermeiden helfen.

Europol unterstützt die Sammlung belastenden Sachbeweismaterials im Wege seiner Analyse. Zum Einen können die Beteiligten einer Analysegruppe ihre mitgliedstaatlichen Behörden zum Austausch erforderlichen Beweismaterials anregen und das Material in den Analysedateien aufeinander abstimmen. Zum Anderen stehen die Berichte der Analysegruppe als Sachverständigengutachten und deren Mitglieder als unbeeinflussbare Zeugen zur Verfügung.[1039] Die Analyseergebnisse lassen sich auch zur Ökonomisierung der Verfahren einsetzen, indem sie eine Schwerpunktsetzung bei schwierigen Verfahrenskomplexen ermöglichen.

Die fortschreitende Ablösung des Personalbeweises durch den Sachbeweis untergräbt indessen die Basis der Beschuldigtenrechte.[1040] Eine wirksame Verteidigung wird erschwert. Insbesondere ist problematisch, dass kein anwaltliches Akteneinsichtsrecht in Europol-Akten besteht. Auch den Gerichten dürfte aufgrund der umfassenden Geheimhaltungspflichten der Europol-Mitarbeiter und Verbindungsbeamten der Einblick in Ermittlungsakten oder in die Dateien Europols versagt bleiben.[1041]

(e) Merkmal-Pool für die Rasterfahndung

Nicht zuletzt können Europols Daten, und hier insbesondere die in das Informationssystem übertragenen Analyseergebnisse wegen des Online-Zugriffs, für die Rasterfahndung hilfreich sein. Zum Einen wird der zur Verfügung stehende Datenpool schlagartig um Europols Daten vergrößert. Zum Anderen erlauben die Analyseergebnisse ein genaueres „Merkmalsscreening".[1042] Dies bedeutet, dass das Raster des Datenabgleiches konkreter und spezifischer oder auch weiter festgelegt

---

1037 Sielaff, in: Organisierte Kriminalität, S. 511

1038 Sielaff, in: Organisierte Kriminalität, S. 511

1039 Freyer, Kriminalpolitik 2003, 80, 82

1040 Schulz, Normiertes Misstrauen, S. 206

1041 Weichert, DuD 1995, 450, 453

1042 Diesen Begriff verwendet Rogall, Informationseingriff und Gesetzesvorbehalt, S.84

werden kann. Die Suche kann so auf bestimmte Merkmalsträger beschränkt oder ausgedehnt werden.

(4) Taktische Analyseberichte für Lagebilder

Sowohl für die vorbeugende Bekämpfung von Straftaten als auch für die langfristige Einsatzplanung der Polizei sind Lagebilder über bestimmte „Kriminalitätsformen" von großer Bedeutung. Die Ausrichtung der polizeilichen Aktivitäten wird dadurch besser steuerbar und ermöglicht zielgerichtete multilaterale Aktionen unter Einbeziehung der sich aus der Schengen-Kooperation und dem EU-Rechtshilfeübereinkommen ergebenden Instrumente. Die Lagebilder bieten die Gelegenheit, die polizeilichen Prognoseentscheidungen bei der vorbeugenden Straftatenbekämpfung zu präzisieren oder neu zu orientieren. Sie tragen somit zur polizeilichen Erfahrung bei, die vor allem bei der Schleierfahndung ein bedeutsames Kriterium darstellt. Die Lagebilder beeinflussen die Kriminalpolitik in den Mitgliedstaaten. Sie skizzieren alte und neue Bedrohungsszenarien. Europol kann damit indirekt die kriminalpolitische Ausrichtung in den Mitgliedstaaten mitbestimmen und sichert so nicht nur seinen eigenen Bestand.[1043] Die Polizei insgesamt verschafft sich auf diesem Wege ein erhebliches Potenzial an Definitionsmacht.[1044]

(5) Ansatzpunkte für gefahrenabwehrrechtliche Maßnahmen

Die operative Datenanalyse kann auch Ansatzpunkte für gefahrenabwerrechtliche Maßnahmen liefern. Entsprechende Daten können sich aus den Analysedateien ergeben. Zwar ist der Zugriff auf diese Daten grundsätzlich beschränkt. Es hindert jedoch niemand die an den Analysegruppen beteiligten Verbindungsbeamten, aufgrund der dort erworbenen Kenntnisse daran, unabhängig von der Analyse, untereinander Informationen auszutauschen. Ein direkter Zugriff ist ohnehin nur auf die in den Dateien gespeicherten Daten verwehrt und betrifft nicht auch die Analyseergebnisse, da diese in das Informationssystem übertragen werden dürfen. Dort können zwar nur bestimmte Daten gespeichert werden. Zusätzliche Daten aus den Analysedateien kann Europol auf Antrag dem anfragenden Mitgliedstaat übermitteln.[1045]

(a) Reiseverbote

Am 13. Juli 2001 einigte sich der Europäische Rat auf „Schlussfolgerungen zu der Sicherheit der Tagungen des Europäischen Rates und anderer Veranstaltungen von

[1043] Rehmke, Cops on the Top, Internet am 18.6.2004.
[1044] Weßlau, Vorfeldermittlungen, S. 108.
[1045] Art. 8 Abs. 4 EPK.

vergleichbarer Tragweite".[1046] Darin wird eine operationale Zusammenarbeit der Mitgliedstaaten vereinbart, um Ausschreitungen bei Demonstrationen zu verhindern. Hintergrund waren schwere Zusammenstöße zwischen Demonstranten und der Polizei bei der Tagung des Europäischen Rates zuvor in Genua. Die Mitgliedstaaten werden zur „Einholung, Sammlung und Austausch der Informationen [...] unter anderem auch der Informationen aus allgemein zugänglichen Quellen" angeregt. Das kann die Überwachung von E-Mail, Web-Surfing, die Unterwanderung von Meetings durch Spitzel und Foto- und Videoüberwachung bei Meetings und Demonstrationen umfassen[1047]. Mit den erhobenen Informationen soll beurteilt werden können, ob die Reise bestimmter Personen zu Demonstrationen verhindert werden soll. Zur Verhinderung von Gewalttätigkeiten bei Fußballveranstaltungen hat der Rat bereits zuvor eine Entschließung erlassen, in der im Anhang ein „Handbuch für die internationale polizeiliche Zusammenarbeit und Maßnahmen zur Vorbeugung und Bekämpfung von Gewalttätigkeiten und Störungen im Zusammenhang mit internationalen Fußballspielen, die zumindest einen Mitgliedstaat betreffen, sei es durch Teilnahme am Spiel oder dessen Ausrichtung" vereinbart wurde.[1048] Darin verpflichten sich die Mitgliedstaaten zu einem weit angelegten Informationsautausch. Zwar ist Europol genau genommen für Ausschreitungen bei Fußballveranstaltungen oder bei Demonstrationen nicht zuständig. Fraglich ist deswegen, auf welcher normativen Grundlage Europol diesbezüglich tätig wird. Der Rat kann zwar nach der Änderung der Europol-Konvention vom 27.11.2003 neuerdings per einfachen Beschluss die Zuständigkeit Europols erweitern.[1049] Offensichtlich geht der Rat jedoch davon aus, dass schon jetzt die Bereithaltung entsprechender Daten und die Anfertigung von Analysen hierzu in das Mandat von Europol fällt. Denn Europol soll, so der Leitfaden, für die Sicherheit zur Verwendung durch die Polizeibehörden und -dienste anlässlich von internationalen Veranstaltungen wie z.B. Tagungen des Europäischen Rates[1050] in den letzten drei Monaten vor Tagungen des Europäischen Rates oder vergleichbarer Veranstaltungen mindestens einmal im Monat Analyseberichte zur Sicherheitslage liefern. Insbesondere ist in dem Leitfaden die Durchführung von „Risikoanalysen zu potenziellen Demonstranten und Gruppierungen" vorgesehen. Ungeachtet dessen besteht die Möglichkeit, dass Reiseverbote durch die Mitgliedstaaten gegenüber Personen ausgesprochen werden, für die Europol bereits jetzt zuständig ist.

[1046] Dokument des Rates 10916/01 – JAI 82.

[1047] Medosch, EU plant Lauschangriff gegen Globalisierungsgegner, http://www.telepolis.de/deutsch/inhalt/te/9389/1.html am 4.6.2004.

[1048] Entschließung des Rates vom 21. Juni 1999 betreffend ein Handbuch für die internationale polizeiliche Zusammenarbeit und Maßnahmen zur Vorbeugung und Bekämpfung von Gewalttätigkeiten und Störungen im Zusammenhang mit internationalen Fußballspielen, Dokument des Rates 13915/03 – ENFOPOL 92 – COMIX 642, Abl. C 196 vom 13.07.1999 S. 1 – 12.

[1049] Art. 43 Abs. 3 EPK gemäß Abl. C 2 vom 6.1.2004, S. 8.

[1050] Leitfaden für die Sicherheit zur Verwendung durch die Polizeibehörden und -dienste anlässlich von internationalen Veranstaltungen wie z.B. Tagungen des Europäischen Rates vom 12.11.2002 12637/2/02 ENFOPOL 123 REV 2 + COR 1.

Rechtliche Grundlage für Reiseverbote ist nach deutschem Recht die Passbeschränkung.[1051] Demnach ist der Pass zeitlich oder örtlich zu beschränken, wenn bestimmte Tatsachen die Annahme rechtfertigen, dass der Inhaber die innere oder äußere Sicherheit oder sonstige erhebliche Belange der Bundesrepublik Deutschland gefährdet. Aus den gleichen Gründen kann auch der Personalausweis beschränkt werden. Die zu erstellende Gefahrenprognose muss auf Tatsachen beruhen. Vermutungen reichen nicht aus. Doch auch hier sind die Übergänge fließend. Streng genommen dürfte die alleinige „Tatsache“ in einer Datei gespeichert zu sein, nicht genügen.[1052] Erhebliche Tatsachen können aber das Ergebnis eines Analyseprozesses bei Europol sein. Sofern ein in das Informationssystem übertragenes Analyseergebnis derartige erhebliche Tatsachen enthält, kann Europol einen wesentlichen Beitrag zur Anordnung von Reiseverboten leisten. Ausreiseverweigerungen können sich aus den vorgenannten Gründen auch gegen Ausländer ergeben.[1053]

(b) Meldeauflagen

Polizeiliche Meldeauflagen verfolgen das gleiche Ziel wie Passbeschränkungen.[1054] Es handelt sich dabei um keine Ausreiseuntersagung, sondern um die Verpflichtung, bei bestimmten Behörden in regelmäßigen Abständen vorstellig zu werden. Personen, die trotz Meldeauflagen auszureisen versuchen, kann dies untersagt werden. Rechtsgrundlage für eine Meldeauflage ist die polizeirechtliche Generalklausel. Weder aus dem Passrecht noch aus dem Versammlungsrecht ergeben sich spezialrechtliche Kollisionsnormen, die eine Anwendung der Generalklausel ausschließen würden.[1055] Die Zulässigkeit der Maßnahme ergibt sich aus dem polizeilichen Auftrag, Gefahren für die öffentliche Sicherheit abzuwenden. Da im Ausland begangene Straftaten im Inland gemäß § 7 Abs. 1, 2 StGB verfolgbar sind und das gesamte geschriebene Recht, insbesondere das Strafrecht, Schutzgut der öffentlichen Sicherheit ist, kann die Maßnahme angeordnet werden. Für das Vorliegen einer entsprechenden Gefahr wird wie bei der Ausreiseuntersagung eine ungünstige Gefahrenprognose für ausreichend erklärt.[1056] Im Grunde kann die Speicherung in einer einschlägigen Datei und die sich aus bestimmten Tatsachen ergebende „Verstrikkung“ in eine Gruppierung genügen. Hieran wird die Nähe zum virtuellen Verdacht sehr deutlich.

[1051] §§ 10, 8 iVm § 7 Abs. 1 Nr.1, Abs. 2 PassG.
[1052] Breucker, NJW 2004, 1631.
[1053] § 62 Abs. 2 Satz 1 AuslG i.V.m. §§ 10 Abs. 1, 7 Abs. 1 PassG.
[1054] Fehn, Polizei & Wissenschaft 2000,19.
[1055] Breucker, NJW 2004, 1631, 1632.
[1056] VG Berlin, Beschluss vom 07.06.2000 – VG 1 A 177/00 –, zit. bei Fehn, Polizei & Wissenschaft 2000, 19.

(c) Präventivgewahrsam

Die landesrechtlichen Polizeigesetze sehen die Möglichkeit vor, Personen präventiv in Gewahrsam zu nehmen, wenn dies zur Verhinderung einer Straftat erforderlich ist.[1057] In Betracht kommen soll diese Maßnahme, wenn bestimmte Tatsachen die Annahme rechtfertigen, dass die betroffene Person trotz Ausreiseuntersagung und Meldeauflage ausreisen wird. Denn insoweit stünde zumindest der strafbare Versuch einer unerlaubten Ausreise gemäß § 24 Abs. 2 PassG unmittelbar bevor.[1058] Der Präventivgewahrsam ist aber als ultima ratio zu verstehen.[1059]

2. *Normenklarheit*

Die Ausführungen zu den Nutzungsmöglichkeiten der Analyseergebnisse haben soeben gezeigt, dass die Daten vielseitig verwendbar sind, und sowohl für die Strafverfolgung, die Gefahrenabwehr, für operative Maßnahmen und allgemein für die polizeistrategische Nutzung in Frage kommen. Wiederholt hat zwar das *Bundesverfassungsgericht* die „unabweisbaren Bedürfnisse einer wirksamen Strafverfolgung und Verbrechensbekämpfung hervorgehoben, das öffentliche Interesse an einer möglichst vollständigen Wahrheitsermittlung im Strafverfahren betont und die wirksame Aufklärung gerade schwerer Straftaten als einen wesentlichen Auftrag eines rechtsstaatlichen Gemeinwesens bezeichnet."[1060] Wenn aber das öffentliche Interesse im Verhältnis zu den mit dem Recht auf informationelle Selbstbestimmung geschützten Individualinteressen überwiegen soll, muss die Rechtsgrundlage die erforderliche Transparenz aufweisen, um aus ihr heraus erkennen zu können, zu welchem konkreten Zweck die Daten verwendet werden sollen. Nur dann kann die Rechtsgrundlage den Anforderungen an die Normenklarheit entsprechen.

a) Wesentlichkeitstheorie und Parlamentsvorbehalt

Im Volkszählungsurteil wird betont, dass Eingriffe in das Recht auf informationelle Selbstbestimmung nur aufgrund einer gesetzlichen Grundlage möglich sind, die die Eingriffsvoraussetzungen und den Umfang der Beschränkungen klar erkennen lässt.[1061] Das *Bundesverfassungsgericht* verweist damit auf die sog. Wesentlichkeitstheorie, wonach „in grundlegenden normativen Bereichen, zumal im Bereich der Grundrechtsausübung, soweit diese staatlicher Regelung zugänglich ist, alle wesentlichen Entscheidungen" durch das Parlament als Gesetzgeber zu treffen sind.[1062]

[1057] z.B.§ 30 Abs. 1 Nr. 2 ASOG Bln; § 17 PolG Bbg.
[1058] Breucker, NJW 2004, 1631, 1633.
[1059] Roggan, Handbuch zum Recht der Inneren Sicherheit, S. 124.
[1060] BVerfGE 80, 367; 77, 65, 76.
[1061] BVerfGE 65, 1 (Leitsätze); Erfurth, Verdeckte Ermittlungen, S. 54 f.
[1062] BVerfGE 34, 165, 192 f.; 49, 89, 126.

Hierdurch sichert das Grundgesetz, dass die Entscheidung über die Einschränkung grundrechtlicher Freiheiten und über den Ausgleich kollidierender Grundrechte in einer öffentlichen Debatte geführt werden kann.[1063] Durch die dem Parlamentsvorbehalt unterliegende gesetzliche Regelung wird der Staat gezwungen, die Ziele und den Umfang der Datenverarbeitung offenzulegen.[1064]

Allerdings kommt ein Gesetz, das vielgestaltige Fallkonstellationen regeln soll, nicht ohne die Verwendung von mehrdeutigen, interpretationsbedürftigen Rechtsbegriffen aus.[1065] So ist die Verwendung unbestimmter Rechtsbegriffe oft unvermeidlich, da ansonsten die vielfältigen Formen gefahrträchtiger oder sozialschädlicher Handlungen nicht erfasst werden könnten.[1066] Um dabei das unerwünschte Ergebnis, einer Verlagerung der Handlungsverantwortung und der Bestimmung der Eingriffsvoraussetzungen vom Gesetzgeber auf die ausführende Verwaltung zu vermeiden, hat der Gesetzgeber den Inhalt, den Zweck und das Ausmaß des Eingriffs zumindest in den wesentlichen Zügen festzulegen.[1067] Noch weiter geht das *Bundesverfassungsgericht* im Urteil vom 27. 7. 2005 in dem es die präventive Telekommunikationsüberwachung in Niedersachsen für verfassungswidrig erklärte. Demnach sind nicht nur der Zweck und die Grenzen des Eingriffs präzise festzulegen, sondern auch der den Eingriff konkret auslösende Anlass.[1068]

b) Anforderungen an die Normenklarheit in der EPK

Da der Grundsatz der Gesetzmäßigkeit der Verwaltung auch im Europarecht gilt,[1069] ist Europol an die Vorschriften gebunden, die auf das europäische Polizeiamt Anwendung finden. Dabei handelt es sich im Wesentlichen um die EPK. Diese muss daher den rechtsstaatlichen Anforderungen entsprechen. Normenklarheit und Normbestimmtheit sind zwei eigenständige Ausformungen des Rechtsstaatlichkeitsgebotes.[1070] Soweit der Europäische Gerichtshof den Begriff der Rechtssicherheit statt der Normenklarheit, jedoch mit gleichem Inhalt verwendet,[1071] so spielt das bezogen auf Europol keine wesentliche Rolle, da Europols Handlungen ohnehin nicht der Jurisdiktion dieses Gerichts unterworfen sind.

Da sich aber sowohl deutsche Amtswalter an den Analysegruppen beteiligen als auch deutsche Behörden die Analyseergebnisse verwenden, sind die damit verbundenen Eingriffe auch nach Maßgabe des deutschen Rechts zu beurteilen. Das Ge-

---

1063 BVerwG NJW 2004, 1191, 1193 m.w.N.
1064 Simitis, NJW 1984, 398, 400.
1065 Petri, KritV 1998, 441, 446.
1066 Neumann, Vorsorge und Verhältnismäßigkeit, S. 147.
1067 Petri, KritV 1998, 441, 446.
1068 BVerfGE 113, 348, 375.
1069 Vgl. Petri, KritV 1998, 441, 447, Fn. 39; Petri, Europol, S. 102.
1070 Denninger/Petri, in: Polizei und Datenschutz, S. 13.
1071 Petri, Europol, S. 104 m.w.N.

bot der Normenklarheit ist daher sinngemäß auf die EPK zu übertragen. Denn diese bildet die normative Grundlage für Europol. Das Wesentlichkeitsgebot verpflichtete damit den deutschen Vertreter im Rat als mitursächlichen Normsetzer in der dritten Säule der EU sowie den Bundestag als Gesetzgeber des die EPK umsetzenden Europolgesetzes. Eine strikte Gesetzesbindung, klare und bestimmte Normen sind schon deswegen erforderlich, weil gerade bei verdeckten polizeilichen Maßnahmen dem Gesetz eine bedeutsame, den Handlungsfreiraum der Exekutive begrenzende Schutzfunktion zukommt.[1072]

Das Gebot der Normenklarheit verlangt widerspruchsfreie Regelungen innerhalb eines Gesetzes, damit sowohl der Normanwender als auch der Betroffene von normativen Wertungswidersprüchen verschont bleiben.[1073] Auch der Normanwender muss grundsätzlich erkennen können, wann und in welchem Umfang Eingriffe vorgenommen werden dürfen, um nicht selbst rechtswidrig zu handeln. Da Europols Mitarbeiter aber immun gegen Strafverfolgung sind, spielt dieser Aspekt hier keine große Rolle. Normenklarheit und Normbestimmtheit sollen darüber hinaus die Gerichte in die Lage versetzen, die Exekutive anhand rechtlicher Maßstäbe kontrollieren zu können.[1074]

Nicht mit dem Gebot der Normenklarheit vereinbar sind verwirrende Verweisungsketten und Irreführungen durch Scheintatbestandlichkeiten.[1075] Eine Scheintatbestandlichkeit liegt vor, wenn die gesetzlichen Einschreitvoraussetzungen nicht hinreichend bestimmbar sind. Da es sich bei der operativen Datenanalyse Europols um eine anlasslose Maßnahme handelt, besteht solange eine Neigung zur Scheintatbestandlichkeit, wie die Befugnisnorm nicht spezifische Indikatoren vorgibt, die die kriminalistische Hypothese begründen, jemand werde in Zukunft eine bestimmte Straftat begehen.[1076] Werden die Tatbestandsvoraussetzungen zu allgemein oder zu vage und in nicht auslegungsfähiger Form gefasst, so würden behördliche Maßnahmen die gesetzgeberischen ersetzen, wodurch die kriminalpolitische Entscheidung darüber, welche Sachverhalte als kriminogen einzustufen und zu verfolgen sind, auf die Polizei übertragen und diese zum Urheber politischer Entscheidungen wird.[1077] Grundvoraussetzung einer normenklaren Regelung ist ihre hinreichende Bestimmtheit. Bei Anwendung der anerkannten Auslegungsregeln ist zu fragen, ob auch mit Blick auf die Eingriffsintensität eine dem Gebot der Normenklarheit genügende Legitimation für die Einschränkung angenommen werden kann.[1078] Dabei gilt es zu berücksichtigen, dass die Eingriffsintensität gerade bei Personen, denen zum Zeitpunkt einer Maßnahme nichts vorgeworfen werden kann, erheblich ist.

[1072] BVerfGE 113, 348, 376.
[1073] Denninger/Petri, in: Polizei und Datenschutz, S. 14.
[1074] BVerfGE 113, 348, 376.
[1075] Lisken, in: Handbuch des Polizeirechts, Kap. C, Rz. 3.
[1076] Vgl. hierzu Denninger/Petri, in: Polizei und Datenschutz, S. 22.
[1077] Denninger/Petri, in: Polizei und Datenschutz, S. 20.
[1078] BVerwG NJW 2004, 1191, 1193.

c) Normenklarheit in der Befugnisnorm

Die in der EPK zum Ausdruck kommende verklausulierte Sprache[1079] mag angesichts der verschiedenen Rechtsordnungen und Sprachen in der EU nicht verwundern. Folge davon ist eine Verdichtung unbestimmter Rechtsbegriffe.[1080] Nur exakt definierte Anknüpfungspunkte erlauben es hingegen nachzuprüfen, ob sich ein Informationseingriff auf die zur Zweckerreichung wirklich erforderlichen Daten beschränkt.[1081]

(1) Erfasste Kriminalitätsbereiche

Die EPK sieht eine Zusammenarbeit der Mitgliedstaaten unter dem Dach Europols nur bei einigen Kriminalitätsbereichen vor. Allerdings ist das hiervon abgedeckte Feld sehr umfangreich. Das Verständnis über den Umfang der aufgezählten Kriminalitätsfelder, insbesondere über die Frage, welche Straftaten diesen zugehörig sind, kann je nach Mitgliedstaat erheblich abweichen. Darüber kann auch der Konkretisierungsversuch durch den Anhang betreffend Art. 2 EPK nicht hinweghelfen. Dort werden zwar einzelne Straftaten genauer bezeichnet. Wohl eher zufällig finden sich dabei Übereinstimmungen mit den Bezeichnungen im StGB. Soweit aber beispielsweise der „organisierte Diebstahl" in die Zuständigkeit Europols fallen soll, so ist fraglich, ob dies bei §§ 242, 243 Abs. 1 Nr. 3 StGB (gewerbsmäßiger Diebstahl) oder auch schon beim Diebstahl geringwertiger Sachen der Fall sein soll, wenn dieser „organisiert" begangen wird. Derartige Ungewissheiten und Unbestimmtheiten haben zur Folge, dass am Ende allein die nationalen Stelle des jeweiligen Mitgliedstaats darüber entscheidet, ob eine nationale Straftat einem der in der EPK bezeichneten Kriminalitätsbereiche unterliegt und ob entsprechende personenbezogene Daten an Europol übermittelt werden. Ein Auslegungsversuch stößt an die Grenzen des nationalstaatlich bedingten rechtlichen Vorverständnisses und muss zwangsläufig scheitern.[1082] Gleiches gilt für strafprozessuale Fragen.

Die Aufgaben- und Zielbestimmung umfasst neben den näher bestimmten Kriminalitätsbereichen auch „sonstige schwerwiegende Formen der internationalen Kriminalität" und „im Zusammenhang stehende Straftaten".[1083] Da beides nicht näher konkretisiert ist, bleibt der Zuständigkeitsbereich und damit die Aufgabenstellung unbestimmt. Schon das inhaltliche Auseinanderfallen von Aufgabenbeschreibung und Befugnisnorm ist rechtsstaatlich bedenklich.[1084] Verwirrenderweise kommt hinzu, dass die Befugnisnorm für die Datenanalyse zunächst auf die Zielbestim-

[1079] Tolmein, StV 1999, 108, 115.
[1080] Albrecht/Braum/Frankenberg/Günther/Naucke/Simitis, KritV 2001, 279, 285.
[1081] Simitis, NJW 1984, 398, 400.
[1082] Petri, Europol, S.105.
[1083] Art. 2 Abs.3 Nr. 2 EPK.
[1084] Denninger/Petri, in: Polizei und Datenschutz, S.14.

mung (Art. 2 EPK) und im Anschluss auf die Bestimmungen für das Informationssystem[1085] verweist. Letztere verweisen allerdings ihrerseits auf die Aufgaben Europols (Art. 3 EPK) und nicht auf die Zielbestimmung (Art. 2 EPK). Die vertragschließenden Mitgliedstaaten sind sich offensichtlich nicht über die unterschiedlichen Inhalte der Zielbestimmung einerseits und der Aufgabenstellung andererseits bewusst gewesen.[1086] Eine detaillierte Differenzierung ist jedoch entbehrlich, da die Ziele und Aufgaben Europols zusammen dessen Zuständigkeitsbereich beschreiben, so dass im Wege der Auslegung von einer einheitlichen Ziel- und Aufgabenbeschreibung auszugehen ist.

Die Verweisung auf die Bestimmungen des Informationssystems ergeben aber einen weiteren Wertungswiderspruch, der mit dem Gebot der Normenklarheit allerdings nicht mehr in Einklang gebracht werden kann: Im Informationssystem darf Europol zur Erfüllung seiner Aufgaben bestimmte Daten verwenden. Ausgenommen sind Daten über die in der Zielbestimmung sogenannten „im Zusammenhang stehenden Straftaten“[1087]. Die hier in Bezug genommene Aufgabenstellung verweist ihrerseits auf die Zielbestimmungen; dort aber allein auf Art. 2 Abs. 1 EPK und nicht auch auf Art. 2 Abs. 3 EPK, wo von den „im Zusammenhang stehenden Straftaten“ die Rede ist. Dies hätte zur Folge, dass eine Einbeziehung der „im Zusammenhang stehenden Straftaten“ ohnehin nicht in Frage kommt. Da aber die Bestimmungen für das Analysesystem ausdrücklich die „im Zusammenhang stehenden Straftaten“ und auch die Bestimmungen für das Informationssystem einbeziehen, die diese Straftaten ausschließen, wird nicht einmal für einen Europol-Mitarbeiter oder den Teilnehmern an einer Analysegruppe klar werden können, ob diese Daten nun verarbeitet werden dürfen oder nicht. Die Verweisungskette ist derart irreführend, dass noch so engagierte Auslegungsversuche[1088] den Mangel an Normenklarheit nicht mehr beheben können.

(2) Fehlende Definition der organisierten Kriminalität

Eine Definition organisierter Kriminalität enthält die EPK nicht, obwohl Europol gerade diese bekämpfen soll. Die EPK begnügt sich damit, als Voraussetzung für die Eröffnung des Zuständigkeitsbereiches Europols auf „tatsächliche Anhaltspunkte für eine kriminelle Organisationsstruktur“ zu verweisen. Wie bereits oben gezeigt werden konnte, setzt der Begriff nicht die Begehung von Straftaten voraus. Unklar bleibt, wann von der Existenz einer kriminellen Organisationsstruktur ausgegangen werden soll, wenn es nicht auf Straftaten ankommen soll. Die vom BKA verwendete Definition von organisierter Kriminalität ist nichts weiter als eine Hilfestellung und kann erst recht nicht als Ersatz für eine normenklare Begriffsbestim-

---

[1085] Art. 8 Abs. 1 EPK.
[1086] Petri, Europol, S. 51.
[1087] Art. 2 Abs.3 UAbs. 2 EPK.
[1088] Wie Petri, Europol, S. 50 f.

mung bei Europol herhalten. Denn eine bloße Beschreibung von kriminellen Erscheinungsformen mag zwar für den kriminalistischen Alltag, aber nicht zur Begründung schwerwiegender Eingriffe tauglich sein.[1089] Bestätigt wird dies durch die Tatsache, dass sich der Begriff der organisierten Kriminalität nicht auf bestimmte Delikte bezieht, sondern auf einen strukturellen Hintergrund, vor dem verschiedenste Delikte begangen werden.[1090] Problematisch ist deswegen die Abgrenzung der organisierten Kriminalität vom legalen Wirtschaftskreislauf. Gelingt dies nicht, so läuft die operative Datananalyse Gefahr, die wirtschaftliche Entwicklung einiger zu Unrecht ins Visier genommener Unternehmen durch ihre Ermittlungen zu hemmen und damit ab einem gewissen Umfang selbst volkswirtschaftlichen Schaden anzurichten.

Dem Europol-Lagebericht 2004 zur organisierten Kriminalität lässt sich ebenfalls keine Definition entnehmen. Welche Freizügigkeit bei der Beurteilung organisierter Kriminalität herrscht, lässt sich an der Tatsache erkennen, dass nun auch der Taschendiebstahl an Touristen von Europol als organisierte Kriminalität betrachtet wird.[1091] In der Tat lässt es die vom BKA verwendete Definition zu, auch solche Straftaten der organisierten Kriminalität zuzurechnen.

Es stellt sich aber damit die Frage, worin die offensichtlich von organisierter Kriminalität ausgehende verstärkte Bedrohungssituation besteht. Für den von Taschen- oder Trickdiebstahl betroffenen Bürger dürfte es keinen Unterschied machen, ob er nun gewöhnlich oder organisiert bestohlen worden ist. Fraglich ist aber, weswegen die organisierte Begehung des Taschen- und Trickdiebstahls schwerwiegende verdeckte Informationseingriffe auch bei dem Opfer und anderen Unbeteiligten rechtfertigen soll und die gewöhnliche nicht. Eine plausible Antwort gibt es nicht.

Der Begriff der organisierten Kriminalität entzieht sich einer empirisch gehaltvollen Definition.[1092] Er ist Einfallstor für rechtliche Virtualisierungen, da er keine Wirklichkeit beschreibt. Vielmehr fungiert er als Surrogatsbegriff für bedrohlich empfundene Strukturen in Wirtschaft und Gesellschaft, die politischen Lösungsmustern nur schwer zugänglich sind.[1093] Dass der Begriff dennoch verrechtlicht worden ist, zeigt, wie definitionsmächtig die Polizei ist.[1094]

1089 Bäumler, DuD 1998, 314, 318.

1090 Kühne, in: Europäische Sicherheitsunion, S. 37.

1091 Europol – Lagebericht der EU über die Organisierte Kriminalität, Offene Fassung 2004, S. 7, abrufbar über: http://www.europol.eu.int/publications/EUOrganisedCrimeSitRep/2004/EUOrganisedCrimeSitRep04-DE.pdf.

1092 Vgl. hierzu: Weigand/Büchler, Kriminalistik 2002,661, 662.

1093 Albrecht/Braum/Frankenberg/Günther/Naucke/Simitis, KritV 2001, 279, 284.

1094 Narr, Bürgerrechte/CILIP 60 (2/98), S. 53.

(3) Fehlende Definition des Terrorismusbegriffs

Auch eine Definition des Terrorismus ergibt sich aus der EPK nicht. Der Rat hat zwar mit dem Rahmenbeschluss vom 13.6.2002[1095] eine Terrorismusdefinition erlassen, wonach Handlungen „als terroristische Straftaten eingestuft werden, wenn sie mit dem Ziel begangen werden,

- *die Bevölkerung auf schwer wiegende Weise einzuschüchtern oder*
- *öffentliche Stellen oder eine internationale Organisation rechtswidrig zu einem Tun oder Unterlassen zu zwingen oder*
- *die politischen, verfassungsrechtlichen, wirtschaftlichen oder sozialen Grundstrukturen eines Landes oder einer internationalen Organisation ernsthaft zu destabilisieren oder zu zerstören..."*

Schon oben wurde aber dargelegt, dass von einer derartigen Definition auch missliebige Meinungskundgaben, Demonstrationen und Streiks erfasst werden können. Der Begriff des Terrorismus ist wegen seines inflationären Gebrauchs und seiner immanent politischen Missbrauchsmöglichkeit nicht als Rechtsbegriff geeignet, solange nicht eine handhabbare und judiziable Definition gefunden ist. Ob eine solche Definition gefunden werden kann, ist fraglich. Bis dahin kann allerdings der Begriff des Terrorismus nicht den Anforderungen an die Normbestimmtheit genügen.

(4) Zweckbestimmung

Die Verwendung der durch einen Informationseingriff gewonnenen Daten ist grundsätzlich auf den gesetzlich bestimmten Zweck beschränkt.[1096] Die Zweckbestimmung erfüllt zwei Funktionen: Die Verarbeitung von Daten ist zweckgebunden. Eine Verarbeitung zu unbestimmten oder nicht bestimmbaren Zwecken ist unzulässig. Die Zweckbestimmung beschreibt damit den zulässigen Umfang der Datenverarbeitung. Darüber hinaus ist die Zweckbestimmung für die Verhältnismäßigkeitsprüfung von wesentlicher Bedeutung. Nur eine klare Zweckbestimmung lässt es überhaupt zu, das Interesse des Einzelnen, von Eingriffen verschont zu bleiben, abzuwägen und zu überprüfen, ob sich die Maßnahme zur Erreichung des Zwecks als geeignet und erforderlich darstellt.

Die EPK schreibt vor, dass die Daten in Dateien einfließen sollen, die zu Zwecken der Analyse errichtet werden.[1097] Unter Analyse ist dort die Zusammenstellung, Verarbeitung oder Nutzung von Daten zwecks Unterstützung der kriminalpolizeilichen Ermittlung zu verstehen.[1098] Diese Zweckbestimmung ist derart unbestimmt,

---

1095 Abl. L 164/ 3 vom 22.6.2002.
1096 BVerfGE 65, 1, 46.
1097 Art. 10 Abs. 2 EPK.
1098 Art. 10 Abs. 2 EPK; Art. 4 DAzA.

dass der Eindruck entsteht, die Dateien würden in der Hoffnung angelegt, es werde schon etwas herauskommen, wenn genug eingegeben werde.[1099] Das einzige annähernd brauchbare Kriterium zur Bestimmung des Verwendungszwecks wäre der Verweis auf die jedoch ebenfalls konturlose Aufgabenbeschreibung Europols in Art. 2 EPK, die ihrerseits mit unbestimmten Rechtsbegriffen gespickt ist.[1100] Faktisch dienen die Daten in den Analysedateien der Gefahrenabwehr, der Verhütung und Verfolgung von Straftaten, der Vorsorge für die künftige Strafverfolgung sowie der Erstellung von Lagebildern zu kriminalstrategischen Zwecken. Zwar kann die Verhütung und Verfolgung erheblicher Straftaten als legitimer öffentlicher Zweck angesehen werden.[1101] Eine präzise Zweckbindung wäre aber nur über eine weite Auffächerung auch des präventiv-polizeilichen Bereiches vorstellbar, so dass hinsichtlichen des Nutzungszweckes auch zwischen Gefahrenabwehr, Vorsorge und Verhütung normativ unterschieden werden müsste.[1102] Eine solche bereichsspezifische Regelung, wie sie insbesondere das Volkszählungsurteil verlangt, ist in der EPK allerdings nicht vorhanden.

Hinzu kommt, dass Europol die ihm zur Verfügung stehenden Daten laut EPK nicht nur zur Erfüllung seiner unklaren Aufgaben verwenden, sondern mit Genehmigung des Mitgliedstaates, der die Daten übermittelt hat, auch zu anderen nicht bezeichneten Zwecken nutzen kann.[1103] Die von *Petri*[1104] favorisierte teleologische Reduktion, dass dies nur dann gelten könne, wenn zumindest die gemeinsame Kontrollinstanz (GKI) mitwirke, bringt wenig, da sich der bis dahin existierende Verarbeitungsumfang allein schon aus den Errichtungsanordnungen ergibt, an deren Errichtung die GKI bereits maßgeblich mitgewirkt hat.

Die Protokollierungsregelungen in der EPK sind uneffizient, da allein jeder zehnte Datenabruf aus dem Analysesystem protokolliert werden muss.[1105] Zur Beschränkung des Umfangs der Datenverarbeitung bleiben in der EPK nur noch diverse Hinweise auf die Erforderlichkeit zur Aufgabenerfüllung übrig.

Wenn aber schon der Zweck unbestimmt ist, dann helfen noch so strikte Erforderlichkeitsregelungen nicht weiter, da sich die Erforderlichkeit einer Maßnahme an ihrem Zweck ausrichtet.[1106] Zwar ist in den Errichtungsanordnungen der Zweck der spezifischen Arbeitsdatei anzugeben. Da diese aber nicht öffentlich bekannt gemacht werden, verfehlen sie die Möglichkeit jene Transparenz zu schaffen, die eine dem Wesentlichkeitsgebot folgende Regelung herbeiführen soll. Einer klaren Zweckbindung unterliegen die Daten damit nicht.

[1099] Degenhardt, Europol und Strafprozess, S. 184.
[1100] Albrecht/Braum, KritV 2001, 312, 344.
[1101] BVerfGE 113, 348, 385.
[1102] Brenneisen/Martins, Kriminalistik 1996, 526, Fortsetzung S. 607, 608.
[1103] Art. 17 Abs. 3 EPK.
[1104] Petri, KritV 1998, 441, 455.
[1105] Art. 16 EPK.
[1106] Dies verkennt Aschmann, Europol aus Sicht der deutschen Länder, S. 180.

(5) Unbestimmtheit der Anforderungen an die Prognose

Die Prognose, ob jemand in Zukunft in eine Straftat verwickelt wird, für die sich Europol zuständig hält, unterliegt keinen objektiven Kriterien. Der virtuelle Verdacht kann bei jeder x-beliebigen Person aufkommen. Bei der Prognose hinsichtlich einer Verstrickung in eine künftige Straftat tritt bei der Lagebeurteilung, im Vergleich zur herkömmlichen Gefahrenprognose im Polizeirecht, eine größere Ungewissheit auf.[1107] Sollen mit dem Polizeirecht im Wesentlichen konkrete Gefahren abgewehrt werden, so sind es bei Europol diffuse Risiken. Eingriffe in geschützte Rechtspositionen erfordern eine hinreichende Beziehung zwischen dem Betroffenen und der Gefährdung eines zu schützenden Rechtsguts oder eine entsprechende Gefahrennähe.[1108] Das aus Art. 2. Abs. 1 GG folgende Recht eines jeden zu eigenem selbstbestimmten Verhalten schließt die beliebige Vereinnahmung zu staatlicher Zweckverfolgung aus.[1109] Der Zurechnungszusammenhang ist die verfassungsrechtliche Grenze für staatliche Eingriffe. Sind aber die Anforderungen an die Prognose derart vage, dass ein Zurechnungzusammenhang zwischen dem polizeilichen Informationseingriff und der davon betroffenen Person nicht hergestellt werden kann, wird das vor unnötigen Eingriffen[1110] schützende Kausalitätsprinzip durchbrochen. Die Wahrung der Kausalität erfordert in der ausschlaggebenden Norm eine Begrifflichkeit, aus der sich die Voraussetzungen und der Anlass für einen Eingriff entnehmen lässt.

(a) Der Begriff der Tatsache

Die EPK verwendet bezüglich der potenziell betroffenen Personen eine unterschiedliche Terminologie. Die entsprechenden Normen zeichnen sich durch eine Fülle unbestimmter Rechtsbegriffe, wie „künftige Strafverfolgung", „in Betracht kommen", „bestimmte Tatsachen", „Personen, die Informationen liefern können", etc. aus.[1111] Bereits aus den Vorschriften der vorbeugenden Bekämpfung von Straftaten sind verschiedene Begrifflichkeiten bekannt. So sollen einerseits „tatsächliche Anhaltspunkte" und andererseits „Tatsachen" die Annahme rechtfertigen, dass Straftaten von erheblicher Bedeutung begangen werden sollen.[1112] Beide Begriffe haben durchaus einen unterschiedlichen Inhalt.[1113] Die „tatsächlichen Anhaltspunkte" enthalten einen Moment der Bewertung vorgefundener Indizien.[1114] Der Begriff der Tatsache hingegen geht über reine Indizien hinaus und ist, isoliert betrachtet,

---

[1107] Rachor, in: Handbuch des Polizeirechts, Kap. F, Rz. 172.
[1108] Lisken, DRiZ 2000, 272, 274.
[1109] Landesverfassungsgericht Mecklenburg-Vorpommern, LKV 2000, 149.
[1110] Siehe dazu: BVerfGE 17, 306, 313 ff.
[1111] Vgl. Hausen, Verfassungs- und völkerrechtliche Probleme, S. 123 ff.
[1112] Siehe dazu: Rachor, in: Handbuch des Polizeirechts, Kap. F, Rz. 173 ff.
[1113] A.A.: Tischer, das System der informationellen Befugnisse der Polizei, S. 591.
[1114] Brenneisen/Martins, Kriminalistik 1996, 526, Fortsetzung S. 607 (dort insbesondere Fn. 29).

als hinreichend bestimmt anzuerkennen.[1115] Die angesichts der offenen Begrifflichkeit notwendige restriktive Auslegung der verwendeten Begriffe führt dazu, dass es in allen Fällen auf das Vorliegen bestimmter Tatsachen ankommen dürfte. Denn die EPK gibt keinen Anlass, mögliche Opfer, Zeugen, Kontaktpersonen und Informanten bezüglich der Prognoseanforderungen unterschiedlich zu behandeln.

Tatsachen sind gegenwärtige oder vergangene Vorgänge oder Zustände, die einer sinnlichen Wahrnehmung zugänglich sind.[1116] Es darf sich stets nur um äußere Tatsachen handeln. Eine Gesinnung oder Überzeugung als innere Tatsache kann nicht ausreichend sein.[1117] Denn diese würde über eine reine Wahrnehmung hinausgehen und durch eine subjektive Wertung angereichert sein. Die im Bedarfsfall erforderliche Nachprüfung wäre gar nicht möglich. Die Tatsache auf die sich ein Eingriff stützt, muss belegbar sein.

Der Polizei müssen stichhaltige und nachprüfbare Umstände vorliegen, die auf eine bevorstehende Straftat und deren Täter schließen lassen.[1118] Je intensiver der Grundrechtseingriff ist, desto höher sind die Anforderungen an die Bestimmtheit. Dabei kann der Gesetzgeber auf Generalklauseln und auslegungsfähige unbestimmte Rechtsbegriffe zurückgreifen, da er nicht sämtliche Fallgestaltungen vorhersehen kann.[1119] Geht es aber, wie im Falle Europols darum, weit im Vorfeld von Gefahren oder Straftaten zu handeln, so kann allerdings durch keine Auslegungsmethode ermittelt werden, ob tatsächlich eine Straftat bevorsteht. Da Europols Datenanalyse weit im Vorfeld einer konkreten Rechtsgutgefährdung ansetzt, sind hohe Anforderungen an die Normbestimmtheit zu stellen.

(b) Bewertung des Tatsachenbegriffs durch die Rechtsprechung

Das bereits mehrfach angesprochene Urteil des *Bundesverfassungsgerichts* zur Verfassungswidrigkeit der im niedersächsischen Polizeigesetz geregelten präventiven Telekommunikationsüberwachung hat sich intensiv der Frage gewidmet, welche Anforderungen an Tatsachen zu stellen sind, die auf die künftige Begehung von Straftaten hindeuten.[1120] Die dort vorgenommenen Feststellungen betreffen zwar Einschränkungen des Fernmeldegeheimnisses (Art. 10 GG), können aber auf Einschränkungen des Rechts auf informationelle Selbstbestimmung entsprechend angewandt werden, da es sich um allgemeine Anforderungen an die Normenklarheit handelt.

[1115] BVerfGE 110, 33, 61.
[1116] Berg, ASOG, S. 288.
[1117] Rachor, in: Handbuch des Polizeirechts, Kap. F, Rz. 176.
[1118] BbgVerfG LKV 1999, 450, 452.
[1119] BbgVerfG LKV 1999, 450, 452.
[1120] BVerfGE 113, 348, 377f. (Siehe dort auch die im Text folgenden Zitate)

Zum Zeitpunkt des Eingriffs kann sich dieser häufig nur auf Tatsachen stützen, „bei denen noch offen ist, ob sie sich zu einer Rechtsgutsverletzung weiterentwikkeln." Eine solche Situation ist von hoher Ambivalenz geprägt. „Die Indizien oder einzelne beobachtete Tätigkeiten können in harmlosen, strafrechtlich unerheblichen Zusammenhängen verbleiben; sie können aber auch der Beginn eines Vorgangs sein, der zur Straftat führt." Die normativen Anforderungen müssen dem Umstand gerecht werden, dass ein hohes Risiko einer Fehlprognose besteht. Denn „es sind vielfältige Anknüpfungen denkbar, die nach hypothetischem Kausalverlauf in die Straftatenbegehung eines potenziellen Täters [...] münden können." Wenn sich aus der Norm keine erheblichen Indikatoren ergeben, legt sich die Polizei die Maßstäbe für den Eingriff selbst zurecht und wird dadurch „gewissermaßen tatbestandsergänzend" tätig.[1121] Der Begriff der Tatsache erweist sich unter Bezugnahme auf eine künftige Straftatenbegehung daher als nicht hinreichend bestimmt.[1122]

Das Urteil des *Brandenburgischen Verfassungsgericht* zur Verfassungsmäßigkeit von Maßnahmen zur vorbeugenden Bekämpfung von Straftaten vom 30.6.1999 übersieht all dies.[1123] Zwar erkennt das Gericht die rechtsstaatliche Notwendigkeit, die Eingriffsvoraussetzungen „möglichst präzise" zu beschreiben. Allerdings lässt es anschließend unter Hinweis darauf, dass das Bestimmtheitsgebot nicht verletzt sei, solange eine Auslegung möglich sei, genügen, dass sich der Eingriff auf Tatsachen zu stützen habe, die auf eine bevorstehende Straftat und deren Täter schließen lassen. Es übersieht dabei, dass sich mittels Auslegung gerade nicht feststellen lässt, ob tatsächlich eine Straftat bevorsteht. Über diesen Mangel an Tatbestandlichkeit kann auch der Grundsatz nicht hinweg helfen, dass an den Grad der Wahrscheinlichkeit eines Schadenseintritts desto weniger hohe Anforderungen zu stellen sind je höherrangiger das gefährdete Rechtsgut ist, weil die Polizei im Rahmen ihrer Prognose das potenziell betroffene Rechtsgut selbst bestimmt.[1124] Denn solange eine Straftat nicht begangen worden ist, ist die Betroffenheit eines bestimmten Rechtsguts reine Spekulation.

Aus dem gleichen Grunde entfalten auch Formulierungen, die dahin gehen, dass die Maßnahmen zum Zweck der vorbeugenden Bekämpfung von Straftaten erforderlich oder unerlässlich sein müssen keine nennenswerte Begrenzungsfunktion. Regelmäßig ist zum Zeitpunkt der Vornahme der Maßnahme noch nicht abzusehen, ob andere hinreichende Aufklärungsmöglichkeiten bestehen werden.[1125]

1121 BVerfGE 113, 348, 379
1122 BVerfGE 113, 348, 378
1123 BbgVerfG, LKV 1999, 450 ff.
1124 Anders: BbgVerfG, LKV 1999, 450, 453
1125 BVerfGE 113, 348, 381

(c) Uferlose Einbeziehung Nichtverdächtiger

Die bereits bei potenziellen Tätern bestehenden Bestimmtheitsdefizite wirken sich bezüglich potenziellen Verdächtigen, Zeugen, Opfer, Kontakt- und Begleitpersonen und Informanten ebenfalls aus. Hier kommt die Unklarheit hinzu, schon im Vorfeld künftiger Straftaten zu beurteilen, wer mit der Tat oder dem Täter derart in Verbindung stehen wird, „dass Hinweise über die angenommene Straftat gewonnen werden können."

In der europolizeilichen Befugnisnorm fehlt mithin die nötige begriffliche Einengung und es erfolgt stattdessen eine uferlose Einbeziehung von Personen in die Analyse, die praktisch nichts mit einer Straftat zu tun haben müssen.[1126] Die Regelungen in der EPK gewähren den Anwendern weite Beurteilungsspielräume auf der Tatbestandsseite, da die in der Befugnisnorm enthaltenen unbestimmten Rechtsbegriffe prognostische Entscheidungen wertenden Charakters enthalten.[1127] Da auch das Erforderlichkeitsprinzip versagt, entstehen darüber hinaus auf der Rechtsfolgenseite unbegrenzte Ermessensspielräume.[1128]

(d) Zwischenergebnis

Die faktische Eingriffsschwelle des virtuellen Verdachts ist offensichtlich darauf angelegt worden, eine unbegrenzte Zahl von möglichen künftigen Vorgängen zu umfassen. Da die Vorgänge vor deren tatsächlichem Eintritt überhaupt nur ansatzweise vorhergesagt werden können, ist die entsprechende Eingriffsnorm so gestaltet worden, dass sie dennoch Maßnahmen gestatten soll. Die damit Europol eröffnete große Bandbreite von Möglichkeiten ist mit dem Grundsatz der Bestimmtheit von Gesetzen nicht vereinbar, da die Norm an keine im Voraus bestimmten Gegebenheiten anknüpft.[1129] Hierdurch entfälllt der rechtsstaatlich erforderliche Kausalnexus zwischen einer Maßnahme Europols und der davon betroffenen Person.

Das Anknüpfen an irgendwelche nicht näher bezeichneten Tatsachen ist an Unbestimmtheit kaum zu überbieten.[1130] Eine derart unbestimmte Norm wie die Befugnisnorm zur Vornahme von Datenanalysen stellt im Vergleich zu bestehenden Normen die geringstmögliche Eingriffsschwelle dar. Damit sollten wohl eher Konflikte über die Anpassung und Harmonisierung nationaler Normen zwischen den Mitgliedstaaten verhindert werden.[1131] Nicht zuletzt deswegen beinhaltet die EPK

[1126] Petri, Europol, S. 103 erwähnt in diesem Zusammenhang die „Nachbarn eines ‚Verdächtigen', seinen Bäcker, Schuhmacher, usw."
[1127] Hausen, Verfassungs- und völkerrechtliche Probleme, S. 124.
[1128] Petri, DuD 1998, 324, 328.
[1129] Allgemein, ohne Bezug zu Europol: Denninger, KJ 2002, 467, 471.
[1130] Weichert, DuD 1995, 450, 454.
[1131] Vgl. hierzu: Nelles, ZStW 1997, 727, 750.

eine ganze Reihe von unbestimmten Rechtsbegriffen.[1132] Die rechtsstaatlichen Anforderungen an die Normenklarheit und Normbestimmtheit werden von der EPK jedenfalls nicht erfüllt.

3. Verhältnismäßigkeit

Nachdem die Eingriffsqualität und die Zurechenbarkeit Europols operativer Datenanalyse zur deutschen Staatsgewalt festgestellt worden war und die Prüfung der Eingriffsvoraussetzungen nun ergeben hat, dass die entsprechenden Regelungen mit dem Gebot der Normenklarheit nicht in Einklang gebracht werden können, kann das Allgemeininteresse das individuelle Freiheitsinteresse nicht mehr überwiegen. Insofern wäre die Prüfung, ob die Eingriffe Europols als verhältnismäßig angesehen werden können, entbehrlich.

Das Verhältnismäßigkeitsprinzip ist aber gleichzeitig eine Garantie dafür, dass das Individuum nicht als bloßes Informationsobjekt behandelt wird.[1133] Die Ausgestaltung der EPK im Hinblick auf das Verhältnismäßigkeitsprinzip kann aus diesem Grund Auskunft darüber geben, welche Stellung dem Subjekt gegenüber Europols zugestanden werden soll.

Eingriffe müssen stets einem legitimen Schutzgut dienen. Der Anlass der Maßnahme muss hinreichend konkret und die vorgesehenen Eingriffe zur Zielrreichung geeignet, erforderlich und angemessen sein. Die DAzA enthalten eine vergleichbare Vorschrift: Demnach dürfen die personenbezogenen Daten von Europol verarbeitet werden, „sofern sie angemessen, richtig, relevant und hinsichtlich des Zwecks der Arbeitsdatei zu Analysezwecken, in die sie aufgenommen werden, nicht zu weitgehend sind, und unter der Voraussetzung, dass sie höchstens so lange gespeichert bleiben, wie es für den genannten Zweck erforderlich ist."[1134]

Als ungeeignet ist ein staatlicher Akt zu verstehen, der den gewünschten Zweck faktisch nicht erreichen kann. Der Grundsatz der Erforderlichkeit hat zur Folge, dass eine Maßnahme nur dann gerechtfertigt ist, wenn zur Erreichung des Ziels eine ebenso geeignete, aber weniger beeinträchtigende Handlungsvariante als die angestrebte nicht zur Verfügung steht.[1135] Es darf keine schonendere Maßnahme in Betracht kommen.[1136] Angemessen ist eine Maßnahme, die das öffentliche Interesse an der Erfüllung der polizeilichen Aufgabe und die Intensität des Eingriffs in die

[1132] Albrecht/Braum/Frankenberg/Günther/Naucke/Simitis, KritV 2001, 279, 285.
[1133] Chirino Sanchez, Das Recht auf informationelle Selbstbestimmung, S. 103.
[1134] Art. 4 Abs. 1 DAzA.
[1135] Neumann, Vorsorge und Verhältnismäßigkeit, S. 96.
[1136] Rachor, in: Handbuch des Polizeirechts, Kap. F, Rz. 226.

Rechte des Betroffenen abwägt.[1137] Der Zweck und die Beeinträchtigung müssen in einem ausgewogenen Verhältnis zueinander stehen.[1138]

a) Geeignetheit

Das Verhältnismäßigkeitsprinzip setzt zunächst voraus, dass sich die Maßnahme überhaupt als geeignet erweist, den Zweck zu erfüllen, dem sie dienen soll. Als ungeeignet würde sich eine Vorsorgemaßnahme herausstellen, wenn sie sich gegen eine Person richtet, die den möglichen Schaden weder verursachen noch beseitigen können wird. Vorsorgemaßnahmen gegen diffuse Risiken, die irgendwann von irgendwem verursacht werden können, lassen sich daher nur schwer dem Verhältnismäßigkeitsprinzip unterordnen.[1139] Liegt der Zweck in der Abwehr von Gefahren oder Verhütung von Straftaten, so kann zum Zeitpunkt des Informationseingriffs nicht abgesehen werden, ob diese Beeinträchtigung in einem ausgewogenen Verhältnis zum Zweck steht, da die abzuwehrende Gefahr oder die zu verhütende Straftat nicht eindeutig feststeht, sondern nur vermutet wird. Wenn weitere Anhaltspunkte zur Gefahrenlage fehlen, ist auch nicht bekannt, wer den Schaden verursachen wird. Es kann nicht vorausgesagt werden, ob nicht kurz vor dem Schadenseintritt ein milderes Mittel als eine umfassende Datenanalyse in Betracht kommt, in der eine Vielzahl personenbezogener Daten verarbeitet werden. Im Falle der Vorsorge für die künftige Strafverfolgung ist eine Abwägung unmöglich, weil das Schutzgut nicht klar ist. Die Beurteilung der Geeignetheit einer Maßnahme erweist sich in solchen Fällen als besonders schwierig, es sei denn die Risikovorsorge wird kriterienlos als zulässiger Selbstzweck anerkannt.

In diese Richtung scheint allerdings die Vorschrift des Art. 4 Abs. 1 DAzA tatsächlich gehen zu wollen, wenn dort verlangt wird, dass die Daten hinsichtlich des Zwecks der Datei angemessen sein sollen. Das „Minus" auf der Tatbestandsseite soll auf diesem Wege durch vermeintlich strenge Anforderungen auf der Rechtsfolgenseite ausgeglichen werden.[1140] Aus zwei Gründen kann dies aber bei Europols Datenanalyse nicht genügen. Der Zweck der Datei wird in den Errichtungsanordnungen festgelegt und ist damit von Anfang an von Europol beeinflussbar. Zum Anderen kann der Verhältnismäßigkeitsgrundsatz, der den Eingriff in seinem Umfang beschränken soll, nicht zu einer Ermächtigungsgrundlage umfunktioniert werden.[1141] Zwischen einer Maßnahme und der davon ausgehenden Beeinträchtigung kann ein noch so ausgewogenes Verhältnis bestehen. Wenn in Ermangelung tatbestandlicher Merkmale nicht einmal die Voraussetzungen und der Zweck der Maßnahme eindeutig erkannbar sind, dann ist eine Maßnahme unzulässig und dürfte

---

[1137] Rachor, in: Handbuch des Polizeirechts, Kap. F, Rz. 236.

[1138] Neumann, Vorsorge und Verhältnismäßigkeit, S. 96.

[1139] Siehe hierzu die Ausführungen bei Hoffmann-Riem, ZRP 2002, 497, 499.

[1140] Vgl. dazu: Petri, DÖV 1996, 443, 446.

[1141] Vgl. auch dazu: Petri, DÖV 1996, 443, 447.

sich unter Verhältnismäßigkeitserwägungen ausnahmsweise kaum als geeignet zur Zweckerreichung erweisen.

b) Erforderlichkeit

Der Grundsatz der Erforderlichkeit wird verletzt, wenn das Ziel der staatlichen Maßnahme auch durch ein anderes, gleich wirksames Mittel erreicht werden kann, das das betreffende Grundrecht nicht oder weniger fühlbar einschränkt.[1142] Das in Ansatz gebrachte Mittel braucht nicht den größtmöglichen Erfolg zu versprechen. Es reicht aus, dass es einen Beitrag zur Zielerreichung leistet. Da es Europol allerdings mit einer unklaren Zweckbestimmung zu tun hat, ist eine diesbezügliche Einschätzung nicht uneingeschränkt zu bewerkstelligen. Die Verarbeitung der Daten erfolgt zum Zwecke der Analyse, die ihrerseits die Leistungsfähigkeit der Mitgliedstaaten bei der Bekämpfung besonderer Formen der Kriminalität verbessern soll. Wird der Umstand, dass diese Zweckbestimmung nicht den rechtsstaatlichen Anforderungen entspricht, bei der hier vorzunehmenden hypothetischen Betrachtung außen vor gelassen, so könnte die Datenanalyse zumindest als ein Beitrag zur Verbesserung der Leistungsfähigkeit der Behörden bei der Erfüllung ihrer Aufgaben angesehen werden.

Welche Folgen die unklare Zweckbestimmung aber für die Frage der Erforderlichkeit der Verarbeitung von personenbezogenen Daten bei der Datenanalyse hat, zeigt folgende Überlegung: Europol darf die erhaltenen Daten nur analysieren, soweit dies zu seiner Aufgabenerfüllung erforderlich ist. Das würde bedeuten, dass die Datenanalyse unzulässig wäre, wenn entweder das Analyseergebnis auf andere Weise beschafft werden könnte oder die Leistungsfähigkeit der polizeilichen Behörden in den Mitgliedstaaten mit milderen Mitteln verbessert werden könnte. Beides ist einer Beurteilung unzugänglich, so dass im Ergebnis Europol selbst festlegen wird, wann ein Eingriff erforderlich ist. Der Erforderlichkeitsgrundsatz dient in der EPK offensichtlich nur der verwaltungsinternen Arbeitsbeschränkung.

Ein derartiges Verständnis von Erforderlichkeit führt notwendigerweise zu einer Durchbrechung des ursprünglichen Erhebungszusammenhangs. Die Erforderlichkeit einer Speicherung von Daten soll zwar jährlich überprüft werden[1143], wobei der Abschluss von Ermittlungen oder gar Freisprüche berücksichtigt werden sollen[1144]. Ob allerdings eine bloße Berücksichtigung ausreichen kann, ist sehr fraglich. Die weitere Verwendung von Daten wird von den beteiligten Analyseteilnehmern beurteilt.[1145] Wenn diese nun zur Überzeugung gelangen, die Daten seien für die Analyse weiterhin von Bedeutung, können die Daten laut EPK weiterhin genutzt wer-

---

[1142] BVerfGE 53, 135, 145 ff.; Neumann, Vorsorge und Verhältnismäßigkeit, S. 131.
[1143] Art. 7 Abs. 1 UAbs. 2 S. 1 DAzA.
[1144] Art. 7 Abs. 1 UAbs. 3 DAzA.
[1145] Art. 7 Abs. 1 UAbs. 4 DAzA.

den. Eine unklare Zweckbestimmung entzieht jedoch dem Grundsatz der Verhältnismäßigkeit den Boden.[1146]

c) Unterschiedliche Eingriffsintensität

Bei einer grundrechtlichen Betrachtung spielt es eine Rolle, wieviele Grundrechtsträger in welcher Intensität Beeinträchtigungen ausgesetzt sind.[1147] Die EPK unterscheidet hinsichtlich der Eingriffsintensität der Datenverarbeitung nicht genügend zwischen verurteilten Tätern auf der einen Seite und beispielsweise Kontaktpersonen eines möglichen Zeugen auf der anderen Seite. Grundsätzlich kann Europol auf Grundlage der EPK ohne Rücksicht auf Personen oder Risikoverwirklichungsstufen die gleiche Zahl sensibler Daten zu Analysezwecken verarbeiten, anschließend dem Informationssystem zuführen oder auf andere Weise sämtlichen befugten Stellen zugängig machen. Auf virtuell verdächtige Personen dürften jedoch keine Maßnahmen Anwendung finden, die nach Eingriffsumfang und Eingriffstiefe allenfalls Beschuldigten oder Verdächtigen zugemutet werden können.[1148]

Der Gesetzgeber hat zwischen den Allgemein- und Individualinteressen einen angemessenen Ausgleich herzustellen. Zu berücksichtigen sind dabei die Intensität der Beeinträchtigungen, die Bedeutung des zu schützenden Rechtsgutes und die Wahrscheinlichkeit einer Verletzung des Rechtsguts.

Der Grundsatz der Verhältnismäßigkeit gebietet es, eine Person, die selbst nicht in einer besonderen Nähe zu einer Tat steht, wie ein Täter oder Beschuldigter, umso weniger in Anspruch zu nehmen, je weniger die Person zur Tataufklärung beitragen kann.[1149] Bei Tätern oder Beschuldigten besteht von Anfang an eine gewisse Wahrscheinlichkeit, dass sie die Aufklärung der Tat fördern können. Je weniger eine Person zu einer Tat in Beziehung steht, desto enger müssen die Voraussetzungen gefasst sein, um Eingriffe in deren Grundrechtspositionen zu ermöglichen. Ohnehin liegen Eingriffe in die Rechte von Unbeteiligten oder Nichtstörern an der Grenzlinie rechtsstaatlichen Polizeirechts.[1150] Eingriffe bei solchen Personen kommen nur ausnahmsweise in Frage.[1151]

(1) Potenzielle künftige Täter und Verdächtige

Der virtuelle Verdacht bezieht sich auf eine Verwicklung in eine mögliche künftige Straftat. Grundsätzlich unterscheidet der virtuelle Verdacht nicht nach der Art der

[1146] Denninger, in: FS für Klaus Lüderssen, S. 53.
[1147] BVerfGE 113, 348, 382.
[1148] Ähnlich Rogall, Informationseingriff und Gesetzesvorbehalt, S. 84.
[1149] Siebrecht, Rasterfahndung, S. 80.
[1150] Roggan, Handbuch zum Recht der Inneren Sicherheit, S. 162.
[1151] Vgl. BVerfGE 30, 22 ff.

Verwicklung. Wer nach der aufgestellten Prognose als möglicher Täter oder Verdächtiger einer möglicherweise in der Zukunft zu begehenden Tat angesehen wird, ist von einer konkreten Tat genauso weit entfernt wie jeder Nichtverdächtige. Zum Zeitpunkt des Eingriffs handelt es sich mangels Straftat streng genommen nur um Nichtverdächtige. Erst die Virtualisierung vermöglicht eine Täterschaft oder einen Verdacht. Aus den bereits dargelegten Gründen müssten die Tatsachen, aus denen sich der Schluss auf künftige Taten ergibt, konkret benannt und empirisch belegt werden. Nur mit Hilfe gesetzlich fixierter kriminalistischer Indikatoren, ließe ein dem Gebot der Normenklarheit entsprechender Eingriff eine Prüfung der Verhältnismäßigkeit zu. Nicht zu verwechseln sind deswegen virtuell Verdächtige mit Personen, die im Rahmen einer strafprozessualen Rasterfahndung vorübergehend als potenziell verdächtig angesehen werden.[1152] In einem solchen Fall liegt eine aufzuklärende Straftat vor und es kann von den konkreten Tatumständen ausgehend bestimmt werden, was für Merkmale Personen aufweisen müssen, die als verdächtig in Frage kommen und somit zur Aufklärung beitragen könnten. Die Wahrscheinlichkeit, dass das entworfene Raster zutrifft ist höher, als in den Fällen, in denen noch nicht einmal feststeht, mit welcher Wahrscheinlichkeit in Zukunft eine noch unbestimmte Straftat begangen wird.

Es handelt sich um schwerwiegende Eingriffe. Umfang und Breite der in der Analyse verarbeitbaren Daten lassen tiefe Einblicke in das soziale Umfeld, in persönliche Vorlieben und in das allgemeine Verhalten einer Person zu. Die Daten können zur Herstellung eines nahezu vollständigen Persönlichkeitsbildes verwendet werden. Es handelt sich um verdeckte Eingriffe. Regelmäßig wird eine betroffene Person nicht erfahren, dass Europol ihre Daten verwendet hat. Verdeckte Eingriffe bergen hohe Risiken für die Rechte der Betroffenen, weil sie, wenn sie überhaupt von den Maßnahmen Kenntnis erlangen, erst nach dem Vollzug dagegen vorgehen können.[1153]

Die EPK unterscheidet hinsichtlich der Speicherung personenbezogener Daten und deren Verwendung zu Analysezwecken, soweit es die Eingriffsvoraussetzungen betrifft, nicht zwischen den Daten von verurteilten Tätern und denen von Personen, die nur virtuell verdächtig sind. Als Folge der unklaren Zweckbestimmung sind die Eingriffe darüber hinaus nicht allein auf den Schutz gewichtiger Rechtsgüter begrenzt. So ist beispielsweise nicht nachvollziehbar, weswegen der organisierte Taschen- und Trickdiebstahl erhebliche Grundrechtsbeeinträchtigungen bei Personen verursachen können soll, die nicht einmal an einer möglichen Straftat beteiligt sein werden. Der Bezug auf die Existenz einer „kriminellen Organisationsstruktur" in der Aufgabenbestimmung lässt keinen Rückschluss auf die konkret von Europol zu schützenden Rechtsgüter zu. Dass neben zum Teil unbedeutenden Rechtsgütern auch hochrangige Rechtsgüter geschützt werden können, reicht nicht aus.

[1152] Hierzu: Rogall, Informationseingriff und Gesetzesvorbehalt, S. 84.
[1153] Vgl. hierzu BVerfGE 107, 299, 321.

(2) Potenzielle Opfer, Zeugen, Informanten und Kontaktpersonen

Die generalklauselartige Befugnisnorm unterscheidet nicht einmal im Rahmen der Virtualisierung zwischen möglichen Tätern und Verdächtigen, bei denen zumindest die Möglichkeit einer spezifischen Nähe zu einer möglichen Tat bestehen kann und Personen, die von der möglichen Tat selbst nur als Opfer oder Zeuge oder gar nicht betroffen sein können. Selbst eine dahingehend restriktive Auslegung, dass die Verarbeitung der Daten solcher Personen nur bei einer notstandsähnlichen Situation erfolgen soll, in der ohne die Verarbeitung der Daten die vermeintlich bevorstehende Straftat nicht oder nicht ausreichend verhütet werden könnte,[1154] ist weder durchführbar noch hilfreich. Denn die Tatsachenbasis, um die Wahrscheinlichkeit des Eintretens einer derartigen Situation im Voraus beurteilen zu können, dürfte in der Regel noch geringer sein als die zur Beurteilung der Zeugen- oder Opfereigenschaft der von der möglichen Straftat möglicherweise betroffenen Personen.[1155] Derart gravierende Eingriffe, wie sie die EPK gegen virtuell Verdächtige zulässt, sind gegenüber diesen als tatsächliche Unverdächtige aber unzulässig. Die operative Datenanalyse Europols kann somit nicht angemessen sein.

d) Verbot von Persönlichkeitsprofilen

Die Herstellung eines totalen oder partiellen Persönlichkeitsbildes stößt verfassungsrechtlich an eine absolute Grenze.[1156] Die Verwendung von Datamining-Tools bei der Datenanalyse lässt detailreiche Verhaltensprofile entstehen.[1157] Die Abbildung auch nur eines Teilbereiches der Persönlichkeit verletzt die Menschenwürde und kann kein Gemeinwohlinteresse begründen.[1158] Unzulässig ist damit die systematische Zusammenführung von Informationen über einzelne Lebens- und Personaldaten durch die automatisierte Ausschöpfung vorhandener Daten-Pools.[1159] Der gefahrenträchtige Umstand einer systematischen und automatisierten Herstellung eines Persönlichkeitsprofils liegt in der Fehleranfälligkeit entsprechender technischer Systeme. Allerdings zielt die deliktsneutrale computergestützte Datenanalyse Europols auf nichts anderes als die Erstellung eben solcher Persönlichkeitsabbilder zu Zwecken der Risiskovorsorge ab.[1160] Auf diese Weise wird die Menschenwürde durch die in automatisierten Systemen typische Verkürzung, Verzerrung, Schematisierung und Katalogisierung von Lebensumständen erheblichen

---

[1154] Riegel, Bundesgrenzschutzneuregelungsgesetz, Rz. 5 zu § 21 zum „Verhütungsnotstand".
[1155] Ähnlich: Berg, ASOG, S. 292.
[1156] Denninger, in: Freiheitssicherung durch Datenschutz, S. 156; BVerfGE 65, 1, 53.
[1157] Schaar, DuD 2001, 383, 385.
[1158] Siebrecht, Rasterfahndung, S. 66; BVerfGE 65, 1, 54.
[1159] Vgl. hierzu Scholz,/Pitschas, Informationelle Selbstbestimmung und staatliche Informationsverarbeitung, S. 28; Bäumler, in: Handbuch des Polizeirechts, Kap. J, Rz. 44.
[1160] Degenhardt, Europol und Strafprozess, S. 191.

Gefahren ausgesetzt.[1161] Der Betroffene wird damit zum Objekt staatlicher Gewalt und „gläsernen Bürger" herabgewürdigt.[1162]

e) Verbot der Datenvorratshaltung

Eine Sammlung personenbezogener Daten auf Vorrat zu unbestimmten oder nicht bestimmbaren Zwecken ist außer zu statistischen Zwecken nicht mit dem Zweckbindungsgrundsatz zu vereinbaren.[1163] Das bedeutet nicht, dass eine Vorratshaltung von Daten grundsätzlich ausgeschlossen wäre. Wenn dies so wäre, so würde jede Datensammlung ad absurdum geführt werden. Die Daten werden stets für künftige Zwecke gespeichert. Unzulässig ist allein die Bereitstellung der Daten zu Zwecken, die zum Zeitpunkt der Erhebung und Speicherung noch nicht feststehen. Denn eine derart weitgehende Erfassung der Bürger im Streben nach möglichst absoluter Polizeieffektivität widerspricht dem Grundsatz der Verhältnismäßigkeit.[1164] Die fehlende Zweckbestimmung lässt es in einem solchen Falle nicht zu, zu beurteilen, ob die Speicherung zur Erreichung eines bestimmten Zwecks geeignet, erforderlich und angemessen ist.

Die in den Analysedateien Europols gespeicherten Daten dienen nicht immer eindeutig bezeichneten Zwecken. Sie sind insbesondere auch für unterschiedliche Zwecke verwendbar. Wie gezeigt werden konnte, haben die Mitgliedstaaten entgegen weit verbreiteter Auffassung doch einen umfangreichen Zugriff auf die Daten im Analysesystem; wenn auch über Umwege. Der Abruf der Informationen durch die nationalen Stellen ist allein an deren Aufgabenerfüllung gebunden und nicht an einen bestimmten Zweck. Die Analysedateien bieten daher die Möglichkeit, relativ unbegrenzt eine große Zahl von Daten zu noch unbestimmten Zwecken bereit zu halten. Angesichts der heutigen Möglichkeiten sich mit besonderen technischen Methoden einer Datenerhebung zum Teil entziehen zu können, über die gerade die zu bekämpfenden Organisationen im Vergleich zu den „Normalbürgern" verfügen dürften, ist schon fraglich, ob die Vorratshaltung von Daten neben der Bereithaltung von Beweismaterial für konkrete Strafprozesse überhaupt irgendwelchen polizeilichen Zwecken dienen kann.[1165]

4. Kompensation durch Verfahrensregelungen

Als Kompensation der Verstöße gegen die diversen rechtsstaatlichen Gebote käme allein Grundrechtsschutz durch organisatorische und verfahrensrechtliche Vorkeh-

[1161] Bäumler, in: Handbuch des Polizeirechts, Kap. J, Rz. 44.
[1162] Bäumler, in: Handbuch des Polizeirechts, Kap. J, Rz. 43.
[1163] BVerfGE 65, 1, 46 f.
[1164] Scholz/Pitschas, Informationelle Selbstbestimmung und staatliche Informationsverarbeitung, S. 174.
[1165] Siehe dazu: Ulmer/Schrief, DuD 2004, 591, 595.

rungen in Betracht.[1166] Das kann jedoch nicht uneingeschränkt gelten, da schon das *Bundesverfassungsgericht* im Volkszählungsurteil zum Ausdruck brachte, dass neben einer normenklaren Zweckbestimmung verfahrensrechtliche Schutzvorkehrungen zusätzlich von Bedeutung sind.[1167] Es ist daher zu prüfen, wie hoch das von der EPK durch Betroffenenrechte gewährleistete Schutzniveau tatsächlich ist und ob es den Mangel an Normbestimmtheit kompensieren kann.

a) Auskunftsanspruch

Grundsätzlich haben Betroffene gegenüber Europol einen Anspruch darauf, zu erfahren, ob Daten über sie gespeichert sind.[1168] Die EPK sieht zur Durchsetzung des Auskunftsanspruches ein Verfahren vor, das danach unterscheidet, in welchem System die Daten gespeichert sind. Im Falle einer Speicherung in den Arbeitsdateien zu Analysezwecken bedarf die Mitteilung entsprechender Informationen einer Konsensentscheidung von Europol und den an der Analyse beteiligten Mitgliedstaaten sowie des oder der von der Mitteilung unmittelbar betroffenen Mitgliedstaaten.[1169] Lehnt nur ein Mitgliedstaat oder Europol die Mitteilung ab, so wird dem Antragsteller lediglich mitgeteilt, dass eine Überprüfung stattgefunden habe. Der Mitteilung kann die Person nicht entnehmen, ob Daten über sie gespeichert sind oder nicht. Gegen diese Entscheidung kann mit einer Beschwerde vor der GKI vorgegangen werden. Betrifft die Beschwerde die Mitteilung über Daten in den Arbeitsdateien zu Analysezwecken, kann sich die GKI nach Anhörung der betroffenen Mitgliedstaaten gegen die Auffassung eines Mitgliedstaates oder Europol nur mit einer Zweidrittelmehrheit hinwegsetzen.[1170] Gegen die Entscheidung der GKI ist Rechtsschutz nicht vorgesehen. Wird der Antrag negativ beschieden, wird dem Antragsteller wiederum lediglich mitgeteilt, dass eine Überprüfung durchgeführt worden sei.

Die Vorschriften in der EPK gewährleisten daher keinen Auskunftsanspruch. Dieser steht unter dem willfährigen Vorbehalt Europols und der Mitgliedstaaten. Es handelt sich mithin nicht einmal um einen Anspruch. Denn ein Anspruch bedeutet, von einem Anderen ein Tun oder Unterlassen verlangen zu können. Die EPK normiert vielmehr einen Überprüfungs- als einen Auskunftsanspruch. Eine Schutzfunktion kann ein Überprüfungsanspruch nur in sehr geringer Form entfalten. Zum Ausgleich der erheblichen verfassungsrechtlichen Bedenken wegen Verstoßes gegen die Gebote der Normenklarheit und Verhältnismäßigkeit ist ein solcher Überprüfungsanspruch allenthalben völlig ungeeignet.[1171]

[1166] Petri, KritV 1998, 441, 451 ff.; Kniesel, Kriminalistik 1996, 229, 236.
[1167] BVerfGE 65, 1, 46.
[1168] Fisahn, KJ 1998, 358, 367.
[1169] Art. 19 Abs. 4 Nr. 3 EPK.
[1170] Art. 19 Abs. 7 UAbs. 2 EPK.
[1171] Dies übersieht: Martinez Soria, VerwArch 1998, 400, 432.

b) Aufbewahrungsregelungen

Gleiches gilt für die Aufbewahrungs- und Löschungsvorschriften. Sämtliche Daten, die Europol im Wege der Analyse zusammengeführt hat, insbesondere die Analyseergebnisse sind Daten, die der alleinigen datenschutzrechtlichen Verantwortung Europols unterliegen.[1172] In einem Mitgliedstaat gelöschte Daten können daher von Europol weiter verwendet werden.

Welche Folgen eine derartige zentralistische Vorgehensweise hat, verdeutlicht ein von *Werner*[1173] geschilderter hypothetischer Fall: in Hamburg gerät eine Person in den Verdacht der Geldwäsche, weil bei einer Geldüberweisung nach Frankreich sowohl die Bank als auch die Staatsanwaltschaft dubiose Hintergründe vermuten. Der Vorgang erhält Eingang in das polizeiliche INPOL-Datensystem und wird demzufolge über das BKA gemäß §§ 1, 2 EuropolG zu Europol übermittelt. Nachdem der Verdacht ausgeräumt wird, wird der Vorgang aus INPOL gelöscht. Da jedoch alle Verfahrenshandlungen in Hamburg vorgenommen wurden, erhält das BKA keine Mitteilung über die Löschung, so dass Europol die Daten über die betroffene Person und ggf. auch über deren Bezugs- und Kontaktpersonen weiter für erforderlich halten darf. Selbst wenn das BKA die Löschung ordnungsgemäß anzeigen würde, hätte dies nicht unweigerlich eine Löschung bei Europol zur Folge.

Zwar ist Europol in solchen Fällen grundsätzlich ebenfalls zur Löschung verpflichtet.[1174] Besitzt Europol jedoch aufgrund von Erkenntnissen, die über diejenigen des Mitgliedstaats hinausgehen, ein „weitergehendes Interesse" an den Daten, so braucht eine Löschung laut EPK nicht zu erfolgen. Das Interesse Europols ist nicht einmal gesondert zu begründen oder mitzuteilen. Europol unterrichtet den Mitgliedstaat allein über die Tatsache der weiteren Speicherung.[1175]

Die maximale Speicherdauer von drei Jahren hat nur hypothetischen Charakter und dient nur der Vermeidung von Datenmüll. Denn die Frist beginnt jedesmal neu zu laufen, wenn weitere Daten zu der Person gespeichert werden.[1176] Hinzu kommt, dass dies nur Daten zu solchen Personen betrifft, deren Daten auch im Informationssystem gespeichert werden dürfen: Täter, Verdächtige sowie potenzielle Täter und Verdächtige. Hinsichtlich der anderen Personen über die Daten im Analysesystem gespeichert werden können, wie Opfer, Zeugen, Informanten, Kontakt- und Begleitpersonen und Personen, die so etwas werden könnten, gelten lockerere Regeln. Alle drei Jahre nach ihrer Speicherung überprüft Europol, ob es die Daten weiterhin für erforderlich hält. Nur wenn dies nicht der Fall ist, werden die Daten

[1172] So sinngemäß: Schomburg, Kriminalistik 2000, 13, 19; Art. 15 Abs. 1 Nr. 2 u. Abs. 2 EPK.
[1173] Werner, CR 1997, 34, 36.
[1174] Art. 21 Abs. 4 S. 1 EPK.
[1175] Art. 21 Abs. 4 S. 3 EPK.
[1176] Art. 21 Abs. 3 S. 2 EPK.

gelöscht. Dies fördert geradezu die Nutzung des Analysesystems als Datenvorratslager.[1177]

Jede Person hat einen Löschungs- und Berichtigungsanspruch.[1178] Voraussetzung ist jedoch, dass sie zunächst ihren Überprüfungsanspruch durchsetzen konnte und darüber hinaus tatsächlich Informationen zu den über sie gespeicherten Daten erhalten hat.[1179] Gelingt dies nicht, geht der Löschungsanspruch ins Leere. Selbst die Einstellung eines Ermittlungsverfahrens oder ein rechtskräftiger Freispruch führen nicht zu einer Löschung.[1180] Diese Umstände werden lediglich im Rahmen der routinemäßigen Überprüfung „berücksichtigt".[1181]

c) Kontrollinstanz

Die gemeinsame Kontrollinstanz (GKI) erfüllt verschiedene Aufgaben. Sie ist nicht nur Beschwerdeinstanz zur Durchsetzung der Überprüfungs- und Löschungsansprüche. Sie übt auch die Funktion der Vorabkontrolle durch Mitwirkung bei der Erstellung von Errichtungsanordnungen aus.[1182] Die GKI ist allerdings keine gerichtliche Instanz. Bei den Beratungen über die Rechsstellung der GKI vertrat Deutschland die Auffassung, die Verfahrensgrundsätze der GKI sollten weitgehend denen eines Gerichts entsprechen. Frankreich hingegen wollte die GKI als Verwaltungsorgan ausgestaltet wissen. Der letztlich gefundene Kompromiss geht auf ein Gutachten des Rechtsdirektoriums des Europäischen Gerichtshofes für Menschenrechte zurück.[1183] Jedenfalls erwachsen ihre Entscheidungen gegenüber Antragstellern in Rechtskraft.[1184] Zwar soll sie weisungsunabhängig sein und eine externe Kontrolle Europols gewährleisten.[1185] Die GKI besitzt aber keine wesentlichen Informationen zu den Fällen, die zu einer Speicherung geführt haben.[1186] Insbesondere ihre Mitwirkung bei den Errichtungsanordnungen, bei der Weitergabe von Daten an Drittstellen und bei anderen Verwaltungsentscheidungen Europols rufen Bedenken an ihrer Unabhängigkeit hervor.[1187]

Entscheidend ist jedoch, dass die GKI nicht die Kompetenz hat, Europol verbindliche Anordnungen zur Sperrung und Löschung von Daten zu erteilen oder in Einzelfällen das vorläufige oder endgültige Verbot weiterer Datenverarbeitungsmaß-

---

[1177] Auch dies hat Martinez Soria, VerwArch 1998, 400, 427 übersehen.
[1178] Art. 20 Abs. 4 EPK.
[1179] Frowein/Krisch, JZ 1998, 589, 590.
[1180] Zieschang, ZRP 1996, 427, 428.
[1181] Art. 7 Abs. 1 UAbs. 3 DAzA; Petri, KritV 1998, 441, 456.
[1182] Petri, KritV 1998, 441, 454.
[1183] Kalk, DuD 1999, 442, 443.
[1184] Frowein/Krisch, JZ 1998, 589, 592.
[1185] Gleß, DRiZ 2000, 365, 370.
[1186] Werner, CR 1997, 34, 37.
[1187] Frowein/Krisch, JZ 1998, 589, 592.

nahmen auszusprechen.[1188] Denn nur so könnte der nach dem Volkzählungsurteil erforderliche Schutz gegen Zweckentfremdung erreicht werden.[1189] Wenn aber die Ausgestaltung der GKI schon nicht den grundsätzlichen Anforderungen an einen Informationseingriff entspricht, dann kann sie erst recht nicht entsprechende Defizite ausgleichen.

d) Eurojust

Eurojust ist wie Europol in Den Haag angesiedelt und soll die grenzüberschreitende Zusammenarbeit der Strafjustizbehörden in den Mitgliedstaaten der EU zum Zwecke der Bekämpfung der schweren Kriminalität fördern, verbessern und koordinieren.[1190] Bei Eurojust arbeiten Richter, Staatsanwälte und Polizisten zusammen.[1191] Im Gegensatz zu Europol beruht Eurojust nicht auf einer Konvention, sondern auf einem Ratsbeschluss (EJB).[1192] Mit dem Eurojust-Gesetz ist der Beschluss in deutsches Recht umgesetzt worden.[1193] Bei Eurojust sollen spezialisierte Sprachmittler zur Klärung bi- und multinationaler Rechtsfragen und zur beschleunigten transnationalen Kooperation zur Verfügung stehen.[1194] In den Zuständigkeitsbereich von Eurojust fallen sämtliche Kriminalitätsformen für die auch Europol zuständig ist.[1195] Eurojust nimmt seine Aufgaben entweder als Kollegium oder durch seine nationalen Mitglieder wahr. Es kann insbesondere die zuständigen nationalen Behörden anregen, Ermittlungen zu bestimmten Tatbeständen vorzunehmen, es veranlasst die wechselseitige Unterrichtung der zuständigen Stellen, und unterstützt diese bei der optimalen Koordinierung von Ermittlungen und Strafverfolgungsmaßnahmen. Eurojust soll eng mit Europol zusammenarbeiten.[1196] Im Zusammenhang mit Europols Datenanalyse ist bedeutsam, dass Eurojust die zuständigen nationalen Behörden bei der Verbesserung der Zusammenarbeit auf Grundlage der Datenanalysen unterstützen und Europol durch Abgabe von Gutachten auf der Grundlage der Datenanalysen Beistand leisten soll.[1197] Ferner soll Eurojust helfen, Rechtshilfegesuche zu erledigen.

[1188] Petri, KritV 1998, 441, 455.
[1189] BVerfGE 65, 1, 46.
[1190] Art. 3 EJB; Knelangen/Hilbrans, in: Europa – „Raum der Freiheit, Sicherheit und Recht?", S. 26.
[1191] Hetzer, Kriminalistik 2000, 782.
[1192] Beschluss des Rates v. 28.2.2002 über die Errichtung von Eurojust zur Verstärkung der Bekämpfung der schweren Kriminalität, Abl. L 63 v. 6.3.2002, S. 1.
[1193] Gesetz zur Umsetzung des Beschlusses (2002/187/JI) des Rates vom 28.Februar 2002 über die Errichtung von Eurojust zur Verstärkung der Bekämpfung der schweren Kriminalität (Eurojust-Gesetz – EJG), BGBl. 2004 I 902.
[1194] Nehm, Kriminalistik 2000, 355, 359 f.
[1195] Art. 4 Abs. 1 a) EJB.
[1196] Art. 26 Abs. 1 EJB.
[1197] Art. 7 a) – g) EJB.

Ausschlaggebend für die Frage, ob Eurojust den Mangel an rechtsstaatlicher Einbindung Europols ausgleichen kann, ist, ob es Kontrollrechte hat. Schon das Ziel von Eurojust, die schwere Kriminalität zu bekämpfen zeigt schon, dass hier die gleichen unbestimmten Rechtsbegriffe wie in der EPK herangezogen wurden.[1198] Der Schwerpunkt von Eurojust liegt aber nicht in der Vornahme eigener Ermittlungen wie Europol, sondern in der Koordinierung der nationalen Staatsanwaltschaften.[1199] Die Aufgaben beschränken sich allein auf die Strafverfolgung. Eurojust soll Verbindungsglied sein, um sprachliche und rechtliche Barrieren zu überbrücken und Ermittlungen unter justiziellen Gesichtspunkten abstimmen zu können. Damit folgt auch Eurojust dem Primat, die Effizienz der Strafverfolgung zu steigern und nicht so sehr der Verbesserung der justiziellen Kontrolle der europäischen polizeilichen Zusammenarbeit zu dienen.[1200] Sanktions- oder Weisungsrechte gegenüber Europol sieht die EJB nicht vor. Als Keimzelle einer europäischen Staatsanwaltschaft ist Eurojust nicht zu betrachten.[1201] Hierzu fehlt die maßgebliche Eigenschaft einer Staatsanwaltschaft, „Herrin" des Ermittlungsverfahren zu sein, bereits im Ansatz. Es handelt sich bei Eurojust vielmehr um ein Instrument hin zu einer para-staatlichen Justiz.[1202] Zutreffenderweise kann Eurojust allein als permanente justizielle Dokumentations- und Clearingstelle bezeichnet werden.[1203]

e) Andere Regelwerke

Zusätzlich ist zu prüfen, ob sich aus anderen Regelwerken, denen Europol unterliegen könnte, Kompensationswirkungen ergeben.

(1) Datenschutzrichtlinie

Die Datenschutzrichtlinie[1204] zielt nicht auf die Vereinheitlichung, sondern auf die Harmonisierung des europäischen Datenschutzrechts ab.[1205] Sie verlangt eine umfassende Zweckbindung der Datenverarbeitung und sieht vor, dass der Zweck der Verarbeitung zwingend schon vor der Erhebung feststehen muss.[1206] Zudem ist darin jeder Datenverarbeitungsvorgang dem Verhältnismäßigkeitsgrundsatz verpflichtet. Seit dem Vertrag von Amsterdam sind die Organe und Einrichtungen der

---

1198 Albrecht/Braum, KritV 2001, 312, 345.
1199 Busch, Neue Kriminalpolitik 2000, 22, 26.
1200 Knelangen/Hilbrans, in: Europa – „Raum der Freiheit, Sicherheit und Recht?", S. 28.
1201 Anders: Nehm, Kriminalistik 2000, 355, 360.
1202 Knelangen/Hilbrans, in: Europa – „Raum der Freiheit, Sicherheit und Recht?", S. 26.
1203 Schomburg, Kriminalistik 2000, 13.
1204 Richtlinie 95/46/EG zum Schutz natürlicher Personen bei der Verarbeitung personenbezogener Daten und zum freien Datenverkehr, Abl. L 281 v. 23.11.1995, S. 31.
1205 Tätigkeitsbericht des Datenschutzbeauftragten des Bundes 1995-1996, Pkt. 2.1.
1206 Art. 6 Abs. 1 b) EG-Datenschutzrichtlinie.

Europäischen Gemeinschaft unmittelbar an die Datenschutzrichtlinie gebunden.[1207] Damit steht im Bereich des Datenschutzes unionsweit ein direkt wirkendes Bürgerrecht bei Akten der Gemeinschaftsorgane zu Verfügung.[1208] Damit die Datenschutzrichtlinie auf Europol Anwendung finden kann, müsste Europol ihrem Geltungsbereich unterfallen. Das ist aber noch nicht der Fall. Europol ist ein durch einen völkerrechtlichen Vertrag geschaffenes, selbständiges Rechtssubjekt und kein Organ der Europäischen Gemeinschaften. Dahingegen richtet sich die Datenschutzrichtlinie an die Mitgliedstaaten und über Art. 286 Abs. 1 EGV auch an die Organe und Einrichtungen der EG.[1209]

Anders wird dies zu beurteilen sein, wenn Europol in den neuen einheitlichen Rechtsrahmen der EU nach Ersetzung der EPK durch einen Beschluss des Rates und nach Abschluß des Reformvertrages eingebettet sein wird. Dann wird Europol dem Anwendungsbereich der Datenschutzrichtlinie zuzuordnen sein.

Eine Kompensationswirkung wird dennoch nicht eintreten können, da Art. 3 der Datenschutzrichtlinie ausdrücklich den Bereich der öffentlichen Sicherheit und des Strafrechts von ihrem Anwendungsbereich ausschließt.

(2) Grundrechtscharta

Die am 7.12.2000 in Nizza proklamierte Grundrechtscharta[1210] der EU enthält in Art. 8 das Recht jeder Person auf den Schutz seiner personenbezogenen Daten. Demnach dürfen Daten über Personen nur für festgelegte Zwecke mit Einwilligung der betroffenen Person oder aufgrund einer gesetzlich geregelten legitimen Grundlage verarbeitet werden.[1211] Auch hier stellt sich aber die Frage nach der Bindung Europols an das Regelwerk. Die Grundrechtscharta gilt für alle Organe und Einrichtungen der Europäischen Union.[1212] Damit geht die Grundrechtscharta über den allein der EG (1. Säule der EU) zuzuordnenden Bereich hinaus. Da Europol zwar ein eigenständiges Rechtssubjekt ist, aber ausdrücklich in Art. 30 Abs. 2 EUV genannt wird, ist es als Einrichtung der EU anzusehen.

Vage sind die Bestimmungen über die Tragweite der garantierten Rechte. Dort heisst es in Art. 52 Abs. 2: „Die Ausübung der durch diese Charta anerkannten Rechte, die in den Gemeinschaftsverträgen oder im Vertrag über die Europäische Union begründet sind, erfolgt im Rahmen der darin festgelegten Bedingungen und Grenzen." Da sich aber insbesondere aus den Bestimmungen über die polizeiliche und justizielle Zusammenarbeit in Strafsachen gem. Art. 29 EUV ff. ergibt, dass der

---

[1207] Art. 286 Abs. 1 EGV.

[1208] Kübler, Die Säulen der Europäischen Union, S. 126 m.w.N.

[1209] Kübler, Die Säulen der Europäischen Union, S. 127.

[1210] Charta der Grundrechte der Europäischen Union, Abl. C 364 v. 18.12.2000, S. 1.

[1211] Art. 8 Abs. 2 EU-Grundrechtscharta.

[1212] Art. 51 EU-Grundrechtscharta.

Europäische Gerichtshof nicht für die Überprüfung der Vereinbarkeit von Handlungen Europols mit anderen Vorschriften der EU zuständig ist, könnten eventuelle Rechtsverletzungen zumindest bis zur Schaffung des neuen einheitlichen Rechtsrahmens der EU durch den Reformvertrag nicht durchgesetzt werden.[1213] Hinzu kommt, dass die Grundrechtscharta keine Kompensationswirkung hinsichtlich der festgestellten rechtstaatlichen Defizite von Europols operativer Datenanalyse entfalten kann. Denn sie kann weder die fehlende Normbestimmtheit der Eingriffsnorm beseitigen noch wird sich aus ihr ein wirksamer Auskunfts-, Berichtigungs- und Löschungsanspruch ableiten lassen können.

(3) Europäische Menschenrechtskonvention (EMRK)

Eine Kompensation der rechtsstaatlichen Mängel der operativen Datenanalyse Europols lässt sich auch durch Rückgriff auf die Europäische Menschenrechtskonvention vom 4.11.1950[1214] nicht herbeiführen. Zwar achtet die Europäische Union die Grundrechte, wie sich in der EMRK gewährleistet sind,[1215] da aber bislang weder die EU noch Europol der EMRK formell beigetreten sind, entfaltet diese gegenüber den Handlungen Europols keine unmittelbare Bindungswirkung.[1216] Mit dem Reformvertrag ist beabsichtigt, die EU der EMRK beitreten zu lassen. Die der EMRK beigetretenen Mitgliedstaaten sind ihrerseits schon aufgrund der deklaratorischen Verpflichtung in Art. 6 Abs. 2 EUV[1217] verpflichtet, die Anwendung der EMRK auch bei der Übertragung von Hoheitsrechten an Europol zu gewährleisten.[1218] Der von der EMRK ausgehende Schutz bietet allerdings allein die Möglichkeit, vom Europäischen Gerichtshof für Menschenrechte die Übertragung der Hoheitsrechte überprüfen zu lassen und kompensiert keinesfalls die rechtsstaatlichen Defizite der EPK.

5. Zwischenergebnis

Selbst unter den eingeschränkten Anforderungen des Art. 23 Abs. 1 GG gewährleistet Europol keinen im Wesentlichen dem Grundgesetz vergleichbaren Grundrechtsschutz, da ein Rechtsweg in der Regel entweder nicht offen steht oder nicht wirksam durchgesetzt werden kann.[1219] Eine Überprüfung von Europol-Maßnahmen durch deutsche Verwaltungsgerichte scheitert an der mangelnden

---

[1213] Zur Frage der gerichtlichen Durchsetzung von Grundrechten aus der Grundrechtscharta: Weber, NJW 2000, 537 ff.

[1214] BGBl.1952 II 686, 953; 1968 II 1116, 1120; 1970 II 1315; 1972 II 105; 1989 II 546, 991; 1995 II 578.

[1215] Art. 6 Abs. 2 EUV.

[1216] Gleß, DRiZ 2000, 365, 369, Fn. 46; Albrecht/Braum, KritV 2001, 313, 318.

[1217] Siehe hierzu: Busse, NJW 2000, 1074 ff.

[1218] Petri, Europol, S. 118 f.; Frowein/Krisch, JZ 1998, 589, 594.

[1219] Gleß, DRiZ 2000, 365, 373.

Kenntnis der betroffenen Personen über den Umfang der Maßnahmen Europols. Denn sie können im Zweifel lediglich erfahren, welche Daten über sie gespeichert sind, aber nicht, wozu diese Daten genutzt worden sind. Grundlegende allgemeine Anforderungen an die Normenklarheit und Verhältnismäßigkeit bleiben unbeachtet. Eine Kompensation durch Verfahren findet nicht statt. Die Organisations- und Kontrollvorschriften in der EPK unterschreiten das demokratische Mindestmaß.[1220] Zur Folge hat dies, dass hinsichtlich der von Europol verfolgten Zwecke in ungesetzlicher Weise gegenüber jedermann eine Polizeipflichtigkeit etabliert wird. Eine voraussetzungslose und unverifizierbare Scheintatbestandlichkeit lässt verfassungswidrige Blankettermächtigungen entstehen.[1221] Es wäre Aufgabe des Gesetzgebers gewesen, die gegenläufigen Interessen einer vertieften polizeilichen Zusammenarbeit bei gleichzeitigem Kompetenzausbau und die berechtigten Freiheitsinteressen der Bürger zu einem verfassungsrechtlich einwandfreien Ausgleich zu bringen.[1222] Die kaum eingrenzbaren polizeilichen Eingriffsermächtigungen führen nicht nur zu mehr polizeilicher Flexibilität in der Risikovorsorge, sondern zu einer Machtverlagerung von der Legislative auf die Exekutive.[1223] Es ist daher festzustellen, dass das europäische Strafrecht vom Standpunkt der Polizei aus entwickelt wird.[1224] Bedenklich ist vor allem die entstehende „gesellschaftliche Steuerungskompetenz von Europol".[1225] Durch die Erstellung der auf der Analysetätigkeit aufbauenden strategischen Lageberichte kann Europol maßgeblichen Einfluss auf die nationale und europäische Kriminal- und Rechtspolitik nehmen, der weit über den Bereich von organisierter Kriminalität und Terrorismus hinausgehen kann. Es schreitet damit nicht nur die Zentralisierung der europäischen Polizeien voran, sondern im Besonderen die Verpolizeilichung der Präventionspolitik.[1226] Es besteht die Gefahr, dass die unkontrollierte Definitionsmacht Europols für organisationelle Eigeninteressen missbraucht wird und hierdurch die festzustellenden Zentralisierungtendenzen verstärkt.[1227]

II. Exkurs: Staatliche Pflichten oder Ausnahmezustand ?

Der folgende Exkurs beschäftigt sich mit den Versuchen, die staatlichen Vorsorgekompetenzen zu rechtfertigen und mit der in der Literatur aufgeworfenen Frage, ob die Vorsorgekompetenzen zu einem permanenten Ausnahmezustand führen. Die entsprechenden Aussagen werden den zu Europol ermittelten Ergebnissen gegenüber gestellt.

1220 Weichert, DuD 1995, 450, 453 m.w.N.
1221 Lisken, ZRP 1998, 270, 271.
1222 Rachor, in: Handbuch des Polizeirechts, Kap. F, Rz. 183.
1223 Rachor, in: Handbuch des Polizeirechts, Kap. F, Rz. 183.
1224 Albrecht/Braum, KritV 2001, 313, 342.
1225 Pilgram, Neue Kriminalpolitik 2000, 9.
1226 Pilgram, Neue Kriminalpolitik 2000, 9.
1227 Fisahn, KJ 1998, 358, 371.

Hintergrund der zunehmenden Polizeikooperation ist die ständig wachsende Zahl von Bedrohungsszenarien.[1228] Sowohl der Terrorismus in seinen verschiedenen Erscheinungsformen, als auch organisierte Kriminalität und die Drogenkriminalität sind zu den Hauptansatzpunkten der polizeilichen Zusammenarbeit geworden. Dahinter steht die Überzeugung, dass die modernen Formen der Kommunikationstechnologie und der Verkehrstechnik sowie der Wegfall von Grenzkontrollen bestimmte Kriminalitätserscheinungen fördere.[1229] Die modernen Kommunikationsmittel und die gesteigerte Mobilität dehnen ohne Zweifel den Aktionsradius von Kriminalität aus und können eine internationale bandenmäßige Vernetzung bewirken.[1230] Da es aber schon zuvor Drogenkriminalität, Banden, Mafia und Terrorismus gegeben hat, ist es fragwürdig, ob die staatliche Antwort auf die verbesserten Kommunikationsmöglichkeiten via Internet oder Mobiltelefonie und auf den Abbau der Grenzkontrollen zwangsläufig zur Suspendierung von Grundrechten führen muss oder ob dies nicht nur Vorwände sind, um die im Laufe des Globalisierungsprozesses auf vielen Gebieten abhanden gekommene staatliche Handlungsfähigkeit unter Beweis zu stellen und vor allem um eine diffuse Kriminalitätsfurcht zu bedienen. Hinzu kommt, dass die staatlichen „Ausgleichsmaßnahmen“[1231] hervorragend dazu geeignet sind, Lageanalysen anzufertigen, die auf die Legitimierung einer repressiven Kriminalpolitik ausgerichtet sind und vor diesem Hintergrund der Polizei die Möglichkeit verschaffen sollen, verdächtige „Risikopersonen“ zu identifizieren, um im Anschluss zielgerichtet „bekämpfen“ zu können. Rechte der betroffenen Personen werden als unzeitgemäße Fesseln der Strafverfolgungsorgane abgetan.[1232] Leichtfertig wird der Abbau von grundrechtlichen Garantien als quasi Kollateralschaden hingenommen.

a) Staatliche Schutzpflichten

(1) Herleitung

In den Schlussfolgerungen der Tagung des Europäischen Rates in Tampere vom 15. und 16.10.1999 setzt sich der Europäische Rat für eine Verstärkung des Kampfes gegen schwere und grenzüberschreitende Kriminalität ein. Voraussetzung für ein hohes Maß an Sicherheit in einem Raum der Freiheit der Sicherheit und des Rechts sei „ein effizienter und umfassender Ansatz bei der Bekämpfung aller Erscheinungsformen der Kriminalität.“ Nicht Strafverfolgung oder Gefahrenabwehr wird als polizeiliches Aufgabenfeld benannt, sondern die Bekämpfung und somit

[1228] Fisahn, KJ 1998, 358.
[1229] So beispielsweise. Schmidt-Jortzig, in: Europäische Sicherheitsunion, S. 127.
[1230] Meng, in: Europäische Sicherheitsunion, S. 175, 179.
[1231] Schelter, in: Zusammenarbeit der Polizei, S.3.
[1232] Schneider, ZStW 2001, 499, 501.

Zerschlagung und Beseitigung der Kriminalität an sich. Die Erreichung dieses hehren Zieles dürfte ein Mammutprogramm sein. Jedenfalls handelt es sich um eine Herausforderung, die mit den üblichen Mitteln der Strafverfolgung und Gefahrenabwehr nicht zu bewältigen ist. Diese setzen nämlich nicht an dem objektiven Maßstab der Beseitigung der Kriminalität als ein jahrtausendealtes lästiges Phänomen menschlichen Zusammenlebens an, sondern an der subjektiven Vorwerfbarkeit und Verantwortlichkeit menschlichen Tuns. Die Zielrichtung der staatlichen Auseinandersetzung mit dem Phänomen Kriminalität ist unter dem Vorsorgeansatz eine andere. Sie schafft neue Instrumente und ein verändertes Verständnis des Verhältnisses von Staat und Bürger. Gekennzeichnet ist dieses Verständnis von der Überzeugung, dass von Terrorismus und organisierter Kriminalität Bedrohungen für die innere Sicherheit ausgehen, die nicht hingenommen werden könnten.

Die innere Sicherheit wird offenbar als höchstrangiges verfassungsrechtliches Schutzgut angesehen. Im Zusammenspiel mit dem Gewaltmonopol des Staates und dem Recht des Bürgers auf Sicherheit ergebe sich eine Schutzpflicht des Verfassungsstaates.[1233] Staatliche Schutzpflichten werden zwar schon länger von der Rechtsprechung anerkannt.[1234] Sie geben dem Staat auf, Grundrechtsverletzungen, die dem Einzelnen durch einen Dritten drohen, abzuwehren. Eine Schutzpflicht kann daher erst ausgelöst werden, wenn eine Verletzung geschützter Rechtsgüter vorliegt oder bevorsteht.[1235] Im Abtreibungsurteil[1236] von 1975 begründet das *Bundesverfassungsgericht* staatliche Schutzpflichten zum Schutze des Lebens. Das Grundrecht auf Leben enthalte die Pflicht des Staates, sich fördernd und schützend vor das sich im Mutterleib entwickelnde Leben zu stellen. Bereits zuvor wurde den Grundrechten neben der Funktion als Abwehrrechte gegenüber staatlichen Eingriffen eine objektivrechtliche Werteordnung entnommen.[1237] Nun aber wurde mit den Schutzpflichten ein status positivus postuliert, der dem Staat zum Schutze des Lebens des Kindes Pflichten auferlegen soll. Zwangsläufig geht die Sicherheit des Kindes zu Lasten der Freiheiten der Mutter. In einem weiteren Urteil[1238] entschied das *Bundesverfassungsgericht*: „Die Sicherheit des Staates als verfasster Friedens- und Ordnungsmacht und die von ihm zu gewährleistende Sicherheit der Bevölkerung sind Verfassungswerte, die mit anderen im gleichen Rang stehen und unverzichtbar sind."[1239] Um seinen grundrechtsschützenden Auftrag erfüllen zu können, müsse der Staat jene Instrumente in die Hand bekommen, die er hierzu benötigt. Proble-

[1233] Pitschas, 1993, 857, 858.
[1234] Vgl. BVerfGE 39, 1 ff; 49, 89 ff; 56, 54 ff.
[1235] Siehe Erfurth, Verdeckte Ermittlungen, S. 28.
[1236] BVerfGE 39, 36, 51.
[1237] BVerfGE 7, 198, 205; 35, 79, 114.
[1238] BVerfGE 49, 24, 56 f.
[1239] BVerfGE 49, 53, 59.

matisch ist es, wenn hieraus Vorsorgekompetenzen abgeleitet werden und diese in Widerstreit mit Grundrechten treten.[1240]

(2) „Grundrecht auf Sicherheit“

Die Annahme eines Grundrechts auf Sicherheit[1241] basiert auf dem Gedanken, der Staat sei zur Herstellung von (innerer) Sicherheit verfassungsrechtlich verpflichtet.[1242] Die Ableitung des „Grundrechts“ erfolgt aus dieser angenommenen staatlichen Schutzpflicht.[1243] Dem Gesetzgeber obliege die Verantwortung dafür, Gefahren für die Sicherheit der Bürger einzuschätzen und hinreichende Abwehrinstrumente bereitzustellen.[1244] Der verfassungsrechtliche Sicherheitszweck stoße zwar auf Gegenprinzipien der Verfassung. Die widerstreitenden Interessen müsse jedoch der Gesetzgeber zum Ausgleich bringen.[1245] Insbesondere verlange das „Grundrecht auf Sicherheit“ eine umfassende Risikosteuerung.[1246] Damit sei die operative Informationserhebung und –verarbeitung unabhängig von einer besonderen Verdachtsqualität allgemein zur Risikovorsorge zulässig.[1247]

Die Herstellung von Sicherheit bedeutet aber nichts anderes, als sich die Aufgabe zu stellen, sich über alle wichtigen gesellschaftlichen Vorgänge Informationen zu verschaffen.[1248] Dies kann nur über erhebliche Grundrechtseingriffe geschehen. Die durch ständige Sicherheitserwägungen in den Vordergrund rückenden Effizienzaspekte stellen ein falsches Dogma dar.[1249] *Hassemer* meint zu Recht, dass deswegen das Grundrecht auf Sicherheit „einer anderen Welt angehört“[1250] und sich einer paradoxen Rhetorik verdankt.[1251] Denn damit würde ein Grundrecht als Ermächtigungsgrundlage für Grundrechtseingriffe dienen. Grundrechte müssen jedoch im Bereich der Ausübung des staatlichen Gewaltmonopols als Abwehrrechte fungieren, indem sie das staatliche Handeln beschränken und nur unter gesetzlich fixierten Voraussetzungen zulassen. Wird demgegenüber die Gesellschaft als Risikogesellschaft und der Bürger ebenfalls als potenzieller Straftäter und Risiko statt

---

[1240] So geschieht es u.A. bei: Aulehner, Polizeiliche Gefahren- und Informationsvorsorge, S. 47 ff.; Scholz/Pitschas, Informationelle Selbstbestimmung und staatliche Informationsverantwrtung, S. 103 ff.

[1241] Isensee, Das Grundrecht auf Sicherheit, S. 33 ff.

[1242] So Calliess, ZRP 2002, 1, 4 ff.

[1243] Chirino Sanchez, Das Recht auf informationelle Selbstbestimmung, S.150.

[1244] Isensee, Das Grundrecht auf Sicherheit, S. 40.

[1245] Isensee, Das Grundrecht auf Sicherheit, S. 41.

[1246] Aulehner, Polizeiliche Gefahren- und Informationsvorsorge, S. 565.

[1247] Aulehner, Polizeiliche Gefahren- und Informationsvorsorge, S. 567 f.

[1248] Weichert, Informationelle Selbstbestimmung und strafrechtliche Ermittlung, S. 34.

[1249] Hamm, NJW 2001, 3100, 3101.

[1250] So Hassemer, Informationssicherheit als Staatsaufgabe, Vortrag auf dem 7. Deutschen Sicherheitskongress des Bundesamtes für die Sicherheit in der Informationstechnik am 14.5.2001, http://www.kes.info/archiv/material/bsikongress2001/hassemer.htm am 11.10.2004.

[1251] Hassemer, vorgänge 2002, 10.

als Träger von Freiheitsrechten begriffen, dann ist dies nicht mit der Redlichkeitsvermutung und freiheitlich-rechtsstaatlichen Ordnung des Grundgesetzes vereinbar. Ein „Grundrecht auf Sicherheit" kann daher die dargestellten rechtsstaatlichen Mängel nicht kompensieren. Es ist als überwiegendes Allgemeininteresse untauglich, da der Begriff der „Sicherheit" mindestens genauso unbestimmt ist, wie die „Verbesserung der Leistungsfähigkeit". Absolute Sicherheit kann es ohnehin nicht geben.

(3) Informationsvorsorge

Die vorbeugende Verbrechensbekämpfung und die Sicherung der hierzu nötigen Informationen sind Ausdruck einer als unerlässlich betrachteten staatlichen Vorsorgekompetenz. Ihre sozialphilosophische Legitimierung versucht die Annahme staatlicher Vorsorgekompetenzen mit dem Begriff der „Risikogesellschaft" zu erhalten. Infolgedessen habe der Staat auf die immer ungewisser werdenden Gefahren und Risikopotentiale für die innere Sicherheit eine Antwort in Gestalt „innerer Sicherheitsvorsorge" zu finden.[1252] Dem entspricht die Auffassung, die staatlichen Schutzpflichten bildeten den verfassungsrechtlichen Hintergrund für die operative Datenverarbeitung.[1253] Terrorismus und organisierte Kriminalität, sowie grundsätzlich jede faktische Veränderung des Gefahrenpotenzials bedinge eine notwendige Anpassung des polizeilichen Instrumentariums zur Erfüllung der Schutzpflichten.[1254]

Informationsvorsorge soll eine genuine Staatsaufgabe sein.[1255] Sie lasse sich aus der Aufgaben- und Zweckvielfalt der öffentlichen Verwaltung ableiten, der als staatlichem Schutzauftrag die Erhaltung von Frieden und Ordnung zukommt. Der rechtsstaatliche Auftrag zur Wahrung von Rechtssicherheit und Rechtsfrieden rechtfertige deswegen „alle staatlichen Aktivitäten, die dem Schutz vor entsprechenden Gefahren und der Sicherheit der Bürger dienen."[1256]

Der Vorsorgegedanke führt geradewegs zur verdeckten Informationsbeschaffung unter Anwendung nachrichtendienstlicher Mittel, zur Einbeziehung von Unbeteiligten und zur Auflösung der Zurechnungszusammenhänge. Europol beklagt, dass der zwischen den Polizeibehörden erforderliche Austausch von Informationen an bürokratischen Hindernissen und rechtlichen Beschränkungen scheitere.[1257] Rechtliche Gebote werden offensichtlich nicht als Ausdruck der aus dem Rechtsstaatsge-

---

[1252] Pitschas, JZ 1993, 857, 858.
[1253] Lorenz, JZ 1992, 1000, 1001.
[1254] Lorenz, JZ 1992, 1000, 1001.
[1255] Scholz/Pitschas, Informationelle Selbstbestimmung und staatliche Informationsverantwrtung, S. 103.
[1256] Scholz/Pitschas, Informationelle Selbstbestimmung und staatliche Informationsverantwrtung, S. 108.
[1257] Storbeck, in: Zusammenarbeit der Polizei, S. 81.

danken folgenden Balance von Freiheit und Sicherheit betrachtet. „Fundamentale Prinzipien gelten nicht mehr oder nur noch eingeschränkt."[1258] So risikoreich die Existenz bestimmter Kriminalitätsformen auch sein mag: die Tatsache ihrer reinen Existenz ist für sich genommen nicht Grund genug, auf das Vorliegen rechtlicher Voraussetzungen für Grundrechtseingriffe zu verzichten. Auf lange Sicht ginge damit die freiheitsverbürgende Funktion des Strafrechts verloren.[1259] Denn rechtfertigungsbedürftig ist das staatliche Handeln und nicht der individuelle Freiheitsgebrauch.[1260] Die als staatliche Schutzpflicht dargestellte Informationsvorsorge soll als Allgemeininteresse und Zweckbestimmung dienen. Die Existenz präziser Zweckbestimmungen soll aber gerade durch Einengung des Zwecks den Umfang der Datenverarbeitung begrenzen. Wenn aber der Zweck als staatliche Schutzpflicht verstanden wird, dann ist der Umfang der Begrenzung nicht erkennbar. Es wird verkannt, dass Schutzpflichten erst dann entstehen können, wenn bestimmte Anlässe einen Schutz erforderlich erscheinen lassen. Werden die Anlässe, wie bei Europol, nicht im Einklang mit den Geboten der Normbestimmtheit und Normenklarheit bezeichnet, so kann dies nicht durch Hinweis auf eine vermeintliche Staatsaufgabe gerechtfertigt werden.

b) Funktionstüchtigkeit der Strafrechtspflege

Mit dem Begriff der Funktionstüchtigkeit der Strafrechtspflege hat das *Bundesverfassungsgericht* 1972 erstmalig das staatliche Strafverfolgungsinteresse in den Rechtsstaatsgedanken einfließen lassen.[1261] So könne der „Schutz des privaten Lebensbereiches in Konflikt geraten mit dem Interesse der Allgemeinheit an einer wirksamen Strafrechtspflege, für die es – zur Überführung von Straftätern ebenso wie zur Entlastung Unschuldiger – auf eine möglichst umfassende Wahrheitsermittlung" ankomme.[1262] Die Funktionstüchtigkeit der Strafrechtspflege wird vom Bundesverfassungsgericht als ein Allgemeininteresse anerkannt, das mit den Rechten des Einzelnen, also seinen Grundrechten abgewogen werden müsse. Bei einer solchen Abwägung ist allerdings über ihr Ergebnis schon entschieden, bevor sie angestellt worden ist.[1263] Dies liegt an der inhaltlichen Überfrachtung des Begriffes der Funktionstüchtigkeit der Strafrechtspflege. In ihm soll sich die „Idee der Gerechtigkeit", das Bedürfnis einer wirksamen Strafverfolgung, das öffentliche Interesse an der vollständigen Wahrheitsermittlung und die Straftatenaufklärung als wesentlicher Auftrag eines rechtsstaatlichen Gemeinwesens wiederfinden. Die nach dieser Ansicht abzuwägenden Beschuldigtenrechte sind aber Ausdruck der Justizförmigkeit des Strafverfahrens und können nicht zur Disposition gestellt werden. Das Strafverfah-

[1258] Hassemer, Strafen im Rechtsstaat, S. 255.
[1259] Siehe dazu: Calliess, NJW 1989, 1338 ff.
[1260] Neumann, Vorsorge und Verhältnismäßigkeit, S. 27.
[1261] Weichert, Informationelle Selbstbestimmung und strafrechtliche Ermittlung, S. 39.
[1262] BVerfGE 33, 367, 383.
[1263] Hassemer, StV 1982, 275, 277.

ren ist nämlich ein antagonistischer Prozess, in dem der Beschuldigte ein Subjekt des Verfahrens ist.[1264]

Bei der europolizeilichen operativen Datenanalyse kann der Gedanke des Schutzes der Funktionstüchtigkeit der Strafrechtspflege ohnehin nur bedingt zur Anwendung kommen. Streng genommen handelt es sich bei der operativen Datenanalyse um Maßnahmen, die mit der Strafrechtspflege im Allgemeinen und mit dem strafrechtlichen Ermittlungsverfahren im Besonderen nichts zu tun haben, da sie in der Regel durchgeführt werden, bevor ein strafrechtlicher Anfangsverdacht besteht. Die Analyse ist nämlich auf die Verdachtsgewinnung angelegt. Bereits *Weßlau*[1265] konnte nachweisen, dass es sich bei den operativen Maßnahmen um antizipierte Strafverfolgung handelt. Dies wird nunmehr durch das Urteil des Bundesverfassungsgerichts zur präventiven Telefonüberwachung in Niedersachsen gestützt. So kann es kaum verwundern, dass die EPK die Betroffenenrechte nicht all zu ernst nimmt. Der virtuelle Verdacht ermöglicht die Verarbeitung von Daten völlig unbescholtener Personen zur „Verbesserung der Leistungsfähigkeit" der Behörden der Mitgliedstaaten zur Bekämpfung bestimmter Formen der Kriminalität. Grundrechte würden ganz im Sinne der „Funktionstüchtigkeit der Strafrechtspflege" mit diesem Ziel Europols abgewogen und als nicht erheblich genug befunden, so dass sie sogar insgesamt aufhebbar würden.

c) Feindstrafrecht

Noch weiter geht der Begriff des Feindstrafrechts[1266]. Nach der Idee des Feindstrafrechts kann als (mit wirklichen Rechten ausgestattete) Person nur behandelt werden, wer eine kognitive Garantie dafür abgibt, sich als eine solche Person künftig zu verhalten.[1267] Beim Ausbleiben der Garantie ist das betreffende Individuum als Feind der Gesellschaft, nunmehr als rein „potenzielle" Person anzusehen und „kaltzustellen".[1268] Nach dieser Ansicht erlangt derjenige, der sich dauerhaft vom Recht abwendet, eine nicht mehr schützenswerte „tiergleich-kreatürliche" Existenz.[1269] Als Kennzeichen des Feindstrafrechts erkennt *Jakobs*: die weite Vorverlagerung der Strafbarkeit, die Wendung des Blicks von der geschehenen auf eine kommende Tat, die der Vorverlagerung nicht entsprechende Reduktion der Strafe, den Übergang von der Strafgesetzgebung zur Bekämpfungsgesetzgebung und den Abbau prozessualer Garantien.[1270] Im Feindstrafrecht hat sich der Paradigmenwechsel weg vom Grundvertrauen in die prinzipielle Rechtstreue des Bürgers hin

---

[1264] Weichert, Informationelle Selbstbestimmung und strafrechtliche Ermittlung, S. 39.
[1265] Weßlau, Vorfeldermittlungen, S. 335.
[1266] Jakobs, ZStW 1985, 751, 783.
[1267] Jakobs, in: Die deutsche Strafrechtswissenschaft vor der Jahrtausendwende, S. 51.
[1268] Jakobs, in: Die deutsche Strafrechtswissenschaft vor der Jahrtausendwende, S. 53.
[1269] Lesch, GA 2000, 355, 362.
[1270] Schulz, ZStW 2000, 653, 661.

zur latenten Gefährlichkeit der Bürger am sichtbarsten vollzogen.[1271] Es folgt einer herrschaftsorientierten Perspektive.[1272] Der Begriff des Feindstrafrechts ist insbesondere deswegen „fehlerhaft“[1273], weil ein brauchbares Unterscheidungskriterium zwischen Person und Feind niemals auffindbar sein wird. Die verwendete Terminologie setzt einen Generalverdacht voraus, wonach jedermann ein potentieller Feind sein kann. Dann erübrigt sich eine Unterscheidung von selbst. Offene und unbestimmte Eingriffsermächtigungen werden dadurch zu legitimieren versucht.[1274]

Zwar vermeidet die EPK ein derart klares und herausforderndes Vokabular. Europols virtueller Verdacht basiert im Kern jedoch auf einer vergleichbaren Anschauung. Die Merkmale des Feindstrafrechts sind in eingeschränkter Weise auf Europols Datenanalyse übertragbar. Noch ist Europol weit davon entfernt, den betroffenen Personen ihre Eigenschaft als Mensch und Person streitig zu machen. Der von Europol unterstützte Bekämpfungsansatz zeigt aber in eine Richtung, die es zumindest erlaubt, virtuell identifizierte Risikopersonen in Verbindung mit Maßnahmen der nationalen Polizeien „auszusondern“, indem ihnen die Ausübung gewichtiger Grundrechte verweigert wird.

2. *Vorsorge und Ausnahmezustand*

Die Unterschreitung der rechtsstaatlichen Eingriffsschwellen der Gefahr und des Anfangsverdachts hat Ausnahmecharakter.[1275] Die Behandlung eines Menschen als potenzielles Sicherheitsrisiko[1276] und darauf fußende Befugnisse können in der Tat aus dem Arsenal eines permanenten Ausnahmezustands stammen.[1277] Die Ausrufung des Ausnahmezustands würde ersetzt werden durch die Ausweitung des Sicherheitsparadigmas als normaler Technik des Regierens.[1278] Einen permanenten Ausnahmezustand hat die Existenz des virtuellen Verdachts jedoch nicht zur Folge.

Europols Datenanalyse führt bei bestimmten Personen zeitweise zur Suspendierung ihres Rechts auf informationelle Selbstbestimmung. Zwar ist auch der Ausnahmezustand ein Zustand der Suspendierung des Rechts. Der Ausnahmezustand ist aber zugleich eine *fictio iuris* par excellence.[1279] Denn er gibt vor, die gesetzesmäßige Ordnung gegen nicht in der Rechtsordnung vorgesehene Bedrohungen zu schützen und das suspendierte Recht gewissermaßen in der Aufhebung aufrecht zu

---

[1271] Frehsee, in: Konstruktion der Wirklichkeit, S. 34.
[1272] Schulz, Normiertes Misstrauen, S. 216.
[1273] Schünemann, GA 2001, 210.
[1274] Schneider, ZStW 2001, 499, 504.
[1275] Urteil des Landesverfassungsgericht Mecklenburg-Vorpommern, LKV 2000, 149.
[1276] Müller-Heidelberg, vorgänge 2002, 21, 30.
[1277] Lisken, NVwZ 1998, 22, 24.
[1278] Agamben, Ausnahmezustand, S. 22.
[1279] Agamben, Ausnahmezustand, S. 71.

erhalten. Er schafft einen rechtsfreien Raum[1280], der dadurch gekennzeichnet ist, dass eine exzeptionelle Situation nicht auf den von der Rechtsordnung vorgesehenen Wegen verhindert oder beseitigt werden könne, sondern dies nur mit exzeptionellen Mitteln zu erreichen sei.[1281] Der Ausnahmezustand kann daher nicht als Teil des Rechts begriffen werden. Staatliche Maßnahmen, die im Ausnahmezustand vorgenommen werden, sind anomischen Ursprungs und keine Rechtsakte. Sie wirken lediglich faktisch.[1282] Dort, wo das Recht aufgehoben wird, wirkt das staatliche Gewaltmonopol ohne rechtliche Bindung.

Auch das Vorsorgeprinzip führt zu einer teilweisen faktischen Suspendierung des Rechts, da in ihm die Verfassungswidrigkeit strukturell angelegt ist. Es erhebt aber für sich nicht den Anspruch, das Recht zur Herstellung eines bestimmten Zustands außer Kraft zu setzen. Das Vorsorgeprinzip wird vielmehr mit den aufgezeigten Legitimierungsansätzen in die Rechtsordnung einzugliedern versucht.

[1280] Agamben, Ausnahmezustand, S. 62.
[1281] Hesse, DÖV 1955, 741, 742.
[1282] Krenzler, An den Grenzen der Notstandsverfassung, S. 87.

Teil 4

Ergebnisse und Ausblick

A. ERGEBNISSE DER UNTERSUCHUNG

I. Ergebnis zu Teil 1

Das Europäische Polizeiamt ist Bestandteil eines dynamischen Programms der Kontrollverlagerung von der nationalen auf die supranationale Ebene.[1283] Es handelt sich bei Europol um eine Polizei, die keiner konkreten Rechtsordnung und keiner parlamentarischen Kontrolle unterliegt. Weder der Zuständigkeits-, noch der Aufgabenbereich sind klar umrissen. Seine kriminalpolitischen Ziele bestimmt Europol im wesentlichen selbst. Prägend ist dabei der Einfluss der im Verwaltungsrat Europols sitzenden Vertreter der Mitgliedstaaten.

Europol ist eine Polizei, die sich auf die Verarbeitung von Daten beschränkt. Unter dem Dach Europols wurde eine umfangreiche Datenbasis errichtet, die auf die Nutzung der jeweils technisch gegebenen Informationsbeschaffungsmethoden angewiesen ist. Es ist offenkundig, dass erst die moderne Kommunikationstechnologie und das Aufkommen spezieller Analysesoftware die Möglichkeit geschaffen haben, aus einer unendlichen Datenmenge überhaupt einigermaßen vernünftige Ergebnisse herausfiltern zu können. Was technisch möglich ist, wird über kurz oder lang auch genutzt.[1284] Durch die Digitalisierung der Informationen wurde schon auf Ebene der Mitgliedstaaten „eine ‚überwachungsgeneigte' Infrastruktur geschaffen."[1285] Auf die individuell produzierten Informationen nehmen die Mitgliedstaaten im Rahmen ihrer nationalen Datenerhebungsbefugnisse Zugriff und übermitteln diese an Europol. Dort werden die Daten einer Analyse unterzogen, wenn Europol sich hiervon Nutzen bei der Bekämpfung der seinem Zuständigkeitsbereich unterfallenden Kriminalitätserscheinungen, wie insbesondere Terrorismus und organisierte Kriminalität verspricht.

Die Möglichkeiten der Datenanalyse sind sehr umfangreich. Mit ihr kann es gelingen, ganze Abbilder der Persönlichkeit einer Person herzustellen. Europols Datenanalyse soll auf diese Weise mögliche Straftäter und kriminelle Strukturen insgesamt identifizieren helfen. Allerdings betrifft die Datenanalyse nicht nur die Aufklärung von bereits begangenen Straftaten, sondern beschäftigt sich auch mit möglichen künftigen Taten und Tätern. Sie soll Ermittlungen sowohl unterstützen als auch selbst initiieren. Diese operative Tätigkeit gilt Risikopersonen.[1286] Als Risikopersonen werden nicht nur Straftäter und Verdächtige, sondern auch Opfer, mögliche Opfer, Zeugen, mögliche Zeugen und notfalls Kontakt- und Begleitpersonen von Kontakt- und Begleitpersonen von Risikopersonen von Europol in Betracht in gezogen. Jeder kann daher als Risikoperson aufgefasst werden. Es entsteht nicht nur

---

[1283] Albrecht/Braum/Frankenberg/Günther/Naucke/Simitis, KritV 2001, 279, 284; Den hervorgerufenen Kompetenzausbau erkennt auch Pitschas, JZ 1993, 857, 863.
[1284] Frehsee, Neue Kriminalpolitik 1999, 16, 20.
[1285] Hoffmann-Riem, ZRP 2002, 497, 498.
[1286] Weßlau, Vorfeldermittlungen, S. 287.

ein Klima der Überwachung.[1287] War in den Zeiten des Volkszählungsurteils noch vom „gläsernen Bürger" die Rede, so müsste heute von einem „funkelnagelneuen Aquarium"[1288] gesprochen werden, in dem die Bürger schwimmen sollen.

II. Ergebnis zu Teil 2

Europol ist als eine supranationale Einrichtung anzusehen, die zur Erfüllung ihrer Aufgaben Eingriffe in das Recht auf informationelle Selbstbestimmung vornimmt. Die in den Analysegruppen tätigen deutschen Verbindungsbeamten sorgen dafür, dass die mit der Datenanalyse verbundenen Grundrechtseingriffe auch der deutschen Hoheitsgewalt zuzuordnen sind. Es gilt der hohe Grundrechtsschutz des Grundgesetzes, sodass bei Eingriffen in das Recht auf informationelle Selbstbestimmung die vom Bundesverfassungsgericht aufgestellten Anforderungen an die verfassungsmäßige Vereinbarkeit der Eingriffe zu beachten sind.

Europol ist eine Polizei neuen Typs, die weder Gefahr noch Anfangsverdacht, weder Störer noch Beschuldigten kennt und nicht zwischen Repression und Prävention unterscheidet.[1289] Als Anknüpfungspunkt ihrer Tätigkeiten kennt diese Polizei auch keine bestimmten Fakten mehr, sondern versucht sich allein aus der Existenz des Risikos heraus zu legitimieren, dass es zu Straftaten kommen könnte.[1290] Dort wo Anfangsverdacht und Gefahr an die Verantwortlichkeit für ein Tun, Unterlassen oder Herbeiführung eines bestimmten Zustandes anknüpfen, setzt Europols Datenanalyse auf hypothetische Geschehensabläufe und Verwicklungen.[1291] Jedermann kann davon betroffen sein. Konkrete Anknüpfungspunkte, die als Tatbestandsmerkmale dafür verwendet werden könnten, um im Zweifel von jeder Person Daten erheben und verarbeiten zu dürfen, sind aber nicht vorstellbar. Der polizeiliche Ansatz, Maßnahmen allein schon zu Vorsorgezwecken vorzunehmen, begnügt sich deswegen mit der Möglichkeit des sich möglicherweise realisierenden Risikos als vagen Anknüpfungspunkt. Den Menschen werden dabei quasi als Ersatz für den entfallenden Kausalnexus zwischen ihrem Verhalten und einem Schaden undifferenzierte normative Risikoattribute zugeteilt. Die einzige Voraussetzung, die für die Vorsorgemaßnahmen übrig bleibt, ist „die Erwartung, dass künftig Straftaten begangen werden, wo, von wem, wann und welche auch immer."[1292] Von der herkömmlichen Rechtsstruktur ist dieses Modell am weitesten entfernt.[1293] Denn die Vornahme von Datenanalysen und Grundrechtseingriffen wird in das Ermessen Europols gelegt.

[1287] Kutscha, in: Frankfurter Rundschau v. 7.11. 2001.
[1288] Patalong, Spiegel-Online v. 3.12.2001, http://www.spiegel.de/netzwelt/technologie/0,1518, 169697,00.html am 3.12.2001.
[1289] Tolmein, StV 1999, 108, 110.
[1290] Tolmein, StV 1999, 108, 110.
[1291] Ähnlich: Tolmein, StV 1999, 108, 110.
[1292] Weßlau, Vorfeldermittlungen, S. 316.
[1293] Weßlau, Vorfeldermittlungen, S. 318.

III. Ergebnis zu Teil 3

Die Eingriffsschwelle für Europols Datenanalyse ist ein virtueller Verdacht. Die betroffene Person muss sich nicht tatsächlich wegen einer Straftat verdächtig gemacht haben. Europol beurteilt selbst, aus welchen Umständen, Ereignissen und Umständen es auf die Möglichkeit einer künftigen Straftat schließen möchte. Die Annahme, dass eine Straftat in Zukunft begangen werden kann, läßt sich aber immer begründen, wenn wie im Falle eines Eingriffs durch Europol, die Prognose weder in zeitlicher noch in persönlicher Hinsicht spezifiziert werden muss.[1294] Es wird eine normative Verdachtsvermutung aufgestellt. Der Verdacht ist virtuell, nicht nur weil er einem digitalen Datenverarbeitungsvorgang entspringt, sondern weil nur die aktualisierbare Möglichkeit eines künftigen Tatverdachts existiert und Europol dies für eine weitere Datenspeicherung oder –verarbeitung ausreichen lässt. Das bewirkt eine Entkoppelung der Eingriffsbefugnis von individuellen Zurechnungskriterien[1295] und kreiert außerhalb des Rechts stehende neue polizeiliche Freiräume.[1296] Die Virtualisierung des Verdachts hat die Auflösung der Zurechnungszusammenhänge zur Folge. Da der Zurechnungszusammenhang aber die verfassungsrechtliche Grenze für staatliche Eingriffe ist[1297], verstößt dessen Missachtung gegen das aus dem Rechtsstaatsprinzip folgende Verbot unnötiger Eingriffe. Das dem virtuellen Verdacht Europols zugrunde liegende Grundrechtsverständnis ist aus diesem Grunde mit dem herkömmlichen nicht mehr kompatibel.

Dies äußert sich im Ergebnis der Prüfung der Verfassungsmäßigkeit des virtuellen Verdachts als europolizeilicher Eingriffsschwelle. Der virtuelle Verdacht ist verfassungswidrig. Die Verfassungsmäßigkeit scheitert insbesondere am Mangel an Normenklarheit und Normbestimmtheit. Hierzu tragen die Tatbestandslosigkeit und Unklarheit der Befugnisnorm maßgeblich bei. Die verwendeten unbestimmten Rechtsbegriffe sind nicht justiziabel. Das Ausmaß an Unbestimmtheit und das bei Vorsorgeeingriffen immanente Versagen des Verhältnismäßigkeitsgrundsatzes[1298] führen am Ende zur Aufhebung der zwingenden Balance zwischen Freiheit und Sicherheit.[1299] Die EPK hat damit ohne rechtlich begründbare Rechtfertigung Europol in die Lage versetzt, das Recht auf informationelle Selbstbestimmung zeitweilig aufzuheben.[1300]

1294 So auch Weßlau, Vorfeldermittlungen, S. 317 bzgl. § 8c Vorentwurf zur Änderung des Musterentwurfes eines einheitlichen Polizeigesetzes des Bundes und der Länder gemäß Beschluss der Innenministerkonferenz vom 25.11.1977.

1295 Allgemein zu Vorfeldmaßnahmen: Bender, KJ 2003, 130, 138.

1296 Siehe hierzu: Schütte, ZRP 2002, 393, 396.

1297 Landesverfassungsgericht Mecklenburg-Vorpommern, LKV 2000, 149.

1298 Denninger, in: FS Lüderssen, S. 41, 53.

1299 Hoffmann-Riem, ZRP 2002, 497, 499.

1300 Ähnlich Tolmein, StV 1999, 108, 116.

IV. Gesamtergebnis

Das Verständnis der Grundrechte befindet sich in einem Wandel. „Das Recht auf informationelle Selbstbestimmung war und ist [...] ein Abwehrrecht der Bürger gegenüber dem informationshungrigen Staat".[1301] Im Zeichen der Risikovorsorge wird Freiheit allerdings nur unter dem Vorbehalt umfassender Kontrollansprüche gewährt.[1302] Die neuen polizeilichen Instrumente verändern die Balance von Freiheit und Sicherheit grundlegend. Die Disziplinierungskraft der verfassungsrechtlichen Anforderungen an Grundrechtseingriffe verblasst, wenn das Schutzgut und die dieses vermeintlichermaßen gefährdende Person nicht hinreichend bestimmt werden können.[1303] Angesichts des Versuchs, diffuse Risiken zu bekämpfen, wird der Imperativ des Sicherheitsgedankens proklamiert. Die Tendenz, Sicherheit auf Kosten der Freiheit zu schaffen ist nicht neu.[1304] Durch Europol erhält allerdings der klassische Konflikt zwischen staatlichem Sicherheitsversprechen und Abwehrrechten der Bürger eine neue Dimension, weil damit auf der supranationalen Ebene weitere Instrumente geschaffen werden, die die staatlichen und proto-staatlichen Eingriffsrechte in die Freiheitssphäre der Bürger ausweiten. Die traditionellen ordnungs- und sicherheitsrechtlichen Befugnisse der Polizei waren darauf ausgerichtet, konkrete und unmittelbar drohende Gefahren rechts- und gesetzeswidrigen Verhaltens zu verhindern und zu ahnden.[1305] Nur die Notstandspflicht stellte die Ausnahme dar. Im operativen Vorsorgekonzept wird hingegen die Ausnahme zur Regel.

Die Verschiebung hin zu operativen Maßnahmen stellt deswegen einen bedeutenden Paradigmenwechsel dar. Der virtuelle Verdacht ermöglicht es, Ermittlungen gegen jeden zu führen.[1306] Das sind die Kosten des vermeintlichen Sicherheitsgewinns.[1307] Der staatliche Schutzauftrag, Sicherheit zu schaffen, wird zum Verfassungsprinzip erhoben und soll die rechtsstaatlichen Schutzmechanismen, wie Normenklarheit und Verhältnismäßigkeit ersetzen. Der von der Risikovorsorge verursachte Wegfall der Bindung staatlicher Eingriffe an bestimmte normative Voraussetzungen geht auch auf Kosten der Rechtssicherheit. Diese geht verloren, wenn der dem Recht unterworfene Bürger in diesem nicht mehr erkennen kann, wie er sich „rechtstreu" verhalten kann, um von staatlichen Eingriffen verschont zu bleiben. Der virtuelle Verdacht kommt deswegen einem permanenten staatlichen Misstrauensvotum[1308] gleich. Wird aber die Redlichkeitsvermutung durch staatliches

[1301] Hassemer, DuD 1995, 448.
[1302] Frehsee, Neue Kriminalpolitik 1999, 16, 20; Lisken, NVwZ 1998, 22, 25.
[1303] Hoffmann-Riem, ZRP 2002, 497, 498.
[1304] Hassemer, vorgänge 2002, 10, 11.
[1305] Glaeßner, Aus Politik und Zeitgeschichte, 2002, 3, 11.
[1306] Ähnlich: Müller-Heidelberg, vorgänge 2002, 21, 30.
[1307] Siehe hierzu: Petri, KritV 1998, 441, 448.
[1308] Zu diesem Begriff: Rössler, in: Süddeutsche Zeitung v. 21.4.2004.

Misstrauen ersetzt, so fällt die Freiheitsausübung unter einen latenten exekutiven Kontrollvorbehalt[1309].

Allen Nationalstaaten ist der Verlust an Handlungsfähigkeit angesichts der globalen Ökonomie gemein[1310]. Die Kriminalpolitik erweist sich demgegenüber als ein Politikfeld, auf dem Aktionsfähigkeit bewiesen werden kann.[1311] Rechtspolitik verkümmert fortschreitend zu symbolischer Metapolitik.[1312] Stellvertretend für die Komplexität der gegenwärtigen, soziale und ökonomische Ungleichgewichte und Unsicherheiten verursachenden Prozesse wird im Bereich der inneren Sicherheit versucht, das Gefühl zu erzeugen, Sicherheit sei herstellbar. Europol bietet hierfür eine geeignete Projektionsfläche. Allerdings präsentiert sich die Europäisierung des Strafverfahrens ausschließlich als Verpolizeilichung.[1313] Die Kehrseite der Verpolizeilichung und Europäisierung ist ein gravierender Verlust an Individualrechtsschutz.[1314] Sowohl die supranationale Stellung als auch der virtuelle Verdacht Europols schaffen polizeiliche Handlungsräume, die auf nationaler Ebene weder faktisch noch rechtlich aufgrund der jeweils vorliegenden Beschränkungen tatsächlicher und juristischer Art möglich wären. Dort wo aber traditionelle rechtsstaatliche Polizeiarbeit dem Verlangen nach mehr Effektivität beim Vorgehen gegen Kriminalität und der Illusion von Sicherheit weicht, wird händeringend versucht, neue polizeiliche Entfaltungsfreiräume zu schaffen. Der virtuelle Verdacht ist der Versuch, eine an diese weiten Tätigkeitsfelder angepasste, flexibel einsetzbare und voraussetzungslose, faktische Eingriffsschwelle zu etablieren.

Die Struktur der europäischen Polizeikooperation kann dazu verleiten, die sich den Polizeien öffnenden Möglichkeiten, wie Befugnis-Shopping auf Dauer und systematisch zu nutzen.[1315] Auf der Strecke blieben Rechtssicherheit und Freiheitssicherung. Es überwiegen hingegen exekutive Praktikabilitätsüberlegungen.[1316] Bereitwillig wird der Grundrechtsabbau in Kauf genommen. Die Möglichkeit Europols, das Recht auf informationelle Selbstbestimmung in der beschriebenen Weise zu suspendieren, schließt selbst eine nur generelle Gewährleistung des Grundrechts aus.[1317] Denn mit der Suspendierung wird der Wesensgehalt angetastet. Leidtragende sind nicht nur soziale Randgruppen, die aufgrund von virtuellen Stigmatisierungen neben tatsächlich kriminellen Personen in ihren Grundrechten besonders betroffen werden. Auch andere unbescholtene Personen können sich im supranationalen Datennetz verfangen. Die mangelnde Einbettung Europols in eine Rechtsordnung, die Grundrechte garantiert, führt zu einem unauflöslichen Widerspruch

---

[1309] Lisken, in: Polizei und Datenschutz, S. 32, 41; Lisken, DRiZ 1998, 75, 78.

[1310] Habermas, Blätter für deutsche und internationale Politik, 1999, 425, 427.

[1311] Frehsee, in: Konstruktion der Wirklichkeit, S. 34.

[1312] Frehsee, Neue Kriminalpolitik 1999, 16, 20.

[1313] Nelles, ZStW 1997, 727, 730.

[1314] Nelles, ZStW 1997, 727, 738.

[1315] Nelles, ZStW 1997, 727, 742.

[1316] Weichert, DuD 1995, 450, 457.

[1317] Siehe hierzu: Storr, Der Staat 1997, 547, 554.

mit rechtsstaatlichen Anforderungen. Mangels transparenter Regelungen wird den Bürgern zeitweilig das Recht auf informationelle Selbstbestimmung vorenthalten.[1318]

Das Menschenverständnis von Europol ist nicht mit dem des liberalen Rechtsstaats vergleichbar. Führt im formellen Strafverfahren die Beschuldigung doch dazu, dass sich der Verdacht gegen eine mit Rechten ausgestattete Person mit Achtungsanspruch richtet.[1319] Bei Europol herrscht die Funktionslogik eines Präventionsstaats. Es kommt nicht mehr auf das Verhalten einer Person, sondern nur noch auf den verfolgten Zweck der Maßnahme an. Zur Legitimierung werden konturlose Konzepte herangezogen, die aus dem Grundgesetz staatliche Schutzpflichten abzuleiten versuchen, um die immanente Verfassungswidrigkeit risikovorsorgender Maßnahmen zu verdecken. Eine Logik, die an der generellen Existenz potenzieller Kriminalität ansetzt, setzt auch die dauerhafte Existenz von Risiken voraus. Damit wird das Risiko zur Normalität und die Nichtgefährlichkeit zur ebenso „verdächtigen" Ausnahme.[1320] Die bestehende Rechtsordnung, die von Grundrechten als Abwehrrechte gegen den Staat ausgeht,[1321] erweist sich für das Vorsorgeprinzip als zu eng, so dass versucht wird, zur Verwirklichung der gewünschten sicherheitspolitischen Handlungsoptionen neue staatliche Freiräume durch Supranationalisierung und Virtualisierung des Rechts zu schaffen. Der Feldzug gegen organisierte Kriminalität und Terrorismus berührt deswegen nicht nur das Strafverfahren, sondern die ethischen Grundlagen dieses Staates.[1322] Dabei wird übersehen, dass Terrorismus und organisierte Kriminalität in erster Linie politische Probleme sind.[1323] „Ohne den Willen zur Änderung der Rahmenbedingungen für organisierte Kriminalität, ohne die Mobilisierung aller staatlichen Institutionen [...] stehen Polizei und Strafverfolgungsbehörden weitgehend auf verlorenem Posten."[1324]

Tatsächlich erweist sich das europäische Polizeirecht als Facette eines Rechts, das mit dem freiheitlichen Rechtsgedanken bricht und der Vorsorge alles unterordnet. Denn mit der Durchbrechung der Grenzen rechtsstaatlicher Prinzipien wird alles möglich.[1325]

[1318] Weichert, Thilo, Bürgerrechte & Polizei/CILIP 56 (1/97), S. 55.
[1319] Schulz, Normiertes Misstrauen, S. 211.
[1320] Denninger, KJ 2002, 467, 472.
[1321] Frehsee, in: Konstruktion der Wirklichkeit, S. 14.
[1322] Schneider, ZStW 2001, 499, 515.
[1323] Kniesel, Kriminalistik 1996, 234.
[1324] Kniesel, Kriminalistik 1996, 234 m.w.N.
[1325] Frehsee, in: Konstruktion der Wirklichkeit, S. 36.

B. AUSBLICK

Der Vorsorgeansatz übersieht, dass sich das Recht nicht an äußere Umstände anzupassen hat, weil es als kontrafaktisch stabilisierte Erwartungshaltung zu wirken hat.[1326] Das Risikorecht versagt aber auch, weil die ihm immanente ständige Aufklärung neuer Wissenlücken und Präventionsdefizite die erhoffte Sicherheit nicht entstehen lassen kann. Prävention muss daher in Maßen gehalten werden.

Die Abkehr vom Kausalprinzip birgt die ernst zu nehmende Gefahr des Verfalls der Rechtssicherheit. Wenn die Voraussetzungen eines staatlichen Eingriffs von der handelnden Behörde selbst festgelegt werden können, ist der Schritt zur Willkür nicht weit. Erfolgreiche Risikominimierung muss die Risiken des Risikorechts selbst in Betracht ziehen und vom Paradigma der Sicherheit Abschied nehmen.[1327]

Als Alternative ist die konsequente Anwendung auf dem Kausalprinzip fußender polizeilicher Befugnisse wie Gefahrenabwehr und reaktive Strafverfolgung vorzuziehen. Die Polizei muss „entnachrichtendienstlicht"[1328] werden. Soweit an Vorsorgekompetenzen festgehalten wird, müssten klare und bestimmte Tatbestandsvoraussetzungen geschaffen und die Betroffenenrechte ausgebaut werden. Als tatbestandliche Merkmale einer Eingriffsnorm im Vorsorgebereich kämen grundsätzlich kriminalistische Indikatoren in Betracht, die tatsächlich auf eine künftige Straftatenbegehung schließen lassen. Auf diese Weise könnte ein normativer Kausalnexus, wenn auch in die Zukunft gerichtet, hergestellt werden. Die Entscheidung aber, bestimmte Umstände oder Verhaltensformen, die zum Zeitpunkt ihrer Wahrnehmung nicht erkennbar schädlich oder gefährlich sind, zu sanktionieren, ist ein schwerer Eingriff in die Grundrechte. Die Bestimmung derartiger Indikatoren darf daher nicht, wie bei Europol, geheim, sondern nur auf parlamentarischem Wege und damit transparent erfolgen. Welche spezifischen Indikatoren dabei konkret in Betracht kämen, ist vorrangig eine kriminologische Frage, die über die im Rahmen der hiesigen Untersuchung aufgestellten Fragestellungen hinausgeht und weiterer Nachforschung bedarf.

Der rechtsstaatliche gebotene Verzicht auf die Geheimhaltung der relevanten Indikatoren hat jedoch auch den Verzicht auf das „Intelligence-Policing" zur Folge. Das Ergebnis der fortschreitenden Verrechtlichung der Risikovorsorge in der bislang praktizierten Weise wäre ein Verlust an Verbindlichkeit des Rechts und damit der Effizienz der Rechtsordnung insgesamt.[1329] Die Risikovorsorge in einem Rechtsstaat ist daher neu zu konzipieren.

[1326] Wolf, in: Rechtliches Risikomanagement, S. 87.

[1327] Wolf, in: Rechtliches Risikomanagement, S. 88.

[1328] Anlehnend an Paeffgen, StV 2002, 336 ff., der von „Vernachrichtendienstlichung" spricht.

[1329] Prittwitz, in: Rechtliches Risikomanagement, S. 205.

Es muss Risikovermeidung durch Regelungen in anderen Rechtsgebieten statt Risikominimierung betrieben werden. Illegaler Rauschgifthandel, organisierte Kriminalität und Geldwäsche sind auch ein Produkt der herrschenden Ökonomie. Durch Anpassungen im Wirtschafts- und Steuerrecht müssen Schlupflöcher für kriminelle Handlungen unterbunden werden, ohne dass dafür die Grundrechte in Mitleidenschaft gezogen werden müssen. Es müssen also die Rahmenbedingungen geändert werden, die organisierte Kriminalität und Terrorismus hervorbringen.[1330]

Europols Zuständigkeitsbereich muss ebenso wie der zum Eingriff berechtigende Anlass klar umrissen werden. Auch verfahrensrechtlich wären die Vorschriften zu erweitern. Das rudimentäre Überprüfungsrecht muss in einen lückenlos gewährleisteten Auskunftsanspruch umgewandelt werden. Darüber hinaus müssen nachträgliche Informationspflichten geschaffen werden, damit gegen die Eingriffe vor den Verwaltungsgerichten vorgegangen werden kann.

Nur auf diese Weise ist das sich im 21. Jahrhundert angesichts immer neuer Informations- und Kommunikationstechnologien zum Schlüsselgrundrecht schlechthin entwickelnde Recht auf informationelle Selbstbestimmung zu schützen.

[1330] Kniesel, Kriminalistik 1996, 229, 234.

Literaturverzeichnis

Aden, Hartmut: Polizeiliche Zusammenarbeit in Europa, in: Humanistische Union/ Schriften (Hrsg.), Innere Sicherheit als Gefahr, HU-Schrift 23, Berlin 2003, S. 140 (zit. Aden, in: Innere Sicherheit als Gefahr)

Agamben, Giorgio: Ausnahmezustand, Frankfurt am Main 2004

Ahlers, Henrik: Grenzbereich zwischen Gefahrenabwehr und Strafverfolgung, Frankfurt am Main 1998

Ahlf, Ernst-Heinrich: Ethik im Polizeimanagement, Wiesbaden 1997

Ahlf, Ernst-Heinrich / Daub, Ingo E. / Lersch, Roland / Störzer, Hans Udo: Bundeskriminalamtsgesetz, Kommentar, Berlin 2000 (zit. Ahlf/Daub/Lersch/Störzer, BKAG)

Ahlf, Ernst-Heinrich / Störzer, Hans Udo / Vordermaier, Gottfried: Datenschutz und informationelle Tätigkeit der Polizei, in: Kube, Edwin / Störzer, Hans Udo / Timm, Klaus Jürgen (Hrsg.), Kriminalistik, Handbuch für Praxis und Wissenschaft, Band 2, Stuttgart 1994, S. 627 (zit. Ahlf/Störzer/Vordermaier, Datenschutz und informationelle Tätigkeit der Polizei)

Albers, Marion: Die Determination polizeilicher Tätigkeit in den Bereichen der Straftatenverhütung und der Verfolgungsvorsorge, Berlin 2001 (zit. Albers, Die Determination polizeilicher Tätigkeit)

Albrecht, Peter-Alexis / Braum, Stefan: Kontingentes „Europäisches Strafrecht" in actio: Schwerpunkte, Konuren, Defizite, KritV 2001, 312

Albrecht, Peter-Alexis / Braum, Stefan / Frankenberg, Günther / Günther, Klaus / Naucke, Wolfgang / Simitis, Spiros: 11 Thesen zur Entwicklung rechtsstaatlicher Grundlagen europäischen Strafrechts, KritV 2001, 279

Arnu, Titus: „Daten, die unter die Haut gehen", in: Süddeutsche Zeitung v. 27.10.2004

Artzt, Matthias: Die verfahrensrechtliche Bedeutung polizeilicher Vorfeldermittlungen, Frankfurt am Main 2000

Aschmann, Gerrit: Europol aus Sicht der deutschen Länder, Berlin 2000

Aulehner, Josef: Polizeiliche Gefahren- und Informationsvorsorge, Berlin 1998

Bach, Maurizio: Vom Zweckverband zum technokratischen Regime: Politische Legitimation und institutionelle Verselbständigung in der Europäischen Gemeinschaft, in: Winkler, Heinrich August / Kaelble, Hartmut, Nationalismus, Nationalitäten, Supranationalität, Stuttgart 1993, S. 288 (zit. Bach, in: Nationalismus, Nationalitäten, Supranationalität)

Bäumler, Helmut: Polizeiliche Zusammenarbeit und informationelle Selbstbestimmung – Aspekte zur Entwicklung eines EU-Datenschutzrechtes in: Theobald, Volkmar (Hrsg.), Von der Europäischen Union zur „Europäischen Sicherheitsunion" ?, Berlin 1997, S. 145 (zit. Bäumler, in: Europäische Sicherheitsunion)

Bäumler, Helmut: Wo bleibt die Qualitätskontrolle der polizeilichen Datenverarbeitung?, DuD 1998, 314

Bäumler,Helmut: Eine sichere Informationsgesellschaft ?, DuD 2001, 348

Bäumler, Helmut: Das Recht auf informationelle Selbstbestimmung im Sicherheitsbereich und der maschinenlesbare Ausweis, in: Hohmann, Harald (Hrsg.), Freiheitssicherung durch Datenschutz, Frankfurt am Main 1987, S.237 (zit. Bäumler, in: Freiheitssichrung durch Datenschutz)

Baldus, Manfred: Europol und Demokratieprinzip, ZRP 1997, 286

Banisar, David: Überwachungstechnologien in den Vereinigten Staaten, Bürgerrechte & Polizei/CILIP 61, (3/98), S.19

Beck, Ulrich: Risikogesellschaft – Auf dem Weg in eine andere Moderne, Frankfurt am Main 1986

Bender,Dominik: „Verpolizeilichung" des Ausländerrechts ?, KJ 2003, 130

Benfer, Jost: Rechtseingriffe von Polizei und Staatsanwaltschaft, 2.Aufl., München 2001

Berg, Günter: Allgemeines Polizei- und Ordnungsrecht für Berlin, Kommentar, 8.Aufl., Hilden/Rhld. 2000

Bittner, Jochen / Staud, Toralf: „Fahndung – Vorsicht Sammelwut", in: Die Zeit, Nr. 37/2001

Bizer, Johann: Effektivität von Prävention, DuD 1999, 1

Bizer, Johann: Praxis der TK-Überwachung, DuD 2002, 216

Böckenförde, Ernst-Wolfgang: Staat, Verfassung, Demokratie, Frankfurt am Main 1991

Böcking, David: „Verdächtig freundlich", in: Süddeutsche Zeitung vom 14.9.2005

von Bogdandy, Armin: Supranationale und staatliche Herrschaft, http://www.humboldt-forum-recht.de/5-1997/ am 15.11.1998

Bolesch, Cornelia: „Europol soll größere Rolle für Sicherheit spielen", in: Süddeutsche Zeitung v. 16.1.2006

Brandt, Edmund / Smeddink, Ulrich: Der Gefahrenbegriff im Polizeirecht, Jura 1994, 225

Brenneisen, Hartmut / Martins, Michael: Die Anhaltemeldung – ein zulässiges Fahndungsmittel ?, Kriminalistik 1996, 526

Breucker, Marius: Präventivmaßnahmen gegen reisende Hooligans, NJW 2004, 1631

Brodag, Wolf-Dietrich: Kriminalistik – Grundlagen der Verbrechensbekämpfung, 8.Aufl., Stuttgart 2001 (zit. Brodag, Kriminalistik)

Bruhn, Heike / Risch, Hedwig: Kriminalitätsbekämpfung im zusammenwachsenden Europa, Kriminalistik 2000, 2

Büllingen, Franz / Hillebrand, Annette: Biometrie als Teil der Sicherheitsinfrastruktur?, DuD 2000, 339

Bull, Hans Peter: Das Europäische Polizeiamt – undemokratisch und rechtsstaatswidrig?, DRiZ 1998, 32

Busse, Christian: Die Geltung der EMRK für Rechtsakte der EU, NJW 2000, 1074

Busch, Heiner: Europäische Polizei und Innere Sicherheit, Neue Kriminalpolitik 2000, 22

Callies, Rolf-Peter: Strafzwecke und Strafrecht, NJW 1989, 1338

Calliess, Christian: Sicherheit im freiheitlichen Rechtsstaat, ZRP 2002, 1

Castillon, Nicole: Dogmatik und Verfassungsmäßigkeit neuer Befugnisse zu verdachts- und anlassunabhängigen Polizeikontrollen, Frankfurt am Main 2003 (zit. Castillon, Dogmatik und Verfassungsmäßigkeit)

ChaosComputerClub e.V.: Stellungnahme zum Entwurf einer Verordnung über die technische und organisatorische Umsetzung von Maßnahmen zur Überwachung der Telekommunikation, http://www.ccc.de/CRD/CRD20010405.html am 3.10.2001

Chapuis, Cédric: Die Übertragung von Hoheitsrechten auf supranationale Organisationen, Basel 1993

Chirino Sanchez, Alfredo: Das Recht auf informationelle Selbstbestimmung und seine Geltung im Strafverfahren, am Beispiel der neuen Ermittlungsmethoden in der Strafprozessordnung, Frankfurt am Main 1999 (zit. Chirino Sanchez, Das Recht auf informationelle Selbstbestimmung)

Darnanville, Henri-Michel: Europol, Villeneuve d'Ascq, 2002

Darnstädt, Thomas: Gefahrenabwehr und Gefahrenvorsorge, Frankfurt am Main 1983

Davy, Ulrike: Terrorismusbekämpfung und staatliche Schutzgewährung, ZAR 2003, 43

Dederer, Hans-Georg: Krieg gegen Terror, JZ 2004, 421

Degenhardt, Kerstin: Europol und Strafprozess, Frankfurt am Main, 2003

Deggerich, Markus: „Was bringt die Rasterfahndung ?“, in: Spiegel-Online vom 3.10.2001, http://www.spiegel.de/politik/deutschland/0,1518,160482,00.html am 17.10.2001

Denninger, Erhard: Das Recht auf informationelle Selbstbestimmung, in: Hohmann, Harald (Hrsg.), Freiheitssicherung durch Datenschutz, Frankfurt am Main 1987, S.132 (zit. Denninger, in: Freiheitssicherung durch Datenschutz)

Denninger, Erhard: Freiheit durch Sicherheit ?, KJ 2002, 467

Denninger, Erhard: „Rechtsstaat" oder „Rule of law" – was ist das heute ?, in: Prittwitz, Cornelius, Festschrift für Klaus Lüderssen, Baden-Baden 2002, S. 41 (zit. Denninger, in: FS für Lüderssen)

Denninger, Erhard / Petri, Thomas Bernhard: Normenklarheit und Normbestimmtheit im Polizeirecht – Sieben Thesen, in: Bäumler, Helmut (Hrsg.), „Polizei und Datenschutz" – Neupositionierung im Zeichen der Informationsgesellschaft, Neuwied 1999, S. 20 (zit. Denninger/Petri, in: Polizei und Datenschutz)

Di Fabio, Udo: Die „Dritte Säule" der Union, DÖV 1997, 89

Dörr, Oliver: Das Schengener Durchführungsübereinkommen – ein Fall des Art. 24 Abs. 1 GG, DÖV 1993, 696

Ebert, Andreas: Der Tatverdacht im Strafverfahren unter spezieller Berücksichtigung des Tatnachweises im Strafbefehlsverfahren, Frankfurt am Main 1999 (zit. Ebert, Der Tatverdacht im Strafverfahren)

Eckhardt, Jens: Telekommunikations-Überwachungsverordnung – Ein Überblick, CR 2001, 670

Eckhoff, Rolf: Der Grundrechtseingriff, Köln 1992

Eisenberg, Ulrich / Conen, Stefan: § 152 II StPO: Legalitätsprinzip im gerichtsfreien Raum ?, NJW 1998, 2241

Erbel, Günter: Die öffentliche Sicherheit im Schatten des Terrorismus, Aus Politik und Zeitgeschichte 2002, 14

Erfurth, Christina: Verdeckte Ermittlungen, Frankfurt am Main 1997

Esposito, Elena: Fiktion und Virtualität, in: Krämer, Sybille (Hrsg.), Medien, Computer, Realität, Frankfurt am Main 1998, S.269 (zit. Esposito, Fiktion und Virtualität)

Feest, Johannes / Blankenburg, Erhard: Die Definitionsmacht der Polizei, Düsseldorf 1972

Fehn, Bernd Josef: Ausländerrecht und Terrorismusbekämpfung, Kriminalistik 2004, 709

Fehn, Karsten: Ausreiseuntersagung zur Abwehr von „Gefahren für erhebliche Belange der Bundesrepublik Deutschland" im Zusammenhang mit internationalen Sportereignissen, Polizei & Wissenschaft 2000, 19

Filser, Hubert: „Kleine Spitzel im Einkaufskorb", in: Süddeutsche Zeitung v. 18.11.2004

Fisahn, Andreas: Europol – Probleme der Kontrolle, KJ 1998, 358

Forstenhäusler, Dieter: Verdachtsgewinnung bei Organisierter Kriminalität, Kriminalistik 2002, 33

Fox, Dirk: Big Brother is listening in, DuD 2002, 194

Frehsee, Detlev: Verschwindet der Rechtsstaat ? , Neue Kriminalpolitik 1999, 16

Frehsee, Detlev: Fehlfunktionen des Strafrechts und der Verfall rechtsstaatlichen Freiheitsschutzes, in: Frehsee, Detlev / Löschper, Gabi / Smaus, Gerlinda (Hrsg.), Konstruktion der Wirklichkeit durch Kriminalität und Strafe, Baden-Baden 1997, S. 14 (zit. Frehsee, in: Konstruktion der Wirklichkeit)

Freyer, Harald: Europol, Kriminalistik 2003, 80

Frowein, Jochen / Krisch, Nico: Der Rechtsschutz gegen Europol, JZ 1998, 589

Glaeßner, Gert-Joachim: Sicherheit und Freiheit, Aus Politik und Zeitgeschichte, 2002, 3

Glaser, Bernhard / Dörschuck, Michael: Digitale Spuren, Kriminalistik 2003, 351

Gleß, Sabine: Kontrolle über Europol und seine Bedienstete, EuR 1998, 748

Gleß, Sabine: „...dass überall dem Gesetz ein Genüge geschehe" – Justizielle Einbindung und Kontrolle des strafrechtlichen Ermittlungsverfahrens - , DRiZ 2000, 365

Gleß, Sabine / Lüke, Monika: Strafverfolgung über die Grenzen hinweg, Jura 1998, 70

Gleß, Sabine / Nelles, Ursula: Grenzenlose Strafverfolgung, NKP 2000, 22

Gneuss, Michael: „Überall RFID", in: Digitales Leben, S. 26, Sonderveröffentlichung der Süddeutschen Zeitung v. 31.5.2005

Gössner, Rolf: „Die Polizei, dein Lauscher und Gucker", in: Frankfurter Rundschau v. 25.10.2003

Gössner, Rolf: Computergestützter Generalverdacht, vorgänge 2002, 41

Gössner, Rolf: Einmal verdächtig, immer verdächtig, http://www.argonsoft.de/~cogito/ presseschau/geheim01.html am 17.10.2001 (zit. Gössner, Einmal verdächtig, immer verdächtig)

Götz, Volkmar: Die Entwicklung des allgemeinen Polizei- und Ordnungsrechts (1994-1997), NVwZ 1998, 679

Graalmann-Scherer, Kirsten: Molekulargenetische Untersuchung im Strafverfahren, ZRP 2002, 72

Gramm, Christof: Verfassungsrechtliche Grenzen der Zusammenarbeit mit auswärtigen Staaten im Hoheitsbereich, DVBl. 1999, 1237

Groß, Thomas: Terrorbekämpfung und Grundrechte, KJ 2002, 1

Grote, Rainer: Landesbericht Vereinigtes Königreich, in: Gleß, Sabine / Grote, Rainer / Heine, Günter (Hrsg.), Justitielle Einbindung und Kontrolle von Europol, Band. 2, Freiburg i.Br. 2001, S. 518 (zit. Grote, Landesbericht Vereinigtes Königreich)

Gundermann, Lukas: Polizeilicher Zugriff auf Telekommunikationsdaten, DuD 1999, 681

Haas, Günter: Vorermittlungen und Anfangsverdacht, Berlin 2003

Habermas, Jürgen: Der europäische Nationalstaat unter dem Druck der Globalisierung, Blätter für deutsche und internationale Politik, 1999, 425

Hailbronner, Kay: Die Immunität von Europol-Bediensteten, JZ 1998, 283

Hamm, Rainer: „Überwachungssicherheit" – wer soll sicher vor wem oder was sein ?, NJW 2001, 3100

Hartwig, Matthias: Landesbericht Frankreich, in: Gleß, Sabine / Grote, Rainer / Heine, Günter (Hrsg.), Justitielle Einbindung und Kontrolle von Europol, Band. 2, Freiburg i.Br. 2001, S.249 (zit. Hartwig, Landesbericht Frankreich)

Hassemer, Winfried: Die „Funktionstüchtigkeit der Strafrechtspflege" – ein neuer Rechtsbegriff ?, StV 1982, 275

Hassemer, Winfried: Innere Sicherheit im Rechtsstaat, vorgänge 1993, 54

Hassemer, Winfried: Zeit zum Umdenken, DuD 1995, 448

Hassemer, Winfried: Strafen im Rechtsstaat, Baden-Baden 2000

Hassemer, Winfried: Informationssicherheit als Staatsaufgabe ?, Vortrag auf dem 7. Deutschen Sicherheitskongress des Bundesamtes für die Sicherheit in der Informationstechnik am 14.5.2001, http://www.kes.info/archiv/material/bsikongress2001/hassemer.htm am 11.10.2004

Hassemer, Winfried: Zum Spannungsverhältnis von Freiheit und Sicherheit, vorgänge 2002, 10

Hausen, Christof H.: Verfassungs- und völkerrechtliche Probleme der Rechtsgrundlagen von EUROPOL, Sinzheim 2000 (zit. Hausen, Verfassungs- und völkerrechtliche Probleme)

Herrnkind, Martin: Personenkontrollen und Schleierfahndung, KJ 2000, 188

Herrnkind, Martin: „Schleierfahndung" – Der Polizeiverdacht als institutionalisierte Diskriminierung, in: Humanistische Union/ Schriften (Hrsg.), Innere Sicherheit als Gefahr, HU-Schrift 23, Berlin 2003, S. 251 (zit. Herrnkind in: Innere Sicherheit als Gefahr)

Hess, Henner: Terrorismus und globale Staatsbildung, KJ 2002, 450

Hesse, Konrad: Ausnahmezustand und Grundgesetz, DÖV 1955, 741

Hetzer, Wolfgang: Europäische Strafrechtspflege, Kriminalistik 2000, 782

Hetzer, Wolfgang: Terrorbekämpfung – Strafverfolgung oder Kriegsführung?, Kriminalistik 2004, 508

Hilbrans, Sönke: Grundlagen und Problematik der Rasterfahndung, in: Humanistische Union/ Schriften (Hrsg.), Innere Sicherheit als Gefahr, HU-Schrift 23, Berlin 2003, S. 269 (zit. Hilbrans, in: Innere Sicherheit als Gefahr)

Hirsch, Burkhard: Immunität für Europol – eine Polizei über dem Gesetz ?, ZRP 1998, 10

Hirsch, Burkhard: Der attackierte Rechtsstaat, vorgänge 2002, 5

Hoffmann-Riem, Wolfgang: Freiheit und Sicherheit im Angesicht terroristischer Anschläge, ZRP 2002, 497

Hoffmann-Riem, Wolfgang: Risiko- und Innovationsrecht im Verbund, Die Verwaltung, 2005, 145

Holzberger, Mark / Schubert, Katina: Schengen – Quo vadis ?, Bürgerrechte & Polizei/ CILIP 59 (1/98), S. 12

Hoppe, Corinne: Vorfeldermittlungen im Spannungsverhältnis von Rechtsstaat und der Bekämpfung Organisierter Kriminalität, Frankfurt am Main 1999 (zit. Hoppe, Spannungsverhältnis)

Huber, Peter M.: Recht der Europäischen Integration, München 1996

Hufen, Friedhelm: Das Volkszählungsurteil des Bundesverfassungsgerichts und das Grundrecht auf informationelle Selbstbestimmung – eine juristische Antwort auf „1984"?, JZ 1984, 1072

Ihde, Rainer: Cookies – Datenschutz als Rahmenbedingung der Internetökonomie, CR 2000, 413

Isensee, Josef: Das Grundrecht auf Sicherheit, Berlin, 1983

Jakobs, Günther: Kriminalisierung im Vorfeld einer Rechtsgutsverletzung, ZStW 1985, 751

Jakobs, Günther: Das Selbstverständnis der Strafrechtswissenschaft vor den Herausforderungen der Gegenwart, in: Eser, Albin / Hassemer, Winfried / Burkhardt, Björn, Die deutsche Strafrechtswissenschaft vor der Jahrtausendwende, München 2000, S. 47 (zit. Jakobs, in: Die deutsche Strafrechtswissenschaft vor der Jahrtausendwende)

Jarass, Hans D. / Pieroth, Bodo: Grundgesetz für die Bundesrepublik Deutschland, Kommentar, 6. Aufl., München 2002 (zit. Jarass/Pieroth)

Kalk, Klaus-Rainer: EUROPOL, DuD 1999, 442

Kammann, Nicola: Der Anfangsverdacht, Hamburg 2003

Kant, Martina: Verdachtsunabhängige Kontrollen, Bürgerrechte & Polizei/CILIP 65 (1/00), S. 29

Kanther, Manfred: Europol – Zentralstelle effektiver Verbrechensbekämpfung, Innenpolitik, Nr. VI/1997, S. 4 ;

Kaufmann, Marcel: Permanente Verfassungsgebung und verfassungsrechtliche Selbstbindung im europäischen Staatenverbund, Der Staat 1997, 521

Keller, Christoph: Video-Überwachung: Ein Mittel zur Kriminalprävention, Kriminalistik 2000, 187

Kersten, Ulrich: Das BKA auf dem Weg ins einundzwanzigste Jahrhundert, Kriminalistik 2000,7

Kersting, Annette: Der Umfang des Schutzes der deutschen Grundrechte und ihrer Funktionen durch die Grundrechtsbindung des deutschen Vertreters im Rat der Europäischen Gemeinschaften nach Art. 1 Abs. 3 GG und die Möglichkeiten der verfassungsgerichtlichen Überprüfung von sekundärem Gemeinschaftsrecht, Osnabrück 2002 (zit. Kersting, Umfang des Schutzes deutscher Grundrechte)

Kietz, Daniela / Maurer, Andreas: Von Schengen nach Prüm, Diskussionspapier der Forschungsgruppe EU-Integration der Stiftung Wissenschaft und Politik des Deutschen Instituts für Internationale Politik uns Sicherheit v. 7.5.2006, abrufbar unter:

http://www.swp-berlin.org/common/get_document.php?asset_id=2988

Kleinknecht, Theodor / Meyer-Goßner, Lutz: Kommentar zur Strafprozessordnung, 44. Aufl., München 2001 (zit. Kleinknecht/Meyer-Goßner)

Knelangen, Wilhelm / Hilbrans, Sönke: EUROJUST – Ein Instrument auf dem Weg zu parastaatlicher Justiz, in: Europa – „Raum der Freiheit, Sicherheit und Recht?“, Reader zur gleichnamigen Konferenz veranstaltet von EDA, RAV und Holtfort-Stiftung am 27.6.2003 in Berlin, S. 26

Knemeyer, Franz-Ludwig: Polizei-und Ordungsrecht, 8.Aufl., München 2000

Kniesel, Michael: Neue Polizeigesetze versus StPO ? Zum Regelungsstandort der vorbeugenden Bekämpfung von Straftaten und zur Verfassungsmäßigkeit polizeilicher Vorfeldaktivitäten, ZRP 1987, 377

Kniesel, Michael: Vorbeugende Verbrechensbekämpfung von Straftaten im neuen Polizeirecht – Gefahrenabwehr oder Strafverfolgung?, ZRP 1989, 329

Kniesel, Michael: „Neues“ Polizeirecht und Kriminalitätskontrolle, Kriminalistik 1996, 229

Kölbach, Jochen Burkhard: Möglichkeiten und Grenzen von EUROPOL auf der Grundlage der Konvention, Die Polizei 1996, 245

Kohl, Christiane: „Pisanus Paket“, in: Süddeutsche Zeitung v. 1.8.2005

Krause, Peter: Das Recht auf informationelle Selbstbestimmung – BVerfGE 65, 1, JuS 1984, 268

Kraus-Vonjahr, Martin: Der Aufbau eines Raums der Freiheit, der Sicherheit und des Rechts in Europa: die Innen- und Justizpolitik der Europäischen Union nach Amsterdam und Nizza, Frankfurt am Main 2002

Krempl, Stefan: Terrorismus und Bürgerrechte im Internet, http://www.telepolis.de/deutsch/inhalt/te/9682/1.html am 2.10.2001

Krempl, Stefan: Computer – Daten – Macht, http://www.telepolis.de/deutsch/inhalt/te/1955/1.html am 22.6.2004

Krempl, Stefan: Die Automatisierung der Web-Überwachung, http://www.telepolis.de/deutsch/inhalt/ te/7690/1.html am 2.12.2001

Krenzler, Michael: An den Grenzen der Notstandsverfassung, Berlin 1974

Kreye, Andrian: „Nächster Halt al-Qaida“, in: Süddeutsche Zeitung v. 13./14./15.8.2005

Kröger, Nicoletta: Europol – Europäisches Polizeiamt und Individualrechtsschutz, Frankfurt am Main 2004 (zit. Kröger, Europol und Individualrechtsschutz)

Kübler, Johanna: Die Säulen der Europäischen Union: einheitliche Grundrechte ?, Baden-Baden 2002 (zit. Kübler, Die Säulen der Europäischen Union)

Kühne, Hans-Heiner: Die Definition des Verdachts als Voraussetzung strafprozessualer Zwangsmaßnahmen, NJW 1979, 617

Kühne, Hans Heiner: Die Bekämpfung von internationaler Kriminalität und Drogenabhängigkeit als gemeinsames Interesse der Unionsstaaten, in: Theobald, Volkmar (Hrsg.), Von der Europäischen Union zur „Europäischen Sicherheitsunion“ ?, Berlin 1997, S. 33 (zit. Kühne, in: Europäische Sicherheitsunion)

Kuhr, Daniela: „Eine Sache der Abwägung“, in: Süddeutsche Zeitung v. 24./25.3.2005

Kutscha, Martin: „Mit Riesenschritten auf dem Weg in den Überwachungsstaat“, in: Frankfurter Rundschau v. 7.11.2001

Laicher, Eberhard: Erheben als Phase der Datenverarbeitung, DuD 1995, 87

Lange, Nicole: Staatsanwaltliche Vorermittlungen - ohne rechtliche Grundlage ?, DRiZ 2002, 264

Lemke, Christiane: Europa als politischer Raum, KJ 1999, 1

Lemke, Michael (Hrsg.), Heidelberger Kommentar zur Strafprozessordnung, 3.Aufl., Heidelberg 2001 (zit. *Bearbeiter* in: HK-StPO)

Lesch, Heiko: "Hörfalle" und kein Ende - Zur Verwertbarkeit von selbstbelastenden Angaben des Beschuldigten in der Untersuchungshaft, GA 2000, 355

Leutheusser-Schnarrenberger, Sabine: Ein System gerät außer Kontrolle: Das Schengener Informationssystem, ZRP 2004, 97

Limbach, Jutta: „Ist die kollektive Sicherheit Feind der individuellen Freiheit ?“, in: Die Zeit v. 10.5.2002

Lisken, Hans: Für eine demokratische Polizeiverfassung, ZRP 1998, 270

Lisken, Hans: EUROPOL – ein Symptom des Verfassungswandels, DRiZ 1998, 75

Lisken, Hans: „Verdachts- und ereignisunabhängige Personenkontrollen zur Bekämpfung der grenzüberschreitenden Kriminalität“ ?, NVwZ 1998, 22

Lisken, Hans: Jedermann als Betroffener, in: Bäumler, Helmut (Hrsg.), „Polizei und Datenschutz“ – Neupositionierung im Zeichen der Informationsgesellschaft, Neuwied 1999, S. 32 (zit. Lisken, in: Polizei und Datenschutz)

Lisken, Hans: Das Ende der „Schleierfahndung“ in Mecklenburg-Vorpommern, DRiZ 2000, 272

Lisken, Hans / Denninger, Erhard (Hrsg.), Handbuch des Polizeirechts, 3. Aufl., München 2001 (zit. *Bearbeiter*, in: Handbuch des Polizeirechts)

Löwe, Ewald / Rosenberg, Werner: Die Strafprozessordnung und das Gerichtsverfassungsgesetz mit Nebengesetzen, Großkommentar, 25. Aufl., Berlin 2004 (zit. LR-*Bearbeiter*)

Lorenz, Frank Lucien: „Operative Informationserhebung“ im Strafverfahren, „Unverfügbares und Grundrechtsschutz durch „institutionelle Kontrolle“, JZ 1992, 1000

Losch, Bernhard: Zur Dogmatik der Gefahrenerforschungsmaßnahme, DVBl. 1994, 781

Manske, Mirko: Das „Europol-Informations-System" (Europol-IS), Kriminalistik 2001, 105

Martinez Soria, José: Die polizeiliche Zusammenarbeit in Europa und der Rechtsschutz des Bürgers, VerwArch, 1998, 400

Marx, Reinhard: Zu den ausländer- und asylrechtlichen Bestimmungen des Terrorismusbekämpfungsgesetzes, ZAR 2002, 127

Marx, Reinhard: Terrorismusvorbehalte des Zuwanderungsgesetzes, ZAR 2004, 275

Matussek, Peter: Virtuelle Realität als Schwellenphänomen, http://134.99.170.80/~pm/Leh/H_08_Material/H_08_M_03/HTML/03_Referat.htm am 12.8.2004

Medosch, Armin: Irrationale Bürgerrechtler, http://www.telepolis.de/deutsch/inhalt/te/9694/1.html am 2.10.2001

Medosch, Armin: EU plant Lauschangriff gegen Globalisierungsgegner, http://www.telepolis.de/deutsch/inhalt/te/9389/1.html am 4.6.2004

Menden, Alexander: „Der Ausweise-Antrag", in: Süddeutsche Zeitung v. 19.8.2004

Meng, Werner: Die Dritte Säule und Maastricht II – Perspektiven der Gemeinsamen Innen- und Rechtspolitik in der Regierungskonferenz 1996, in: Theobald, Volkmar (Hrsg.), Von der Europäischen Union zur „Europäischen Sicherheitsunion" ?, Berlin 1997, S.175 (zit. Meng, in: Europäische Sicherheitsunion)

Moechel, Erich: Die ETSI-Dossiers, http://www.telepolis.de/deutsch/special/enfo/7220/1.html am 2.10.2001

Müller-Heidelberg, Till: Das Terrorismusbekämpfungsgesetz – Ein Erfolg der Terroristen, vorgänge 2002, 21

Narr, Wolf-Dieter, „Wir Bürger als Sicherheitsrisiko", Bürgerrechte/CILIP 60 (2/98), S. 52

Nehm, Kay: Zusammenarbeit der Strafverfolgungsorgane in Europa – Eine Zwischenbilanz, Kriminalistik 2000, 355

Nelles, Ursula: Europäisierung des Strafverfahrens – Strafprozessrecht für Europa ?, ZStW 1997, 727

Neumann, Dieter: Vorsorge und Verhältnismäßigkeit, Berlin 1994

Nogala, Detlef: DNA-Analyse und DNA-Datenbanken, Bürgerrechte & Polizei/CILIP 61, (3/98), S. 6

Oberleitner, Rainer: Schengen und Europol, Wien 1998,

Occhipinti, John D.: The Politics of EU Police Cooperation, London 2003

Oellers-Frahm, Karin: Landesbericht Italien, in: Gleß, Sabine / Grote, Rainer / Heine, Günter (Hrsg.), Justitielle Einbindung und Kontrolle von Europol, Band. 2, Freiburg i.Br. 2001, S.298 (zit. Oellers-Frahm, Landesbericht Italien)

Paeffgen, Hans-Ullrich: „Vernachrichtendienstlichung" von Strafprozess- (und Polizei-) recht im Jahr 2001, StV 2002, 336

Patalong, Frank: „Schnüffeltechnik: Großer, dummer Bruder", Spiegel-Online v. 3.12.2001, http://www.spiegel.de/netzwelt/technologie/0,1518,169697,00.html am 3.12.2001

Perrey, Elke: Gefahrenabwehr und Internet, Berlin 2003

Petri, Thomas Bernhard: Der Gefahrerforschungseingriff, DÖV 1996, 443

Petri, Thomas Bernhard: Die Verwirklichung des „Rechtsstaats"prinzips bei Europol, KritV 1998, 441

Petri, Thomas Bernhard: Grundrechtsbindung von EUROPOL, DuD 1998, 324

Petri, Thomas Bernhard: Europol, Baden-Baden, 2001

Pfahl-Traughber, Armin: Extremismus – Fundamentalismus – Terrorismus, Kriminalistik 2004, 364

Pfitzmann, Andreas: Entwicklung der Informations- und Kommunikationstechnik, DuD 2001, 194

Pieroth, Bodo / Schlink, Bernhard: Grundrechte, Staatsrecht II, 7. Aufl, Heidelberg 1991 (zit. Pieroth/Schlink)

Pilgram, Arno: Unter dem Deckmantel der Prävention, Neue Kriminalpolitik 2000, 9

Pitschas, Rainer: Europäisches Polizeirecht als Informationsrecht, ZRP 1993, 174

Pitschas, Rainer: Innere Sicherheit und internationale Verbrechensbekämpfung als Verantwortung des demokratischen Verfassungsstaates, JZ 1993, 857

Poscher, Ralf: Gefahrenabwehr: eine dogmatische Rekonstruktion, Berlin 1999

Prantl, Heribert: „Ein Staat mit tausend Augen", in: Süddeutsche Zeitung v. 2.1.2004

Prantl, Heribert: „Der Staat, der alles wissen will", in: Süddeutsche Zeitung v. 16.1.2004

Prantl, Heribert: „Völlerei und Polizei", in: Süddeutsche Zeitung v. 10.11.2004

Prittwitz, Cornelius: Strafrecht und Risiko, Frankfurt am Main 1993

Prittwitz, Cornelius: Strafrecht und Risiko, in: Bora, Alfons (Hrsg.), Rechtliches Risikomanagement, Berlin 1999, S. 198 (zit. Prittwitz, in: Rechtliches Risikomanagement)

Prittwitz, Cornelius: Risiken des Risikostrafrechts, in: Frehsee, Detlev / Löschper, Gabi / Smaus, Gerlinda (Hrsg.), Konstruktion der Wirklichkeit durch Kriminalität und Strafe, Baden-Baden 1997, S. 53 (zit. Prittwitz, in: Konstruktion der Wirklichkeit)

Rath, Christian: „Daten über Demonstranten“, in: die tageszeitung v. 4.3.2003

Raulff, Ulrich: „Der Superblitzkasten“, in: Süddeutsche Zeitung v. 3./4. 1.2004

Rauschning, Dietrich: Organstreit zur Nachrüstung – BVerfGE 68, 1, JuS 1985, 863

Rehmke, Stephen: Cops on the Top, in: ForumRecht 1/2004, http://www.forum-recht-online.de/2004/104/104rehmke.htm am 18.6.2004

Renner, Günter: Terrorismusbekämpfung und Schutzsuchende, ZAR 2003, 52

Riegel, Reinhard: Bundesgrenzschutzneuregelungsgesetz, Kommentar, Berlin 1996

Rodriguez Iglesias, Gil Carlos: Gedanken zum Entstehen einer Europäischen Rechtsordnung, NJW 1999, 1

Rössler, Beate: „Unter laufendem Generalverdacht“, in: Süddeutsche Zeitung v. 21.4.2004

Rötzer, Florian: „Jedes Fahrzeug wird identifiziert“, in: http://www.telepolis.de/r4/artikel/21/21635/1.html am 22.12.2005

Rogall, Klaus: Informationseingriff und Gesetzesvorbehalt im Strafprozessrecht, Tübingen 1992 (zit. Rogall, Informationseingriff und Gesetzesvorbehalt)

Roggan, Fredrik: Ausweitung der Generalklauselanwendung durch die Polizei, Bürgerrechte & Polizei/CILIP 60, (2/98) S. 60

Roggan, Fredrik: Über das Verschwimmen von Grenzen zwischen Polizei- und Strafprozessrecht, KritV 1998, 336

Roggan, Fredrik: Moderne Telekommunikationsüberwachung: Eine kritische Bestandsaufnahme, KritV 2003, 76

Roggan, Fredrik: Handbuch der zum Recht der Inneren Sicherheit, Bonn 2003

Rogge, Hans-Werner: Strategische Analysen zur Planung der Kriminalitätsbekämpfung, Kriminalistik 2005, 140

Roxin, Claus: Strafverfahrensrecht, 25. Aufl., München 1998

Sack, Fritz / Nogala, Detlef: Überwachungstechnik im Dienst der Polizei, in: Bäumler, Helmut (Hrsg.), „Polizei und Datenschutz“ – Neupositionierung im Zeichen der Informationsgesellschaft, Neuwied 1999, S.199 (zit. Sack/Nogala, in: Polizei und Datenschutz)

Schaar, Peter: Persönlichkeitsprofile im Internet, DuD 2001, 383

Schelter, Kurt: Eröffnungsansprache, in: Hailbronner, Kay (Hrsg.), Zusammenarbeit der Polizei- und Justizverwaltungen in Europa, Heidelberg 1996, S.3 (zit. Schelter, in: Zusammenarbeit der Polizei)

Schink, Alexander: Amtsermittlung und Gefahrerforschung, DVBl. 1989, 1182

Sperlich, Klaus: Ausländerrecht in der aktuellen Rechtssprechung des Bundesverfassungsgerichts, ZAR 2002, 180

Schlink, Bernhard: Das Recht der informationellen Selbstbestimmung, Der Staat 1986, 233

Schmahl, Stefanie: Die Verzahnung der deutschen, europäischen und internationalen Rechtsebenen bei der Gewährleistung von Grund- und Menschenrechten, in: Bauschke, Gabriele / Becker, Stefan / u.a., Pluralität des Rechts - Regulierung im Spannungsfeld der Rechtsebenen, S. 163 (zit. Schmahl, Pluralität des Rechts)

Schmidt, Volker: Handy-Ortung zur Gefahrenabwehr, Kriminalistik 2002, 42

Schmidt-Jortzig, Edzard: Nationale Grundrechte – Internationale Bedrohungen, in: Theobald, Volkmar (Hrsg.), Von der Europäischen Union zur „Europäischen Sicherheitsunion" ?, Berlin 1997, S. 127 (zit. Schmidt-Jortzig, in: Europäische Sicherheitsunion)

Schneider, Hendrik: Bellum iustum gegen den Feind im Inneren ?, ZStW 2001, 499

Scholz, Rupert / Pitschas, Rainer: Informationelle Selbstbestimmung und staatliche Informationsverantwortung, Berlin 1984

Schomburg, Wolfgang / Lagodny, Otto: Internationale Rechtshilfe in Strafsachen, Kommentar, 3.Aufl., München 1998

Schomburg, Wolfgang: Strafsachen in der Europäischen Union, NJW 1999, 540

Schomburg, Wolfgang: Justitielle Zusammenarbeit im Bereich des Strafrechts in Europa: EUROJUST neben Europol!, ZRP 1999, 237

Schomburg, Wolfgang: EUROJUST neben EUROPOL, Kriminalistik 2000, 13

Schriever-Steinberg, Angelika: Das Schengener Informationssystem, DuD 2000, 209

Schubert, Katina: Tatort Europa, in: Initiative gegen das Schengener Abkommen (Hrsg.), Bonn 1997, S. 6 (zit. Schubert, Tatort Europa)

Schulz, Lorenz: „Die deutsche Strafrechtswissenschaft vor der Jahrtausendwende", ZStW 2000, 653, 661

Schulz, Lorenz: Normiertes Misstrauen, Frankfurt am Main 2001

Schulzki-Haddouti, Christiane: Die Bayern-Belgien-Connection, in: http://www.argedon.de/sicherheit/dienste/bnd/bayernconnection.htm am 11.7.2005 (zit. Schulzki-Haddouti, Die Bayern-connection)

Schulzki-Haddouti, Christiane: Kommt die „totale elektronische Verkehrsüberwachung"? http://www.telepolis.de/r4/artikel/16/16018/1.html am 10.7.2005 (zit. Schulzki-Haddouti, Totale Verkehrsüberwachung)

Schünemann, Bernd: Die deutsche Strafrechtswissenschft nach der Jahrtausendwende, GA 2001, 210

Schütte, Matthias: Befugnis des Bundesgrenzschutzes zu lageabhängigen Personenkontrollen, ZRP 2002, 393

Schweitzer, Michael: Staatsrecht III, 5.Aufl., Heidelberg 1995

Seeler, Hans-Joachim: Die Legitimation des hoheitlichen Handelns der Europäischen Gemeinschaft/Europäischen Union, EuR 1998, 721

Seidler, Christoph: „Wer hat Angst vor Larry und Sergey?", in: Süddeutsche Zeitung v. 6.12.2005

Sieber, Ulrich: Informationsrecht und Recht der Informationstechnik – die Konstituierung eines Rechtsgebietes in Gegenstand, Grundfragen und Zielen, NJW 1989, 2569

Siebrecht, Michael: Rasterfahndung, Berlin 1997

Sielaff, Wolfgang: Organisierte Kriminalität, in: Kube, Edwin / Störzer, Hans Udo / Timm, Klaus Jürgen (Hrsg.), Kriminalistik, Handbuch für Praxis und Wissenschaft, Band 2, Stuttgart 1994, S. 510 (zit. Sielaff, in: Organisierte Kriminalität)

Simitis, Spiros: Die informationelle Selbstbestimmung – Grundbedingung einer verfassungskonformen Informationsordnung, NJW 1984, 398

Stone Sweet, Alec / Sandholtz, Wayne: European Integration and supranational governance, Journal of European Public Policy 1997, 297 (zit. Stone/Sandholtz, JoEPP)

Storbeck, Jürgen: EUROPOL – Probleme und Lösungen, Kriminalistik 1996, 17

Storbeck, Jürgen: Europol - Symbol Ihrer Zeit. ein Bericht über Aufbau und Aufgaben, Kriminalistik 1994, 201

Storbeck, Jürgen: Geldwäsche und organisierte Kriminalität, in: Dokumente der Fraktion der SPD im Deutschen Bundestag, Nr. 6/01, S. 29

Storbeck, Jürgen: Europol - Das Europäische Polizeiamt, in: Innenpolitik, Nr. VI/1997, S.7

Storbeck, Jürgen: „Ein europäisches Polizeigesetz fehlt", Interview in: Die Welt vom 5.10.2001

Storbeck, Jürgen: Europol: Probleme und Regelungsdefizite, in: Hailbronner, Kay, (Hrsg.) Zusammenarbeit der Polizei- und Justizverwaltungen in Europa: die Situation nach Maastricht – Schengen und SIS, Heidelberg, 1996, S. 81 (zit. Storbeck, in: Zusammenarbeit der Polizei)

Storr, Stefan: Zur Bonität des Grundrechtsschutzes in der Europäischen Union, Der Staat 1997, 547

Systematischer Kommentar zur Strafprozessordnung und zum Gerichtsverfassungsgesetz, Frankfurt am Main 2003 (zit. SK-*Bearbeiter*)

Timm, Klaus Jürgen: Analyse- und Prognoseinstrumentarien auch für die Verbrechensbekämpfung nutzen, Kriminalistik 2004, 666

Tischer, Birgit: Das System der informationellen Befugnisse der Polizei, Frankfurt am Main 2004

Todenhöfer, Jürgen: „Der unbekannte Feind", in: Süddeutsche Zeitung v. 4./5.2.2006

Tolmein, Oliver: Europol, StV 1999, 108

Tuffner, Martin: Das Schengener Informationssystem (SIS), Kriminalistik 2000, 39

Ulmer, Claus D. / Schrief, Dorothee: Vorratsdatenspeicherung durch die Hintertür, DuD 2004, 591, 595

Vaihinger, Dirk: Virtualität und Realität, in: Krapp, Holger / Wägenbaur, Thomas (Hrsg.), Künstliche Paradiese – Virtuelle Realitäten, München 1997, S. 21 (zit. Vaihinger, Virtualität und Realität)

Van Outrive, Lode: Polizeiliche Zusammenarbeit und Bürgerrechte in Europa, DuD 2000, 23

Vassilaki, Irini E.: Strafverfolgung der grenzüberschreitenden Internet-Kriminalität, CR 1999, 574

Voß, Jakob / Roschke, Jörg / Tretkowski, Ingo: Das polizeiliche Informationssystem INPOL, http:// ig.cs.tu-berlin.de/oldstatic/s2002/04351547/inpol.pdf am 26. 8. 2004

Wagner, Norbert / Boberg, Martin / Beckmann, Uwe: Analyse zum Gefährdungspotenzial Organisierter Kriminalität, Kriminalistik 2005, 85

Waldmann, Peter: Islamistischer Terrorismus, Kriminalistik 2004, 740

Walter, Bernd: Erweiterte Befugnisse der Polizei zur Bekämpfung der illegalen Einreise und der grenzüberschreitenden Kriminalität: Eine unabdingbare Notwendigkeit nach dem Wegfall der allgemeinen Grenzkontrollen in Westeuropa, Die Polizei, 1999, 33

Walter, Bernd: Verdachts- und ereignisunabhängige Polizeikontrollen: Zulässige Fortentwicklung des Polizeirechts oder Angriff auf rechtsstaatliche Grundfesten?, Kriminalistik 1999, 290

Walter, Bernd: Schleierfahndung, Kriminalistik 2004, 668

Weber, Albrecht: Die Europäische Grundrechtscharta – auf dem Weg zu einer europäischen Verfassung, NJW 2000, 537

Weichert, Thilo: Informationelle Selbstbestimmung und strafrechtliche Ermittlung, Pfaffenweiler 1990

Weichert, Thilo: EUROPOL-Konvention und Datenschutz, DuD 1995, 450

Weichert, Thilo: Ein Alternativkonzept für EUROPOL, Bürgerrechte & Polizei/CILIP 56 (1/97), S. 54

Weichert, Thilo: Sicherheit, Kriminalität und Grundrechte in der informatisierten Risikogesellschaft, in: Humanistische Union/ Schriften (Hrsg.), Innere Sicherheit als Gefahr, HU-Schrift 23, Berlin 2003, S. 19 (zit. Weichert, in: Innere Sicherheit als Gefahr)

Weichert, Thilo: Der datentransparente Moslem, Der Schlepper 2004, 46

Weigand, Herbert / Büchler, Heinz: OK-Ermittlungen in Baden-Württemberg, Kriminalistik 2002, 661

Wenzel, Volkmar: Betrachtungen zum islamistischen Terrorismus, Kriminalistik 2004, 746

Werner, Ulrich: Schengen und Europol, CR 1997, 34

Wessel, Reinhold: Die Speicherung, veränderung und Nutzung personenbezogener Daten aus polizeilicher Sicht, Die Polizei 1996, 273

Weßlau, Edda: Vorfeldermittlungen, Berlin 1989

Wittig, Petra: Schleppnetzfahndung, Rasterfahndung und Datenabgleich, JuS 1997, 961

Wolf, Rainer: Die Risiken des Risikorecht, in: Bora, Alfons (Hrsg.), Rechtliches Risikomanagement, Berlin 1999, S. 65 (zit. Wolf, in: Rechtliches Risikomanagement)

Wolters, Jörg: „Ausgleichsmaßnahmen" nach dem Schengener Durchführungsübereinkommen, Kriminalistik 1995, 172

Würz, Wolfgang: Die Zusammenarbeit der (Bundes-)Sicherheitsbehörden im Phänomenbereich islamistischer Terrorismus, Kriminalistik 2005, 10

ZAP-Aktuell: „Jedermann-Kontrolle" in: ZAP 2004, 459

Zeiger, Jürgen: Das EUROPOL-Computersystem, Kriminalistik 1998, 313

Ziercke, Jörg: Welche Eingriffsbefugnisse benötigt die Polizei ?, DuD 1998, 319

Zieschang, Frank: Der Austausch personenbezogener Daten mittels Europol, ZRP 1996, 427

Zott, Regina: Der rechtliche Rahmen der innen- und justizpolitischen Zusammenarbeit in der Europäischen Union, Frankfurt am Main 1999

Zuleeg, Manfred: Wandlungen des Begriffs der Supranationalität, Integration 1988, 103

Zypries, Brigitte: „Menschen hinterlassen überall Spuren, ohne es zu wissen", Interview in der Südeutschen Zeitung v. 12.5.2005

FRANKFURTER KRIMINALWISSENSCHAFTLICHE STUDIEN

Band 1 Peter Böning: Die Lehre vom Unrechtsbewußtsein in der Rechtsphilosophie Hegels 100 S., 1978.

Band 2 Wolfgang Schneider: Kriminelle Straßenverkehrsgefährdung (§ 315c Abs. 1 Ziff. 2, Abs. 3 StGB). Eine kriminologische und strafrechtliche Untersuchung zur Problematik dieser Verkehrsstraftaten unter Berücksichtigung ausländischer Rechte. 342 S., 1978.

Band 3 Lothar Kuhlen: Die Objektivität von Rechtsnormen. Zur Kritik des radikalen labeling approach in der Kriminalsoziologie. 178 S., 1978.

Band 4 Günther Grewe: Straßenverkehrsdelinquenz und Marginalität. Untersuchungen zur institutionellen Regelung von Verhalten. 148 S., 1978.

Band 5 Dieter Haberstroh: Strafverfahren und Resozialisierung. Eine Studie über Verstehen und Nicht-Verstehen, über Verstanden-Werden und Nicht-Verstanden-Werden und deren Bedingungen in der Hauptverhandlung. 202 S., 1979.

Band 6 Thomas Vogt: Die Forderungen der psychoanalytischen Schulrichtungen für die Interpretation der Merkmale der Schuldunfähigkeit und der verminderten Schuldfähigkeit (§§ 51 a.F., 20, 21 StGB). 182 S., 1979.

Band 7 Andreas Michael: Der Grundsatz in dubio pro reo im Strafverfahrensrecht. Zugleich ein Beitrag über das Verhältnis von materiellem Recht und Prozeßrecht. 214 S., 1981.

Band 8 Ilias G. Anagnostopoulos: Haftgründe der Tatschwere und der Wiederholungsgefahr (§§ 112 Abs. 3, 112 a StPO). Kriminalpolitische und rechtssystematische Aspekte der Ausweitung des Haftrechts. 1984.

Band 9 Helga Müller: Der Begriff der Generalprävention im 19. Jahrhundert. Von P.J.A. Feuerbach bis Franz v. Liszt. 1984.

Band 10 Frowin Jörg Kurth: Das Mitverschulden des Opfers beim Betrug. 1984.

Band 11 Martin J. Worms: Die Bekenntnisbeschimpfung im Sinne des § 166 Abs. 1 StGB und die Lehre vom Rechtsgut. 1984.

Band 12 Jong-Dae Bae: Der Grundsatz der Verhältnismäßigkeit im Maßregelrecht des StGB. 1985.

Band 13 Helmut Fünfsinn: Der Aufbau des fahrlässigen Verletzungsdelikts durch Unterlassen im Strafrecht. 1985.

Band 14 Christoph Krehl: Die Ermittlung der Tatsachengrundlage zur Bemessung der Tagessatzhöhe bei der Geldstrafe. 1985.

Band 15 Walter-Hermann Kiehl: Strafrechtliche Toleranz wechselseitiger Ehrverletzungen - Zur ratio legis der §§ 199, 233 Strafgesetzbuch -. 1986.

Band 16 Matthias Krahl: Die Rechtsprechung des Bundesverfassungsgerichts und des Bundesgerichtshof zum Bestimmtheitsgrundsatz im Strafrecht (Art. 103 Abs. 2 GG). 1986.

Band 17 Patrick Carroll Campbell: § 220a StGB. Der richtige Weg zur Verhütung und Bestrafung von Genozid? 1986.

Band 18 Winfried Hassemer (Hrsg.): Strafrechtspolitik. Bedingungen der Strafrechtsreform. 1987.

Band 19 Felix Herzog: Prävention des Unrechts oder Manifestation des Rechts. Bausteine zur Überwindung des heteronom-präventiven Denkens in der Strafrechtstheorie der Moderne. 1987.

Band 20 Astrid Michalke-Detmering: Die Mindestanforderungen an die rechtliche Begründung des erstinstanzlichen Strafurteils. Zur Auslegung des § 267 StPO. 1987.

Band 21 Lothar Kuhlen: Die Unterscheidung von vorsatzausschließendem und nichtvorsatzausschließendem Irrtum. 1987.

Band 22 Michael Buttel: Kritik der Figur des Aufklärungsgehilfen im Betäubungsmittelstrafrecht (§ 31 BtMG). 1988.

Band 23 Matthias Kögler: Die zeitliche Unbestimmtheit freiheitsentziehender Sanktionen des Strafrechts. Eine vergleichende Untersuchung zur Rechtslage und Strafvollstreckungspraxis in der Bundesrepublik Deutschland und den USA. 1988.

Band 24 Klaus Lüderssen/Cornelius Nestler-Tremel/Ewa Weigend(Hrsg.): Modernes Strafrecht und ultima-ratio-Prinzip. 1990.

Band 25 Jürgen Taschke: Die behördliche Zurückhaltung von Beweismitteln im Strafprozeß. 1989.

Band 26 Daniela Westphalen: Karl Binding (1841-1920). Materialien zur Biographie eines Strafrechtsgelehrten. 1989.

Band 27 Sigrid Jans: Die Aushöhlung des Klageerzwingungsverfahrens. 1990.

Band 28 Dimitris Spirakos: Folter als Problem des Strafrechts. Kriminologische, kriminalsoziologische und (straf-)rechtsdogmatische Aspekte unter besonderer Berücksichtigung der Folterschutzkonvention und der Pönalisierung der Folter in Griechenland. 1990.

Band 29 Stephan Moll: Strafrechtliche Aspekte der Behandlung Opiatabhängiger mit Methadon und Codein. 1990.

Band 30 Stefan Werner: Wirtschaftsordnung und Wirtschaftsstrafrecht im Nationalsozialismus. 1991.

Band 31 Xanthi Bassakou: Beiträge zur Analyse und Reform des Absehens von Strafe nach § 60 StGB. 1991.

Band 32 Rainer Runte: Die Veränderung von Rechtfertigungsgründen durch Rechtsprechung und Lehre. Moderne Strafrechtsdogmatik zwischen Rechtsstaatsprinzip und Kriminalpolitik. 1991.

Band 33 Olaf Hohmann: Das Rechtsgut der Umweltdelikte. Grenzen des strafrechtlichen Umweltschutzes. 1991.

Band 34 Klaus Jochen Müller: Das Strafbefehlsverfahren (§§ 407 ff. StPO). Eine dogmatisch-kriminalpolitische Studie zu dieser Form des schriftlichen Verfahrens unter besonderer Berücksichtigung der geschichtlichen Entwicklung – zugleich ein Beitrag zum StVÄG 1987. 1993.

Band 35 Sang-Don Yi: Wortlautgrenze, Intersubjektivität und Kontexteinbettung. Das strafrechtliche Analogieverbot. 1991.

Band 36 Birgit Malsack: Die Stellung der Verteidigung im reformierten Strafprozeß. Eine rechtshistorische Studie anhand der Schriften von C. J. A. Mittermaier. 1992.

Band 37 Rüdiger Schäfer: Die Privilegierung des "freiwillig-positiven" Verhaltens des Delinquenten nach formell vollendeter Straftat. Zugleich ein Beitrag zum Grundgedanken des Rücktritts vom Versuch und zu den Straftheorien. 1992.

Band 38 Cornelius Nestler-Tremel: AIDS und Strafzumessung. 1992.

Band 39 Christine Gutmann: Freiwilligkeit und (Sozio-)Therapie – notwendige Verknüpfung oder Widerspruch? 1993.

Band 40 Walter Kargl: Der strafrechtliche Vorsatz auf der Basis der kognitiven Handlungstheorie. 1993.

Band 41 Jürgen Rath: Zur strafrechtlichen Behandlung der aberratio ictus und des error in objecto des Täters. 1993.

Band 42 Martin Fischer: Wille und Wirksamkeit. Eine Untersuchung zum Problem des *dolus alternativus*. 1993.

Band 43 Regina Harzer: Der Naturzustand als Denkfigur moderner praktischer Vernunft. Zugleich ein Beitrag zur Staats- und Rechtsphilosophie von Hobbes und Kant. 1994.

Band 44 Helmut Pollähne: Lockerungen im Maßregelvollzug. Eine Untersuchung am Beispiel der Anwendung des nordrhein-westfälischen Maßregelvollzugsgesetzes im Westfälischen Zentrum für Forensische Psychiatrie (Lippstadt). 1994.

Band 45 Hans-Joachim Leonhardt: Rechtsmittelermessen der Staatsanwaltschaft. Eine Gegenüberstellung von § 296 StPO mit Nummern 147 und 148 Richtlinien für das Strafverfahren und das Bußgeldverfahren (RiStBV). 1994.

Band 46 Rolf Grünebaum: Zur Strafbarkeit des Therapeuten im Maßregelvollzug bei fehlgeschlagenen Lockerungen. 1996.

Band 47 Barbara Bialas: Promille-Grenzen, Vorsatz und Fahrlässigkeit. 1996.

Band 48 Christine Pott: Die Außerkraftsetzung der Legalität durch das Opportunitätsdenken in den Vorschriften der §§ 154, 154a StPO. Zugleich ein Beitrag zu einer kritischen Strafverfahrensrechtstheorie. 1996.

Band 49 Wolfgang Köberer: *Iudex non calculat*. Über die Unmöglichkeit, Strafzumessung sozialwissenschaftlich-mathematisch zu rationalisieren. 1996.

Band 50 Institut für Kriminalwissenschaften Frankfurt a.M. (Hrsg.): Vom unmöglichen Zustand des Strafrechts. 1995.

Band 51 Petra Kamberger: Treu und Glauben (§ 242 BGB) als Garantenstellung im Strafrecht? 1996.

Band 52 Anastassios Triantafyllou: Das Delikt der gefährlichen Körperverletzung (§ 223a StGB) als Gefährdungsdelikt. (Zugleich ein Beitrag zur Dogmatik der Gefährdungsdelikte). 1996.

Band 53 Norbert Kissel: Aufrufe zum Ungehorsam und § 111 StGB. Grundrechtlicher Einfluß bei der Feststellung strafbaren Unrechts. 1996.

Band 54 Susanne Ehret: Franz von Liszt und das Gesetzlichkeitsprinzip. Zugleich ein Beitrag wider die Gleichsetzung von Magna-charta-Formel und Nullum-crimen-Grundsatz. 1996.

Band 55 Stefan Braum: Geschichte der Revision im Strafverfahren von 1877 bis zur Gegenwart. Zugleich eine Kritik der Kontinuität politischer Macht im Recht. 1996.

Band 56 Katja Diel: Das Regreßverbot als allgemeine Tatbestandsgrenze im Strafrecht. 1997.

Band 57 Christoph Koller: Die Staatsanwaltschaft – Organ der Judikative oder Exekutivbehörde? Die Stellung der Anklagebehörde und die Gewaltenteilung des Grundgesetzes. 1997.

Band 58 Frank Schößler: Anerkennung und Beleidigung. Rechtsgut und Strafzweck des § 185 StGB. 1997.

Band 59 Regina Engelstädter: Der Begriff des Unfallbeteiligten in § 142 Abs. 4 StGB. Zugleich eine Kritik an aktuellen Zurechnungslehren. 1997.

Band 60 Jörg Reinhardt: Der Ausschluß und die Ablehnung des befangen erscheinenden Staatsanwaltes. 1997.

Band 61 Jens Christian Müller-Tuckfeld: Integrationsprävention. Studien zu einer Theorie der gesellschaftlichen Funktion des Strafrechts. 1998.

Band 62 Peter Maria Rohe: Verdeckte Informationsgewinnung mit technischen Hilfsmitteln zur Bekämpfung der Organisierten Kriminalität. Zugleich eine rechtsvergleichende Analyse der polizeilichen Abhörbefugnisse in den U.S.A. 1998.

Band 63 Dirk Fabricius: Was ein Lehrbuch lehrt ... Eine exemplarische Untersuchung von Jakobs *Strafrecht – Allgemeiner Teil*. 1998.

Band 64 Stefan Sinner: Der Vertragsgedanke im Strafprozeßrecht. 1999.

Band 65 Sebastian Schattenfroh: Die Staatsphilosophie Giovanni Gentiles und die Versuche ihrer Verwirklichung im faschistischen Italien. 1999.

Band 66 Athanassia Dionyssopoulou: Der Tatbestand der Geldwäsche. Eine Analyse der dogmatischen Grundlagen des § 261 StGB. 1999.

Band 67 Klaus von Lampe: *Organized Crime*. Begriff und Theorie organisierter Kriminalität in den USA. 1999.

Band 68 Christian Hanssen: "Trennung der Märkte". Rechtsdogmatische und rechtspolitische Probleme einer Liberalisierung des Drogenstrafrechts. 1999.

Band 69 Institut für Kriminalwissenschaften und Rechtsphilosophie Frankfurt a.M. (Hrsg.): Irrwege der Strafgesetzgebung. 1999.

Band 70 Konstantinos Chatzikostas: Die Disponibilität des Rechtsgutes Leben in ihrer Bedeutung für die Probleme von Suizid und Euthanasie. 2000.

Band 71 Bettina Wirmer-Donos: Die Strafrechtstheorie Karl Christian Friedrich Krauses als theoretische Grundlage des spanischen Korrektionalismus. 2001.

Band 72 Christine Löw: Die Erkundigungspflicht beim Verbotsirrtum nach § 17 StGB. 2001.

Band 73 Florian Ufer: Der Verwertungswiderspruch in Theorie und Praxis. Prozessuale Obliegenheiten des Verteidigers und ihre Bedeutung für die Rechtsposition des Beschuldigten. 2002.

Band 74 Katja Melzer: Psychisch kranke Straftäterinnen. Frauen im Maßregelvollzug. 2001.

Band 75 Gregor Kuntze-Kaufhold: Lebenswelt und Unparteilichkeit. Kriterien für eine Rechtsanwendungslehre am Beispiel der Analyse von fünf Hauptverhandlungen in Strafverfahren. 2002.

Band 76 Iris Kristina Passek: Die erstinstanzliche Zuständigkeit der Oberlandesgerichte in Staatsschutzstrafsachen. Historische Entwicklung und aktuelle Probleme. 2002.

Band 77 Michael Krebs: Die Weisungsgebundenheit des Staatsanwalts unter besonderer Berücksichtigung des rechtstatsächlichen Aspekts. 2002.

Band 78 Kerstin Degenhardt: Europol und Strafprozeß. Die Europäisierung des Ermittlungsverfahrens. 2003.

Band 79 Domenico Siciliano: Das Leben des fliehenden Diebes: Ein strafrechtliches Politikum. 2003.

Band 80 Marc Colussi: Produzentenkriminalität und strafrechtliche Verantwortung. 2003.

Band 81 Thilo Lars Hild: Grenzen einer strafrechtlichen Regulierung des Kapitalmarktes. Eine kriminalrechtliche Untersuchung von Börsengängen und Aktienhandel in Deutschland und den USA. 2004.

Band 82 Philipp Rau: Schweigen als Indiz der Schuld. Ein Vergleich des deutschen und englischen Rechts zur Würdigung des Schweigens des Beschuldigten. 2004.

Band 83 Alexandra Pfeiffer: Die Regelung der Lebendorganspende im Transplantationsgesetz. 2004.

Band 84 Elena Fischer: Recht auf Sterben?! Ein Beitrag zur Reformdiskussion der Sterbehilfe in Deutschland unter besonderer Berücksichtigung der Frage nach der Übertragbarkeit des Holländischen Modells der Sterbehilfe in das deutsche Recht. 2004.

Band 85 Jörg Ziethen: Grundlagen probabilistischer Zurechnung im Strafrecht. 2004.

Band 86 Stefanie Schork: Ausgesprochen schuldig. Dogmatische und metadogmatische Untersuchungen zum Schuldspruch. 2005.

Band 87 Claudia Schubert: Verbotene Worte? Versuch einer Neubestimmung im Umgang mit rassistischen Äußerungen jenseits des Strafrechts. 2005.

Band 88 Ulfrid Neumann / Cornelius Prittwitz (Hrsg.): Kritik und Rechtfertigung des Strafrechts. 2005.

Band 89 Denis Basak: Die Zuständigkeitsregeln internationaler Strafgerichte und Art. 101 GG. Zum Verhältnis der deutschen Strafgerichtsbarkeit zu den Internationalen Tribunalen für Jugoslawien und Ruanda sowie zum Ständigen Internationalen Strafgerichtshof. 2005.

Band 90 Hsiao-Wen Wang: Der universale Strafanspruch des nationalen Staates. Eine Untersuchung über das Weltrechtsprinzip im Internationalen Strafrecht. 2005.

Band 91 Leonie Frenz: Faktizität des Rechts in der forensischen Psychiatrie. Eine Untersuchung im LKH Moringen. 2005.

Band 92 Eva-Maria Unger: Schutzlos ausgeliefert? Der Europäische Haftbefehl. Ein Beispiel für die Missachtung europäischer Bürgerrechte. 2005.

Band 93 Marcus Bastelberger: Die Legitimität des Strafrechts und der *moralische Staat*. Utilitaristische und retributivistische Strafrechtsbegründung und die rechtliche Verfassung der Freiheit. 2006.

Band 94 Marc Reiß: Rechtliche Aspekte der Präimplantationsdiagnostik. Unter besonderer Berücksichtigung der Rechte der von einem Verbot betroffenen Paare. 2006.

Band 95 Alexander Kolz: Einwilligung und Richtervorbehalt. 2006.

Band 96 Vasco Reuss: Eine Kritik der juristischen Vernunft. Rezeptionsversuche der Negativen Dialektik Adornos für die Dogmatik des Strafrechts. 2007.

Band 97 Lutz Eidam: Die strafprozessuale Selbstbelastungsfreiheit am Beginn des 21. Jahrhunderts. 2007.

Band 98 Christiane Rüdiger: Schutzinteresse und Deliktsstruktur der „Bestechungsdelikte" (§§ 331 ff. StGB). 2007.

Band 99 Urte Eisenhardt: Das nemo tenetur-Prinzip: Grenze körperlicher Untersuchungen beim Beschuldigten. Am Beispiel des § 81a StPO. 2007.

Band 100 Institut für Kriminalwissenschaften und Rechtsphilosophie Frankfurt a. M. (Hrsg.): Jenseits des rechtsstaatlichen Strafrechts. 2007.

Band 101 Nils Möckelmann: Die rechtliche, psychiatrische und gesellschaftliche Beurteilung jugendlicher Straftäter in der jüngeren deutschen Geschichte. Eine Analyse anhand zweier Strafverfahren mit Gutachten des Psychiaters Ernst Rüdin aus den Jahren 1915/1917 unter Berücksichtigung der Entwicklungen bis zur Gegenwart. 2007.

Band 102 Alexa Albrecht: Zur Erosion der Menschenrechte im demokratischen Rechtsstaat. Reaktionen der Systeme und der Zivilgesellschaft. 2007.

Band 103 Dirk Lange: Die politisch motivierte Tötung. 2007.

Band 104 Ulfrid Neumann / Cornelius Prittwitz (Hrsg.): „Personale Rechtsgutslehre" und „Opferorientierung im Strafrecht". 2007.

Band 105 Lisa Kathrin Sander: Grenzen instrumenteller Vernunft im Strafrecht. Eine Kritik der Präventionsdoktrin aus strafrechtsgeschichtlicher und empirischer Perspektive. 2007.

Band 106 Stephan Werner: Zur Notwendigkeit der Verteidigeranwesenheit während der polizeilichen Beschuldigtenvernehmung. 2008.

Band 107 Inti Schubert: Europol und der virtuelle Verdacht. Die Suspendierung des Rechts auf informationelle Selbstbestimmung. 2008.

Band 108 Bong-Jin Ko: Menschenwürde und Biostrafrecht bei der embryonalen Stammzellenforschung. Möglichkeiten und Grenzen des Biostrafrechts ohne die Begriffe der Menschenwürde und des prozeduralen Biorechts. 2008.

www.peterlang.de

Peter Lang · Internationaler Verlag der Wissenschaften

Vera Korrell

Europol

Polizei ohne rechtsstaatliche Bindungen?

Frankfurt am Main, Berlin, Bern, Bruxelles, New York, Oxford, Wien, 2005.
XV, 338 S.
Schriften zum Europa- und Völkerrecht und zur Rechtsvergleichung.
Herausgegeben von Manfred Zuleeg. Bd. 15
ISBN 978-3-631-53615-5 · br. € 56.50*

Während die wirtschaftliche Integration Europas vergleichsweise widerstandslos bewirkt werden konnte, ist die Integration bei der Gewährleistung von Sicherheit nach innen und außen ungleich schwerer. Ein Ausdruck des erreichten Integrationsfortschritts ist das Europäische Polizeiamt Europol. Die Arbeit widmet sich der Vereinbarkeit der Rechtsgrundlagen Europols mit rechtsstaatlichen Grundsätzen des deutschen Grundgesetzes. Der Schwerpunkt liegt im Bereich der justiziellen Einbindung Europols. Die Untersuchung zeigt, dass rechtsstaatliche Grundsätze gewahrt werden und die Befürchtung unbegründet ist, es komme vor dem Hintergrund einer effektiven Kriminalitätsbekämpfung zur einer Erosion rechts-staatlicher Grundsätze.

Aus dem Inhalt: Entwicklung der polizeilichen und justiziellen Zusammenarbeit in Europa · Vorgaben des Grundgesetzes für das europäische Polizeiamt Europol · Einzelne Elemente justizieller Einbindung der Polizei · Perspektiven für die polizeiliche und justizielle Zusammenarbeit in Europa

Kolibri 360 GmbH
Ferdinand-Jühlke-Straße 7
99095 Erfurt, Deutschland
produktsicherheit@kolibri360.de

Druck:
CPI Druckdienstleistungen GmbH
im Auftrag der
Kolibri 360 GmbH
Ferdinand-Jühlke-Str. 7
99095 Erfurt